Sammlung Luchterhand 1026

Über dieses Buch: »Ihr Leben wurde bestimmt von der Liebe und chronischem Geldmangel – und eigentlich ist es nur letzterem zuzuschreiben, daß die 1871 als Tochter eines preußischen Landrats in Husum geborene und mit 21 Jahren als ›Schwarzes Schaf‹ von der Familie enterbte Gräfin Franziska zu Reventlow sich selbst mit Meisterwerken feuilletonistischer Erzählkunst ein Denkmal setzte. Denn immer sind es die gelebten Erfahrungen der Autorin selbst, die mit Grazie und Ironie stilisiert wurden. Das offenbarten ihre Tagebücher aus den Jahren 1895 bis 1910, die bei ihrem ersten Erscheinen 1926 – acht Jahre nach dem Tod der Reventlow – selbst bei ihren Freunden Ratlosigkeit, erschrecktes Erstaunen, aber auch ekstatische Bewunderung auslösten... für die Bohemienne, die lächelnd über alle Schwierigkeiten eines Lebens jenseits der gesellschaftlichen Konventionen jener Zeit, die sich natürlich auch im Münchener Künstlerviertel Schwabing – die Gräfin lebte dort mit Unterbrechungen von 1892 bis 1909 – nicht umgehen ließen.« Rias Berlin

Franziska Gräfin zu Reventlow

Tagebücher
1895–1910

Herausgegeben von
Else Reventlow

Luchterhand
Literaturverlag

Diese Taschenbuchausgabe folgt der Ausgabe von 1971, erschienen bei Albert Langen – Georg Müller Verlags GmbH, München – Wien.

Sammlung Luchterhand, Januar 1992
Luchterhand Literaturverlag GmbH, Hamburg · Zürich. Umschlagentwurf: Max Bartholl. Umschlagfoto: Verlagsgruppe Langen-Müller/Herbig, München. Satz: Brönner & Daentler KG, Eichstätt. Druck: Wagner GmbH, Nördlingen. Printed in Germany.
ISBN 3-630-71026-3

1 2 3 4 5 6 97 96 95 94 93 92

Vorwort

1925 erschienen im Verlag Albert Langen die »Gesammelten Werke« von Franziska Gräfin zu Reventlow in einem Band.
Das nationalsozialistische Regime, dessen Geist, Freiheit und Individualität mordenden Tendenzen schon Jahre vor der Machtergreifung spürbar geworden waren, verhinderte stärkere Publizität der Werke und ihre Neuauflage.
46 Jahre danach unternimmt es nun der Verlag Albert Langen - Georg Müller, Person und Werk Franziska Reventlows in die gänzlich veränderte Welt von heute zu stellen. Ihr Geburtstag jährt sich am 18. Mai 1971 zum hundertsten Mal.
Ellen Olestjerne, die einzige größere Arbeit von 1912, bleibt eine romanhafte Selbstbiographie. Der letzte Teil findet sich fast wörtlich in den »Tagebüchern« wieder. Nach 1912 schreibt sie »Von Paul zu Pedro«, »Der Geldkomplex«, »Herrn Dames Aufzeichnungen«, »Das Logierhaus zur schwankenden Weltkugel«, alles charmante Plaudereien, in denen vom Ich nichts als die Ich-Form, oft noch verborgen hinter der Wir-Form übrig geblieben ist.
Im Grunde genommen hat man Franziska Reventlow stets nur im Spiegel dieser graziösen Gedanken-Situations- und Gefühlsspielereien gesehen. Selbst als 1926 nach Erscheinen der »Tagebücher« Ratlosigkeit, erschrecktes Erstaunen bis zu ekstatischer Bewunderung ging, veränderte sich ihr Bild nicht. Sie blieb die wehmütig-sentimentale, eigentlich aber unbekümmerte Bohemienne, die lächelnd über alle Schwierigkeiten hinwegtanzte und auch vor sich selbst immer Herr jeder Situation blieb. Daß die Tagebücher dieser Vorstellung gründlich widersprachen, schien unwichtig in einer Zeit, die noch nicht so desillusioniert und skeptisch war, um solche »Verschönerung« als verfälschende Phrase zu empfinden.
Die Generation von 1970 verträgt das Verschönern nicht, sie sucht und will das Unverhüllte und das schmucklos Wesentliche. So dürfte die nichts verfälschende Aussage des Tagebuchs dazu

beitragen, den Kontakt zwischen dem Geist der Moderne und der Frau herzustellen, deren Leben zu fast zwei Drittel dem 19. Jahrhundert angehört hat.

So beginnt also die Publikation der Werke mit der Veröffentlichung der Tagebücher. Sie wurden vervollständigt durch die Aufzeichnungen aus dem Jahre 1895, in deren Besitz die Herausgeberin erst 1927 gelangte. Ein neuerliches Studium der Originalhandschrift machte außerdem Einfügungen in den bereits veröffentlichten Text notwendig.

Die Pseudonyme in der Ausgabe von 1925 wurden, soweit noch feststellbar, durch die eigentlichen Namen ersetzt. Was zum Schutz der Intimspäre der damals noch Lebenden geboten war, hat der Tod erledigt. Sie alle sind seither Franziska Reventlow gefolgt.

Eine kleine Marmortafel auf dem Friedhof Locarno-St. Antonio umschließt Anfang und Ende in der Inschrift

CONTESSA FRANCESCA REVENTLOW
1871–1918

München, März 1971 Die Herausgeberin

Biographische Skizze

»Ach, ich bin gelaufen, gelaufen und hingefallen, wieder aufgestanden, umgeworfen, wieder aufgesammelt, bis ich da angekommen bin, wo mein Ziel anfängt. Und dann die Angst und die Zweifel und das Kräfteversagen und die Müdigkeit. Aber immer dahinter das Gefühl, ich muß noch etwas Großes zusammenbringen. Das verläßt mich nie,« schreibt die fünfunddreißigjährige Franziska Reventlow in ihr Tagebuch und zieht damit das Fazit ihres vergangenen, gegenwärtigen und zukünftigen Lebens.

Der Zuschauer schüttelt verwundert den Kopf. Geht man mit dieser Schwere in lächelnder Grazie von Paul zu Pedro? Ironisiert man nonchalant mit diesem Aufschrei Geld- und andere Komplexe der eigenen Person und anderer Leute? Formt man mit dieser Grundstimmung in heiterer Kunst die Aufzeichnungen des Herrn Dame? Wie lösen sich die Widersprüche — wo liegt die Synthese? Die Antwort darauf gibt das Leben der Gräfin in einem großen, bunten, farbenprächtigen Bilderbuch für Weltkinder. Manche Seiten glühen und leuchten, andere enthalten nur flüchtige Skizzen, wieder andere zeigen tiefe Schatten und zarte Linien, immer aber werden wir gepackt von dem Strom, der Bewegung und dem hinreißenden Lebensrhythmus.

Da ist das Bild der Kindheit — das Meer, die Nordsee — Husum, wo das Geburtsschloß Fanny Reventlows stand. Die Mutter, eine schöne Frau mit dunklen Augen, dunklen Haaren, streng, engherzig, etikettenstolz — der Vater, erster preußischer Landrat von Husum, etwas weicher, jugendlicher, literarisch interessiert, ein Freund von Theodor Storm, doch völlig begrenzt durch die gesellschaftlich aristokratischen Anschauungen seiner Zeit. Da sind noch die Geschwister Carl und Ernst, ihre Spielgefährten, der große Bruder Ludwig und die Schwester Agnes, auf deren Wohlerzogenheit und Contenance die Mutter mit Stolz und Freude schaut. Um Fanny kümmert sich im Grunde genommen niemand. Sie erhält die gesellschaftliche Erziehung ihrer Kreise, den Unterricht eines jungen adligen Mädchens, d. h. sie lernt Lesen, Schreiben, Rechnen, Religion, ein wenig Literatur, viel Französisch, viel Handarbeiten. Dabei haßt sie Handarbeiten, haßt die ganze menschliche und geistige Eingeengtheit dieser Ausbildung. Warum darf sie, die leidenschaftlich gern Sport treibt, nicht schwimmen, turnen, fechten, reiten, wie es bei den Brüdern selbstverständlich scheint? Immer hört sie nur, das sei nicht mädchenhaft, und nie benehme sie sich comme il faut. Wie ein Junge tobt sie durch Haus und Garten, und der tollste Streich hat bestimmt sie zum Urheber. Der Mutter ist dies Temperament ihres Kindes unverständlich, sie begegnet ihm mit Gleichgültigkeit, Verachtung. Durch ihre Kälte reizt sie die kleine Fanny aufs Äußerste und beobachtet mit unangenehmer Angst das Ungestüm des blonden, schlanken Kindes, das nie um Verzeihung bittet und mit zusammengebissenen Lippen, schneeweißem Gesicht und großaufgerissenen tiefblauen Augen jede Strafe über sich ergehen läßt.

Es ist nicht sehr fröhlich, dieses Kindheitsbild. Viel Angst, Unruhe und Qual spricht aus ihm. Doch über allem rauscht das Meer, und über grünen Wiesen leuchtet die Sonne. Um dieses Meeres und dieser Sonne willen hat Fanny Reventlow ihre Kindheit geliebt.

Das nächste Bild: Ein großer Schlafsaal mit lauter Geistergestalten, die über, unter und zwischen den Betten koboldartig herumschießen. Dazwischen eine hohe, helle kommandierende Stimme. Die Zöglinge des freiadligen Magdalenenstiftes zu Altenburg, die jungen Baronessen und Komtessen sind wieder einmal aus Rand und Band, weil die Stubenälteste fehlt. Allen voran lärmt die fünfzehnjährige Komteß Fanny Reventlow. Die Pröpstin ist ratlos, seit dieser Zögling im Stift lebt. Ein Wolf ist unter die Schafherde geraten, und die Schafe folgen ihm nur zu willig. Daß mehr unreife Äpfel als sonst gegessen werden, scheint verabscheuungswürdig. Daß es im Nebenzimmer der Lehrerin des Nachts spukt, und die Spukgestalten als Fanny und einige Kameradinnen identifiziert werden, ist Beweis für verbrecherische Anlagen; daß man aber wagt, von geborgtem Geld einer angeschwärmten Freundin zum Geburtstag heimlich den Gedichtband Edelweiß zu schenken, steht in den Annalen des Magdalenenstiftes bisher noch nicht verzeichnet. Als ehrlose Betrügerin von der Vorsteherin gebrandmarkt, erhält Fanny nach der Konfirmation statt des Segenswunsches eine Art Fluch über ihre sündige Verstocktheit und fliegt mit dem Hinweis auf Lüge, Betrug und Diebstahl aus dem gleichen Internat, in welchem man darüber hinwegsah, daß die Kleinen und die Großen sich in gleichen Schlafsälen bewegten, den Neunjährigen von den Siebzehn- und Achtzehnjährigen in nicht allzuzarter Weise der Schleier von vielen Dingen gerissen wurde, und daß das Zusammenschlafen zweier Freundinnen nicht gerade das Gesündeste für die körperliche und seelische Entwicklung der jungen Mädchen war. Verbittert schreibt die Sechzehnjährige: »Gewiß hatte ich etwas dazu gelernt. Meine Weltanschauung war noch eine sehr harmlose, als ich ins Stift kam. Nun hatte ich gelernt, daß das Leben und vor allem die Menschen nicht so seien, wie ich es damals geglaubt. Es gab jetzt so vieles im Leben, was bedrückend war. Außerdem hatte ich das Gefühl, daß mir sehr Unrecht geschehen wäre und ich jetzt noch mehr wie früher immer ungerecht, immer wie ein Stiefkind behandelt worden sei. Was hatte ich denn getan? Wenn ich vergnügt war, mußte ich toben – konnten sie das nicht begreifen?! Ich war kaum fünfzehn, als ich hinkam, und sollte ›vernünftig‹ sein. Aber ich hatte fortwährend das Gefühl, mich auslärmen, austoben zu müssen, das mit der Einschränkung nur wuchs.«

Nicht lange nach ihrer Rückkehr verlassen die Eltern Husum und ziehen nach Lübeck. Fannys »tolle Zeit« beginnt. Die Gymnasiasten und jungen Studenten verdrehen sich die Hälse, wenn sie mit der Schulmappe unterm Arm unbekümmert und vergnügt durch die Straßen Lübecks zum Lehrerinnenseminar schlendert. Nach langem Kämpfen mit den Eltern hat sie es durchgesetzt, die Lehrerinnenprüfung ablegen zu dürfen. Ein unerhörtes Vorkommnis bleibt's aber trotzdem, daß die junge Adlige sich nicht nur für einen Beruf ausbildet, sondern auch keinen Zweifel über ihre Absicht läßt, diesen Beruf auszuüben. Daß es gerade das Lehrerinnenseminar war – lieber Gott, schließlich wäre ihr jeder Beruf, der sie irgendwie aus der häuslichen Enge herausführte, recht gewesen. Ihr sehnsüchtigster Wunsch ist die Malerei, aber in den Augen der Eltern kompromittiert man sich schon mit dem

Wort, und nur eine Tante, eine feinfühlige alte Dame, nimmt sich ihrer an und gestattet ihr, bei den Besuchen auf ihrem Gut heimlich zu malen. Immerhin geschieht die Lehrerinnenausbildung unter den Augen der Eltern, Fanny wohnt daheim und muß mit neunzehn Jahren über jeden Schritt, den sie aus dem Hause tut, jede Minute, die sie außerhalb des häuslichen Kreises verbringt, jedes Wort, das sie mit den Bekannten des häuslichen Gesellschaftskreises (andere Bekannte existieren einfach nicht) wechselt, Rechenschaft ablegen. Aber alle Überwachung, aller Zwang, alle Einengungen helfen nicht — helfen besonders nicht bei einer Reventlow, von deren Bruder Ludwig, der in Kiel als Referendar tätig ist, das Gerücht geht, er habe sozialdemokratisch gewählt, und deren jüngerer Bruder Carl gleich ihr, wenn auch mit mehr diplomatischen Fähigkeiten und größerer Vorsicht gegen das häusliche Reglement revoltiert. Es hilft also alles nichts, — Fanny wird, durch Carl eingeführt, Mitglied des Ibsenklubs. In diesem Ibsenklub lasen zwanzigjährige Gymnasiasten, einige Studenten und sonstige junge, geistig interessierte Leute beiderlei Geschlechts in heimlichen Zusammenkünften mit glühenden Köpfen und heißen Herzen Tolstoi, Ibsen, Turgenjew, Jean Paul, Lassalle, Bebel. Es war die junge geistige Elite in der kleinen Hanseatenstadt, die sich an solchen Abenden versammelte, und manche von ihnen besitzen im heutigen Deutschland einen künstlerischen Namen.

Fanny bewegt sich zwischen zwei Welten. Äußerlich führt sie weiter das abgeschlossene Leben der jungen Aristokratin, absolviert die üblichen Gesellschaften, verbringt den Sommer auf den Gütern der Verwandtschaft, läßt sich von den Offizieren den Hof machen, flirtet mit ihnen auf Tod und Leben, tanzt die Nächte hindurch auf den Bällen des Landadels und schreibt noch heiß vom Tanz nach einem Ball — auf dem sie zum Entsetzen ihrer Verwandtschaft sämtliche Kotillonsträuße liegen gelassen hat, anstatt sie als gepreßte und getrocknete Heiligtümer aufzubewahren — an ihren Freund:

»... von jungen Mädchen findet man's entsetzlich, wenn sie ein Selbst sein wollen, sie dürfen überhaupt nichts sein, im besten Fall eine Wohnstubendekoration oder ein brauchbares Haustier, von tausend lächerlichen Vorurteilen eingeengt. Die geistige Aus-

bildung wird vollständig vernachlässigt, schändlich ist's, daß man in ihrer Erziehung und Lebensweise immer versucht, ihre Sinnlichkeit zu reizen, um sie zu verheiraten, ›damit sie ihren Beruf erfüllen‹ – und dann vollständig im Haushalt und dergleichen versumpfen ...
Ich will und muß einmal frei sein, es liegt nun einmal tief in meiner Natur, dies maßlose Sehnen und Streben nach Freiheit. Die kleinste Fessel, die andere gar nicht als solche ansehen, drückt mich unerträglich, unaushaltbar – muß ich mich nicht freimachen, muß ich mein Selbst nicht retten – ich weiß, daß ich sonst daran zugrunde gehe.«
Mit dem Freund hat es seine eigene Bewandtnis. Alle Liebe, alle Zärtlichkeit ihrer starken jungen Natur gibt sie dem gleichaltrigen Freund, einem Mitglied des Ibsenklubs. Seltsam spielen Sinnliches, Seelisches miteinander. Die Marienkirche wird der Ort der Rendezvous. Die junge Fanny, beglückt, zum erstenmal einem Menschen zu begegnen, der mit ihr wie mit einem Menschen spricht, macht sich von dem jungen Manne ein Idealbild. Täglich, ja fast stündlich schreibt sie im ersten Jahr an ihn über alles, was sie irgendwie bewegt, interessiert, in Anspruch nimmt, über alles, was ihre Opposition erregt; und ihre Opposition erregt eben alles. Sie ironisiert das häusliche Leben, die elterlichen Gesellschaften, die üblichen konventionellen Gespräche, sie setzt sich irgendwie mit den Anschauungen ihrer Kreise auseinander. Der alte Graf sieht seine Familienehre aufs schrecklichste bladamit befreunden, daß es Pflicht und Zweck der Ehe sei, die miert, wenn Fanny beim zehnjährigen Dienstjubiläum der Köchin Mine am Abend mit deren Bekannten in der Küche singt, tanzt und Bowle trinkt. Eine Schulkameradin fliegt aus dem Seminar, weil sie während ihrer Konfirmationszeit Romane geschrieben hat und nicht zur Kirche geht. Den »Fall« eines jungen Mädchens aus befreundeter Familie beurteilt sie recht ketzerisch – »ich glaub', dafür hab' ich kein moralisches Gefühl. Daß der Fall vor der Hochzeit Mangel an Selbstdisziplin ist, leuchtet mir ein, aber warum ist's dann nachher anders? Die Sache bleibt ja doch dieselbe. Was Gesetz und Kirche dazu tun, ist doch rein äußerlich. Wo bleibt da die moralische Grenze?« Oder: »Ich kann mich nicht Menschheit fortzupflanzen. Man kann vielleicht sagen, es ist so,

und man muß sich diesem Naturgesetz unterwerfen, aber ich finde nicht, daß es das sittliche Gefühl befriedigt.« Merkwürdige Gedanken eines wohlbehüteten neunzehnjährigen Mädchens aus dem Jahre 1890, so merkwürdig, daß die Überraschung nicht ausbleibt. Hier war ein junger Mensch mit Leidenschaft, Temperament, starker Intelligenz und Liebesbedürftigkeit eingesperrt in einen schablonierten Käfig, eingeengt durch die Atmosphäre der Damenkränzchen, immer wieder niedergehalten durch das Drohwort der Familienehre und doch aufbegehrend: »Oh, wie mir diese ganze Aristokratensippe zuwider ist, die Hohlköpfigkeit und Beschränktheit – ach, es ist so verzweifelnd, sich ewig durch diese kleinen, lächerlichen Vorurteile durchwinden zu müssen. Wie es erdrückt, ein ›junges Mädchen aus guter Familie‹ zu sein!« Immer stürmischer begehrt die Natur ihr Recht, und als der platonische Freund zum Studium nach München geht, tritt ein älterer erfahrener Mann an seine Stelle, der es versteht, die Disharmonie zwischen Naturrecht des Körpers und krampfhaft angelernter Disziplin zu lösen. Irgendwann einmal schöpfen die Eltern Verdacht, erbrechen in Abwesenheit ihrer Tochter den Schreibtisch und finden den Briefwechsel. Familienrat – die verlorene Tochter wird zur Besserung in ein ländliches Pfarrhaus gesteckt. In diesem Pfarrhaus lernt sie viel Liebe kennen. Die Frau Pfarrer ist ihr eine bessere Mutter als die eigene, und der Herr Pfarrer hat wiederum merkwürdigerweise Menschenkenntnis genug, um diesem Weltkind weltlich zu begegnen. Heimlich aber erwartet sie den Tag ihrer Mündigkeit, den 18. Mai 1892. Mit tatkräftiger Unterstützung des jungen geistlichen Adjunkten und von ihm geliehenen hundert Mark flieht sie zu einer befreundeten Ibsenklub-Familie nach Wandsbeck. Die Eltern sagen sich von ihr los, sie steht vor dem wirtschaftlichen Nichts; und was ihr einst als höchster Traum erschien, frei zu sein, auf eigenen Füßen zu stehen, wird jetzt wirtschaftliche Notwendigkeit. Das Lehrerinnenexamen gibt ihr gewisse Erwerbsmöglichkeiten; je mehr sie sich aber in diesen Beruf hineindenkt, desto stärker wird der Wunsch, malen zu dürfen, in dem sich jetzt ihre ganze glühende Sehnsucht nach dem Leben konzentriert. In Wandsbeck trifft sie einen literarisch und ibsenklubverseuchten Hamburger Assessor, er nähert sich ihr, zeigt Verständnis für ihre Pläne, erringt mit klugen sympathischen Gesprächen und starkem menschlichen Interesse an ihrem Ergehen ihr Vertrauen, umwirbt sie mit aller gesellschaftlichen Gewandtheit und Courtoisie, arrangiert auf einem Ausflug eine Aussprache und erklärt sich und Fanny als verlobt. Sie macht sich darüber keine Gedanken, es wird wohl so sein – und warum auch nicht? Vorläufig ermöglicht er ihr ein Jahr Malstudium in München. Fanny denkt nur noch an München, – dort wartet die Erfüllung, die Freiheit.

Der aufmerksame Betrachter wird sich vergeblich bemühen, aus dem neuen Bild so etwas wie eine klare, liniensichere Komposition herauszufinden. Dies Chaos von Menschen, Ereignissen, tragischen und heiteren Situationen zu entwirren, ist eine unmögliche und auch ganz unzweckmäßige Aufgabe. Was Sturm und Drang ist, muß Sturm und Drang bleiben, und das brausende, bewegte Leben ist an sich viel zu mächtig und überzeugend, als daß es durch einen ordnenden und klärenden Geist uns auch nur für eine Sekunde verständlicher gemacht werden könnte. Äußerlich angeschaut, spielt sich Fannys Leben in buntem Durcheinander von Malerateliers, verkannten Genies, wirklichen Talenten, Liebe, Freundschaften, Festen ab – dem Schwabing in der ersten Hälfte der neunziger Jahre des vorigen Jahrhunderts. Was geschieht, streift mehr als einmal die Grenze der gesellschaftlichen Moral, und jenseits von ihr steht Fanny Reventlow. Vielleicht wären tausend andere unter die Räder gekommen, sie geht mit der Sicherheit des genialen Menschen und der Distanz der großen Weltdame durch die zweifelhaftesten Situationen, und in dem Maße, wie sie in hemmungslosem Rausch die äußere Freiheit ihres Daseins genießt, formt sich ihr äußerer Mensch. »Die Gräfin war immer Dame«, sagen ihre Freunde von ihr – »ob sie in zerrissenem Kleid und Sandalen mit der Petroleumkanne über die Leopoldstraße ging, ob sie als Schönste und Wildeste bacchantisch auf unseren Festen tanzte oder uns zur Teestunde in ihrem Atelier empfing – – –«

In diesem Erlebnistrubel überfällt sie die Nachricht vom bevorstehenden Tod ihres Vaters. Tag und Nacht reist sie durch, um ihn noch zu sehen. Doch die Mutter, unterstützt vom Herrn Pastor, verweigert der verworfenen Tochter den Zutritt zum

Sterbebett. Die Verzweiflung jener Sterbenacht, das fürchterliche Warten im Bewußtsein, der Vater stirbt, das Gefühl der Ohnmacht gegenüber dem hartherzigen Haß der Mutter vernichten die letzten weichen Erinnerungen an ein Zuhause. Heimat bedeuten für sie nur noch das Husum von einst, der Schloßpark, das Meer.

Irgend einmal – das Datum ist im Mai 1894 – heiratet sie. Ein Jahr lang spielt sie Assessorsgattin in Hamburg, dann geht sie mit Einwilligung ihres Mannes 1895 zum zweitenmal nach München, um ihre Malstudien zu vollenden. Die bürgerliche Enge eines Jahres rächt sich, jetzt überschlägt sie sich selbst in ihrem Lebenshunger. Es kommt nicht mehr auf das Objekt des Erlebnisses an, sondern der Taumel, der Rausch wird Selbstzweck, die Vitalität an sich feiert Bacchanale, und Fanny Reventlow, die körperlichste, sinnlichste aller Frauen, scheint sich völlig aufzulösen im sinnlichen Begreifen der Welt und des Lebens. Vielleicht ist es ihr Selbsterhaltungstrieb, der, um ihre gänzliche Selbstvernichtung zu verhindern, sie plötzlich für drei Vierteljahre aufs Krankenlager wirft und zur Ruhe zwingt. Was davor geschah, wäre tragisch, wenn zwei gleichwertige Kräfte miteinander gerungen hätten. So aber löst sich ihr Mann von ihr, weil er trotz tiefer Liebe nicht stark genug ist, ihre Vitalität, ihren Egoismus, wie er es nennt, zu ertragen und seine Karriere und bürgerliche Existenz gefährdet sieht. Fanny erkennt zum erstenmal, daß sie mit keinem Mann auf die Dauer wird leben können, denn jeder will sie ganz haben, und sie hat zu viel Möglichkeiten, zu viel expansive Kraft und Lebensfreude, als daß ein einzelner ihr gerecht werden könnte. Jeden ergreift sie ganz, wird aber nur zum kleinsten Teil von ihm ergriffen. Die erzwungene Zurückgezogenheit läßt Zeit zum Grübeln und Nachdenken, und so verläßt im Sommer 1896 eine verzweifelte junge Frau das Krankenzimmer, unbefriedigt vom Leben, unerfüllt in ihren Wünschen, mit dem Bewußtsein, niemals ganz erlöst werden zu können. In grauenvoller Verlassenheit sucht sie nach Betäubung und Vergessen. Aber wenn sie aus dem Trubel heimkehrt in ihr großes, kahles, kaltes Atelier, dann packt sie wirklich der Menschheit ganzer Jammer, und die Nacht verhüllt die Qual dieser armen frierenden Seele, die geglaubt hatte, eine Heimat zu finden, und einsehen mußte, daß es für sie nirgends eine Heimat gab, es sei denn, sie besäße die Kraft, aus sich selbst heraus die Einsamkeit zu zerstören, die Erlösung zu gebären und die Heimat zu schaffen. Aus dieser Dunkelheit wächst das strahlendste, sonnigste Bild ihres reichen Lebens hervor. Die Natur ist grausam vernichtend, aber tausendmal barmherziger und aufbauender. Sie nimmt das Schönste und Reichste aus ihrem Schatz, sie gibt Franziska Reventlow ein Kind. Es werden Millionen Kinder geboren und mit Jubel begrüßt, die Seligkeit aber, mit der Franziska Reventlow sich durch neun verzweifelte Monate kämpfte und dann ihren kleinen Sohn anlächelte, mutet in ihrer grenzenlosen Entrücktheit mittelalterlich religiös an. Es war ein Wunder für sie durch sie selbst geschehen, und die, welche in dieser Zeit mit ihr zusammenkamen, fanden nur ein Wort für ihren Eindruck: Madonna mit dem Kinde.

Einer von den jungen Dichtern, die ihr damals nahestanden, Rainer Maria Rilke, legt dem kleinen Rolf diese Worte in den Mund: »Du, alles, was ich weiß und je wissen werde, Du, meine künftige Schönheit und unermeßliche Vergangenheit meiner wachsenden Seele, warum will es Dich grämen, sage, daß ich in den Gassen bin, und daß unser Garten nur bei den Menschen so heißt, während ihn Gott niemals ähnlich genannt hat? Muß ich es Dir denn sagen, daß gerade das meine Sendung war, die zu erfüllen ich mich in Dir erhoben habe, wie der reife Mond aus der reifen Dämmerung der Wiesen? Fühlst Du denn nicht, daß ich gekommen bin, um Dir alles zurückzugeben, was Du einmal verlassen hast um Deiner rufenden Stunde willen? Siehst Du denn nicht, daß gerade dieses Meer, das Du so geliebt hast, in meinen Augen lebt und von meiner Liebe wie von einem Winde bewegt bis an die Ufer Deiner schattigen Gedanken reicht? Erkennst Du denn nicht in meinem Schlafe, wenn Du Dich über mich beugst, das Dunkel der alten Alleen Deiner Husumer Heimat, und mahnt mein Atem Dich nicht an das Wogen der hohen Wipfel unter hohen Himmeln? Bin ich als nur Eines zu Dir gekommen und ein Neues? Ist es nicht vielmehr so, daß ich zu Deiner sinnenden Sehnsucht kam wie eine wunderbare Wiederkehr Deiner Träume und Tage? Und wie könntest Du mich so umarmen wie Du es tausendmal täglich tust, wenn ich nur ein kleines Kind wäre!

Ich habe es längst erkannt, daß Du mich wie Deine Heimat hältst und wie einen Kelch, der bis an den Rand voll ist mit Glanz und Klarheit. Und nur, weil Du mich so empfängst, nicht als ein Fremdes und Enges, nur, weil Du mich so liebst, nicht als ein Neues und Armes und Schwaches, nur deshalb bin ich nicht fremd und eng und darf mich mit jedem Tag schöner und freigiebiger entfalten. Erkenne mich also im Wesen und Wahrheit und habe mich lieb um Deiner Kindheit willen, die ich bin und aus der hinaus ich mich langsam in Dein Leben hebe und darüber hinaus in mich selbst.« –

Von dem Augenblick an, wo das Kind in ihr Leben tritt, beginnt menschlich eine ganz neue Epoche. Das Mutterbewußtsein brachte der Frau und dem Menschen die gänzliche Erfüllung, welche ihr in diesem Ausmaß durch einen Mann immer versagt blieb. Das Kind ist ihr Werk, so ganz nur zu ihr gehörig, so völlig aus ihr gestaltet, daß sie den Vater bewußt vom ersten Augenblick ihrer Mutterschaft an aus ihrem Leben ausschaltet. Kind und Mutter sind eins, und nie mehr wird sie trotz bedrohlichster Lebenslagen in das Gefühl der grenzenlosen Einsamkeit und Unseligkeit jener Tage zurückfallen, wo sie vergeblich nach dem Sinn ihres verlassenen Daseins fragt. –

Zur Hälfte ist das Lebensbilderbuch durchgeblättert. Wird der zweite Teil die Erwartung des ersten erfüllen? Noch immer leuchten die Farben, noch immer überrascht der Gegenstand, aber stärker arbeitet sich ein anderes Moment heraus, die Linien werden betonter, die Form führend, die Konturen lösen sich nicht mehr auf, der Inhalt ordnet sich der Form unter. Vorläufig geht alles noch ein wenig tumultuarisch her. Nach wie vor schreibt Franziska Reventlow kleine Skizzen für den Simplizissimus und die Fischersche Rundschau, erreicht, daß durch die gotteslästerliche Absicht des »Jüngsten Gerichts« der Simplizissimus verboten und wegen Gotteslästerung vor das weltliche hohe Gericht zitiert wird. Um nicht mit dem Kinde zu verhungern, macht sie mit größtem Widerwillen Übersetzungen französischer Dichter und bereitet damit ungewollt und unbewußt die graziöse Stilkunst ihrer späteren eigenen Arbeiten vor. Daß das Geld nie reicht, ist fatal. Die Wege, auf denen dieser Mangel behoben wird – que voulez-vous? Nicht der Inhalt entscheidet, die galante

Aventüre reizt, das Dunkle, Unbekannte, Gefährliche lockt, und wenn die Vitalitätsspannungen in dieser Frau das Abenteuer magnetisch heranziehen und sie ihm mit souveräner Sicherheit die Form gibt, die ihr beliebt – ist da nicht das künstlerische Gestaltungsprinzip in vollendeter Form auf das Leben selbst übertragen und hat sich nicht ihr Künstlertum noch vor den Werken durch ihr Leben selbst erwiesen? War diese Lebensformung nicht Voraussetzung ihres Schaffens? – Die materiellen Existenzbedingungen bleiben auch weiter fragmentarisch und skizzenhaft. Zwangsweiser Wohnungswechsel, häufiger Besuch des altbekannten Gerichtsvollziehers, der in genauer Kenntnis der Wertgegenstände stets freundlich fragt: »Grüß Gott, Frau Gräfin, wo ist denn der Teppich?«, häufiger Besuch des Mont de pitié, wie sich so viel hübscher und dezenter der Franzose ausdrückt – so häufig, daß der kleine vierjährige Sohn sein Spiel mit Bierfilzen in der Schwabinger Brauerei einem jovialen Spießbürger eifrig mit den Worten: »Ich bau' ein Leihhaus« erklärt, sind eben Unannehmlichkeiten, die man manchmal nicht umgehen kann, ähnlich wie den unfreiwilligen Aufenthalt auf einer kleinen mesquinen Bahnstation, aber man identifiziert sich doch nicht damit.
Mitunter kommt von irgendwoher viel Geld. Dann reist man, fährt nach Konstantinopel und Kleinasien, lebt ein halbes Jahr in Korfu, zieht für den Winter nach Rom und für den Sommer ans Adriatische Meer, oder man gibt irgendwelchen Leuten, die es gerade nötig brauchen, Summen, welche als generöse Geschenke aufgefaßt, natürlich nicht zurückgezahlt werden. Überhaupt, man behandelt das Geld als Bagatelle und ist nur manchmal ein wenig unglücklich, wenn sich das Geld für diese nebensächliche Einschätzung durch zu langes Ausbleiben rächt. Im übrigen macht das Bohèmetum bei der äußeren Erscheinung halt. Die Petroleumkanne und die Sandalen sind längst abgetan, und der Beobachter empfindet in der gepflegten Vornehmheit der Gräfin die Internationalität der europäischen Dame. Der Kreis ihrer Freunde wird bewußt enger gezogen. Wenige bekannte Namen aus der Maler- und der literarischen Welt, vereinzelt eine Schwabinger Größe, einige aus dem geistig interessierten Bürgertum verkehren bei ihr. Das richtige Schwabingertum lehnte sie völlig ab und bevorzugte später immer mehr jene Menschen,

bei denen die gesellschaftliche Form nicht unter Genialität, künstlerischer und sonstiger Begabung litt. –

Zu Anfang des zwanzigsten Jahrhunderts lernt sie einen Mann kennen, dessen Bekanntschaft für ihre künstlerische Entwicklung in den nächsten Jahren nicht ohne Wirkung bleiben sollte. Auf Ludwig Klages suggestive Beeinflussung ist das Entstehen der »Ellen Olestjerne« zurückzuführen, die sicher niemals beendet worden wäre, wenn nicht immer wieder der Einfluß seiner formenden Geistigkeit die Gräfin zu jener künstlerischen Disziplin geführt hätte, die das Werk gestaltete. »Er ist der einzige Mensch, mit dem ich fliegen kann«, sagte sie von ihm und fand damit das Wort für die seelische Vertrautheit zweier Naturen, die beide zu stark und eigenwillig waren, um auf die Dauer zusammenzugehen, so sehr vielleicht gerade die Künstlerin immer wieder des Menschen bedurft hätte, der auf ihr expansives Talent unmerklich richtunggebend eingewirkt hätte.

Die »Ellen Olestjerne« bleibt für viele Jahre das einzige Werk. Seltsamerweise ist die Gräfin, der das Schreiben immer wieder ein Zwang und Notbehelf zum Geldverdienen schien, von dem Gedanken besessen, in der Malerei etwas Bedeutendes erreichen zu können. Es ist das einzige Gebiet, auf dem sie in den Jahren 1900 bis 1907 zeitweise konsequent und konzentriert mit großer Befriedigung gearbeitet hat, trotzdem ihr es momentweise immer wieder klar wird, daß hier ihre Begabung nicht im entferntesten zu etwas Außergewöhnlichem ausreicht. Vielleicht ist die verzweifelte Hartnäckigkeit dieser Betätigung aus dem Gestaltungsdrange erklärbar, der zu sinnlich fundiert war, als daß er sich in ein Werk aus Worten und Gedanken, eine literarische Arbeit hätte umsetzen lassen. Immer fallen die Malperioden mit den stärksten Vitalitätsäußerungen zusammen. Mit zunehmenden Jahren der äußeren Lebensruhe verschwindet das Bedürfnis zum Malen fast gänzlich, und an seine Stelle tritt die literarische Tätigkeit.

Im Herbst 1909 verläßt sie, durch mißliche wirtschaftliche Verhältnisse gezwungen, München und geht nach kurzem Pariser Aufenthalt nach Ascona in der Südschweiz, das bis zu ihrem Tode ihr ständiger Aufenthalt bleiben sollte. Eine groteske Formaltrauung mit dem baltischen Baron Rechenberg-Linten macht sie bald in dem kleinen Kanton Tessin bekannt. Der Schwiegervater, ehemals kaiserlich russischer Gesandter in Madrid, ist von der schönen blonden Schwiegertochter entzückt. Doch kurz vor seinem Tod erfährt er, daß die Ehe nur rein vertragsmäßig besteht, und enterbt seinen Sohn. Die Größe des Pflichtteils ermöglicht es trotzdem, bei einiger Vernunft – und etwas resignierte materielle Vernunft ist mit der Zeit über die Gräfin gekommen – für längere Zeit sorgenfrei zu leben. Aber ihr Triumph, endlich einmal das Schicksal überlistet zu haben und schließlich doch den ersehnten Rahmen für das bis dahin »mit Reißnägeln an die Wand geheftete Bild« ihres Lebens zu erhalten, endet mit dem großen Tessiner Bankkrach des Jahres 1914, welchem auch das Rechenbergsche Vermögen zum Opfer fiel. Franziska Reventlow saß am Kamin, als man ihr die Nachricht brachte, welche alle ihre Pläne, alle ihre Hoffnungen zerschlug. Nachdenklich zündete sie sich eine Zigarette an und lachte: »Es filmt wieder einmal.« Es filmte sogar ganz stark in diesem Moment, der plötzlich wie ein Ausgleich höherer Gerechtigkeit die ewige Geldschuldnerin in die Situation der Gläubigerin versetzte, welch ungeahnte neue Möglichkeit sie mit namenlosem Stolz auskostete. Diese ethische Befriedigung bleibt aber auch das einzige Plus, denn die materielle Unsicherheit ist wieder da, nur daß man sie vielleicht nicht mehr mit ganz der gleichen Elastizität und dem gleichen Humor wie vor zwanzig Jahren erträgt. An und für sich beschränkt ja die Begrenzung des kleinen Landes – Locarno – Ascona – Muralto – die Ansprüche, aber von Zeit zu Zeit muß man eben doch reisen. Man fährt also nach Mailand und Rom, nach München, verlebt zwei Winter in der Villa eines Vetters auf Palma di Mallorca, spielt in Monte Carlo, schaut sich Marseille an, muß unbedingt zu einem Rendezvous nach Genua fahren und langweilt sich von Zeit zu Zeit in Zürich. Pläne einer Siamfahrt werden gemacht, und besonders lockend erscheint eine Welttournee mit einem chinesischen Akrobaten, dessen Hauptattraktion Messerwerfen um die Konturen eines lebenden Menschen (nämlich der Gräfin Reventlow) werden sollte. Der Krieg macht durch all diese hübschen Pläne einen Strich. Der russische Paß schützt sie zwar vor deutschfeindlicher Behandlung, aber ihr Geburtsname, den sie auch nach ihrer zweiten Heirat trägt, hatte durch das

Annektionsprogramm ihres Bruders einen zu politischen Klang bekommen, als daß in der neutralen Schweiz nicht Ententefreunde einerseits und deutsche Behörden andererseits sie mit großem Interesse beobachtet hätten. Ohne sich irgendwie politisch festzulegen, stand sie den kriegerischen Ereignissen mit restlosem Skeptizismus gegenüber, empfand sie nur als barbarische Unkultur und konnte aus ihrer internationalen Lebenssphäre heraus der Betonung des Nationalen als des allein Wertvollen nicht anders als fremd und gänzlich ablehnend begegnen. Der Kreis derer, die gleich ihr empfanden, wurde naturgemäß immer kleiner, ihre Abgeschlossenheit immer strenger und die schriftstellerische Tätigkeit intensiver. In den Jahren 1912–18 schreibt sie neben vielen Übersetzungen aus dem Französischen und Amerikanischen »Von Paul zu Pedro«, »Herrn Dames Aufzeichnungen«, die Titelnovelle des »Logierhauses zur schwankenden Weltkugel«, den »Geldkomplex« und den »Selbstmordverein«. Die Bewegtheit ihres Lebens spiegelt sich darin. Den Inhalt, sei er hauptsächlich, sei er nebensächlich, cachiert die Form. Gestaltung ist für diese graziösen Spielereien ein zu schweres Wort. Gestaltung bedingt kompakte Materie, hier aber bleibt, wenn wir hinter die Form greifen, scheinbar nichts als ein flüchtiges Lächeln, eine Geste, ein Blick, ein leise verklingender Rhythmus. Welcher Intensität, Tiefe und Kraft im Erleben und Begreifen die Künstlerin allerdings fähig gewesen sein muß, um durch die Tragik, Komik und Groteske des Daseins, seine Wichtigkeiten und Nichtigkeiten so hindurch zu schauen, daß nur ein Lächeln, eine Geste, ein Blick und Klang bleiben, ahnt der Zuschauer, der in ihren Werken den Brennspiegel des Lebens selbst erkennt.
In ihrem Tode noch blieb das Schicksal seiner Gewohnheit, ihr weh zu tun und sie gleichzeitig zu streicheln, treu. Er ersparte ihr das für sie undenkbare und fürchterliche Alter. Noch konnte ihre Natur sich der sinnlichen Schönheit und Lebensfreude hingeben – sie ging davon, wie man sich an einem heißen Sommernachmittag erhebt, um im Schatten auszuruhen. Das Ende selbst aber geschah unter großen Schmerzen in völliger Einsamkeit. Sie erlag einem alten, tückischen Leiden, und als man sie aus dem kleinen Roccolo oben in den Tessiner Bergen nach Muralto schaffte, konnte keine ärztliche Kunst mehr helfen. Ohne die

Besinnung wieder zu erlangen und ohne von ihrem Sohn, dem liebsten Menschen, den sie auf der Welt hatte, Abschied nehmen zu können, starb sie am Abend des 27. Juli 1918. Die, welche am andern Tage auf dem Friedhof von Locarno von ihr Abschied nahmen, Emil und Elga Ludwig, Klabund und einige wenige Freunde ihrer letzten Jahre, gedachten in trauernder Freundschaft der graziösen Schönheit dieser leidenschaftlichen Frau, deren Wesen und Daseinsform immer aristokratisch geblieben und europäisch geworden war.

München, 1925

Else Reventlow

TAGEBUCH DER GRÄFIN FRANZISKA ZU REVENTLOW

Erste Epoche

Die Ehe

Hamburg, 18. Februar 1895

Mäßig geschlafen, die Kopfnerven aufs äußerste gereizt. Vormittag mit kalten Umschlägen auf dem Kopf gelegen.

Marie Bashkirtseff* zu Ende gelesen. Obgleich ich es dumm finde, muß ich mein Leben mit dem ihren vergleichen.

Es stört mich, irritiert mich beinahe, zu sehen, daß eine so groß angelegte Natur sich nicht aus dem kleinlichen Milieu losreißt, unter dem sie derart leidet, daß ihre Lebenskraft sich schneller verzehrt, wie sie es vielleicht sonst getan hätte. Aber sie hat den Schauder genialer Naturen vor dem Anfassen des wirklichen Lebens und sie sagt selbst: je ne suis ni peintre ni sculpteur ni musicien ni femme ni fille ni amie. – Darin ist das Mittel zum Verstehen einer solchen Natur, es ist ein furchtbares Dokument für die Elendigkeit des ganzen Lebens; warum furchtbar, warum ein so fades Gewohnheitswort? Nichts ist für uns furchtbar, wenn wir Gladiatoren sein wollen. Die meisten, die das Buch lesen, werden das traurige Schicksal der Marie Bashkirtseff beklagen, die mit 24 Jahren an der Schwelle von Erfolg und allem an Schwindsucht starb.

Mein Schicksal wird vielleicht ungleich trauriger sein. In voller Körperkraft, mit großen Fähigkeiten, einen alles niederwerfenden Willen stehen, das Gefühl haben, alles erreichen zu können – und an kranken Nerven erblicher Belastung und einer zertretenen Jugend zu Grunde zu gehn.

Vielleicht. –

Vielleicht werde ich auch noch diesmal es wieder durchhalten und wieder arbeiten können, aber es wird immer wieder kommen, ich werde nie gesund werden, trotzdem mein Körper kräftig und jung ist, es ist, als ob man ein Tier im Kopf hat, das einem das

---

* Die russische Malerin Marie Bashkirtseff, 1860–84, Tagebücher, Briefe.

Hirn allmählich wegfrißt. Ich habe allem andern entsagt, ich will keine Freude, nichts mehr vom Leben wie meinen Rest von Kraft für die Kunst, und wenn die Kraft noch einmal wiederkehrt, dann die ganze Kraft für die Kunst.
In 8 Wochen werde ich in München sein, d. h. ich glaube an nichts mehr, vielleicht werde ich bis dahin viel zu krank sein, um zu reisen. Dann ist es gerade 11 Monate, daß ich von dort fortging. Ich habe nichts verloren von dem, was du* mir gabst, ich habe nur davon gelebt, ich lebe nur damit und dafür, und es ist eine große Kraft in mir.
Und du wirst es vielleicht nicht sehen, daß ich stark bin. Du hast mich die große Entsagung gelernt, daß ich jetzt selbst deinem Glauben an mich werde entsagen können. Es gibt nur die Kunst, nur die Arbeit, das Ziel, das riesenhafte Wollen – sonst nur die große Entsagung.

19. Februar

Etwas besser geschlafen. Schon um 10 aufgestanden, um 11 der Dr. Lange Unterhaltung über meine zerrütteten Nerven, ziemlich zwecklos, da ich selbst viel besser weiß, was mir fehlt, wie er. Kopfweh besser, Stoßstellen noch geschwollen.
Bauchweh keins mehr seit 3 Tagen.
Nachmittags zum Doktor zur Massage, weniger Schmerzen dabei. Liebe noch verboten. Heut im ganzen besser gefühlt, nur den ganzen Abend Kopfweh.
An meinen Memoiren gearbeitet. Da ich literarisch nie anders wie mit Reizmitteln und in künstlich dadurch hervorgerufener Stimmung gearbeitet habe, fällt es mir jetzt sehr schwer, bei gänzlicher Enthaltung von Reizmitteln überhaupt zu arbeiten. An Baschl geschrieben, wollte von ihr die Adresse von Herstein haben. Ja, kleiner Onkel, und wenn ich komme, weiß ich ganz sicher, daß ich einen Verweis für meine Correspondenz mit Baschl bekomme, weil es überflüssig ist.
In 2 Monaten bin ich in M., wie wird es werden?

---

* Die Ehe zwischen dem Gerichtassessor Walter Lübke und der Gräfin Franziska zu Reventlow – auf die Namen Fanny Liane Wilhelmine Sophie Auguste Adrienne getauft – wurde am 22. Mai 1894 geschlossen und 1897 geschieden.

Vergessen und vergessen werden –
Wer lange lebt auf dieser Erden,
Der hat auch diese beiden
Zu lernen und zu leiden.

Abends sehr elend, wahnsinnig nervös, eine Stunde im Balkonzimmer am offenen Fenster gesessen, um wieder vernünftig zu werden.

20. Februar

Gut geschlafen, erfrischt aufgewacht, nachher wieder stumpfsinnig, eine halbe Stunde gegangen, schweres nebliches grauweißes Tauwetter. Das Gehen macht mir Mühe, schwindlich und matt in den Beinen, trotzdem will ich mich jetzt dazu zwingen, damit meine Nerven nicht verrückt werden.

Noch zwei Monate. Ich weiß kaum, wie ich den nächsten Tag ertragen soll, und noch sechzig Tage, und dann? Entweder die Gesundheit oder das Ende von allem. Und die Zeit geht hin. Seit acht Tagen könnte ich arbeiten, wenn es nach meinem Willen gegangen wäre. Dreivierteljahr habe ich gearbeitet. Davon ein Vierteljahr wirklich gearbeitet, so wie man arbeiten muß. Alles andere durch meine und durch andrer Schuld, durch Dummheit, Widerwärtigkeit, Krankheit etc. verloren gegangen. Und nun weiter. Ein halbes Jahr werde ich noch verlieren, um wieder völlig kräftig zu werden. Dann bin ich 24. Bis ich 30 bin, 6 Jahre. Dann muß ich etwas können und ein Kind haben. Bis dahin jährlich ein halbes Jahr in M. Wenn das Kind 1–2 Jahre alt ist, ein Jahr nach Paris, bum bum!

23. Februar

Yvette von Maupassant gelesen, weckt die alte Sehnsucht nach liederlichem Leben in mir auf, d. h. jetzt will ich meine Zeit, Kraft usw. nur noch für die Kunst, aber die Jahre, die ich verloren habe. – Der Champagner war da, doch du trankst ihn nicht. – Und mich reuen die Sünden, die ich nicht beging.

25. Februar

Starke Schmerzen, muß ganz krumm und vorsichtig gehen. Es bleibt den ganzen Tag so. Sonderbar, daß die akuten Schmerzen mich lange nicht so nervös machen, wie die weniger heftigen, beklemmenden. Fast nichts gegessen und das wenige wieder von mir gegeben.

Geschwister Rondoli von Maupassant gelesen. Darin eine Skizze, »Er« überschrieben, die aufs wunderbarste nervöse Angstgefühle analysiert. Ich fürchte mich vor meiner Furcht, vor den Schreckbildern meines Hirns, das beginnen könnte, sich zu trüben, vor der Möglichkeit einer Halluzination. Bei dem Betreffenden treibt diese Furcht ihn dazu, zu heiraten, um nur nicht allein mit seiner Angst bleiben zu müssen. Das ist fehl gerechnet. Entweder wird dich zu zweien die Furcht vor den Gespenstern deines Hirns verlassen oder sie wird sich verkörpern, verkörpern in dem, mit dem du allein bist. Am selben Tage, in der stillsten, tiefsten Nacht, mitten in der heißesten Umarmung wird deine Angst wieder aufschrein, dir wird die wahnsinnige Furcht kommen, der andere wird sich plötzlich in ein Gespenst verwandeln, sich als Vampyr auf deine Brust kauern, oder wenn er friedlich in deinem Arm ruht, wirst du dir vorstellen, daß es eine grauenerregende Leiche ist, die neben dir ruht, oder dich wird es wie Wahnsinn anfallen, daß er plötzlich in Wahnsinn oder Mordlust sich auf dich stürzen könnte, dich erwürgen.

24. Februar

Ist einer Welt Besitz für dich zerronnen,
Sei nicht in Leid darüber, es ist nichts.
Und hast du einer Welt Besitz gewonnen,
Sei nicht in Freud darüber, es ist nichts.
Vorüber gehn die Schmerzen wie die Wonnen,
Geh an der Welt vorüber, es ist nichts.

4. März

Sehr elend. Morgens mit nervösen Angstgefühlen und Einbildungen drei Stunden wachgelegen, nachher ausgeschlafen.
Flaubert (Madame Bovary)
Es gibt Gemüter, die nie zur Ruhe kommen, die abwechselnd des träumerischen Sinnens und des kräftigen Wirkens, der reinsten Leidenschaften und der ungezügelten Genüsse bedürfen, und die darum jedes phantastischen Schrittes, jeder Torheit fähig sind.

4. März

Ich habe nie ein Tagebuch führen können, immer nur zeitenweise, und dann immer wieder liegen lassen. Nur ein Jahr in Lübeck, wo ich am unglücklichsten war, im Winter 89/90, und dieses Jahr, das erste Jahr meiner Ehe.

Ich gehe nun bald fort und werde es in meinem Schreibtisch einsargen. Lebe ich, so wird niemand es sehen, sterbe ich, oder kommt das, was ich fürchte, so wirst du es finden und es lesen.

Es dauert nicht mehr lange, so gehe ich fort von dir, und wie wird es dann sein, wie werden?

Ich lebe jetzt in einer großen und schweren Angst, nicht furchtbar, denn ich bin meiner Angst überlegen, ich sehe ihr ins Gesicht und bin gefaßt, ich weiß ja nicht, ob es kommen wird, ich weiß aber, es kann kommen, du weißt, was.

Das einzige, was jetzt noch mein Leben zerstören kann. Früher war es ein anderes Gespenst, mit dem ich Auge in Auge lebte, die Furcht vor mir selbst und meiner Schwäche. Wie ich zum ersten Mal mich von dir trennte, um nach München zu gehen, da wußte ich nicht, ob ich zu dir zurückkehren würde, ich hatte in den furchtbaren Jahren mein Selbst verloren, ich war mutterseelenallein, ich hatte weder dich noch sonst irgend jemand.

Jetzt gehe ich wieder fort und lasse zum ersten Mal eine Heimat hinter mir.

Und vor mir zwei Möglichkeiten. Entweder Krankheit und Auflösung von allem oder ein starkes Leben für mein Ziel. Und wenn etwas aus mir wird, etwas von dem, was ich will, dann sind es außer mir selbst zwei, denen ich es danke: du und der Onkel.

Dir werde ich es danken, wenn ich wieder werde arbeiten können, und alle deine ganze große Liebe, die mir Ersatz war für die ganze Einsamkeit und Heimatlosigkeit, für alle, die ich verloren habe.

Ihm danke ich, daß ich mein Selbst, meine Kraft wiedergefunden habe, er hat mich davor bewahrt, mich selbst zu zerfleischen. Ohne ihn hätte ich mein Selbst vielleicht nie wieder gefunden und hätte mich selbst zerrissen. Danke du ihm auch, denn wenn ich ihm nicht begegnet wäre, wäre ich dir nie das geworden, was ich dir bin.

Du hast ein großes Herz, du kannst keine Eifersucht empfinden, denn was du mir gewesen bist, warst du mir, du ganz allein,

und was er mir war, das konnte eben nur er mir sein. Er war mein Freund, wie Zarathustra ihn will.
Sage meiner Mutter, sie sollte mir vergeben, ich hätte sie sehr geliebt. Und der Tod versöhnt alles. Wenn ich sterbe, wird sie auch mit mir versöhnt sein. Schuld – wer hat Schuld? – Es war nur alles so unglücklich, die Geschwister will ich auch grüßen. Sie haben alle nicht gewußt, was sie taten. Catty* soll nicht traurig sein, daß er mich um der andern willen gelassen hat. Er hat die andern auch eine Zeitlang um meinetwillen gelassen. Das habe ich ihm nie vergessen.
Und wenn es jetzt das Richtige für sie war, glaube auch ich, daß er recht gehandelt hat.
Sage ihm das, wenn du willst, aber bleibe ihnen fern um meinetwillen, sprich nicht mit ihnen über mich.
Das soll kein letzter Wille sein, kein Wunsch, ich spreche dir nur mein Gefühl aus, und wenn ich tot bin, so habe ich das Gefühl ja nicht mehr, und du kannst tun, was du willst.
Ich sage, wenn ich tot bin. Das ist ja nicht, was ich meine. Ich meine das andere. Du glaubst, ich bin jetzt krank. Nein, ich weiß es besser, ich war immer krank und ich kann nicht gesund bleiben. Früher oder später wird es kommen, wenn ich nicht früh sterbe, so ende ich doch im Wahnsinn. Ich fühle ihn täglich herankommen, ich wehre mich mit ganzer Kraft – aber wie lange? Früher oder später wird es vorbei sein.
Mein ganzes Leben war Leiden.

My heart was hot and restless
And my life was full of care
And the burden laid upon me
Was greater than I would have.

Du hast mir zuletzt noch Glück gegeben und ich habe dich glücklich gemacht – das danke ich dir, du mein Geliebter, mit meinem letzten Lebewohl!

*

Auf dem Petersberge, 22. Mai 1895

Mein Hochzeitstag vor einem Jahr. Heute liege ich hier oben

* Der jüngste Bruder, Graf Carl zu Reventlow.

im Bett in meinem weißgestrichenen hellen Zimmer oben auf dem Berg, mit vier Fenster auf den Inn und auf die Berge — und kann so ruhig an damals denken.
An den wahnsinnigen Tag — und wie eine sich lösende Entzündung ist der Entschluß in mir aufgebrochen, alles zu sagen, mich zu lösen von diesem Bann und von Schuld und Lügen.
Es wird ein namenlos großer Schmerz und ein großes Zerreißen, und kommt doch wie etwas von Frieden über mich.
Damals, an dem Tage, o da war ich sehr stark. Da brach alles Glück hinter mir und vor mir in eine öde, endlose Verzweiflung zusammen. Konnte je ein Mensch einsamer sein? Meine Eltern und Geschwister verloren, von mir gestoßen, den verlassen, den ich geliebt hatte mit der Leidenschaft, die es unwiderruflich nur einmal im Leben geben kann, und nun mit dem Kind von ihm unter dem Herzen zu dem fremden Mann, den ich nicht geliebt hatte, mit dem mich nur ein flüchtiger Sommerrausch zusammengeworfen, von dem bei mir nichts, bei ihm eine Illusion von weiterem Glück zurückgeblieben war.
Auf diese Illusion und auf meine zerrüttelte, zerknackte Leidenschaft zu dem andern bauen wir unser Glück auf, lassen uns vom Standesamt und Priester zusammenschmieden.
Auf dem Kopf trage ich Myrthenkranz und Schleier, und da sieht man garnicht mehr, daß ich kurze Haare habe, und ich bin blaß und habe große Augen und sehe brautmäßig aus und beinahe schön — denn ich habe mich sehr lange im Spiegel gesehen, weil es mein zweites Ich sehr interessiert, wie das erste sich heut machen wird. Vor der Trauung war ich eine Stunde allein, oben, man mußte der jungen Braut doch etwas Ruhe lassen, sich zu sammeln an diesem Tage. Und da hat sie auf dem Bett gelegen und noch einmal, zum letzten Mal so sinnlos über das Vergangene und über das Jetzt geweint — und in die Zukunft hinein, und so trostlos gleichgültig sogen die verschwiegenen weißen Betttücher den letzten verzweifelten Jammer ein.
Nur eine halbe Stunde, genau nach der Uhr, wußte ich, so, nun muß ich aufhören, zu weinen, und wieder ordentlich aussehn und glücklich aussehn. Und dann kam der andere herauf, um mich zu holen, und er war glücklich und froh, und ich wurde lustig und ein Witz über den andern, über den Derwisch, der

uns trauen sollte und über den Myrthenkranz und über alles mögliche.
Und der fette, freundliche Derwisch mit seiner übermodernisierten Traurede. Und dann: Ich frage, dich, du Jungfrau etc., ob du diesem Mann folgen willst.
Und das fremde Kind in mir mit seiner ahnungslosen Gegenwart. Eine Art Freude in mir bei alledem, ein Stolz, so va banque zu spielen, so ganz allein und so ganz stark, die Kraft, die niemand ahnte, schwoll in mir empor. Fort comme la mort, jetzt für immer und nie mehr und nie wieder schwach. Die Stunde der großen Verachtung, in der alles brach, nur die Kraft nicht.
An meinem Geburtstag bin ich von München gekommen und hier herauf, allein und mit ganz neuen sündigen Erinnerungen, mit einer neuen frischen Maisünde und da bin ich wieder jung und froh und gesund geworden.
Ich hatte den wieder gesehen, von dem das Kind war und da war auch das vorbei, die ganze Leidenschaft einfach vorbei, und es hat sich in einer furchtbaren Last von mir heruntergerungen als Antwort auf seine Frage: Nein, es ist vorbei, ich liebe dich nicht mehr. Kein Vorwurf und keine Reue, das weißt du, aber eben überhaupt nichts mehr. Das ist vorbei.
Und ihm war es heimlich leid, denn er möchte mich jetzt lieben, damit ich ihm nicht über den Kopf wachse in meiner neuen Kraft, die aus der emporgewachsen ist, die er mir einst suggeriert hat. Und er hat gesagt, es ist noch nicht zu spät, er würde mich jetzt lieben können. O ja, es ist zu spät für uns beide. Meine Liebe zu dir hat zu viel ertragen, daran ist sie draufgegangen, vorbei wie eine heiße akute Krankheit.

*

Dann bin ich hingegangen zu einem andern, heiß und fröhlich, mit Weinlaub im Haar – o ja, ich habe es gefühlt, es brannte mir förmlich am Kopf und sengte das alte Trauerspiel da fort – – und einfach in seine Arme hinein: Da bin ich, da hast du mich, wenn du willst.
Und eine Nacht in Glück und Wonne und Rausch und Vergessen. Die Lampe hat ganz leise und verschwiegen gebrannt und der Regen an die Scheiben geschlagen.
Und dann hat er alles dunkel gemacht und ist zu mir ins Bett ge-

kommen, und unsere Körper, die sich vorher nie gesehen hatten, umschlangen sich, daß die Flammen zusammenschlugen und die Lust in wilden Funken sprühte. Am Morgen sind wir aufgewacht und haben uns gesehn, und dann neue Lust, frische, kräftige morgenfrühe Lust.

Und dann noch eine Nacht.

Den nächsten Tag hier herauf, so herrlich müde, so schlaf-selig, den lendemain des amours in allen Gliedern. Langsam in dem stillen Mairegen den Berg hinauf. Da fiel mir wieder ein, daß mein Geburtstag. Wie lächerlich, an so etwas zu denken. Aber so frisch und jung hat noch keines meiner Jahre angefangen. Es war immer nur Leid.

Dann kam es mir plötzlich, als ob das vergangene Jahr sich von mir abschälte, Borke auf Borke abbrach und fortkrümmelte, fortstäubte, so wie eine große Befreiung, daß ich Walter nun alles sagen muß. Es muß alles heraus, herunter. Ich muß mein Leben wieder da herausreißen. Wenn ich auch sein Glück zerbreche, ich werde ihm dafür die Wahrheit geben, etwas weit besseres. Ich habe ja auch kein Glück. Es zerbricht, wo ich es anfasse.

Eine kurze Zeit habe ich ihm Glück geben können, er war glücklich, und ich wollte mit meinem ganzen Willen, daß er glücklich sein sollte. Ich dachte, so meine Schuld wieder auszutragen. Aber nun eine neue dazu und dann vielleicht wieder eine und immer wieder eine. Lüge auf Lüge und so Weib, so feige und listig. Nein, ich habe große Kraft gebraucht, um so zu schweigen, jetzt weiter zu schweigen, würde nicht mehr Kraft sein. Ich würde jetzt aus Schwäche schweigen. Um nicht zu zerstören. Um nicht sein Glück und mein letztes Anrecht auf Glück zu zerstören. Nun muß auch das sein.

13. Juni

Wieder und wieder im Venusberg. Alles, was an Sinnlichkeit und Leidenschaft in mir ist, wie im Sturm aufgewacht.

Und Schorers bleiches Gespenst begegnet mir jedesmal in M., und A., dem ich von meinem Verhältnis gesagt habe, will mich wieder zu sich reißen, und Walter kommt in eineinhalb Wochen. Mit meinen Nerven ist es dabei wieder die alte Leier und mit meinem Leiden auch. Nächte schlaflos.

O wär' ich zur Ruh erst und alles vorbei.

14. Juni

Vor 2 Jahren Todestag meines Vaters, vor einem der meines Kindes, und dazwischen ist mein ganzes früheres Leben gestorben. Wie ruhig und kalt denke ich jetzt an meine Mutter, an die Geschwister, wie man an Tote denkt. Und zugleich bereite ich mich darauf vor, das letzte, was mir geblieben ist, selbst zu töten. Walters Liebe, der mich liebt, wie nie sonst jemand. Dann wird auch das vorbei sein, in wenigen Wochen vielleicht schon, und dann nur noch das Schaffen, und dann werde ich wirklich mit meinem Blut arbeiten, denn »die viel tausend schweren Wunden«. Irgendein blödes altes Gesangbuchlied, von dem mir nichts geblieben ist wie diese eine Zeile.

16. Juni

Ich fühle mich krank und ein lähmendes Katastrophengefühl. In acht Tagen ist Walter da. Es wird furchtbar sein, mit ihm zusammenzusein mit dem Gefühl dessen, was kommen muß.

Und wie lange werde ich es ertragen, so neben ihm herzugehn – ich, die glaubte, das ein ganzes Leben hindurch zu können. Mir ist jetzt, als ob ich keinen Tag mehr vermöchte, den Aufschrei zurückzuhalten, der gewaltsam aus mir hervorwill. Endlich Wahrheit, doch noch einmal anfangen zu leben. Und das Leben bei ihm war so weich, so warm, so ruhig, so gut. Es war so gut, einmal so geliebt zu werden, wie ein krankes Kind. Er hat eine große gute Seele und ist stark und hat ein weiches Herz, wie ein Kind. Er ist wohl der erste Mensch, vor dem ich eine unbegrenzte Achtung habe, den ich nie schwach fühle. Und eine stille, tiefe Liebe zu ihm, aber das ist wieder sonderbar, dem ich nicht Geliebte sein kann. Ich könnte mit ihm leben, meine Gedanken, mein Streben, all das mit ihm teilen, wie mit keinem andern, und meine Sinne, meine Leidenschaften ihm gegenüber schwiegen, und was das Verhängnisvolle für unser Zusammenleben ist, sie gehen andern nach. Und bis dahinein wird er mich nicht verstehen können, eben weil er mich mit ganzer Leidenschaft liebt. Es wird furchtbar sein, ihm das zu sagen, aber es gehört mit zur vollen Wahrheit. Er muß es oft empfunden haben, daß ich kalt war, und doch weiß er, daß ich sehr sinnlich bin. Dieses Jahr hat er das alles auf meine fortwährende Krankheit geschoben, jetzt würde er es doch bald herausfühlen müssen.

Warum habe ich jetzt auf einmal eine so wahnsinnige Sehnsucht nach Wahrheit, nach unbedingter, erbarmungsloser, vielleicht alles zerstörender Wahrheit?

Ich weiß nicht, wie ich es ertragen soll, ihn nicht gleich aufzuklären. Und dabei solch nervöse Angst vor dem Gewaltsamen. O Gott, meine Hände sind verflucht, alles zu zerreißen.

Ich habe den großen, furchtbaren Fehler begangen, mein verfahrenes Leben an ein anderes zu binden, noch dazu mit einer Lüge zu binden. Ich weiß nicht, ob alle Schuld sich rächt, diese Schuld muß sich rächen – und wird sich an anderen mehr rächen wie an mir selbst. Von mir weiß ich, daß ich die einsame, harte Kraft habe, ein Leben, wie es jetzt werden wird, noch einmal auf mich zu nehmen.

6. Juli
Neubeuern

Ich habe nie aufgeschrien, nie, auch unter dem Allerschwersten nicht. Aber jetzt schreit es in mir auf unter allzufurchtbaren Schmerzen. Walter ist fortgefahren, ich bin eine Nacht allein. Wir waren jetzt 14 Tage zusammen hier und das Sonderbarste und das Schwerste ist, ich kann mich selbst nicht mehr verstehn. Einmal ist doch alles gebrochen gewesen, nichts wie Verzweiflung und harte einsame Kraft, alles Glück, alle Freude so erbarmungslos aus und vorbei, und ich war doch ungebrochen, es war Jubel in mir, Triumphzug in das Leid hinein.

Und jetzt: ja, es ist einfach zu furchtbar: Ich bin verzweifelt. Es ist so unsagbar fürchterlich, was ich an ihm getan habe. Ich selbst bin so furchtbar, ja, ein Knäuel wilder Schlangen, die selten beieinander Ruhe haben.

Damals die maßlose Leidenschaft für A., die mich gleichgültig gegen alles machte, um deretwillen ich alles kalt zerstört habe, alles kalt zerstört und brennende Reue daraus geerntet.

Und dann kam die tiefe ruhige Liebe zu Walter. Wie ein geschundenes Kind hab' ich an seinem Herzen gelegen, so unendlich wund und krank und sündig, und einen kurzen Augenblick geträumt, daß ich eine Heimat habe, und stilles ruhiges Glück klang wie ferne Glocken zu mir herüber.

Wie gut war es, einmal so verstanden zu werden. Und er hat mich verstanden wie nie jemand, und geliebt, wie nie jemand –

und ich habe ihn belogen. Wie gut war es, in seinem Arm zu schlafen, wie bei einer Mutter, wie gut, krank zu liegen, wenn er das vorspielte von Chopin mit den Glocken. Und das Elend und die Schuld, das schwieg alles, ich wollte ja so gern vergessen. Meine Sinnlichkeit schwieg oder sie dachte an einen andern. Sonderbar, daß ich ihm gegenüber nie eine starke sinnliche Empfindung gehabt habe. –

Was geschah dir, Weib, daß du so bleich und daß du so lustig bist?
Meine Augen haben zu viel geweint, mein Mund hat zu viel geküßt.
Mein Leben war Schmerz, mein Leben war Weh in all meiner jungen Zeit –
Da hab' ich zu tief hineingesehn ins unergründliche Leid.
Meine Hände sind verfemt und verflucht, sie griffen zu wild nach dem Glück,
Und es brach und zerriß und zerstob und entschwand und fand sich zu mir nicht zurück.
Und mein Leben war jung und war reif und heiß und die Sünde so süß und so schön,
Sie riß mich in glühenden Taumel hinab und ich wurde ihre Priesterin.
Es wehte und trieb mich im Leben umher manch heißer, sengender Wind,
Meine Eltern weinten in stiller Nacht um ihr verlorenes Kind.
Es fuhr seitdem durch mein Leben hin manch toller, sengender Wind.
Jetzt brennt mir's im Herzen in wüster Stund, wo alles so heiß und so lustig ist,
Die Tränen, die geflossen um mich und die Lippen, die ich geküßt.
Meine Augen blickten oft abgrundtief in den Jammer – in sündiger Nacht,
Wenn wieder im Arm mir ein andrer schlief, mein Mund hat immer gelacht.

Zweite Epoche

Erwartung

Neujahrsnacht 1896–97

Um 10 Uhr nach Haus gekommen. Alles dunkel und kalt. Zündhölzer gesucht, Licht gemacht, Feuer angezündet und nur dagesessen. Denke daran, wie ich als Kind die Neujahrsnacht eines Unglücklichen von Jean Paul las, mit Entsetzen daran dachte, wenn's mir auch so ginge. Und es kommt mir vor, als ob es jetzt so weit mit mir wäre; alles vorbei und keine Hoffnungen mehr.

Und ich bin noch so jung, ich könnte noch so glücklich sein und glücklich machen.

Aber ich suche eigentlich nur nach dem Mut zu sterben. Und ich bin 25 Jahre alt.

Seit vier Monaten habe ich Walter nicht gesehn, und ich ertrage es nicht ohne ihn. Sonderbar – und mit ihm ertrug ich's auch nicht. Ich komme mir vor wie jemand, der zum Tode verurteilt ist und zum Leben möchte. Seit ich ihn nicht mehr habe, fühle ich eine ganz wahnsinnige Liebe zu ihm und eine nagende Sehnsucht.

Ich bildete mir immer ein, mein Leben müßte etwas Fabelhaftes, Großes und Reiches werden, aber es geht mir alles immer wieder in Trümmer. Vor sechs Jahren schrieb ich in der Neujahrsnacht an Emanuel*. Damals war mir zum erstenmal aufgegangen, was Jugend und Liebe ist. Dann kam München, die Erfüllung, Malerei, und dann zerbrach wieder alles. Ich wollte mich an meine Kunst halten, sie ist mir immer das Höchste gewesen – da kam die Krankheit, die hat mir alles genommen. Die Kunst war und ist ja das einzige, an dem ich mich zusammenreißen kann, aber ein kranker Mensch kann nicht arbeiten.

Dieser Sommer – Gott, da jubelte wieder alles in mir – ich war gesünder und dachte mir, nun ist alles möglich. Ich wollte Walter behalten und die andern alle auch – was habe ich in der kurzen

---

* Der Jugendfreund aus der Lübecker Zeit Emanuel Fehling.

Zeit alles erlebt – einen nach dem andern. Warum fühle ich das Leben herrlich und intensiv, wenn ich viele habe? – immer das Gefühl, eigentlich gehöre ich allen. Und dann wieder der haltlose Jammer, daß ich dadurch gerade den Einen verliere, der mich liebt. Warum gehn Liebe und Erotik für mich so ganz auseinander? Walters Entsetzen, als ich ihm die Wahrheit sagte, für ihn war's unfaßlich. Und ich habe ihm noch lange nicht alles gesagt. Kein Mensch würde mich verstehn, wenn ich ihm alles sagte. Er würde mich als Abschaum der Menschheit empfinden – die meisten würden es. Und doch gibt es Tausende von Frauen, die so leben, die meisten freilich wohl aus Muß – bei mir war es manchmal auch ein Muß. – Aber warum jetzt seit unsrer Trennung diese unglückliche Liebe zu Walter, der mir jetzt ferner steht als irgendeiner von den andern? Bilde ich es mir ein, ist es nur, daß man sich immer nach dem sehnt, was rettungslos verloren ist – oder die ungeheure Sentimentalität in mir – das alles haben wollen, oder das Gefühl, daß er immer noch eine Art Halt für mich war, nicht ganz herunterzukommen? – Mein Gott, dieses Herunterkommen gibt es ja eigentlich nur äußerlich. Wer sieht oder merkt mir an, was ich erlebt und getan habe, solange ich es in meinem äußern Benehmen nicht merken lasse. Und innerlich ficht es mich so gar nicht an – fühle ich mich gar nicht dadurch berührt. Darum schweige ich über so vieles gegen andere. Aber was ist das für ein Leben, das ich führe, diese Misere. Und ich komme und komme nicht heraus, immer noch Schulden. Von denen weiß niemand. Bei Frau X. hab' ich meine Glanzgewänder, aber sie gehören mir nicht, ich muß sie immer als Pfand dalassen. Wenn ich dahin gehe, ziehe ich mich schön an und bin wie in einem andern Leben. Man weiß auch nicht, wer ich bin, und mit meinen Bekannten komme ich auf diesem Wege nicht zusammen. Damit habe ich Glück gehabt, nie jemand getroffen. Aber mich hier herausziehn lassen, mich etablieren lassen – wieder die alte Geschichte; ich kann meine Freiheit nicht aufgeben, und dann wäre sie hin, wenn ich auch ein besseres Dasein hätte. Dann wär' ich offiziell darin und könnte nie wieder heraus. – Ich bin eigentlich ein großes Schaf, vielleicht brächte ich es soweit, in Glanz zu leben, aber ich hätte dann alles andere nicht, meine absolute Freiheit und mein Leben für mich, das ganz von dem

andern getrennt ist. Wenn ich nicht mag, verkrieche ich mich dahinein und bin verschwunden.
Aber all die Leute, die mit von mir leben, – ist das nicht eine törichte Schwachheit – L., aber was würde aus ihm, wenn ich ihn nicht über Wasser hielte, und er ist mir zuviel wert, ihn fallen zu lassen. Und die T. Und ich lebe in dem schäbigen Atelier und bringe es nicht soweit, mir Kleider oder Schuhe zu kaufen und ordentlich zu leben. – Dort trinke ich Sekt, wenn ich will und lebe einen Abend wie im Schlaraffenland und amüsiere mich. – Doch manchmal mag ich von alldem nichts wissen und lieg' hier herum. Ich bin in letzter Zeit wieder so elend, so kaputt, krank, und mir ist, als ob bald alles aus wäre. Alles möcht' ich ins Grab legen und mich dazu.
Sollte es doch sein, was ich manchmal zu ahnen glaube – das wäre wieder ein Hoffnungsschimmer, von dem ich leben könnte. Neues Leben – aber lieber nicht daran glauben. Vielleicht ist dies Jahr mein letztes.

Januar 1897

Die Ärzte sagen, es kann nicht sein, aber ich glaube es doch. Der zweite Zeitpunkt ist vorüber, und ich habe so seltsame Gefühle. So krank, matt und elend, die Ärzte suchen immerfort an mir herum, vermuten die Lunge. Ich glaube, Dr. v. Noorden* fürchtet, daß es mein Ende wäre und will es deshalb nicht glauben. Ich weiß nichts mehr wie Furcht, Hoffnung und Sehnsucht nach Walter.

Professor Klein hat mich untersucht, es ist doch so. Das war ein froher Tag. Es ist mir lange, lange nicht so zumut gewesen. Jetzt Symptome, die es mir bestätigen. Augenflimmern und die sonderbare Übelkeit. Die nächsten Tage ebenso.

Es ist jetzt kein Zweifel mehr. Ich bin froh und ruhig. So elend, daß ich kaum durch Zimmer gehn kann. Und denke nichts andres mehr. Ein Kind. Ein Kind. Mein Gott.

20. Januar

Es ist unwahrscheinlich, daß ich es zu Ende bringe, aber ich will

---

* Der Chirurg und Orthopäde Dr. Werner von Noorden.

mich wenigstens so lange freuen – mir wenigstens einmal alle Seligkeit der Welt träumen.
Ich habe mein Kind, das ich vielleicht nie sehn werde. Ich habe es so lieb, als wenn es schon da wäre.
Liege nachts viel wach, mit furchtbarer Nervosität, Erschrecken usw. Wenn ich dann an das Kind denke, wird mir ruhiger. Ich bin nicht mehr allein, der Wahnsinn der völligen Einsamkeit geht von mir. Ich fühle sein kleines Leben mich beunruhigen, ein so seltsames und wundervolles Gefühl.
Morgens ist's am schlimmsten. Vor Augenflimmern kann ich oft gar nicht sehn, nach ein paar Stunden erst wird's besser. Ich liege nun schon sechs Wochen.

Februar

Gehe wieder aus. Mit viel Angst, mir wird so oft schlecht. Monsieur* ist wieder da, für mich eine große Freude. Ich habe es ihm gesagt, er schaut sich um, gerade wie Professor Klein. »Ja, was wollen denn Sie mit einem Kind anfangen?« – Ich muß lachen, im Grunde weiß ich wirklich nicht, wie es werden soll, wenn ich so elend bleibe. Die alten Auswege mag ich jetzt nicht mehr suchen. Das Gefühl, daß ich ein Kind in mir trage, macht mir alles unmöglich.

*

Krank war ich wieder und wie. Glaubte schon alles zu Ende. Lag drei Tage mit starkem Fieber ohne jede Pflege, außer, wenn jemand kam. Der Hausmeister hat selbst eine kranke Frau und all ihre Arbeit. Ich muß schwere Gegenstände an die Wand werfen oder, wie neulich, Revolver schießen, damit er mich hört. An einem Tag acht Stunden lang nicht möglich ein Glas Wasser zu trinken, weil niemand kam. Versucht aufzustehen, aber ohnmächtig. An einem Tag kam der gute S. hereingepoltert und warf meinen Spiegel, der auf der Staffelei steht, in Scherben. Ich hörte es halb im Fieber und dachte, die Welt ging unter. Abends ging's dann besser. Monsieur kam und gab mir aus meinem berühmten Sektglas Selterwasser zu trinken. Wundert sich über meine Fröhlichkeit.

---

* Rechtsanwalt Dr. Alfred Friess (Monsieur, Belami).

Dann kam Rolf* eines Tages. Wir hatten uns seit Preetz nicht mehr gesehen. Er ist gerade so heruntergekommen wie ich.
– Ja, ich fange wieder an zu leben mit einer Freude, die ich nicht mehr für möglich gehalten hätte, als ob alles noch einmal frisch und neu wäre und schön anfinge. Mein Kind, mein Kind, wenn ich nur am Leben bliebe und es nur behielte. Aber ich hab' keine Angst, wenn ich nicht will, werde ich nicht sterben.
Während des Krankseins hab' ich gefühlt, wie alle meine Hoffnung jetzt daran hängt – daß man ein Kind schon liebhaben kann wie ein wirkliches, wenn es erst elf Wochen sind. –

Alles an Walter geschrieben – wenn ein Wunder geschehen könnte – aber es wird nicht geschehen. Solche Gedanken kann nur ein Weib haben, das in der Hoffnung ist. Aber ich sehne mich mehr als je nach ihm! A. ist mir unerträglich, seit ich es weiß. Und er hängt an mir wie eine Klette. –
Ich will ihn fort haben, von selbst soll er fort.

7. Februar

Dunkles Frühlingswetter. Mir ist schwer zumut. Dazu Sonntagmorgen. Eine schlechte Nacht, soviel an Walter gedacht, und die Erinnerungen brannten und schmerzten. Nur einen Menschen, der zu einem gehört.
Dachte an unsere Sonntage, wenn wir zusammen waren.
Einen furchtbaren Druck auf dem Kopf. Ich fürchte manchmal, den Verstand zu verlieren. Und hier herumliegen in dem trostlosen Atelier, schlepp' mich manchmal vom Divan ans Fenster, liege da im Klappstuhl, den alten schwarzen Koffer als Tisch vor mir. Jetzt graust mich die Misere so, ich möchte alles um mich herum schön haben.
– Soll ich an jemand von den Leuten in D. schreiben? Denke viel darüber nach, aber ich mag nichts davon wissen, mag nicht, daß mich jemand in dieser Umgebung sieht, und sie könnten es für einen Erpressungsversuch halten. Der Sohn war einmal hier, weiß Gott, wie er mich aufgefunden hat. Ganz entsetzt und höchst erstaunt. Macht mir allerhand Vorschläge – ich mag nicht, und er hält mich für verrückt. –

* Der Vetter Baron Rolf von Brockdorff.

Ich soll wenigstens später wiederkommen, fehle dort so sehr. – Ist es ein Rest von Moral oder was, aber ich mag nicht dran denken. Ich kann nur an mein kleines Kind denken. –
Heute meine Gedanken immer bei Walter. Ich habe einen verrückten Gedanken, zu ihm hinfahren, ihn noch einmal sehn und dann sterben, mich töten.
– Nein, gestern war ich wohl ganz außer Verstand, aber es kommen oft solche Gedanken, und ich kann sie nicht loswerden. Mich töten, es verfolgt mich wie eine fixe Idee.
Dabei hänge ich mehr als je am Leben, gerade jetzt, überhaupt erst jetzt. Mein Kind – all meine Hoffnungen, daß mein Leben noch einmal sich aufbaut. Aber es ist einfach krankhaft, Gott sei Dank, daß ich mir das immer wieder in lichten Momenten sage. Nur das äußere Elend benimmt mich wohl so. Was Walter mir schickt, reicht nicht, die T. ist noch da und L. – Und Schulden. Von A. will ich nichts nehmen, ich muß ihn los sein und darf ihm nichts zu danken haben. Zerbreche mir den Kopf, wie's werden soll.
– Mit T. Schluß gemacht, sie ist fort, dann kann ich's eher. Muß an mich selbst denken.

Lauter Elend um mich her. Die alten Hausmeister in Verzweiflung, er auch krank. Ich gehe in meinem roten Schlafrock hin und her, von mir zu ihnen, und werde selber jeden Moment ohnmächtig. Freitag will ich nach Köln fahren.

Nachmittag

Sonniges Schneewetter. Ich muß die Reise noch aufschieben. Mehr Ruhe in mir. Sitze im Halbdämmern am Fenster. Was soll draus werden? Wenn ich nur arbeiten könnte. – Und die Geldnot. – Gestern geträumt, daß ich Morphium nahm und dann doch leben wollte.

16. Februar

Ich bin wieder still geworden. Walters Brief hatte mich ganz verzweifelt gemacht. Und krank, immer wieder krank. Wenn ich es nur durchmache, nur einen Tag drüber hinaus lebe, damit ich mein Kind wenigstens sehen kann.
Manchmal träume ich mir, wie ich in einem schönen Garten gehe und das Kind in einem weißen Kleid trage.

Meine Kiste mit Sachen von Walter, Zeichnungen, Briefen etc. – ach, das Losreißen, was so weh tut. Draußen ein so sonniger, warmer Tag, und die Dämmerzeit ist so frühlingssehnsüchtig.
Ach, Walter, nur dich noch einmal sehn, noch ein gutes Wort von dir in all dem Elend.

26. Februar

Morgen fahre ich nach Köln, muß ihn sehn. Ist es ein Wahnsinn oder was, daß ich immer an ihn denke? Es zieht so unheimlich an mir, daß ich doch vielleicht sterben muß.

Abends

So weihnachtlich ist mir zumut, morgen ihn zu sehn, mit ihm zu reden. Das Herz ist mir voll von all dem ahnenden Glück und dem alten Schmerz. Ich möchte es einmal vor einem Menschen ganz ausschütten dürfen, und das kann ich ja bei ihm. Eine seltsame Zuversicht, daß mir jetzt nichts widerstehen und er noch einmal mein Freund sein könnte.

29. Februar

Und das war alles: »Wiedersehn ausgeschlossen«.
Das war alles.
Mit Mühe hab ich mich auf den Füßen gehalten an dem Morgen. Das Telegramm und das fürchterliche Gefühl: alle müssen mir's anmerken. Konnte kaum die Tränen zurückhalten und kaum sprechen. Dann bin ich in den Dom gegangen, hab' lange hinter einem Pfeiler gesessen und an mein Kind gedacht. Das ist jetzt alles, alles, was ich habe.
Ihr wißt alle nicht, was Liebe ist, seid alle hart. Es ist eine seltsame Wiederholung in meinem Leben, meine Mutter – du. Und ihr wollt lieben können.

Aber ich versteh's ja auch, daß mich niemand begreifen kann. Bei dieser traurigen Rückfahrt wieder eine Begegnung, und der Abend in Frankfurt mit einem ganz fremden Menschen. Mir kommt es nachträglich vor wie ein Traum. Was er mir sagte und vorschlug, und dabei doch die Freundlichkeit und Warmherzigkeit – ich wollte jetzt nichts davon wissen, hab' aber seine Adresse. Und die Szene beim Abschiednehmen war sehr merkwürdig.
Dann der kleine Junge im Bahnhof, der sich zu mir setzte und

seine Geschichte erzählte. Brachte ihn noch ins Hotel und zahlte ihm sein Zimmer und Essen, und dann wieder weitergefahren. Walter würde das alles wieder nicht begreifen.

2. März

Wieder gemalt, o Gott, könnte ich doch jetzt dabei bleiben. Aber der Himmel will es nicht. Ich muß Arbeit suchen, von der ich leben kann.

Doch ich bin wieder gesünder, daß ich nur überhaupt etwas tun kann. Der Mann aus Frankfurt hat mir 100 M. geschickt und geschrieben, daß ich mich später an ihn wenden soll. Vorläufig liegt mir das alles so fern, ich mag nur an mein Kind denken. Brief von Walter, daß ich kopflos gehandelt hätte. Das klang so ähnlich, wie es meine Mutter mir gesagt hat. Das ist also immer das Letzte, was Liebe geben kann, Mutterliebe und die des Mannes, der einen am meisten geliebt hat.

Da verstehe ich die Liebe doch anders und besser, trotz allem. Und der wildfremde Mensch, dem ich von mir erzählte, hat wenigstens an meine Not gedacht. Walter nicht einmal, daß die Reise das Leben für einen Monat war. –

Ich muß jetzt des Kindes wegen besser für mich sorgen. Quenstedt* und v. Noorden sind wie zwei Väter, sehen nach mir. Aber ich muß ihnen verbergen, wie schlecht es mit mir steht. Die Schulden vom vorigen Jahr fressen alles auf. Ich schreibe alles mögliche Zeug zusammen, aber es bringt nichts ein. Versucht, ein Titelbild für die Jugend anzubringen, aber mißlungen.

Der unglückliche S. mit Tränen in den Augen, es ist für ihn ganz unmöglich, Geld zu schaffen. Meine jetzigen Freunde sind alle so übel dran wie ich. Kommen zu mir, und wir kochen zusammen. Dann ist wenigstens etwas Lustigkeit um mich, und das brauche ich notwendig.

S. muß ich bei mir vor seinen Gläubigern verstecken, es ist überhaupt eine Wirtschaft hier im Hause, ich danke. Federbetten, alles hab' ich schon versetzt, im Bett kann man kaum noch schlafen. Divan der Schreckliche, ist auch nichts. Natali** droht von Tag zu Tag mit Herauswerfen. Manchmal muß ich lachen, dann wie-

* Der prakt. Arzt Dr. Ernst Quenstedt.

** Der Hauswirt.

der deprimiert's mich. In meinem jetzigen Zustand ist's wirklich schlimm, so leben zu müssen. Man hat so gar keinen Widerstand.

März

Daß ich immer noch Lust habe, solchen Blödsinn mitzumachen, ist mir beinahe ein Trost. Ich leb' wieder auf. Der Abend bei M., wo S. sich betrank und Rolf stahl, und wir beide uns dann heimlich davonmachten und von der ganzen Gesellschaft nie jemand wieder sahen, auch das Haus nicht wieder finden konnten. Und dazwischen Rilke.* Jeden Morgen ein Gedicht in meinem Briefkasten, das gefällt mir.

Überhaupt Poesie genug, mit der wir uns alle das Leben verklären – es ist auch not. –

Die Geldnot immer ärger, oft im Stephani mit allen möglichen Leuten zusammen. Einmal auch den Kommissar getroffen, den ich von früher kannte. Mit ihm von der M. Geschichte gesprochen, hatte nicht gewußt, daß ich daran beteiligt war. Sagte mir, er hätte viel erlebt, aber so wie mein Schicksal hätte ihn noch nichts angepackt. Dachte im stillen, wenn du wüßtest, was ich jetzt für ein heimliches Glück habe.

Das Aufwachen alle Tage ist so schön. Man besinnt sich: Was ist denn? Und dann wacht das Glück immer auf. Mein Kind, mein Süßes, ich fühl' eine so maßlose Liebe in mir zu ihm und zu allem. Ich schau' mich an und merke, wie mein Körper sich verändert, auch das ist so wunderbar schön und macht mich stillselig – als ob nun alle Ahnungen Wirklichkeit würden und man das seligste Rätsel in seinem eigenen Körper fühlt, wie es sich allmählich löst.

Anfang April

Frühling, und mein Frühlingskind wächst in mir. Ich spüre schon die ersten leisen Bewegungen, fühle mich selbst so gesund, wie ich es lange nicht war. Aber eine sonderbare Unruhe, Bedrücktheit und Schwermut. Fast wehrlos bin ich gegen all die äußeren Sachen. Ich will und muß fort von hier. Bald wird man's sehn, und dem will ich ausweichen.

Vorgestern einen merkwürdigen Abend. Ich konnte es doch nicht lassen, die Leute bei Frau X. einmal wieder zu sehn, und ging

* Der Dichter Rainer Maria Rilke.

hin. Hab' alles von mir abgewendet, war aber einen Abend mit ihnen zusammen. Wir saßen für uns in einem Extrazimmer mit Sekt. Ich hab' wenig getrunken – war aber in einer merkwürdig begeisterten Stimmung und erzählte ihnen von dem Kind, und daß ich nun vorläufig aus der Welt verschwinden wollte. Erst hielten sie's für einen Witz. Dann ließen sie mich und das Kind leben. Später sollte ich wiederkommen. Zum Schluß umarmten wir uns alle, und der Leutnant drückte mir ein Kuvert mit 200 M. in die Hand. In meiner Selbstvergessenheit sagte ich ihm, daß mein Name ein Pseudonym wäre, behielt aber noch soviel Verstand, den wirklichen nicht zu nennen. Bisher hatte ich mich immer für eine verheiratete Frau ausgegeben und gesagt, daß ich eigentlich in Nürnberg wohne. Fuhr dann mit ihm ins Café und ging später heim.

Ein ganz sonderbares Gefühl, aus diesen Regionen wieder in mein Atelier zu kommen, ich begreife manchmal nicht, daß diese Doppeltheit sich durchführen läßt. Ich hätte es doch anders machen sollen, um in die Höhe zu kommen.

Ich betrachte all das immer mehr als Austoben und als gelegentlichen Genuß wie als Utilität.

Das war der Fehler.

Aber jetzt ist ja alles anders, jetzt hab' ich ein neues und anderes Leben vor mir. Mit meinem Kind werde ich nicht mehr einsam sein und will gern arbeiten.

7. April

Einen Entschluß gefaßt und zu Langen* gegangen, ich wußte nicht mehr aus noch ein. Ihm meine Lage erzählt und gesagt, er möchte mir helfen, ich wollte arbeiten, was er wollte, nur müßte er mir gleich einen Vorschuß geben. Gab mir ein Buch zum Übersetzen und 200 Mark, 100 Mark hab ich S. gegeben, der am Rand der Verzweiflung war. Aber mit dem Rest und dem Geld vom Leutnant kann ich nun doch fort – nur fort von hier.

Die ganze Zeit ein Krach nach dem andern, Rechnungen regnen, und der Hausherr will mich exmittieren.

13. April

Natili bei mir eingedrungen und meine Sachen herauswerfen

* Der Verleger Albert Langen.

lassen. Ich Polizei geholt. Aber nun hat er geklagt, und in acht Tagen ist Termin. Ich muß eher fort, sonst 100 Mark zahlen.
Was hätte mir das früher für einen Spaß gemacht, jetzt mag ich's nicht mehr. Ich möchte Ruhe um mich her und keine ewigen Unbequemlichkeiten. Es geht alles über meine Kräfte.
Den Leutnant noch einmal getroffen, bietet mir eine Wohnung und Fürsorge an, aber ich mag nicht. Ich will jetzt allein sein mit meinem Leben und kann nicht jemand Fremden um mich ertragen, der an meinem Leben teilnehmen möchte.
Monsieur den letzten Abend bei mir. Er war auch diesen Winter wieder meine liebste Gesellschaft. Wir stehen ja äußerlich sehr kühl miteinander, aber was haben wir doch hier für Abende erlebt. Es ist irgendein unerklärlicher Reiz darin.
Den letzten Abend saßen wir noch bis zwei in dem fast leeren Atelier. Am 15. morgens den Rest meiner Sachen fortgeschafft und dann fort, ohne irgend jemand Adieu zu sagen. Ich wollte ganz allein sein. Meine alte Hausmeisterin Maurer hat geweint und sagte immer wieder: »Nun hab' ich niemand mehr.«
Was waren das für Monate – Gott im Himmel. Und wie wird es jetzt werden?

Kurzrickenbach am Bodensee. April

Nun bin ich weit fort und mutterseelenallein.
Die Ostertage kam Rilke zu mir, und wir gingen zusammen in der Frühlingswelt herum. Es war mir ganz lieb, denn ich hielt es kaum aus vor Heimweh und war so elend. Ach die ersten Abende, in Lindau ganz allein, es war entsetzlich. Am Karfreitag ging ich in die Kirche und dachte an alte Zeiten und Husum. Wie ist das jetzt alles fern und so merkwürdig.
Ich fühle mich schon etwas schwerfällig, fünf Monate jetzt – O mein Kind. Wenn ich es nur erlebe. Denke so viel an den Tod. Am Sonntag fand ich mein hiesiges Quartier. Alles so schön, voller Frühling, so still, und doch halt ich's kaum aus. Wenn ich nur die Sehnsucht und Einsamkeit ertrüge. Meine Gedanken sind soviel bei Walter, und ich sehne mich nach ihm.
Und immer wieder die Todesgedanken.

24. April

Trüber, stürmischer Tag, eine müde, öde Traurigkeit. Gestern einen langen Brief an Walter geschrieben. Ob er mich doch noch

einmal verstehen wird? Vielleicht liest er ihn an einem schönen Frühlingstag, und sein Herz wird wieder weich gestimmt – ich brauchte jetzt keinen Menschen so sehr wie ihn.
Jetzt bin ich acht Tage hier. Wie soll ich es drei Monate aushalten, die Unruhe ertragen, die in dieser Einsamkeit über mich kommt? Ich habe Heimweh nach allem, selbst nach meinem trostlosen Atelier in München. Oh, ich halt' es nicht aus, halt' es nicht aus, dies Alleinsein. Auch die Arbeit hilft nichts, ich mache zwanzig Seiten täglich.
Körperlich elend, das alte Leiden werde ich wohl nie wieder los, nie wieder gesund. Was soll das mit mir und dem Kind werden? Wenn ich nur mein Kind behalte. Meine ganze Seele hängt an dieser einen einzigen Hoffnung. Ich habe nichts mehr von allen Menschen wie dieses kleine ungeborne Leben, und ich zittre, daß mir auch dies wieder genommen wird, noch ehe ich es habe.

Abends

Der Sturm hat nachgelassen, ich machte einen langen Gang am See. Da kam wieder etwas Milde über meine bittren Gedanken. Es war so gut und still. – Auf der einen Seite das reiche, grüne, dämmernde Land mit seinen vielen Bäumen, auf der andern der See, der leise plätscherte, dahinter die blauen verschwimmenden Ufer. Und ich dachte an die Herbsttage am Starnberger See, wo ich zum zweitenmal meine Heimat verloren habe.
Ja, was soll aus uns beiden Heimatlosen werden, was für eine Straße und was für ein Schicksal liegt vor uns? –

25. April

Sonntag. Ich sitze an meinem offenen Fenster mit dem weiten Ausblick in lauter sommerliches Grün, die Sonne scheint, und überall läuten Glocken. Ich sehe einen weiten gewundenen Weg zwischen den Wiesen und denke mir das Unmögliche, wenn auf diesem Weg jemand zu mir herkäme, meine Einsamkeit erlöste und mich wieder froh machte.
Aber ich muß mir die Ruhe meiner Seele wieder erzwingen. Ich will ja leben mit meinem Kind. Hätt' ich's nur erst vor meinen Augen und in meinen Armen, dann wäre ich sicherlich wieder stark und Herr über diese wehrlose Weichheit, die mich zerschmelzen möchte.

26. April

Heute abend nach Konstanz gegangen, es ist draußen so schön, so zum Verzweifeln schön. Und etwas mehr Friede in mir. Den ganzen Tag gearbeitet, ich muß mich ja müde machen, um die Nächte zu ertragen.
O Heimweh, Heimweh.

28. April

Das ist das Schlimmste, zu denken, was er um meinetwillen gelitten hat, ich habe sein Leben zerstört. Wie sollte ich es jetzt wieder gut machen, und wenn er mir nur Freund sein wollte. Auch wenn ich nicht bei ihm wäre. Ich hatte doch früher die Macht, andere glücklich zu machen. Jetzt ist niemand da, an dem ich's könnte. Aber mein Kind. Das soll so glücklich sein, mein Einziges, mein Alles.
Ich denke viel über mich selbst nach. Alles ist immer quer gegangen in meinem Leben, zu Hause und später, das wahnsinnige Übermaß von Lebenskraft und die Gefangenschaft daheim. Das hat mich aus allem Gleichmaß gebracht, immer ist es übergeschlagen mit mir. Ich war wie jemand, der nicht normal seinen Weg gehen konnte, immer in Purzelbäumen. – Dann die Krankheit und dazwischen immer wieder das Überlaufen ohne Maß. Und die Menschen, die mich liebten, wollten immer das Gegenteil von dem, was ich geben konnte. So gern wollte ich mit Walter leben, ich war sehr glücklich mit ihm, aber ich konnte nicht. Es kam immer wieder über mich wie ein rasender Schwindel, gegen den kein Anstemmen half. Nur dann fühlte ich mich als mich selbst – nur keine Zügel, die ertrag' ich nicht. Und doch wollte ich ihn festhalten, warum kann er mich nicht nehmen, wie ich bin? Wir hätten unendlich viel voneinander haben können. Immer war ich im Zwiespalt, weil ich gern beides vereinigen wollte, mein eigentliches Leben ohne Zügel und einen Menschen, der zu mir gehört. Und weil ich keinem weh tun mag, weil mich das entsetzlich quält, wenn jemand unter mir leidet.
Jetzt ist's mir, als ob das Rätsel meines Ich sich in der Mutterschaft löste, als ob ich mit andern Augen sähe, alles begriffe, alles empfinden könnte und jedem Menschen, der mir nah stände, alles sein, was einer dem andern sein kann.
Aber wieder – jedem Menschen. Also warum nicht auch ihm?

29. April

Wieder diese trostlose Schwermut. Nach Konstanz und wieder zurück. Dort sah ich in die kleine Konditorei und dachte an die Tage in Bozen, wo ich immer wußte, jetzt habe ich noch soviel Tage vor mir, jetzt noch soviel. Ich habe den ganzen Rückweg geweint, um mich her so heller Sommer, das machte mich immer trauriger. Ich könnte jeden fremden Menschen anreden und ihm sagen: Hilf mir doch. Aber ich finde nicht einmal einen Fremden. Oft rudere ich auf den See hinaus, einmal eine Stunde lang und denke plötzlich, wenn ich mich nun hineinstürzte, dann wäre Ruhe. Und wäre es nicht besser für mich und mein Kind? Ich will ja leben, so gern leben und kann doch diese Gedanken nicht los werden. Ich glaube, ich werde verrückt, und es ist nur ein Rest von Verstand, der mich von alledem zurückhält. Ich weiß selbst, daß es Wahnsinn wäre, daß mir alles wieder neu aufblühen wird – aber es kommt wieder und wieder.

Dabei fühle ich mich krank und elend, schwach zum Umfallen. Ach, es wäre eine Wollust, einmal wieder krank zusammenzubrechen, nichts mehr denken und fühlen zu müssen.

Ob ich jemals wieder kräftig werde, wie ich es war, und nach meinen Zielen laufen kann? – Durch diese Krankheit ist mir ja immer alles genommen worden. In diesem letzten Jahr keine Arbeit, die mich nicht umwarf, kein Genuß, den ich nicht büßen mußte.

Oder ist das übertrieben – hab' ich nicht doch viel genossen, viel getobt – mehr wie andere in ihrem ganzen Leben. Ich wollte immer zuviel und will noch zuviel, die alte Geschichte. Alles haben, alles können, alles genießen.

30. April

Heute vor drei Jahren fuhr ich von München fort nach Hamburg. Damals glaubte ich zu wissen, was Liebe und was Verzweiflung ist. Und wieviel hab' ich seither noch gelernt.

Ich lieg' an meinem offenen Fenster, draußen rast und tobt ein Gewitter, das erste im Jahr, über den weißen blühenden Bäumen.

Ich will nur an mein Kind denken, an den einen lichten Punkt in mir. Aber es ist, als ob meine Gedanken und Erinnerungen sich in mir eine Schlacht lieferten, ganz unabhängig von mir und meinem Willen. Dann regt sich zuweilen eine leise Hoffnung, daß mein Leben noch all das wird, was ich möchte.

Damals im Herbst, als ich wußte, daß ich Walter verloren hatte, von da an hab' ich mir so brennend ein Kind gewünscht, und das ist bald erfüllt worden. Es ist beinah unheimlich – ich wußte auch in dem Moment, daß ich eins hätte, ich weiß noch wie heute, wie ich mich im Spiegel sah und immer blasser wurde und zuletzt ohnmächtig. Nachdem mir die Ärzte die Möglichkeit abgesprochen hatten – auch die, es auszutragen, scheint es nun doch, daß es möglich sein wird. Und ich hab' das Gefühl, als ob das alles durch meinen eignen Willen wäre. So oft hab' ich im Leben dies unheimliche Gefühl gehabt, daß ich etwas durch meinen Willen herbeigezwungen hätte.

1. Mai

Gott sei Dank, abends ist mir ruhiger als am Tage, nicht mehr diese drängende dunkle Qual aus Sehnsucht, die mich um den Verstand bringt.

Ich glaubte heute, es nicht mehr zu ertragen, hab' den ganzen Tag gedacht und gedacht und mich dann müde gelaufen. O nur schlafen dürfen und nicht wieder aufwachen.

3. Mai

Gestern nachmittag im ärgsten Sturm und Regen nach Konstanz. Der See ganz in Grau verschwommen, ich innerlich ganz verzweifelt. Ich dachte nur ans Sterben.

Wäre es denn nicht besser, ein Ende zu machen, ehe das arme Kind da ist? Wenn ich es nicht überlebe, was soll dann aus ihm werden? Oder wenn ich den Verstand verliere?

Jetzt bin ich wieder ruhiger. Über einen gewissen Grad hinaus geht es ja nicht, kein Gefühl auf der Welt. Dann sagt man sich: Entweder mach Schluß oder halt es aus.

5. Mai

Heute morgen lange auf dem See, alles so schön und klar. Nachmittags hier oben an meinem Fenster, draußen der stille Sommersonntag. Dann wieder gegangen, weit, weit. Gott, wenn die Welt nur nicht so schön wäre, ich kann's jetzt nicht aushalten, es kommt mir vor, als ob ich nicht mehr auf die Welt gehörte, sondern irgendwo im Zwischenraum in Dunkelheit und Angst hänge.

Kranke, müde Ruhe. Unten aus der Wirtschaft Sonntagslärm. Fernes Hundebellen und draußen der blütenweiße, nächtliche Sommer.

— Warum eigentlich macht mich die Einsamkeit so verzweifelt? Es gibt ja Menschen genug, die ich um mich haben könnte, wenn ich sie rufe. Aber ich will sie alle nicht.

München, 7. Mai

Wieder in München. Nein, ich hielt's nicht mehr aus, ich war nahe am Wahnsinn, manchmal glaubte ich schon, es wäre so weit und alles aus. Ich wagte nicht mehr an den See zu gehen, weil ich Angst hatte, es käme doch ein Moment, wo ich mich hineinstürzte. Den ganzen Tag ging ich umher wie ein gehetztes wildes Tier, konnte nirgendswo bleiben. Heimweh, alle Sehnsucht nach allem, was ich jemals hatte oder liebte und nach allem, was mir nicht geworden ist, alles, was ich jemals im Leben gelitten habe, das drängte und ballte sich zusammen.

Mir war zuletzt, als ob ich mich nur noch durch die Flucht retten könnte. Hals über Kopf bin ich wieder hierher gefahren und habe aufgeatmet, als ich mich wieder in München wußte. Kam abends zu Linnekogel* und schlief dort die Nacht auf dem Sofa. Er riet mir dann das Zimmer bei Güttners, wo ich jetzt bin. Hier ist jedenfalls Lärm um mich, nicht diese lautlose Einsamkeit, wo man seine eigne Stimme zu hören glaubt, wenn man denkt.

Ein kleines stilles Zimmer, es ist nicht so verkommen wie das Atelier früher, ich habe nur wenige Sachen drin, mein großer alter Tisch — der heimelt mich förmlich an — steht zwischen zwei Fenstern, die auf den Hof hinaussehn — und den Divan zum Schlafen. Nachts ist es kalt, ich habe immer noch nicht das Bettzeug auslösen können und noch 26 Mark für den ganzen Monat. Mit Zimmer und Mittagessen zahl' ich hier 50 Mark, Frau Güttner ist lieb und nett und tut mir wohl. Aber ich seh' sie wenig, sitze nur in meiner Höhle und schreibe an den Übersetzungen. Langen hat mir gesagt, daß er den ganzen Sommer für mich zu tun hat.

Bis das Kind kommt, muß es besser gehn, nicht diese elende

---

* Ludwig (Lulu) Linnekogel, Redakteur der illustrierten Zeitschrift »Simplicissimus«.

Armut. Ich fühle mich so schwach, aber ich muß ihm doch ein Heim bereit machen.

Sonderbar, wie ruhiger mir hier zumut ist.

10. Mai

Friess kommt abends im weißen Anzug mit Rakett, und wir haben wieder unsere langen Abende. Er sitzt irgendwo, und ich arbeite. Nachher schwätzen wir.

An Ludwig* geschrieben, daß ich ihn sprechen müßte. Ich muß sicher sein, daß jemand sich meines Kindes annimmt, wenn ich sterbe. Ich bin körperlich so herunter und immer der forcierte Mut, wenn mich andere sehn. Kann nicht ertragen, daß jemand merkt, wie mir wirklich ist.

Stiller, sonniger, aber kalter Maiabend. Ich muß arbeiten, damit es nicht wieder Herr über mich wird.

16. Mai

Sonntagmorgen. Es war eine böse Woche. Fühlte mich krank, konnte kaum arbeiten. Aber es muß ja sein, damit mein armes Kindchen nicht zu arm auf die Welt kommt. Oh, die Gedanken und die Geldnot und die Schulden. Dazwischen so göttliche Momente von Seligkeit. Könnte ich nur ruhig daliegen und mich freuen. Das Arbeiten ist zu viel für mich und meine Nerven.

Ludwig war hier. Es war so gut, so unendlich gut, daß er kam, ohne weiteres, die weite Reise. Dann saß er da und fragte, was denn los wäre, und als ich es ihm sagte: Ja – wie er es immer sagt. Wir gingen zusammen aus in den Ratskeller. Ich fühlte, wie aufgeregt er war. Ich hab' ihm nicht gesagt, wie schlecht es mir pekuniär geht, er hat mir nur versprechen müssen, für das Kind zu sorgen, wenn ich nicht mehr da wäre. Ich sehnte mich danach, mich einmal ganz hingeben, ausweinen zu können, aber ich nahm mich sehr zusammen, weil wir beide fühlten, daß die Rührung uns ganz umwerfen würde. Du guter, guter Bruder. Aber wieviel Heimweh wachte da wieder auf bei uns beiden. So einsam, seit er wieder fort ist.

18. Mai

Mein Geburtstag. A. schickte mir Blumen, und ich ärgerte mich

---

* Der älteste Bruder, mit dem sich F. R. besonders eng verbunden fühlte, Graf Ludwig zu Reventlow, Reichstagsabgeordneter 1905/06.

darüber, ich will nichts mit ihm zu tun haben. Er gehört nicht zu mir und nicht zu meinem Kind. Ich habe von ihm verlangt, daß er hier fortgeht, oder ich gehe. Und ich dachte, er wäre schon fort. Mein Kind soll keinen Vater haben, nur mich. Und mich ganz. Oh, das Geliebte! –

Abends ausgegangen, als ich heimkomme, liegt ein Brief von Paul im Kasten. Wo sind die andern alle? – Ich frage nicht viel danach. Bin jetzt glücklich und ruhig und denke nur an die helle Zukunft. Nun fang' ich an, das Leben zu begreifen, zu wissen, was es von mir will. Bisher hab' ich immer gefragt, wozu das, warum? Aber ich fange an zu sehn – mit andern Augen und das Leben zu lieben, wie es ist und wie es werden mag. – Immer möcht' ich daliegen, in die sonnige Welt hinausschaun und an schöne Sachen denken. Aber ich muß arbeiten, arbeiten ohne Ruhe.

Beim Kommissär, dem alten Bekannten, um mich anzumelden. Er stürzt sich auf mich wie ein Wahnsinniger, er hätte mich schon immer geliebt. Eine wilde Szene, bis ich mich losgemacht. Nachmittags kommt er noch einmal, ich sollte mit ihm durchgehn. – Ich glaube selten bei einem Menschen so wahre und so wilde Leidenschaft gesehn zu haben. Ich wäre eine Sphinx und er ein Schurke, aber er könne nicht anders usw. Es hat mich doch wirklich ergriffen. Dann wurde er wieder sanft, und ich hab' ihm einen Kuß gegeben. Sonderbar, ich hatte das Gefühl, dieser Mensch liebt mich wirklich, und das war so wohltuend trotz allem Schreck.

Es schlägt zwölf, helle stille Mondnacht. Mein kleines enges Zimmer, der große Tisch voller Arbeit, der schlechte Divan zum Schlafen – aber in mir das neue Leben.

So feiere ich heute meinen Geburtstag zum erstenmal ganz allein und zum erstenmal nicht allein.

Nur der Gedanke an Walter ist voller Schmerzen, aber ich liebe jetzt selbst die Schmerzen.

21. Mai

Ich war in der Klinik, ein Mädchen zu besuchen, das dort liegt. Mir wurde ganz schlecht in diesem Saal mit zehn Betten. Neben ihr lag eine Taubstumme mit einem Kind, das sie keinen Moment aus dem Arm ließ. – Ach, wenn ich erst so daläge und mein

Kleines im Arm hätte, meine ganze Seele dehnt sich ihm entgegen.
Manchmal helle schöne Träume von Husum und Heimat – daß ich wieder dort bin und alle gut gegen mich. Dann wieder schwere, dunkle von Walter, daß ich ihn suche und er nicht kommen will. Ich kann mich gar nicht mehr zurechtfinden, wo sind all meine Gedanken, all die Verzweiflung, lauter Sonntag ist in mir. Könnt' ich mich dem nur ganz überlassen, diesem Sonntagsgefühl, aber ich habe keine Zeit für mich. Außer dem Schreiben nähe ich mit Frau Güttner die Babysachen mit solcher Freude und doch wieder die Angst: Wird es leben, und werde ich leben?

22. Mai

Den Mann auf dem Pferd getroffen, dem ich immer auf dem Weg zur Ažbeschule* begegnete. Er grüßte und sah mich leise erstaunt an, und ich mußte so lachen.

23. Mai

Ein langer, schwerer Sonntag. Draußen glühend, ich in meinem engen Zimmer, den ganzen Tag allein. Güttners alle fort, mir war so bang und sehnsüchtig. Vor drei Jahren unser Hochzeitstag, o mein Gott, war das ein Tag.
Die Sehnsucht nach Walter – ich schreibe ihm unendliche Briefe und er antwortet kaum. Warum eigentlich – ich rede mich nur da hinein aus Verlangen nach einem Menschen, es ist ein Traumbild, mit dem man spricht, und dem man all seine Sehnsucht enthüllt.

27. Mai

Himmelfahrtstag. Diese Feste und Sonntage quälen mich förmlich. Ich war elend und hab' gelegen, wieder einen Anfall von Verzweiflung. Abends auch. Im Hause trage ich jetzt weiße Hängekleider wegen der furchtbaren Hitze. Frau Güttner auch. Wir standen abends zusammen auf der Treppe. Contento kam herauf und war entzückt über unsern Anblick »come due angeli«. Ich finde mich selbst schön, mein Gesicht hat etwas so Weiches bekommen und die Augen viel Glanz, ich habe mir noch nie so gefallen. Das ist ein Trost. Manche werden so häßlich in der Zeit.

---

* Malschule, in der F. R. in den vergangenen Jahren Unterricht genommen hat.

Juni

Alle Abende, wenn ich im Bett liege, höre ich ein kleines Kind schreien, das rührt mich so. Ach, wenn ich meines erst höre.

Fühlte ich mich nur etwas wohler, ich kann es kaum zwingen, immer zu arbeiten, ein Buch nach dem andern. Der Schweiß läuft mir vom Gesicht herunter, ich muß jeden Augenblick die Hände ins Wasser tauchen. Hab' immer einen Eiskübel auf dem Tisch, der kühlt wenigstens etwas. Fange mit den Anschaffungen an. Leinenzeug usw. Zu nichts will das Geld reichen.

Walter schreibt mir, ich solle den Vater heiraten. Um Gottes willen, es gibt nichts, was mir unmöglicher schiene. Hab' endlich erreicht, daß er fortgegangen ist und will ihn nie wiedersehn.

6. Juni

Ausgegangen, ein rasendes Gewitter. Das lieb' ich so. Man ist befreit von allem Schwülen und solch wundervolle Abendbeleuchtung. Vor meinem Fenster nur dieser armselige Hof mit den Blechdächern und der bodenlosen Hitze. Alle Abende geh' ich durch die Straßen und dann wieder in mein einsames Zimmer. Nie mehr ins Café, sehe niemand von all den Leuten. Im Frühjahr damals meinte ich so allein zu sein, aber wenn ich denke, wie viele Menschen hab' ich damals gesehen gegen jetzt.

9. Juni

Abends im Bahnhof gesessen und Kaffee getrunken, eine alte, liebe Gewohnheit. Ich sitze so gern da und denke an Reisen und finde in einem Blatt ein Gedicht:

Nebel wogen über die Heide,
Dornen nur trägt der Wildrosenstrauch.
Herz, mein Herz, in deinem Leide
Trage du deine Dornen auch.
Heimat und Liebe, laß sie den andern,
Still geh vorüber an ihrem Haus.
Schmerzversunken wandre weiter
In die einsame Nacht hinaus.

Das kam mir so wie für mich vor.

10. Juni

Solche Schmerzen heute, daß ich alles fürchtete. Und jetzt würde es noch nicht leben können. O Gott, nur das nicht. Mein Kind, mein Geliebtes, es darf nicht sein. Du mußt mir bleiben.

12. Juni

Wieder Schmerzen, so daß ich Morphium genommen hab'.

13. Juni

An der Arbeit. Es ist ein übermenschlicher Kampf. Wieder Sonntag, ein heißer, langer Nachmittag, draußen alles still. Und die Sehnsucht nach einem schönen Garten, wo man liegen könnte, für sich sorgen lassen und auf die innere Stimme hören, aber keine Zeit. Es schlägt neun, ich muß noch lange arbeiten.

Zwölf Uhr. Vollmond. Wenn ich erst so am Fenster stehe mit meinem Kind auf dem Arm.

Der Todestag von Papa – vor vier Jahren. Alles ist erst so kurz her, und doch liegen ganze Welten dazwischen.

21. Juni

Wieder krank, mich immer wieder hinlegen müssen – die Angst – mein Kind – all die Gedanken.

23. Juni

Drei Uhr morgens.

Ich konnte nicht länger liegen bleiben, es ist noch dämmrig und die Vögel zwitschern draußen. All die Träume: Ich war mit Walter an einer kleinen Bahnstation mitten im Sommer, alles heiß und staubig – ich zog ihn auf eine Bank und sagte ihm, wie lieb ich ihn hätte.

Dann lag ich in Husum in meinem Bett in meinem alten Zimmer, ich sah die Marmorreliefs auf dem Kamin, und meine Mutter saß bei mir, wir sprachen davon, wie krank ich wäre. Sie war, wie sie in Wirklichkeit nie mit mir gewesen ist. Dann stand ich mit ihr am Fenster, sah alles so deutlich, den großen Ahornbaum und die Steinbank drunter. Sie erzählte mir, daß wir von Husum fortmüßten, zog mich dicht an sich und fragte mich, ob ich zu Hause glücklich gewesen wäre. Und ich: nein, ich könnte überhaupt nicht glücklich sein, aber ich hätte doch eine Heimat gehabt.

24. Juni

Heute vor zwei Jahren waren wir in Neubeuern zusammen und sahen die Johannisfeuer.

27. Juni

Liege früh stundenlang wach und denke immer, es müßte etwas besonders Schönes kommen.

Wieder geträumt, daß ich mit Walter in einem Hotelzimmer

zusammen war. Ich fand ein großes dickes Stück Glas mit rauher Kante und sagte ihm, damit könnte man sich die Pulsadern aufschneiden. Er machte mir ein Messer draus und gab es mir. Dann wachte ich auf und dachte im Halbschlaf: So, nun muß ich wohl sterben.

3. Juli

Schreckliche Träume mit unsagbarem Angstgefühl. Ich ging mit geschlossenen Augen und furchtbarer Angst einen Weg im Husumer Garten und zitterte vor Mama, die mir vorwarf, ich hätte gelogen.
Dann von vielen kleinen Kindern, die alle weiße Leichengesichter hatten, ich lag im Bett und wußte, daß ich wahnsinnig geworden sei.
Überhaupt fängt das die letzte Zeit wieder an, die Angst vor dem Wahnsinn und vor allem Möglichen. Manchmal am hellen Tag, daß ich denke, ich müßte die Menschen umbringen, um sicher zu sein. Ich glaube, es ist Überarbeitung. Und die Hitze ist unmenschlich.
– Heute habe ich darüber nachgedacht, daß ich fast nie mehr lache und wenn, so klingt es mir ganz fremd. Oder ist das auch nur Einbildung? Ich habe ja auch niemand, mit dem ich lachen könnte. Ach mein Kind, wie will ich mit dir lachen.

Ich muß mir eine Wohnung einrichten, das ist eine schlimme Sache. Aber ich sehne mich nach einer eignen Höhle und mehr Platz. In diesem Zimmer kann ich nicht einmal auf und ab gehen. Gehe viel aus und kaufe die Sachen zusammen – und träume von meinem Kind. Ich möchte immer so sein, gehen und nichts tun. Mir ist zumut wie in einem Halbtraum, und so schwer, sich zur Arbeit zu zwingen.

Umzug

Kann mich kaum mehr rühren und bin soundsovielmal ohnmächtig geworden. Nun ist es Abend, ich bin in meiner Wohnung. Im Schlafzimmer steht schon alles für das Kleine, und ich muß wieder denken, ob ich hier wohl sterben soll.

12. Juli

Arbeit, Arbeit, immer mehr im Galopp, daß ich noch fertig werde und genug Geld habe.

15. Juli

Geträumt, Mama sagt mir, ich müßte den lieben Gott heiraten und ich, ich hätte schon Walter. Der kam dann und nahm mich fort und wir weinten zusammen. Als ich erwachte, war das ganze Kissen naß.

Immer noch am Einrichten und das merkwürdige Traumgefühl. O könnte ich jetzt ruhn, bis das Kindchen kommt. Sein Heim ist fertig. An Walter geschrieben, daß er noch einmal zu mir kommen müßte. Ob es nicht doch Vorahnung vom Tod ist. Immer, immer denke ich ans Sterben. Oder liegt es nur am Körperlichen. Mein Kopf ist schrecklich überreizt, acht bis zehn Stunden schreibe ich jeden Tag. Das lange Sitzen ist schlimm, kann's kaum mehr aushalten. Keine Zeit zum Ausgehn, nur abends. Da treffe ich meist den Otto und geh' mit ihm, wir spinnen zusammen, er klagt mir sein Leid über das Baschl*.

Halt' ich es überhaupt noch aus, oder breche ich noch zusammen? Langen fragt nur, ob ich mit den Arbeiten noch fertig würde. Dann muß ich wieder über seine Angst lachen. Rolf kommt manchmal, und Friess macht mir eines Abends eine Liebeserklärung, er hätte mich eigentlich heiraten wollen.

Meine Wohnung kommt mir vor wie ein Heiligtum. Ich mag nur Menschen drin sehn, die ich mag. Alle andern weise ich ab.

16. Juli

Vor zwei Jahren Bozen. Mußte so viel grübeln, daß ich schon um vier Uhr auf bin und in der Wohnung umhergehe. Überhaupt hab' ich keine Ruhe im Bett, wandre fast immer nachts bis frühmorgens herum und lege mich dann wieder hin.

17. Juli

Jetzt habe ich wenigstens ein Mädchen und brauche mich um nichts mehr kümmern als um die Schreiberei. Aber es quält mich, ein fremdes Wesen um mich zu haben.

18. Juli

Ein langer, stiller Sonntag. Es geht mir schlecht. Oft Ohnmachten und Schmerzen beim Gehn und die Nerven. Ach mein kleines Kind, ist das ein Elend. Für dich möchte ich, daß es mir besser ginge, daß ich mich mehr schonen könnte.

---

* Die Malerin Hedwig von Basch.

Die Nächte sind fürchterlich, Angst, Selbstmordgedanken. Ich gehe schon um drei herum. Morgens, morgens schlaf' ich dann so schön und wache glücklich auf. Aber dann wieder arbeiten. Manchmal kommen so wunderbare Stimmungen über mich, dann möcht' ich alles liegen lassen.

Tagelang wieder völlige Apathie. Drei Tage lag ich da und habe keinen Finger gerührt, nicht einmal denken können, als ob mein Verstand völlig eingeschlafen wäre. Ich muß mich oft besinnen, wer ich eigentlich bin und wo ich bin. Alles kommt mir verwandelt vor.

Das Kleine in mir bewegt sich fortwährend, das ist solche Seligkeit. Ich möchte nur das fühlen. Mir ist manchmal, als wüßte ich alle Geheimnisse und könnte alles durchschaun, und es gäbe für mich kein Rätsel mehr. –

Aber da liegt meine Übersetzung, 326 Seiten, und ich kann in diesen Tagen nichts tun.

23. Juli

Wieder krank gewesen. Darmgeschichten, solche Schmerzen, daß ich dachte, ich wäre vergiftet. Doktor große Schonung empfohlen. Opium genommen und im Bett gelegen in einem wohligen Halbdusel. Diese Tage immer noch schlafen und schlafen, als könnte man gar nicht aufwachen. Ach, es ist so schön an diesen Halbträumen, ich möchte so weiter zusehn, bis ich mein Kind habe und dann froh und hell aufwachen.

24. Juli

Walter will kommen.

Nachmittags Monsieur. Zum erstenmal hab' ich vor ihm geweint, aber ich konnte nicht anders. Mir war so bange und so sonderbar. Ach, Walter.

28. Juli

Erwarte ihn jeden Tag, und bilde mir ein, er wäre verunglückt. Und wieder das ganze Heer von schwarzen Gedanken. O mein Gott, ich kann nicht mehr, ich fühle, wie ich den Verstand verliere. Ich muß mich umbringen, damit alles ein Ende hat und das arme Kind nicht allein bleibt. Nacht für Nacht träume ich vom Sterben. Gestern ein schrecklicher Abend, der Kopf brannte mir und war schwer wie Blei, ich konnte nichts mehr denken wie Sterben, nur Sterben. Ich muß sterben, als ob mir's jemand befohlen hätte. Dann mischte ich mir eine Menge Morphiumpulver zusammen und dachte, vielleicht finde ich heute den Mut. Lag die ganze Nacht in einem bleischweren Halbschlaf und träumte, Walter und ich lägen beide im Grab und sprächen zusammen. Dabei hörte ich jedes Geräusch, wie drüben die Pferde scharrten und die Leute früh in den Stall kamen. – Und früh mit dem Gefühl aufgewacht, ich kann nicht mehr, kann nicht wieder aufstehen und meine Last wieder schleppen. Mein Kind, Gott, mein kleines Kind, wenn ich nur noch aushalte. –

Sonntag

Es ist wieder vorbei, ich hatte mich wohl furchtbar überarbeitet. Monsieur kam am Nachmittag, um sich auszuruhn, schlief in einer Zimmerecke, und ich schrieb. Sonderbar, daß zu mir Menschen kommen, um auszuruhn. Was für Unruhe trag' ich in mir selber. Für die andern allerdings bin ich immer lächelnde und heitere Oberfläche.

5. August

Walter war da. Es war für uns beide so erschütternd, dies Wiedersehen, aber doch so gut. Mir ist, als ob sich nun das letzte Schwere gelöst hätte und ich bin ihm so dankbar. Den Abend, als er fort war, ging ich noch lange durch die Straßen und wie von einer großen Spannung befreit. –

10. August

Immer noch an der Arbeit, und jeden Tag kann es jetzt kommen. Ganz mechanisch schreibe ich, denken kann ich nichts mehr, fühle auch den Körper kaum mehr, die Schmerzen, alles ist gleichgültig. Ich ziehe immer eine Schublade vom Tisch heraus, um mich dran zu lehnen, sonst kann ich's im Rücken nicht aushalten.
Friess ist abgereist, das war mir schwer, ich hätte ihn so gern um mich gehabt. Wir waren beide bewegt beim Abschied. – Ob wir uns wiedersehn? –

15. August

Ich war bei Langen, um ihm die letzte Arbeit zu bringen, nun ist Ruhe. Ich fühlte wie im Traum, daß die Leute mich alle ansahen, und ich sprach mit ihnen, aber ich weiß wirklich nicht mehr, bin ich noch auf der Welt oder nicht. Fühle nur, daß ich jetzt ruhn darf.

20. August

Ach, nur einen Menschen, der zu mir käme und bei mir wäre. Alle Abende schau' ich nach dem Kinderwagen, der in meinem Schlafzimmer steht und denke, vielleicht liegt morgen schon mein süßes Kind darin. Es bewegt sich immer stärker. Liege den ganzen Tag auf dem Sofa, nur abends aus. Manchmal Schmerzen, daß ich nicht weiter kann und stehen bleiben muß.

Gestern ein furchtbares Gewitter, bei jedem Donnerschlag bewegte sich das Kind und ich dachte, heute nacht kommt es noch. Ich habe keine Angst mehr, keine Selbstmordgedanken, es ist als ob eine Zentnerlast weg wäre. Ich bin so apathisch, nur nicht mehr rühren. Nur nicht mehr denken, nur fühlen, was in mir klingt. Nur die Unruhe des Nachts, aber dann stehe ich auf, gehe durch die Zimmer an die Fenster und denke an mein Kleines. Das sind meine wachsten Stunden, sonst ist's wie ein fortwährendes Hinschlafen.

Wenn ich noch lange so fortgearbeitet hätte, wären meine Nerven einfach gerissen. Ich war gerade am Ende meiner Kraft.

Über alles könnte ich weinen, aber es ist nicht Schmerz, es tut mir wohl und ist ein seliges Gefühl, wie wenn man aus Freude weint.

Neulich kam eine Biene ans Fenster und summte. Darüber habe ich auch geweint, ich sah so den weiten schönen Sommer vor mir.

21. August

Immer noch nichts, und es ist schon sehr über die Zeit. Ich bin so apathisch, daß ich manchmal denke, jetzt kommt es überhaupt nicht mehr. Aber es ist so gut und still in mir immer als hörte ich Glocken läuten. Alle Sachen, die einen sonst beschäftigen, sind weit weggerückt. Jeder Sonnenstrahl durchs Fenster macht mich froh und kommt mir vor wie ein großes Glück.

26. August

Immer noch ebenso. Ich lebe in Dämmern und bin tiefglücklich.

Kann mir nicht einmal das Kind als wirklich vorstellen. Alles ist so traumhaft. Wenn ich spät abends allein ausgehe, scheint es, als ob die Tageswelt nicht mehr existiert.

28. August

Seit zwei Tagen abends heftige Schmerzen, ich dachte jedesmal, nun finge es an, aber sie hörten nach ein paar Stunden auf. Und jeden Abend bin ich glücklich, wenn sie anfangen. O mein Kind.

30. August

Wieder und wieder die Schmerzen. Ich fürchte mich, daß irgend etwas Schlimmes, Unerwartetes geschehen könnte. Geh' nicht mehr aus, liege nur oder geh' im Zimmer herum und ordne meine Briefe. Es könnte ja doch sein – nein, ich muß leben, ich muß mein Kind wenigstens einmal sehn und im Arm halten. Heute ist mir leicht und klar im Kopf, als ob meine Seele fliegen könnte.

31. August

Nachmittags. Eben vom Mittagsschlaf aufgewacht. Mit heftigen Schmerzen und Blutverlust. Ja, nun ist kein Zweifel mehr. – Vielleicht sind das die letzten Worte, die ich jemals schreibe.
Sechs Uhr abends. Die Schmerzen hören nicht mehr auf, mein Kind, mein Gott. – Ich muß mich hinlegen, dann steh' ich wieder auf. Ich habe keine Angst mehr. Eben ist der Doktor fort –

Dritte Epoche

Die Mutter

September

Am ersten September ist mein Kleines geboren, nach schweren Schmerzen. Ich glaube, ich wäre beinahe wahnsinnig geworden, wollte nur noch aus dem Fenster springen, wenn sie mich nicht gehalten hätten. Als ich dann aus der Narkose erwachte, fing der Morgen an zu dämmern. Dr. v. Noorden weckte mich und sagte: Es ist ein Sohn, und wir gaben uns die Hand. Es war so gut, diesen treuen alten Freund bei mir zu haben, ich war mir so entsetzlich allein vorgekommen.

Alles war so sonderbar, wie ein schwerer Traum, das halbdunkle Zimmer mit all den Menschen, und ich fragte nur, ob es lebte. Dann gingen sie fort, ich lag in halbem Bewußtsein mit großen Schmerzen. Alles in mir zitterte noch. Nachher brachten sie mir das ganz kleine Süße, Herrliche in seinem weißen Kissen. So glatt und rosig war es, ich hatte es mir lange nicht so schön gedacht.

Die erste Zeit kam ich kaum zur wirklichen Freude. Vor Fieber, Schmerzen und entsetzlicher Zerschlagenheit wußte ich kaum, wie mir war und nur ein dunkles Gefühl, daß im Nebenzimmer mein kleines Kind liegt und Wundervolles auf mich wartet. Und dabei immer, als ob ich den Schrecken gar nicht verwinden könnte, das Todesentsetzen in jener Nacht. Mit jedem Schmerz kam es wieder, daß alle Nerven bebten. Ich dachte, ich würde nie wieder gesund werden oder noch nachträglich den Verstand verlieren.

Dann kam man so langsam ins Leben zurück. Ich lag in meinem Wohnzimmer und sah grüne Bäume und Sonne und hatte mein Kind, endlich mein Kind, o mein Gott, *mein Kind.* Alles hängt an ihm, all meine Liebe und all mein Leben, und die Welt ist wieder herrlich für mich geworden, wieder Götter und Tempel und der blaue Himmel darüber.

Aber wie zerbrochen beim ersten Aufstehn nach vierzehn Tagen. Der Doktor wollte, ich sollte sechs Wochen liegen. Aber das geht ja nicht – ich wollte es auch immer, immer bei mir haben.

20. Sept.

Vor ein paar Tagen hatte ich das Geliebte zum erstenmal nachts bei mir, bin wieder in mein Schlafzimmer umgezogen. Ach, war das eine Wirtschaft, ich so krank, keine Pflegerin, nur das Trampeltier von Mädchen und die gute Frau Güttner, die auch nach dem Kleinen sah. – Rolf und Lulu besuchten mich und waren sehr entzückt von den Baby. Es ist auch so schön und göttlich.

Aber in dieser ersten Nacht war ich fast noch hilfloser als das kleine Geschöpf, das immer schrie. Schließlich saß ich auf dem Bettrand und weinte auch, und es kam mir so vor, als ob wir beide ganz verlassen wären und zugrunde gehen müßten.

Dann ein trüber, grauer Herbstsonntag. Ich lag wie zerschmettert auf dem Divan und dachte: Was soll aus uns werden?

Am Abend Noorden, ich hab' soviel geweint, es war Erlösung, daß jemand kam und gut war. Ich bekam wieder Mut – die nächste Nacht war solche Seligkeit, das Kleine bei mir zu haben, und aufzuwachen, wenn es schrie.

28. Sept.

Jetzt ist es immer, immer bei mir, Tag und Nacht, und es ist herrlich geworden, in all dem Reichtum zu leben mit meinem süßen, schönen Baby. Es ist so blühend mit seinen großen dunklen Augen und dem rosigen Gesicht. Am Tag liegt es im Wohnzimmer in seiner alten Bauernwiege und nachts in einem Korb an meinem Bett. Ich noch immer auf dem Sofa, aber ich werde wieder wohler. Es läßt mich wenig schlafen, aber ich freue mich auf jede Nacht, da hab' ich es so ganz bei mir, niemand hört und sieht uns. Bei Tag stell' ich oft den Schirm davor, damit das greuliche Mädchen es nicht anschaut. Ich will es nur für mich haben, ganz für mich. Es soll Rolf heißen. Der große Rolf ist sein Pate, er kommt oft und hilft mir es pflegen.

1. Okt.

Es wird alle Tage größer und schöner und ich glücklicher. Ich bin wie in einer Traumwelt, alles schimmert und leuchtet für mich, das einzige Mal im Leben, wo man ganz das Gefühl erfüllter Sehnsucht hat.

Ich kann mich nicht entschließen, auszugehen, es ist so schön, den ganzen Tag nur mit ihm zusammen sein, solange ich das haben kann. Bald muß ich wieder ans Geldverdienen denken. Wie wird das gehen? Aber mir ist alles gleich, ich hab' mein Kind und bin selig.

7. Okt.

Nun ist es fünf Wochen alt, fängt schon an, mich zu kennen.

Wenn ich mit ihm spreche, sieht es mich verwundert mit seinen großen schönen Augen an. Alle behaupten, es wäre mir ähnlich. Morgens im Bad hat es Angst, klammert sich mit den Händchen an meinen Arm. Nachher ist es am schönsten, leuchtet nur so vor Gesundheit und roten Backen, wenn es wieder in der Wiege liegt mit seiner Flasche und einem Spitzenhäubchen. Manchmal muß ich so drüber lachen, dann macht es ein verdutztes Gesicht. – Es sollte nur mehr lachen, das ist so hinreißend. Aber es kommt mir viel zu ernst vor, und ich habe Angst, daß es ein melancholisches Kind wird durch meine viele Schwermut während der ganzen Zeit. Du Göttliches, ich will dir schon eine sonnige Kindheit schaffen und dir alles geben, was ich noch an Lebensfreude hab'. Wenn die ganze Welt noch so gemein ist.

Die alte Frau Maurer* besuchte uns, schlug Kreuz über mir und ihm. Die gute Alte ist völlig weg über das »Wunderkind«. Mir kommt's ja auch vor, als ob mein Kind ein besonderes Wunder wäre.

Ein langer, stiller Sonntag, ganz allein mit dem Kleinen. Er hat mich so süß angelacht, als er in dem Bett lag und ich mit ihm spielte. Jede Bewegung ist für mich wie ein neues Wunder, ich bin ganz angefüllt von all dem kleinen Leben.

Nachmittags ihn gemalt, wenn ich auch sonst schreiben muß, so will ich ihn doch jeden Sonntag zeichnen. – Dann kam Puhn. »Ja, wo hat er denn die schönen Augen her?« –

Jetzt wundervolle Mondnacht draußen. Der Kleine schon im Bett, liegt da mit offenen Augen und freut sich an seiner Flasche.

11. Okt.

Zum erstenmal aus. Wurde mir sehr schwer, den Kleinen für eine Stunde zu verlassen. Als ich wieder kam, fragte ich, ob er böse wäre, und er schüttelte langsam den Kopf. Frau Güttner und ich mußten sehr darüber lachen.

---

* Ehemalige Hausmeisterleute.

12. Okt.

Abends Metzger und Friess – auch alle voll Bewunderung wie ich selbst. Es machte die Augen weit auf und lachte und lallte förmliche Reden. Heut' ist es sechs Wochen alt.

13. Okt.

Morgens in die Stadt, mochte wieder nicht fort. Aber draußen kam ich mir wie bei einem Triumphzug vor und hätte allen Leuten zurufen mögen: Ich hab' ein Kind. Nachmittags mit ihm nach Schwabing gefahren.

14. Okt.

Als ich heute aus der Stadt zurückkam, wickelte das greuliche Weib ihn. Ich hätte sie erschlagen mögen, kann es nicht leiden, wenn jemand Unsympathisches ihn anfaßt.
Morgen soll er photographiert werden. Ich freu' mich kindisch darauf, mich und ihn dafür schön zu machen.

15. Okt.

Anstrengender Nachmittag, den Kleinen still zu halten, fürchtete, seine Eleganz würde dabei hin werden. Ich hatte meinen weißen Schlafrock angezogen, um möglichst schöne Mutter zu sein. Von der besseren Profilseite photographiert. Bubi schläft jetzt nach großer Anstrengung.

16. Okt.

Vormittags Standesamt, um ihn anzumelden. Nachmittags mit ihm ausgefahren über den Kirchhof. Schöner Herbstnachmittag. Soviel Glück in mir. Heute vor zwei Jahren die große Operation. Damals sagte man mir, ich würde nie ein Kind haben, und jetzt?

17. Okt.

Wieder ein Sonntag. Nachmittags mit dem Kleinen im Hof. Eine düstere Umgebung dieser armselige Hof zwischen den Hinterhäusern mit armen Leuten. Und unwillkürlich das Gefühl, daß wir doch ganz wo anders hin gehörten. Landgut mit eignem Fuhrwerk oder so . . .
Aber jetzt kommt er mir kaum mehr melancholisch vor. Gewöhnlich schläft er draußen, aber heut' hat er die Augen weit auf- und zugemacht und um sich gesehen.
Die alten Weiber kommen und bewundern ihn, und ich bin sehr stolz auf mein Werk. Später halbe Stunde zu Güttners. Nachher förmlich Reue, ihn solange allein gelassen zu haben, lag ruhig

da und schaute mich an. Jeder Augenblick, wo ich ihn nicht bei mir habe, ist verloren und dumm.

28. Okt.

Die letzten Tage war das Bübchen nicht ganz wohl, weint manchmal die halbe Nacht. Ich war halb wahnsinnig bei dem Gedanken, er könnte krank werden. Nehme ihn aus seinem Kissen zu mir ins Bett, Gott, ist das ein süßes Gefühl, das kleine Wesen zu fühlen, wie es sich jammernd an mich drückt.
Doktor kommen lassen, natürlich fehlte ihm gar nichts.

25. Okt.

Mit Otto Savoye* im Glaspalast, dunkler Sonntag. Nachmittags Gespräche von alten Zeiten und vom Bubi. O Gott, wenn ich nur wieder malen könnte. Bei der Rückkehr Lulu Linnekogel mit Arbeit von Langen. Ich muß ja froh darüber sein, aber nun sind meine Flitterwochen zu Ende.

28. Okt.

Mit Friess aus bei Geis. So unruhig nach dem Bubikind und beinah ein schlechtes Gewissen, als ich um zwölf Uhr nach Haus kam und es ganz friedlich schlief. War froh, als es nachher meine Nachtruhe wieder störte.

29. Okt.

Jetzt wieder mitten in der Arbeit. Ich muß ja verdienen und hab' doch keine Kräfte dazu, ich möchte immer so weiter leben wie bisher in dem Sonnenschein, der von meinem Herzkind ausgeht und von mir selbst. Und dann wieder malen, immerfort das Kind malen.
Aber es hilft nichts, und jetzt ist auch bei allem soviel Freude, selbst bei der abscheulichen Fronarbeit. Aber schwer geht's, wenn das Baby unruhig ist. Von eins bis sieben Uhr abends immer wieder gequiekt, manchmal ihn auf den Arm genommen und mit dem andern geschrieben.
Und doch zum erstenmal macht mir selbst das Arbeiten Freude, geh' immer wieder dazwischen an seine Wiege und berausche mich an seinem Anblick.
Nachts ist's am schönsten, da hab' ich ihn ungestört, er weckt mich oft, und dann lieg' ich da und schwelge in all meiner Selig-

* Der Maler Otto von Savoye.

keit. Nur fang' ich an, vor lauter Müdigkeit so fest zu schlafen, daß ich ihn manchmal nur im Traum höre. Und wenn ich dann endlich aufwache, reut es mich so, daß das arme Tierle so lange nach mir gerufen hat. Wenn es irgend geht, fahre ich ihn alle Tage aus. Zuerst genierte ich mich mit dem Kinderwagen. Kamel, anstatt stolz darauf zu sein, jetzt bin ich es aber auch. Gott sei Dank, daß ich ihn selber fahren kann, mit dem Mädchen laß' ich ihn gar nicht fort.

30. Okt.

Große Mordgeschichte mit dem Mädchen. Sie ist jede Nacht ausgeblieben und um acht oder neun Uhr wieder erschienen, darum hab' ich mich nicht gekümmert. Nun höre ich mit viel Pläsier, daß sie die Strizzis der Gegend im Nordendhof traktiert, nur leider auf meine Kosten, da verläßt mich doch die Langmut. Zudem hat sie überall ausposaunt, daß Friess solche Freude an seinem Buberl hätte etc. p. p.

Kurz, ganze Kolportageromane, und ich Kamel merke erst jetzt, daß die ganze Nachbarschaft mich mit ahnungsvollem Staunen betrachtet. Also Knall und Fall herausgeschmissen, nachdem Friess sie abends mit der Stimme des Gerichts verdonnert.

1. Nov.

Jetzt ohne das Weibsbild im Götterzustand, trotzdem ich alles selbst machen muß und beinahe in Atome zerplatze vor Arbeit.

4. Nov.

Zugeherin gefunden, braves Tier, die gleich in Bubi und mich völlig verliebt ist und behauptet, die schönste Zeit ihres Lebens wäre angebrochen mit 12 M. im Monat und Kaffeesatz. Jetzt ist wenigstens Friede auf Erden und Wohlgefallen.

Mir bleibt aber noch verdammt viel Arbeit, da sie nur morgens kommt. Kinderwagen selbst hinunter und hinauf, Wäsche bügeln etc. p. p. Finde kaum mehr Zeit zum Schreiben für mich selbst, stehe um halb sechs auf und um zwölf Uhr zu Bett.

Nun ist es schon elf Wochen alt, das Göttliche, und wird immer süßer, strampelt, lacht und kann »la« sagen. Ich möchte den ganzen Tag mit ihm spielen und hab' fast nie Zeit dazu. Hausarbeit und Übersetzung. Es geht doch über meine Kräfte, und manchmal bin ich halbtot. Und fühle mich doch wieder so jung mit so viel Verlangen nach allem Leben. Um Gottes willen soll

mein kleiner Rolf keine abgearbeitete Mutter haben, die mit dreißig Jahren alt ist. Sehe mich immer morgens im Spiegel, ob es schon anfängt. Aber bisher nicht, nur bin ich so übermüdet, daß ich die Augen oft erst nach zwei Stunden ganz aufbringe.
Alle Welt macht ihm die Cour, sogar gestern der alte Gerichtsvollzieher, stellt sich an die Wiege und sagt gerührt: »Ach das unschuldige Kind«, dann der dicke Versicherungsagent, der ihn auf den Arm nehmen mußte, während ich schrieb.

7. Nov.

Heute ist er getauft, nur aus praktischen Gründen, damit er später eventuell einen legitimen Taufschein hat für die Schule oder so. Aber recht dumm kam es mir doch vor. Hatte Rolf Brockdorff vor ein paar Tagen meine Silbersachen zum Versetzen gegeben, um die heilige Handlung zahlen zu können, und der Elende brennt damit durch und läßt sich nicht mehr sehn, weil er sich geniert. — Und siehe da, gerade heut morgen kommt ein Brief von Panizza* mit 20 Frcs., da er meine Misere ahnt. Aber Rolf kommt nicht, hole also Frau Güttner, da ich jemand als Zeugen brauche und schreibe mit Kreide an die Tür: Rolf, komm sofort in die Kirche. Dann schieben wir los, ganz würdelos ohne Droschke. Treffen Rolf in der Türkenstraße, er versucht noch zu entfliehen, wird aber erwischt und muß mit. Der Küster empfängt uns mit Vorwürfen, weil eine Stunde Verspätung. Wir in heiterster Stimmung platzen immer wieder heraus, und der Pfaff' wird ganz verlegen, verwechselt alles. Hält Rolf für den Vater und Frau Güttner für die Hebamme und macht die Sache möglichst rasch, um unsern Lachsalven ein Ende zu machen. Als er uns dann noch Gottes Segen wünscht, sind wir ganz verloren. Am Heimweg hab' ich meinen Bereiter getroffen und Rolf in den Bäckerladen geschickt, seinen Namen zu erfragen. Es scheint, die Bestie in mir erwacht wieder nach langem Schlummer. Er gefällt mir jetzt wieder, und ich hab' ihm den »reizenden Käfer« verziehen. Gott, damals, als wir in der Barterrasse miteinander kokettierten, und wenn er immer an mir vorbeiritt, wie ich in den letzten Bubistadien ausging und wir uns dann so vielsagend anlächelten.

---

* Der Arzt und Schriftsteller Oskar Panizza.

Dann mit Frau G. und Rolf Taufe gefeiert, freuten uns besonders darüber, daß Bubi die Zunge ausstreckte und »la« sagte, als der Pastor ihn auf die Erbsünde aufmerksam machte.

30. Nov.

Rolf ist dick und gesund, aber mir geht's schlimm. Überanstrengt bis dahinaus, und pekuniär war der Monat schlimm, o weh, o weh. Alles Geld geht rückwärts, Schulden, Vorschuß, fürs Tägliche ist nie etwas da. Aber das Götterkind blüht, wächst, hab' täglich mehr Wonne an ihm. Göhler kam einmal morgens: »Ich wollte Sie nur sehn.« Dann gleich wieder gegangen.

10. Dez.

Unmöglich Zeit gefunden zum Aufschreiben. Abends klappe ich einfach um. Fühle mich wieder krank und hab' oft solche Angst, daß ich's nicht lange mehr mache. Und ich möchte leben, muß leben.

Rolf lacht jetzt den ganzen Tag und freut sich, wenn man ihn etwas tanzen läßt. Er hat einen Ball über der Wiege hängen und schlägt danach.

18. Dez.

Da liegt es, hält seinen Mittagsschlaf. Die Haube ist ihm übers Gesicht gerutscht, er sieht aus wie eine betrunkene Amorette. O malen, malen – statt dieses Arbeitswahnsinns, um nur Geld zu schaffen.

20. Dez.

Bubi etwas krank, schreit viel. Todesangst, Doktor holen lassen. Ist aber nichts. Lacht wieder und läßt mit sich spielen.

24. Dez.

Das Herz ist wieder gesund.

Der erste Weihnachtsabend, wo ich ganz allein bin. Ich habe mir einen Baum gemacht, und die alten Maurers waren da. Wir saßen um Bubis Wiege und huldigten ihm wie die heiligen drei Könige. Der alte Maurer: »In ganz Deutschland, ja in Europa gibt's kein Kind wie das und keine Frau wie die Frau Assessor.« – Bubi fürchtet sich vor den Lichtern und schreit, ich leg' ihn ins Bett und trinke mit den Alten Punsch.

Jetzt allein. Der gute Noorden schickt mir Wein. Denke an zu Hause, die Geschwister – erst fünf Jahre. Mir kommt es so lange, lange vor.

Ich möchte reich und verwöhnt sein, einen großen Weihnachtstisch mit Geschenken.
Sonderbares Leben. Aber es ist doch gut, ich bin so froh, daß ich lebe, seit ich mein süßes Kind habe.

Silvester

Die Woche wie ein Tier gearbeitet und jetzt wieder alleine. Um halb sieben Zugeherin und der Kohlenmann, der für mich schwärmt und es schade findet, daß die schöne Frau Gräfin so allein ist, wünschten mir beide frohes Neujahr. Ich war in so froher und sonderbarer Stimmung, dachte an voriges Jahr, wo ich nachts heim kam und so ganz verzweifelt war. Kann heute nicht zu Bett gehen, bis jetzt an der Nähmaschine gesessen und Kissen für Bubi genäht. Dann ihn zu Bett gebracht, um dreiviertel zwölf wacht er auf und lallte eine lange Rede, das Göttergeschöpf.

1. Januar 1898

Gott, mein Gott, eine solche Hochflut von Leben, Freude, Seligkeit nach dieser Nacht.
Um halb ein Uhr kam er unter mein Fenster und rief »Prosit Neujahr« herauf. Dann saßen wir von Stunde zu Stunde da und sprachen. Ich habe nie daran gedacht, daß es einmal so kommen würde, nicht, weil gewünscht. Und dann war es plötzlich doch da und schlug über uns zusammen. Es war alles wie ein Märchen, das gar nicht wahr sein konnte. Dies ganze Jahr war ich so einsam und oft so schwermütig gewesen, nun braust wieder die alte, frohe Lebensfreude, mir ist, als ob meine Seele sich nach allen Seiten auflösen möchte, zerschmelzen in lauter Seligkeiten.
Als er um sieben fortging in den Wintermorgen, ging ich zu meinem Kleinen herein. Ich hab' lange an seinem Bettchen gelegen und ihn an mich gedrückt, und es hätte mich fast zersprengen mögen. O Leben, göttliches, göttliches.
Heute so wundervoll übernächtig, weiß kaum, wo ich bin. Vormittags mein Kind genommen und ausgefahren. Es war so wie ein weiches Frühlingswetter, ich wollte durchaus Veilchen haben, konnte aber keine auftreiben. Und den ganzen Tag ging mir die Stimmung dieser Nacht wieder durchs Herz und durch alle Nerven.
Abends kam er wieder.

1. Februar

So lange nicht geschrieben. Es brauste zu sehr in mir. In mir sind lauter stürmische Frühlingstage mit Sonne und Sturm. Und mein kleiner Rolf liegt in seiner Wiege und blüht vor Gesundheit und weiß nichts vom Leben, wie schlimm und herrlich es sein kann.

Diese wilde Liebe ist so stumm und verhalten, manchmal liegt sie zentnerschwer auf mir und dann wieder ein unendlicher Jubel ganz tief drin in mir. Was in ihm ist, weiß ich nicht. Nun möchte ich wieder alle lieben.

5. Februar

Keinen Moment Ruhe. Arbeit, über die ich kaum Herr werde. Möchte Bubi malen, immer wieder, ich möchte alles, alles. –

Ich halte aus, es muß alles noch kommen.

9. Februar

Heute alle Bekannten zum Bauernball. Ich hätte dies Jahr solche Lust, mitzutun, aber kann nicht von dem Kleinen fort und hab' kein Geld. Und doch lockt's so. Heut hat es mich ganz melancholisch gemacht. – Da liegt das süße Herz und schläft, und es ist ihm ganz gleichgültig, ob ich tanze oder bei ihm bin.

20. Februar

Künstlerfest, Friess auch hin. Schlug mir vor, mitzukommen. Ach Gott, ich hab' einfach keine Kräfte, mir ist alles gleich, selbst der Gedanke, mit ihm zum Fest zu gehen.

Wenn mich doch jemand herausrisse, aber –

In der Frühe um fünf Uhr, als ich aufstand, dachte ich daran, wie die andern jetzt vom Fest heimkommen und tröste mich mit dem Besuch des Kaminkehrers, der jetzt in einen anderen Bezirk kommt und sagt: »Ja, Fräulein, da kommen wir nimmer z'samm.« Das heitert mich wieder auf. Manchmal macht mir die ganze Situation Spaß, es ist so, als ob man ganz verzaubert wäre als Aschenbrödel oder so.

März

Jetzt ist es kein Wickelbaby mehr, sondern ein richtiges Kind mit Kleidchen. Die Nähmaschine ist mächtig in Betrieb zur Erholung von der Tagesarbeit.

Friess liebt ihn sehr. Gegen große Leute posiert er darauf, möglichst wenig Gefühl zu zeigen. Für mich ist's immer noch ein

Traum, aber manchmal tut es weh und zerrt an mir. Ich möchte mich lieber in sonniger Ruhe erhalten, dies liegt mir besser, aber sie wird in dieser Liebe nie sein.

In letzter Zeit waren noch manche andere Sachen, die mich innerlich störten. Ich denke lieber nicht daran, wenn es vorbei ist. Es muß ja sein, das Kind soll es wenigstens gut haben, und ich will auch nicht kaputt gehen, du lieber Gott, ich brauche mich wirklich nicht vor mir selbst zu entschuldigen, nur ist so was ein lästiges Gefühl, das ich mit Reflexionen abzuschütteln versuche. Aber es hat auch seine heiteren Seiten. — — Daß Friess nie auf den Gedanken kommt, mich aus der Misere zu ziehen, macht mich manchmal stutzig. Aber ich will bei ihm über nichts stutzen, ich bin eigentlich ihm gegenüber sehr blind.

Wenn ich ihm z. B. einmal von dieser Woche erzählte — ich glaube, er ist im Grunde doch ein gänzlich moralischer Mensch, und ich hab' deshalb den sündigen Reiz für ihn.

Jetzt bin ich wieder an der redlichen Arbeit. Oft sehr kaputt, o weh, diese Gesundheit. Mein Kinderherz, ich trinke all mein Glück mit vollen Zügen und denke manchmal, wie lang werde ich das können. Vielleicht nimmt es doch einmal körperlich ein schlimmes Ende. Entweder muß ich mich mit Schreiben überarbeiten oder die anderen Wege gehn, die ebenso ruinös sind, und ich bin schon so ermüdet, daß mir auch die Initiative fehlt.

12. April

Keine Zeit, immer keine Zeit, um alles aufzuschreiben, all die kleinen Fortschritte, die das kleine Tierchen macht. Gott, wieviel Egoismus steckt gerade in der Mutterliebe, mehr wie in allem andern. Ich versage mir alles mögliche, vergewaltige mich selbst zu allem möglichen, um für ihn zu sorgen, aber ich will auch, daß er alles von mir hat.

Jetzt fängt er schon an, sich für alles mögliche zu interessieren und zu spielen. Heute den ersten Zahn gekriegt, ich wurde so gerührt, daß mir beinah Tränen kamen und mußte dann selbst drüber lachen. Aber geschrien hat er, bis der Zahn da war — du lieber Gott — dabei schreiben! In letzter Zeit viele Nächte durchgearbeitet. Durchschnittlich schlafe ich überhaupt höchstens fünf Stunden und manchmal in Kleidern, weil's nicht der Mühe wert ist, ins Bett zu gehen.

An sich macht's mir nichts aus, ich möchte nur nicht zu müde und aufgearbeitet werden. Abgearbeitete Frauen sind etwas Greuliches. Jung und froh möchte ich sein, wenn er groß ist.

15. April

Eine herrliche Wohnung gefunden mit Hofplatz und Garten. Sonst ist sie etwas dunkel und feucht. Aber nun kann mein Bübchen immer draußen sein und rote Backen kriegen, in letzter Zeit ist es vom Zahnen so blaß geworden. Und ich hab' manchmal nicht mehr die Kräfte, ihn auszufahren. Die drei Monate waren eine ziemliche Fastenkur und wenig Schlaf. Wenn ich vernünftig lebte, wäre ich vielleicht kerngesund. Aber das Leben ist doch so schön, und ich bin bei allem unendlich glücklich.

Einen Plan gefaßt, zum Theater zu gehen. Vielleicht gelingt mir's damit, in ein anderes Leben hineinzukommen. Zum Malen komme ich ja jetzt auch nicht, das liegt hinter einer hohen Mauer, über die ich auf diese Weise nie hinüberkomme, sondern ich sitze vor ihr und bin froh, wenn ich mein Leben eben erhalten kann. Gut, daß mich der Arbeitsstumpfsinn so betäubt.

2. Mai

Mitten in den Vorbereitungen zum Umzug. War heute sieben Stunden von Rolf fort, noch nie vorgekommen. Rolf hilft mir bei allem, der große Rolf. Wir streichen zusammen alle Böden an, haben ein Zimmer tapeziert, auf dem Grund des Kleisterkübels finden wir einen Ring mit rotem Stein. Das kam mir wie irgendeine gute Vorbedeutung vor. Irgend jemand wollte mich sprechen und die Hausmeisterin sagte: »Frau Gräfin und Herr Baron sind beim Anstreichen.« Das klang sehr hübsch.

6. Mai

Ausgezogen aus der alten Wohnung, wo mein Geliebtes geboren ist, und wo ich viel Schönes und einiges Schwere erlebt habe.

Er war während des Umzugs bei Güttners und schrie die ganze Zeit. Abends holte ich ihn ab und fuhr ihn im Wagen die Leopoldstraße hinauf in den schönen Frühlingsabend.

10.–12. Mai

Einrichten fertig und wieder ans Schreiben. Têtes de Maris übersetzt. Sitze draußen, Rolf neben mir im Wagen und lacht den Himmel an, ist so gut und still. Ich warte immer darauf, daß er eigensinnig wird, aber bisher nichts.

13. Mai

Also, ich habe glücklich ein neues Kleid und einen Hut, der mir steht und sehe wie ein Mensch aus. Ging sehr zufrieden durch die Stadt und mit plötzlichem Entschluß zur Theaterschule.

»Direktor« Oppenheim richtiger alter Schmierenkomödiant. Vorläufige Prüfung: ich muß immer die Augen verdrehn und mit schmelzender Stimme sagen: Mutter, sieh herab auf dein Kind. – Er findet, daß ich eine schöne Stimme habe – das haben schon andere Leute gefunden.

15. Mai

Erste Stunde. Franziska geübt. –

Das Schelmische ist sicher nichts für mich. Gott im Himmel, wenn's was würde, irgendeine Zukunft – aus dem Höllenleben und der Schreiberei heraus. Ich sehe mich natürlich schon mit Brillanten und eigenem Wagen.

18. Mai

Theaterstunde. Mein Geburtstag. Marie hat mir Blumen gebracht.

Friess kam, findet natürlich, ich wäre verrückt mit dem Theater. Na, wir werden ja sehen.

20. Mai

Bubi geimpft, hatte ihn sehr schön gemacht und bin im Fiaker mit ihm zum Doktor gefahren. Ich war sehr stolz auf mein dickes schönes Kind, das so wohlgepflegt aussieht, als ob es wohlhabenden Leuten gehörte.

28. Mai

Theaterstunde, es wird gehen. Aber mit Mühe. Tageslauf: Um halb sechs oder fünf aufstehn, Hausarbeit, Bubi versorgen, üben, übersetzen; abends wieder eine Stunde üben und schreiben. Denn jetzt müssen wir auch noch das Geld für die Stunden schaffen. O mei.

Aber es ist Frühling, herrlicher Frühling, mir ist so jung und froh und viel lebendiger zumut, seit ich dies vorhabe. Ich hab' auch anständige Kleider und gefalle mir.

29. Mai, Pfingstsonntag

Halb sechs auf, dann geh' ich immer zuerst hinaus, sehe ins Grüne und höre die Drossel flöten und hole das Brot vom Bäcker.

Dann mit dem Bübchen vor die Tür, wenn's gebadet ist. Dann leg' ich ihn in den Wagen und geh an die Arbeit.
2 Nummern Têtes de Maris. Rolle geübt. Bubi viel geschrien, die Zähne.

30. Mai

3 Nummern gemacht, geübt. Bübchen ruhiger.

31. Mai

Halb sechs auf, geübt und Theaterstunde, Knicksen und Augen verdrehen. Der alte Hund will mich Franziska nennen, blase ihm was. Bei Langen, mittags zwei Stunden gelegen, Mordskopfweh. Rolle gelernt. Mit Eis früh zu Bett.

1. Juni

Halb sechs auf. Geübt. Zur Stunde. Zufriedenheit erregt durch schmelzende Töne. Mittags mit Rolf Brockdorff bei Schmidt. Alter Stammtisch mit Trompeter und der alten Näherin. Nachher Räder angesehen, um mir eins zu kaufen. Dann Linnekogel, später Metzger. Nur drei Seiten übersetzt. Kopf besser, ein paar Tage früh zu Bett mit Eis, dann wird's wieder gehen. Es ist oft, als ob mein Hirn brennte.

2. Juni

1 Têtes de Maris. Rolle gelernt. Nachmittags Wiener Café.

3. Juni

Halbe Nacht mit Bubi durchtobt und ganz kaputt. Mittags mit Rolf Rolle geübt, Luise Millerin. Er muß den Ferdinand machen. Weit schöner ist's, wenn der alte O. ihn in der Stunde macht. Oder die Lady, oder den alten Miller, je nachdem. Am schönsten, wenn man ihm als Lady die Hand küssen muß. Dann mit Bubi ausgefahren. Gearbeitet. Abends wieder Rolle. – Könnt' ich doch ganz dabei sein, alles andere lassen.

4. Juni

Halb sechs auf. Stunde. Szene Luise – Wurm. O. wurmte herrlich, ich konnte kaum ernsthaft bleiben. Mittags abschreiben, dann Radlstunde, wieder schreiben. Abends zu Langen und Metzger. Langen drei Witze verkauft à 3 M. und 100 M. Vorschuß genommen. Schweres Kopfweh.

5. Juni

Bis acht verschlafen. Bubi macht Sprechversuche, aber es geht nicht. Besuche, die mich am Arbeiten gestört. Mittags mit Rolf

Wurmszene geübt. Die Marie muß ums Haus herumgehen, ob man es draußen hört. Abends Bummelei. Les trois édudiants. Souper und Orgie. Dann ihnen etwas von meinem Leben erzählt, von Theaterplänen, heulte ihnen eine Luisenszene à la Oppenheim vor, und wir lachten uns tot. Dann zwischen Wollust und Tragik und was weiß ich noch. »Wir wollen zusammenlegen, damit Sie ein Star werden.« 150 M. – damit wird man noch kein Star, aber es war lieb. Marie war bei Bubi geblieben, ich kam erst um vier heim durch den schönen Morgen, ließ mich nicht begleiten, weil inkognito bleiben wollte. Aber Wiedersehen verabredet. –

6. Juni

Fauler Tag, verkatert, aber froh. Ach Bubiherz, ich bin noch so jung, ich muß leben und toben und möchte dir ein schönes Leben schaffen. Warum sollen wir zwei immer entbehren.

7. Juni

Geradelt, übersetzt, Zahnarzt. Im Café mit den drei Jungens, abends geübt: Luise – Lady.

8. Juni

Geübt. 3 Têtes de Maris. Abends mit Bruck und Schwarz im Volkstheater »Mein Leopold«. Bubi fängt an zu stehen, d. h. stehen zu wollen. Mein Himmelskind, manchmal legt er mir die Arme um den Hals und küßt mich. Friess, hatte beinahe Lust, ihm meine Aventüren zu erzählen, um sein Gesicht zu sehen.

Unsere Abende – ja das ist wieder etwas ganz anderes. Schwere Wogen. Keine Heiterkeit. Und die brauche ich auch so sehr. Oft kommt er mitten in der Nacht, wenn ich noch schreibe oder schon schlafe. Für ihn bin ich nie müde – aber wenn ich drüber nachdenke, was denkt er sich eigentlich? Er muß doch sehen, daß ich immer aufs äußerste meiner Kräfte gehe, und wie ich dabei lebe. Und rührt keinen Finger, d. h. manchmal ein wenig.

Macht mir eine blöde Szene, weil ich mir ein Rad gekauft, wahrscheinlich findet er mich so verschwendungswahnsinnig, daß man mich nicht noch darin bestärken soll.

9. Juni

Kopfweh. Têtes de Maris zu Ende. Abends kaputt, früh zu Bett statt zu den Dreien.

10. Juni

Wie soll ich sie nun wieder auftreiben!

Schmerzen an der alten Stelle, es geht nicht lange mehr gut.

11. Juni

Theaterstunde. Lobsprüche über mein Talent. Alter Hund, das weiß ich selbst besser. Engagement in Österreich in Aussicht an einer Schmiere. Sehr verlockend. Ausgerechnet auch da hab' ich Talent. Es ist sehr tröstlich, talentvoll zu sein. Heute Bubi beinah vom Arm fallen lassen, mich zu Tode erschrocken. Neue Rolle: Christine, Liebelei. In der Zeitung Inserat: Luise, wo bist du? Kleeblatt. – Gleich geschrieben, auf übermorgen.

12. Juni, Sonntag

Abends Rolle. Dann Friess und viele Tränen.

13. Juni

Kopfweh, nervös. Das kommt von den Szenen. Warum so dumm, mich quälen zu lassen. Aber ihm gegenüber bin ich wie Wachs.

Theaterstunde. Lob geerntet für Pantomime der Angst und Verzweiflung. Das scheint meine Force. – Kein Wunder nach dem Abend gestern. Zur Redaktion. Arbeit abgeliefert, neue mitgenommen, 252 Seiten = 192 M., wenn er auf die Erhöhung eingeht. Mir ist nicht gut, tröste mich mit dem Bubiherz. Warum will ich noch mehr.

Abends überglücklich mit den Dreien vereinigt. »Unsere Luise, unser Mädel.« – Ach du lieber Gott, wenn die wüßten, daß ich eine Gräfin bin, verheiratet war, etc. Das macht mir Spaß. Erst Weinrestaurant, dann zu ihnen und wieder Theater gespielt. Albern wie Kinder, ach, das ist so wohltuend. Sie getauft: Wurm, Ferdinand und Vater Miller. Der arme Dicke wollte durchaus Ferdinand sein. Aber es ging ihm auch als Vater M. ganz gut. Unsere Kabale – nein, unsere Liebe, Liebe à trois. Liebe Kerle trotz alledem. Sind nur so schrecklich neugierig, wo und wie ich lebe. Kollekte, die Luisenkollekte, die diesmal 100 M. gab. Wenn sie doch reich wären.

14. Juni

Faul und abgespannt. Nachmittag erstes Stück Maupassant. Bauerngeschichten mit Plattdeutsch. O Langen!

Wenn meine Drei doch reich wären und mich in lauter Seide wickelten, wie sie sagten.

15. Juni

Morgens friedlich Christine geübt. Dann plötzlich entdeckt, daß meine sämtlichen Silbersachen verfallen und schon versteigert sind. Ganze Stadt nach der Tändlerin abgesucht, die sie eingesteigert hat und mit Verlust von 9 M. und einigem Schwindel wieder an mich gebracht. Gleich wieder versetzt, weil nur noch 40 Pf.

Am Heimweg zu Wurm und Ferdinand hinauf, ihnen Kaffee gemacht und eine heitere Stunde. Die guten Kerle, sie wollen mich alle zusammen heiraten, ich sollte zu ihnen ziehen.

Abends Kopfweh und früh zu Bett.

16. Juni

Cornelia Schorer. Bei fürchterlichem Regen mit ihr Sezession besucht. Dabei erkältet, immer Schmerzen. Das hat aber den Vorteil, daß der Kopf leichter wird.

Dann geschrieben, geübt, etc. pp.

17. Juni

Geübt, geradelt, übersetzt. Zweite Bauerngeschichte. Abends Redaktion. 6 M. für Witze.

19. Juni

Halbtot. Vormittags mit Eis im Bett. Nachmittags eine Geschichte übersetzt. Leihhaus und Überschuß abgeholt. Mit Bubi gespielt.

Ist das ein Hetzleben. Saß mit ihm vor der Tür und dachte, wenn ich doch mehr Ruhe hätte. Aber ich hab' doch immer Sonne um mich und denke manchmal, ob alle späteren Jahre wohl auch so schön sein werden, so voll und reich und im inneren Gleichgewicht. Bubi könnte sich eigentlich beklagen, daß ich immer nur so wenig von ihm aufschreibe, aber ich könnte nur jeden Tag dasselbe sagen, daß er alles und alles für mich ist, daß er täglich fetter und gesünder wird und furchtbar gut und lieb und süß zum Anschaun. Die Leute sehn sich nach ihm um, wenn ich ihn im Sitzwagen fahre. Ich sehe mich auch nach andern hübschen Babies um. Und er ist so still und vernünftig, außer, wenn er zahnt, als ob er wüßte, daß er mir helfen muß.

23. Juni

Morgens zu Langen. 5 M. für einen Witz und andere zum Bearbeiten. Außerdem »Le lys rouge« neben der Bauerngeschichte.

Nachmittags Rolle gelernt. O mein Kopf, wenn nur mein Gehirn nicht ganz kaputt geht. Dann Conrad*, ihn für meine Theateraffäre interessiert, er will mich mit Drach** bekannt machen. Wieder neuer Mut.

Stiller Abend. Mein Gott, wenn das Leben nur so bliebe. Etwas mehr Gesundheit, mein blühendes Kind, Zukunftspläne und Luftschlösser.

Lys rouge zum Übersetzen präpariert. Rolle geübt.

25. Juni

Stunde. O. hat mir Aussicht aufs Schauspielhaus gemacht, wenn Drach verkracht. Wenn er nicht verkracht, komme ich durch Conrad zu ihm. Lys rouge angefangen.

26. Juni

Müde, Kopfweh, ärgerlich, daß gestern gebummelt und bis acht verschlafen. Lys rouge bis Seite 32. Bubi viel gequiekt.

27. Juni

Wieder bis halb sieben verschlafen. Keine Zeit zum Üben. Mittags mit Friess in der Stadt gebummelt. Nobler Anfall, hat mir Wäsche und eine Kravatte geschenkt. Nachher über meine Faulheit geärgert, geübt und 10 Seiten gemacht.

Bubi hat zum zwanzigstenmal, ich hab's gezählt, seine Flasche zerschmettert und sich in seine kleine Pfote geschnitten. Großer Schreck. – Er pflegt jede Flasche nach dem Trinken, wenn man sie nicht gleich wegnimmt, auf dem Wagenrand mit großem Vergnügen zu zerknallen.

Sehr zufrieden mit der Welt, möchte nur fleißiger sein. Jetzt alle Kräfte zusammennehmen und mit großem Anlauf alles nehmen. Dann gibt's vielleicht einmal mehr Ruhe.

28. Juni

Mit Friess in die Stadt. Erste Ensemblestunde. Wir platzten vor Lachen, und O. wird wütend. Dann Mimik, wie er sagt. Wir stehn in einer Reihe und schneiden Grimassen. Dann sterben. Als wir's nicht gut machten, wirft er einen roten Mantel um und erdolcht sich. Wir bersten und er grollt.

Nachmittag übersetzt. Jetzt Abend. Ich denke, wie glücklich ich

---

* Der Schriftsteller Michael Georg Conrad.

** Ernst Drach, Direktor des Gärtnerplatztheaters.

bin und wie unendlich einsam. Gott, wenn mein Kind erst so groß ist, daß man mit ihm sprechen kann.

30. Juni

Beim Radeln das ganze Bein zerschlagen. Ich kann kaum gehen. Lys rouge übersetzt.

1. Juli

Vormittags 40 Seiten abgeschrieben, nachmittags mit dem Bein zum Doktor. Abends Simpl abgeliefert.

2. Juli

Ensemblestunde, Liebelei. Nachmittags und abends Witze für den Simplicissimus frisiert.

3. Juli, Sonntag

Morgens Witze zu Langen gebracht, 20 M. Nachher Besuche und nichts getan.

4. Juli

Desto fleißiger, halb sechs aufgestanden. Rolle geübt. Zwei Bauerngeschichten übersetzt. Abends große Theaterübung. Bubi wollte sich darüber halbtot lachen und glaubte, ich tät's, um ihn zu amüsieren. Heute mittag stand er im Wagen an der Hecke, riß eine Menge Weinblätter ab und bestreute sich damit.
Heute ein Geldtag. 30 M. Honorar. Brief von Jakobowski.

6. Juli

Theaterstunde. Nachmittags völlig matsch. Nur ein paar Seiten übersetzt, um so mehr bei Bubi gewesen. Es ist so schön, in diesem Sommer einen Platz draußen zu haben, hab' den Bubi immer neben mir und freu' mich auf die langen Sommertage und -abende. Es ist gut, daß mein Leben jetzt so still ist, vielleicht kommt's später wieder ganz anders.

7. Juli

Morgens geradelt und geübt, nur 6 Seiten.

8. Juli

26 Seiten übersetzt. Rolle. Abends Theater. Raskolnikow mit Matkowski. Einzige gute Szene die, wo die Bühne leer ist und er im Nebenzimmer die Alte erschlägt.

9. Juli

Theaterstunde. Ensemble. Übersetzt. Bin melancholisch und faul, komme mit nichts vom Fleck. Das Bübchen liegt draußen im Wagen und lächelt.

10. Juli, Sonntag

Ensemblestunde. Liebelei, das ganze Stück durchgearbeitet. Mittags Friess. Nachmittags mit Bubi im Garten und gearbeitet.

11. Juli

Bei Langen. Lys rouge abgeschrieben. Nachmittags Langen bei mir, um mich Schreibmaschine zu lehren, fragt: »Ist das das Kind?« Ich: »Nein, woher denn?« –

12. Juli

Lys rouge abgeschrieben. Bis Mitte August noch 500 Seiten.

13. Juli

Zwei Bauerngeschichten. Ganze Woche nicht zum Üben gekommen, wie soll das nur weitergehen. Ich kann nicht alles zwingen.

Ach Gott, hätt' ich doch nichts zu tun als mit dem Herzkind zu leben und mit ihm zu spielen. Dazu komm' ich so wenig. Eine Nachmittagsstunde jedoch mach' ich mich immer ganz für ihn frei. Abends, wenn es zu Bett ist, Geschirr waschen etc. Das ist auch erholend.

14. Juli

Das Wehgeheul ist dumm und überflüssig. Belami behauptet, ich kokettiere mit meiner Misere. Aber ihm scheint sie auch ganz gut zu gefallen. Und wenn man einen Spaß daraus macht, damit kokettiert, läßt sich's noch besser ertragen als mit Lamentieren.

Mit Bruck in der Liebelei, um meine Rolle zu studieren.

15. Juli

Komme nicht zum Üben, meine schöne Stimme wird wieder lahm. Mit einem andern Theatermädel gebummelt. Freches, lustiges Ding. In zwei Teesalons. Einen französischen Schriftsteller aufgegabelt, der das Leben studieren wollte. Mit ihm nachts weitergebummelt, in unzählige Lokale. Zuletzt Luitpold. Da saßen meine Drei. Ich die beiden andern versetzt und mit ihnen noch auf die Bude. Fünf Uhr heim.

16. Juli

Theaterstunde. Die kleine Lizzie macht mir über gestern Vorwürfe, daß ich sie allein gelassen. Hat auf morgen ein Rendezvous mit dem Franzosen, den sie langweilig findet. Zur Buße übernehme ich es.

Jetzt will ich Komteß Guckerl lernen. Blöde Idee mit meinem Wiener Dialekt. Schreibmaschine geübt. Zwei Witze für Simpl.

Brief von Walter. Wundert sich, daß ich ihm die Gerichtskosten für die Bubisache aufgepackt hab', möchte mich an den Vater wenden. Überhaupt viele harte Worte. Schluß, daß ich ihm schreibe, ich wollte überhaupt nichts mehr von ihm – über kurz oder lang hätte es ja doch aufgehört. Aber nun 150 M. weniger, wo ich schon so nie auskomme.

Was tu' ich eigentlich mit dem Geld, es ist mir selbst unklar. Ich arbeite wie ein Pferd und lebe miserabel und habe nie etwas. Allerdings passiert es wie neulich, daß ich einen Fiaker nahm, um nicht zu spät zur Stunde zu kommen, und ihm 10 M. gegeben, weil ich mich nicht mit Wechseln aufhalten wollte. Na ja, ich bin eben nie um die Schulden herumgekommen, noch von der Teweszeit her und das richtige Sparen lerne ich auch nie. Zudem verschlingen in diesem Jahr die Theaterstunden ein Heidengeld. Mir sind schon lange Zweifel gekommen, ob es nicht eine schreckliche Dummheit war, zu dem alten Gauner zu gehen – nur wollte ich die Sache gern geheim halten und hab' deshalb niemanden gefragt. Und er verschafft einem Engagements. –

Ach, Walter, diese Geldaffäre ist ein ziemlich trauriges Ende deiner »großen Liebe«.

Heute vor drei Jahren fuhr ich von Bozen hierher und blieb im Hotel krank liegen. Damals war ich gleichgültig gegen Leben und Sterben – und jetzt – nur leben, leben, leben.

18. Juli

15 M. für Witze. Wütender Fleiß. Beide Rollen und 50 Seiten übersetzt.

19. Juli

Nichts getan, Kopfweh. Mich mit dem Bübchen vergnügt.

20. Juli

Theaterstunde. Nacht durch abgeschrieben. Das ist immer eine wundervolle Stimmung, besonders jetzt im Sommer, wenn dann in der Früh die Vögel zwitschern und später der Bubi aufwacht und der ganze übernächtige Tag.

24. Juli

23 Seiten übersetzt. 2 abgeschrieben.

25. Juli

66 Seiten und Rolle. – Ich möchte mir mein eignes Leben und Bubis mit Aufschreiben festhalten und schreib' immer nur die langweilige Arbeit auf. Aber zum Denken komm' ich überhaupt nicht mehr, zum Nichtstun auch nicht und wenn, so wirbeln mir nur Seitenzahlen durch den Kopf. Und es ermuntert mich, dann mir wenigstens das zu notieren, was ich getan habe. – Käme doch jemand und holte mich aus diesem Fronleben heraus. Es hat ja auch sein Schönes, aber das bliebe ja, wenn ich nicht arbeiten müßte.

Der Franzose damals, den ich der Lizzie abnahm, hätte mich nach Paris mitgenommen – aber mehr wie 200 Fr. im Monat konnte er mir nicht verheißen, und wer weiß, wie ich dann dort mit Bubi leben würde, jedenfalls nicht so ruhig und im Grünen wie hier, und für seine ersten Jahre ist das so schön. Also großmütig verzichtet. Ehrlich gesagt, ist mir trotz aller Hetze so wohl, so tiefinnerlich wohl in meinem jetzigen Leben, ich hab' die Freude an meinem Kind so ganz allein und ungetrübt für mich und liebe diese weltferne Ecke so, daß ich mich nicht leicht trennen würde, außer, wenn etwas sehr viel Glänzenderes käme.

26. Juli

Seit ein paar Tagen ist meine Marie krank, kann nicht kommen. Gewaschen, gebügelt und halb tot.

31., Sonntag

Das ist doch etwas zuviel. Die Bücher müssen vorwärts, das Theater auch und noch nebenbei Zugeherin spielen! Bubi steht immer in seinem Wagen, daneben oder kriecht am Boden und amüsiert sich, wenn ich beim Waschen recht platsche. Also an Lustigkeit fehlt's nicht. Friess kommt abends manchmal vom Tennisspielen, in weißem Anzug und Rakett. Wir passen dann wirklich gut zusammen. Ich finde, er kommt sich etwas wie ein Märchenprinz vor, der zu einer armen Wäscherin herabsteigt.

1. August

Heute mich einfach hingesetzt, Hände in den Schoß, neben dem Bubiwagen. Und die Lage überdacht. So geht's nicht weiter, ich bin überfastet und überarbeitet bis dahinaus. Friess kann mir nicht helfen, erzählt mir, daß er ganz von seinem Vater abhängig sei und nichts in der Hand hätte. (Ob er es sonst tun würde?) Von Walter nichts mehr zu erwarten, da bin ich auch wieder einmal vehementer als klug gewesen. Mit Bummeln mein Glück suchen – dazu hab' ich ja nicht einmal die Zeit, wenigstens, um es etwas konsequent zu treiben und sonst, was kommt denn dabei heraus. Der Franzose ist wieder weg, aber die 300 Fr. waren auch weg wie Eis an der Sonne. Ich komme niemals zu einem normalen Anfang. Aber was tun? Ich fürchte, das Problem bleibt ungelöst, solange ich nicht eine Zeitlang die Hände und den Kopf freibekomme. Vielleicht, wenn ich mit dem Theater Glück habe, ändert sich alles. Im Herbst Engagement, bis dahin muß ich wohl oder übel noch aushalten.

Dabei immer einen Appetit, der mich zur Verzweiflung bringt. Ich glaube, der Hauptfehler ist, daß ich im Grunde immer so wahnsinnig vergnügt bin, sonst würde ich mich energisch dran machen, aus dieser Lage herauszukommen.

1. August

Beinah 40 Seiten. Durch die Stadt geradelt und auf dem Heimweg unter einen Fiaker.

3. August

Theaterstunde. Nachher mit Bubi im Garten und übersetzt. Er war so süß, wild und lustig.

4.–10. August

Übersetzungen und Theater. Kopf dreht sich. Für die nächsten vierzehn Tage Theaterstunde abgesetzt, um mit den Büchern fertig zu werden, sonst werde ich verrückt.

14. August

Jetzt fast jede Nacht bis zwei Uhr Arbeit. Dann manchmal noch Friess.

Heiße Tage, beim Arbeiten immer mit dem Rolf draußen. Gott, ich brauch' ihn ja nur anzusehn, dann ist mir alles andere egal. Arbeiten bis zum Umfallen, auf die Straße gehn – toute la même chose, wenn ich ihn nur habe, seine süße kleine Liebe, die immer mehr erwacht, und ich ihm ein Leben schaffen kann wie bis jetzt. Er ist so verwöhnt, wie ein Kind nur sein kann.

Ich bin immer glücklich, aber nur etwas müde.

16. August

Furchtbare Hitze, 40 Seiten übersetzt.

17. August

40 Seiten abgeschrieben. Abends mit Friess geradelt.

18. August

30 Seiten Lys rouge, nur drei Stunden im Bett, gestern nur zwei.

20. August

33 Seiten. Bravo, mein Kind.

22. August

Extraeinnahme von 200 M. Neulich nacht bekam ich extravagante Einfälle. Im Teesalon alte Patronesse des Salon B. getroffen, die mit Ekstase auf mich los. Warum ich nie mehr gekommen seit jenem großen Abschied. Ja, du lieber Gott, da liegt viel dazwischen. Sie hat sich jetzt ins Privatleben zurückgezogen, aber mir eine Empfehlung gegeben. Will mich mal persönlich dort einführen. Ach Gott, ich mag nicht mehr, es kommt ja doch nicht mehr dabei heraus, wie beim Übersetzen. Niemals der wahre grüne Zweig. Und all die peinlichen Gefahren, für die ich jetzt mehr Sinn habe. Ganz da hinein tauchen, paßt mir nicht, da ist man wieder nicht sein eigner Herr. Sie meint, ich hätte doch soviel Glück bei Männern, und es wäre ein Skandal, wenn ich mich so kaputt arbeitete. Das käme davon, wenn man so emanzipiert wäre und Kinder bekäme. Ich hielt ihr entgegen, daß ich doch immer nur Dilettantin gewesen. Ja, ich wäre eben zu leichtsinnig, wollte nur mein Vergnügen, nur, wer's ernst und zweckmäßig nähme, käme zu etwas. Ach ja, aber daran würde ich immer wieder scheitern, ich muß halt mein Leben für mich haben, besonders jetzt, mein Kind, das Theater. Sie: »Sie kommen ja doch wieder.« Jeden Samstag könnte ich sie dort treffen.

— Ja, ja. Oh, welch ein Sumpf, wie der selige Pastor Johnsen sagte. Aber dieses Weib hat entschieden eine Atmosphäre von Gemütlichkeit um sich, eine »wahre Herzensgüte«. Sagte aber selbst, daß hier in München ein schlechter Boden und selten ein großer definitiver Coup zu machen sei, sitzt da am Teetisch, um Ausländer in die Finger zu bekommen. Lud mich gestern zum Tee ein und setzte mir ihr neuestes Opfer vor. War dann mit ihm im Colosseum. Ach, guter Gott, in Geschichten werfen sich sündige Mütter dann an der Wiege ihres Kindes nieder etc. Ich komme müde heim, bin froh, wenn ich etwas mehr Geld in der Tasche hab' und wieder bei meinem Bübchen bin. Aber daß er mir etwas

übelnehmen sollte, wenn er groß wird und einen Einblick in die Abgründe tut, durch die seine Mutter gelegentlich wandelt – er möchte mir's eher übelnehmen, wenn ich ihn und mich verhungern ließe, und wenn ich mich mit Übersetzen totschinde. Mein einziges Verbrechen ist, daß ich nicht reich bin.
Und ein rechtes Unglück ist eben mein Dilettantismus auf allen solchen Gebieten. Ich wäre außerstande – na, ich weiß nicht mehr zu was, ist auch egal. – Ob es wohl Menschen gibt, die mich darin begreifen können? Ich glaube kaum, ich bin auch viel zu verschlossen über mein intimeres Leben.

21. August

Seit vierzehn Tagen immer dieselbe Hitze, aber ich hab's gern. Es ist so sommerlich in unserer Ecke, und das Sonnenkind blüht und wächst und wird göttlich. Es ist in allem, was ich jetzt lebe, soviel schwere Seligkeit, ich möchte den Bubi immer auf dem Arm tragen, als ob dann alles von mir in ihn überströmte. Wenn ich ihn morgens hinaustrage in die schöne frische Luft und abends wieder hinein ins kühle Zimmer, o Gott, es ist beinah erdrückend viel Glück.
Ich hab' die ganzen Tage im Freien gearbeitet.

22. August

Rest Lys rouge.

23. August

Rest Maupassant. Jetzt noch 100 Seiten abschreiben. Dann kann ich hoffentlich einen Monat privatisieren.
Rolf hat sich heute über einen großen Hund erschreckt. Es war so hinreißend lieb, das kleine Gesicht, und wie es wieder beruhigt war. Götterkind, mein Götterkind.

25. August

Bauerngeschichten fertig abgeschrieben. Jetzt noch 100 Seiten Lys rouge.

26. August

Mit Giulia nach Pasing geradelt. Wenn ich dann zurückkomme, fühle ich, daß ich das Kind immer, immer um mich haben muß, sonst bin ich unruhig.

27. August

Vormittag mit Eis auf dem Kopf, dann sehr matt. Abends mit Friess geradelt. 1/2 4 Uhr zu Bett, um 6 wieder auf.

28. August

Immer noch 48 Seiten. Ich kann nicht mehr, kann wirklich nicht mehr. Warum kann ich von dem Menschen nicht los. Es wäre vielleicht vieles besser, aber ich kann nicht hergeben, was ich durch ihn erlebe. Manchmal frage ich den Bubi um Rat, und er lacht und fährt mit den Patschen durch die Luft, als ob er sagen wollte: pfeif darauf. –

29. August

Endlich wieder Theaterstunde. Goldne Eva. Rolle Agnes.

30. August

Abgeschrieben von halb neun bis halb sieben abends. Es gibt ja jeden Augenblick Unterbrechung. Abends geradelt. Wieder erst um drei zu Bett und um sechs auf.

31. August

Stunde. Goldne Eva – Ensemble.

Eins bis vier Uhr geschrieben; A. mich besucht, entzückt von Bubi. – Heut abend denk' ich daran, wie's vor einem Jahr war, die furchtbaren Stunden, bis ich meinen Bubi hatte. Und was für ein wundervolles, überreiches Jahr war es dann.

1. September

Fünf Uhr früh aufgewacht, irgendwo läuteten Glocken. Meines Herzkinds erster richtiger Geburtstag, voriges Jahr um diese Zeit wachte ich gerade aus der Narkose auf.

Und heute lag er neben mir, rosig, süß und gesund und lachte mich an und streckte seine kleinen Pfoten nach mir aus. Dann draußen im Wagen in der Sonne lag er auf dem Rücken und spielte mit seinen Füßchen. Die Marie kam mit Blumen und spielte mit ihm. Nachmittags Friess. Er brachte ihm Spielsachen, eine Klapper, einen Hasen und ein Kleidchen. Dann wieder mit ihm gespielt bis zum Abend. Wenn ich ihn dann hineintrage, legt er immer die Arme um meinen Hals oder zieht mich an den Haaren und ich denke, das ist mein, mein. Dies ist das einzige Glück, das ich festhalten will, festhalten durch mein ganzes Leben.

4. September

Stunde. Marie bei Bubi etabliert, um eins mit Monsieur nach Holzkirchen, dann mit Rad nach Tegernsee. Trotz allem Mißgeschick denke ich jetzt dran wie an einen schönen Traum. Der

See im Abendnebel und morgens wieder im Sonnenglanz. Telegramm von der Marie, daß Bubi wohl und vergnügt. – Ein sonderbares Gemisch von Sehnsucht, Heimweh, Unruhe, Freude und Schmerz in der Fremde – wie lange war ich nicht draußen gewesen, und es kam eine unsinnige Sehnsucht über mich nach Freiheit und Leben. Nächsten Mittag zurück und mich auf Bubi gestürzt, saß draußen in seinem Wagen. O Gott, daß ich ihn nur wieder hatte, ich war so kurz fort und konnte es doch kaum aushalten. Müder, stiller Nachmittag mit ihm, so froh, wieder bei ihm zu sein und doch so Herzweh, ich weiß ja selbst nicht, was das soll. Dumm bin ich.

6. September

Theaterstunde. Aussicht, ans Gärtnertheater zu kommen. Nachmittags mit Rolf draußen. Ruh' mich jetzt gründlich aus. Entzündung am Finger. Gut, daß ich nicht zu schreiben brauche. Rolle gelernt. Still und froh und Sehnsucht.

11. September. Sonntag

Vormittags Frau Strindberg*. Sitzen draußen. Bubi steht plötzlich auf und fliegt zum Wagen hinaus in den Kies. Mich zu Tod erschrocken; er hat sich aber nichts getan.

21. September

Keine Arbeit und kein Geld, aber Ruhe. Ausruhn, ich schlafe und schlafe und hänge in der Sonne herum neben Bubis Wagen und spiel' mit ihm.

Viel Rolle geübt, nun soll ja Ernst werden und ich kann doch überhaupt nichts. Lust hätt' ich ja, Himmelherrgott. Aber auch da nur, wenn man ohne Zwang wäre und ich spielen könnt', was und wie ich wollte.

Theaterstunden.

Es war doch ein herrliches Jahr, tut mir leid, daß es herum ist, so voll von Glück. Nur die Arbeitshetzerei immer wie ein Schleier drüber.

Jetzt soll man sich Garderobe verschaffen – diesen Monat muß man schließlich auch leben, bei Langen wird wenig mehr herauskommen.

---

* Frieda Strindberg; ihre Ehe mit dem schwedischen Dichter August Strindberg war damals bereits geschieden.

22. September

Bei Langen, um abzurechnen – natürlich stand es sehr schwach, noch weniger wie ich es erwartet hatte. Und er ist momentan nicht sehr vorschußlustig. Diesen Monat hab' ich über 300 M. Extraausgaben gehabt für alles mögliche.
Gestern mit Giulia bei Schneider. Will mich prüfen und dann »weiterbilden«. Aber wie soll ich das machen, auch wenn er nichts verlangt?
Von Langen neue Arbeit, cent contes korrigieren, eine Schandarbeit.
Bubi hat jetzt acht Zähnchen, ich mustere sie mit Stolz. Er versucht zu laufen, kriecht mit rasender Geschwindigkeit durchs Zimmer, und man muß jeden Augenblick aufpassen, sonst rutscht er zum Haus hinaus und fällt über die Stufen.

24. September

In Tutzing bei Frau Strindberg. Trübes Wetter und melancholisch, als ich über den See fuhr. Abends zurück.

29. September

Bubi nicht wohl. Ich kann's nicht aushalten, wenn er Schmerzen hat, das arme dicke Tier.
Björnsonbrief für Langen zu übersetzen, suche ganze Stadt nach jemand ab, der Norwegisch kann, will dann gleich weiter Stunden darin nehmen.
Abends macht Monsieur mir Szene. – Wozu? Im Nebenzimmer Bübchen, das unruhig ist, aber scheint nicht krank. Von Zeit zu Zeit zu ihm hinein, liegt da wie ein dicker Engel, das süße.
Morgens kommt es jetzt immer zu mir ins Bett gekrochen und fährt mir mit den kleinen Tatzen durchs Gesicht.

30. September

Der norwegische Lehrer! Ganz verrücktes altes Huhn. Geht sich erst rasieren lassen, denn »wenn eine Dame vom höchsten Adel zu ihm kommt«. Nachher stellt sich heraus, daß er kein Wort kann, nicht einmal die paar Stellen im Brief, die ich nicht weiß. Aber glücklich einen anderen aufgetrieben und das schwierige Werk vollendet.

3. Oktober

Morgens Karte von Oppenheim, daß fürs Gärtnertheater engagiert. Hurra! Aber wenn etwas erreicht ist, klappe ich immer zusammen, ich bin jetzt ganz matt und ohne alle Initiative. Möchte nur schlafen, schlafen.

4. Oktober

Marie ausgeblieben. Zu O. gerast, um Kontrakt zu unterschreiben, dann Bubi aufgepackt und Wäscherei suchen gegangen.

5. Oktober

Eine reizende Hetzerei, muß alles selbst machen. Mittags zu Brakl, um mich vorzustellen, dann heim zu Bubi, der die ganze Zeit brav in seinem Wagen sitzt, spielt oder nachdenkt. Neue Übersetzung, mir schwindelt etwas.

8. Oktober

Letzte Stunde bei Oppenheim, dem elenden Gauner.
Eigentlich hab ich Todesangst, daß ich bald eine Rolle bekomme.

9. Oktober. Sonntag

Um drei zu Bett. Zwei Kapitel neuen Prévost übersetzt, mit Bubi gespielt. Er kriecht im ganzen Zimmer herum und reißt alles herunter, was er erwischen kann. Geht am Sofa, angefaßt wie ein Vierfüßler, der es auch einmal so probieren will.
Ich hab' soviel Freude am Leben und jetzt auch wieder soviel Kräfte und gute Nerven. Ich will noch soviel – das Theater – ich möchte überhaupt alles, alles. Müßte ich nur meine Kraft nicht immer für so viele unangenehme Notwendigkeiten einsetzen. Wie schön könnte es werden, wenn nun alles glückte. Daß ich etwas könnte, daran zweifle ich gar nicht, nur, ob ich es durchhalten kann.

11. Oktober

Mache mit Wut Sprachübungen – Bubi dabei und sieht mir mit großen Augen zu. Schreibe jetzt schlecht mit dem immer noch entzündeten Finger.

24. Oktober

Kostüm gekauft von einer Balletteuse, die Schauspielerin werden wollte. Vormittags der Theaterdiener mit meiner ersten Rolle. Nur ein paar Worte als Zofe. Zum Unglück ist mir grad sehr elend, aber es wird wohl gehn müssen.

25. Oktober

Ausgeruht und Rolle gelernt. Nachmittags zur Probe. Eine gräßliche Gesellschaft von Kollegen und Kolleginnen. Regisseur dagegen birst vor Liebenswürdigkeit. Aber ich kriege einen blassen

Schrecken, muß für die kleine Rolle ein Zofenkostüm haben, habe nichts, was dazu ginge. Ach was, ich werde zu Ferdinand gehn. Himmel, ich bin doch so froh, die Leute sollen schon sehen, daß ich spielen kann. Und nun bin ich wenigstens drin, fühlte mich ganz beseligt durch das Gefühl von Bühne und Betrieb.
Sitze jetzt abends am Fenster, mir ist so absolut froh und leicht wie nach einer schweren Wanderung. Himmel ja, dieser Sommer – wie oft war ich drauf und dran, alles über den Haufen zu werfen und gehn zu lassen. Morgen Leseprobe. Heute war es nur arrangieren.

26. Oktober

Ja, prost, in aller Herrgottsfrüh ein Schreiben von Brakl, ich sei für seine Bühne noch nicht reif genug und der Kontrakt hiermit wieder gelöst.
Ich ziemlich starr, was soll das heißen? Ich habe ja noch kein Wort gesprochen, es war nur Arrangierprobe, und der Regisseur sagte: »Mit Ihnen wird's schon gehen. Sie sind nicht so steif und ungeschickt wie manche Anfänger«. – Sakrament! – Also aufs Rad und zu Oppenheim gestürzt, der mit großen Schritten auf und niedergeht, seine Pepi hereinruft, ihr den Fall erzählt und es für einen Schurkenstreich von Brakl erklärt. Dann diktiert er mir einen Brief an Brakl: Herr Direktor, Sie haben etc. p. p. – – – das war kein Heldenstück, Octavio!

28. Oktober

O. bemüht sich dauernd, Brakl zur Umkehr zu bewegen, und erzählt mir, daß B. ihm gesagt, ich sei ihm nicht üppig genug. Wundervoll müssen diese beiden Schmierengauner zusammen sein.
Aber ich hab's mir anders überlegt. Ich will für's Erste nicht mehr. Ich bin etwas fertig und kann mich nicht entschließen, mit 120 M. irgendeins von den Engagements zu nehmen, die O. mir anbietet. Ich will diesen Winter sehen, viel Geld zusammen zu bekommen, für mich weiterstudieren, eventuell bei Schneider, dem ich einmal vorgebrüllt, und der mich unterrichten will. Wenn ich das Gefühl hab, etwas mehr zu können und freie Hände, dann wieder los.

29. Oktober

Ruhe nach gefaßtem Entschluß. Gestern abend mit Frau Strindberg, Naumann und einem Agenten zusammen im Eberspacher.

Der Agent will sich nach etwas umsehn. Um ein Uhr nachts durch den Nebel zukunftsfroh heimgeradelt.

13. November. Sonntag

Wo bleibt meine Zeit? Ich möchte mir alles aufschreiben und komme nie dazu. Es ist auch ein Tag wie der andere. In verfrorner Müdigkeit um halb sechs aufstehn, anziehn, heizen, Bübchen baden und füttern, das ist alles Vergnügen, und ich freu' mich jeden Morgen darauf, wenn er im Wasser strampelt und nachher auf seinem hohen Stuhl sitzt und futtert. Ich hab' ihm eine große gepolsterte Kiste machen lassen, darin spielt er und übt sich an den Wänden im Gehen. Ist er müde, so fällt er um und schläft. Gewöhnlich brummt er erst einige Zeit vor sich hin und schlägt taktmäßig mit dem Kopf an die Wand, bis er einschläft. Das gute Herz, es ist so vernünftig und beschäftigt sich ganz allein, lallt vor sich hin, das größte Vergnügen ist, an meiner Hand herumzugehn.

Und dann das Schreiben den ganzen Tag dabei. Wie die Bücher fertig werden, ist mir ein Rätsel, ich werde doch jeden Augenblick gestört – nur während Bubis Mittagsschlaf und nachts ist wirkliche Ruhe. Aber ich habe jeden Tag die unverwüstliche Hoffnung, daß ich morgen mehr machen werde und ebenso, daß ich aus dem ungeheuren Dalles einmal herauskomme. Die Theaterpläne ruhen bis Weihnachten, und dann muß ich mich mit Schneider ins Einvernehmen setzen. Durch den Sommer bin ich natürlich gänzlich in Schulden versunken – Klagen, Gerichtsvollzieher usw. an der Tagesordnung.

Die Wohnung ist kalt und tödlich feucht, jeden Morgen raucht es erst zwei Stunden. Deshalb heiz' ich ganz früh, damit es für Bubi wieder vorbei ist, immer Fenster auf.

16. November

Buch halbfertig, ich aber auch. Eisernes Sparsystem, Ferdinand & Comp. haben mir ein paarmal ausgeholfen, aber was verschlägt's. Zu andern Unternehmungen jetzt nicht die Kleider, habe nur ein einziges schwarzes mit weißem Samt und eine weiße Boa in Ermanglung eines Jacketts. Es sieht ganz anständig aus, ist aber kalt – im Haus trage ich alte Sommerkleider. Das ist alles recht nett, aber wenn ich am Gärtnertheater wäre mit 70 Mark monatlich, wär's noch schlimmer.

19. November

Abends Gerichtsvollzieher. Der arme Schreibtisch wurde wieder einmal beklebt und meine Theatergarderobe. Bot ihm den Soxhletapparat an, und er wurde sehr beleidigt.

20. November

Mit Rolf ausgefahren, herrliches Wetter und lauter Sonntagsradler. Ich möchte auch wieder fahren, aber Rad versetzt und noch nicht abgezahlt. Hatte gar keine Lust, dann wieder in die dämmrige Höhle zu kriechen und zu fronen.

20.–24. November

Fünf Kapitel übersetzt. Bubis Erziehung zum Kulturmenschen mit viel Ernst und wenig Erfolg betrieben. Mir tut oft das Herz weh, daß ich so wenig mit ihm spielen kann und er immer in seiner Kiste hausen muß. Aber er ist sehr vergnügt darin, und ich kann nicht genug aufpassen, wenn er frei umherkriecht.

25. November

Wieder an La Vassale, Kopfweh und Elend, aber es muß bis Mittwoch fertig sein. Ich bin wieder einmal so weit, daß ich bei dem Wort Wurst Herzklopfen kriege.

Bubi so herzig, steige manchmal zu ihm in die Kiste hinein, er empfängt mich mit ausgebreiteten Armen und schenkt mir seine Flasche. Neulich schlief ich so ein und wußte nachher gar nicht, wo ich war. Schlafe überhaupt ein, sobald ich still sitze, bei Besuchen, im Theater usw.

Ich will mir kein Geld holen, ehe das Buch fertig ist, sonst verliere ich alle Lust und mache nichts mehr.

20. November

Ein Buch verkauft für 1 Mark, eine Schuld von 80 Pfennigen einkassiert und 3 Mark von Friess gepumpt. Jetzt kann ich mir sogar Kaffee und Petroleum davon kaufen.

30. November

Lampert-Affäre. Als Gerichtsverhandlung sehr lustig.

Bis morgen noch 50 Seiten. Ich tue nichts mehr, sondern sitze da und denke: O Gott, noch 50.

Mittags zu Langen und die 200 Mark geholt, mich damit aufs Bett gelegt und damit geschlafen in wunschlosem Glück.

Heut abend sind noch 60 davon da.

1. Dezember

Langen drängt, ich suggeriere mir, daß es um meine Seligkeit geschehen wäre, wenn das Buch heute nicht fertig wird. Vorige Woche schon ein paar Nächte aufgeblieben, aber jetzt bin ich zu faul. Telegramm von Frieda Schorer auf heute abend.

Abends 20 Seiten. Frieda abgeholt, wohnt bei mir. Geschwätzt bis zehn Uhr, sie zu Bubi in mein Bett gesteckt und nun weiter.

Ein Uhr nachts. Noch 20 Seiten. Wenn ich nicht fertig werde, mach' ich's in vier Wochen nicht zu Ende. Die beiden schlafen nebenan, Bubi schreit manchmal, und wenn ich hineingehe, erschrecke ich mich, daß jemand in meinem Bett liegt.

Halb acht morgens. Fertig!

2. Dezember

Dies herrliche Gefühl nach einer durchwachten Nacht, als ob man keinen Körper mehr hätte. Es war auch eine so stimmungsvolle Nacht heute. Morgens eine halbe Stunde geschlafen, dann mit Frieda Wohnung gesucht.

3. Dezember

Auf Divan dem Schrecklichen eine unruhige Nacht. Bubi zahnt. Backenzähne. Drei- oder viermal aufgestanden und mit wahnsinnigem Brummschädel aufgewacht. Nachmittags Café. Die Getreuen wieder begrüßt.

6. Dezember

Langen wird murren, wenn ich vor Weihnachten um Vorschuß komme. – Ich habe von Paul zwei Sardellen-Trüffelleberwürste geschickt bekommen und lebe seit fünf Tagen ausschließlich von denen und muß oft darüber lachen, aber die Situation ist peinlich. Ich kann jetzt begreifen, wie Männer manchmal von irgendeinem »Teufelsweib« nicht loskommen können – mir geht's mit Friess so. Wir sehen uns nur abends, nur nachts, selten einmal über Tag und nie im sogenannten täglichen Leben. Dadurch hat alles einen so tiefen Reiz, der immer etwas Mystisches behält. Und sonst – es ist eine Liebe mit tausend Stacheln, aber vielleicht gerade darum. Ich denke manchmal, ob die Zeit unserer »Freundschaft« schöner war, und weiß es selbst nicht.

Menschlich ist er kalt wie Eis oder tut er so? Mit Bubi kann er so lieb sein, besonders, wenn er sich für unbeobachtet hält. Das geht mir dann durchs Herz.

7. Dezember

Nach Nymphenburg, um eine alte Schuld von Maxl einzutreiben, nicht angetroffen. Die Würste sind zu Ende, jetzt lebt man von Buchweizengrütze. Finanzen unter aller Kanone.

8. Dezember

Wollte die Guilbert sehn. Kein Billett mehr, melde mich bei ihr, um ein Interview zu schreiben, auf morgen bestellt, sieben Uhr abends.

9. Dezember

Heute abend regnet es in Strömen, und ich habe keine halbwegs mögliche Regentoilette und kann mich nicht entschließen, schofel hinzugehn. Also fahren lassen. In solchen Momenten ärgert mich die Misere. Sonst macht sie mich eher lustig, je ärger sie geht. Das Bubiherz erkältet und zahnt, das arme quält sich so damit, und man kann ihm nicht helfen, wenn es einen so vorwurfsvoll ansieht und dabei brüllt!

11. Dezember

Neue Übersetzung. Gott sei Dank. Achtzehn Kapitel. Heute gleich drei.

11.–18. Dezember

Heiße Woche, aber mit dem ganzen Buch fertig geworden.

19. Dezember

Gestern nachmittag, Nacht durch bis heute mittag hundert Seiten abgeschrieben. Abends Friess, schlief auf dem Sofa bis drei, während ich schrieb. Es war eine liebe, friedliche Stimmung wie schon manchmal – der fremde Mann –. Dann weiter gearbeitet bis sieben, kaltes Bad und zur Lampert-Verhandlung. Mit Glanz gesiegt, sonst hätte es gemeine Kosten gegeben. Nachmittags Bubi bei Linnekogels deponiert und zu Schrenck-Notzing*, für den im Herbst etwas übersetzt. 80 M. Er fängt an, zutunlich zu werden – mag ihn aber nicht. Schnöder Hanswurst. Ich hatte genau noch 17 Pf. bei mir. Wenn da – na warten wir's ab.

100 M. von Ludwig, dem Guten. Ich mag ihm nicht reinen Wein über meine Lage einschenken, sie glauben alle, daß ich von den Übersetzungen ganz menschlich lebe – ach du lieber Gott.

---

* Dr. med. Albert von Schrenck-Notzing (Schnotzing), bekannt durch seine Studien speziell auf dem Gebiet der Parapsychologie.

22. Dezember

Nur auf dem Sofa gelegen und mit Bubi gespielt und ihm von Weihnachten erzählt, aber er versteht noch gar nichts, auch noch nie ein Versuch zu sprechen.

24. Dezember

Friess bis sieben Uhr früh, dann in die Stadt und sehr selig über alles, Bubi, Weihnachten und ihn. Den Baum gerichtet, diesmal ein großer. Wildes Zahnweh.

Um fünf Uhr die alten Maurers und Marie. Später Frieda Schorer, Baschl, Bruck und Spiro. Aber der erste Teil des Abends war bei weitem schöner mit den guten anhänglichen Leuten und dem Bubiherz, das in einem rosa Kleidchen herumpaddelt und sich doch diesmal schon sehr an den Lichtern und Spielsachen freute. War ganz rotbackig und überwältigt. Wäre nachher lieber ganz allein geblieben, aber sie hatten sich alle angemeldet für den Christabend der Heimatlosen. Der Baum geriet in Brand, Fenster aufgerissen, draußen eisige Kälte und heute mein ganzes Gesicht geschwollen.

25. Dezember

Ganzen Tag mit Morphium auf dem Sofa in wundervoller halb betäubter Krankheitsstimmung und dem Bubiherz, das selig mit seinen Sachen spielt.

27. Dezember

Schauerliche Exekution beim Zahnarzt.

30. Dezember

Bubi etwas krank, eine schlimme Nacht und ein schlimmer Tag mit entsetzlicher Angst. Das dicke vergnügte Tierchen so weinerlich und matt. Gott, ich fühlte es so, daß mein ganzes Leben an diesem Kleinen hängt, das so ganz mein ist.

Abends die gute Metzer mit mir Bubi gepflegt. Dann der Doktor, der mich völlig beruhigt. Wie bin ich froh. Dann kam noch Puhn. Um zehn Uhr erst wieder allein und noch die ganze Hausarbeit. Bubi immer noch unruhig. Ich kann es nicht ertragen, das Kind leiden zu sehen, das geliebte.

31. Dezember

Heute ist es besser. Gott sei Dank, ich bin so froh, so froh. Es hat den ganzen Tag im Bettchen bei mir im Zimmer gelegen und war so brav und hat mich kaum gestört. Nachmittags fiel ich fast

um und schlief drei Stunden. Jetzt Abend, Silvesterabend, der zweite, wo ich wirklich maßlos glücklich bin.
Vor drei Jahren in der Neujahrsnacht war ich gerade von dem Zusammentreffen mit Walter in Nürnberg zurück und richtete mir das Atelier in der Heßstraße ein. Alles sah so trostlos aus – ich sehe die' Höhle heute noch vor mir und ich halbkrank. Und doch habe ich diese Höhle nachher so geliebt. Dieses Jahr ist so schnell herumgegangen mit unendlich viel Sonnenschein. Der stille Arbeitswinter und dann der herrliche Frühling und Sommer. Ich bin so tausendmal jünger und gesünder geworden und will wieder soviel vom Leben, je härter es äußerlich ist. Eigentlich ist jeder Tag wie eine große Schlacht mit vielen Lichtblicken. Abends todmatt ins Bett fallen und schlafen. Nur noch mehr Liebe möchte ich, immer mehr Liebe von allen Seiten.
Im Nebenzimmer schläft mein Rolf sich gesund, mein einziges Herzenskind.

Neujahrsmorgen 1899

Um halb eins zu Bett, dachte an voriges Jahr um diese Zeit. Um halb zwei kam er und weckte mich, und ich war so glücklich wie über ein großes Geschenk, daß er gerade diesen Abend kam. Jetzt ist es schon unsre Neujahrsnacht. Der Mensch ist sehr unglücklich, er hat etwas so Gehetztes und kommt zu mir, um Ruhe zu finden. Nun ja, seit ich das Kind habe, hab' ich eine tiefe Ruhe in mir bei allem, was auch drüberhin gehn mag und fühle mich auch so fähig, andern zu geben. Aber gerade das Gefühl für ihn wird immer wieder zur ganz ungezähmten Leidenschaft, die manchmal in mir reißt und tobt, aber nie nach außen kommt.

Stiller, sonniger Wintermorgen. Ich bin etwas müde, eben angefangen, zu arbeiten. Mir ist ruhig und froh. Bubi noch im Bettchen, sitzt und spielt. An solchen Tagen möchte ich jeden Augenblick festhalten, es ist, als ob das Glück leise durchs Zimmer ginge.

2. Januar

Bubi wieder unruhig, besonders nachts. Habe den Schreibtisch neben seinem Bett, und wir unterhalten uns. Wenn er doch erst sprechen könnte.

3. Januar

Wieder böse Nacht. Im Nachthemd auf den Hof und seine Windeln gewaschen. Es war sehr romantisch bei Mondschein, Schnee und der moosigen Mauer um den Hof.
Geträumt, daß ich mich selbst umbringen wollte und mir mit einer Axt ein Loch in den Kopf schlug. Dann zum Doktor und er sagte, ich würde vielleicht am Leben bleiben, aber wahnsinnig werden. Ich fühlte selbst, daß ich nicht mehr klar denken konnte und hielt mir das Loch mit beiden Händen zu. Jetzt schon die fünfte Nacht kaum geschlafen. Es schneidet mir ins Herz, daß ich immer wieder an die Arbeit zurück muß und nicht mehr mit ihm spielen kann.

10. Januar

Bubi wieder gesund, fährt wieder aus. Machte heute solchen Eindruck auf ein anderes Baby, daß es nicht weiter gehen wollte und sich immer wieder nach ihm umsah. Er fängt immer noch nicht an zu sprechen, ich sehne mich so nach seinen ersten Worten.

12. Januar

Un soir d'orage et de nerfs. Pleuré, pleuré mon Dieu. Déjà sorti il a frappé contre la fenêtre et revenu. Et puis c'était si bon, si doux.

14. Januar

Zahnarzt, Schmerzen. Bubi zahnt auch und schreit. Nerven rasen, Knie zittern, Misere auf der ganzen Linie, aber vielleicht bin ich morgen schon wieder obenauf. Am dänischen Buch gearbeitet. Lerne Stenographie, dann Korrekturen lesen. Es geht bald nicht mehr.

16. Januar

Hungersnot und Pestilenz, muß wieder Vorschuß nehmen.

17. Januar

Gestern abend Besuch von P. Hilfe angeboten, damit ich Theater weiter machen kann. Donnerwetter, bin ich froh.

18. Januar

Wir saßen bis drei Uhr früh bei Rotwein und Gesprächen. Heute rasend verkatert. Übrigens bin ich manchmal doch wohl recht dumm, habe gesagt, ich brauche 600 M., und in Wirklichkeit brauche ich mindestens 3000, um mich zu rangieren, Garderobe zu kaufen, noch weiterstudieren usw. Aber vielleicht war es gut, zum Anfang edle Bescheidenheit zu zeigen, und er war sehr nett. Ich war ganz gerührt, die gemeinen Betrachtungen kommen erst nachher.

19. Januar

Heute so froh, eine Frühlingsnacht und ein Tag wie lauter Frühling, eine sonderbare Freude und eine schöne Sehnsucht nach Leben, Liebe, Glückseligkeit und allem.

31. Januar

Am 7. will ich zum Bauernball und endlich einmal toben und tanzen.

2. Februar

Die versprochene Hilfe von P. geholt, denke nun wieder nur ans Theater. Erst ganz berauscht von meinem Reichtum, aber, aber – weit komme ich damit doch nicht.

8. Februar

Gestern der Ball. Einfach gerast und selig. Oh, das war so schön, die alte Lebensfreude, das Gefühl, wieder einmal ganz drunter zu sein nach dem vielen Einsiedlertum. Die Metzer Bubi behütet und etwas erstaunt, als ich erst um sieben heimkam, von einer ganzen Horde mit Musik begleitet.
Vormittags mit Bubi zur Stadt, noch ganz taumelig und mit Tanzgefühl in den Füßen. Mußte mir Mühe geben, nicht hinter dem Kinderwagen zu hupfen.

10. Februar

Gestern Nachkirchweih, noch viel toller und lustiger wie den ersten Abend. Aber mein Mäzen um vier Uhr früh: Die Männer wären alle schwach, und meinen Sirenenaugen könnte niemand widerstehn. Mit nach Hause kommen. Mais impossible, ich bin gerade so sehr in Monsieur verliebt und überhaupt. Aber dumm war's vielleicht. Könnte da am Ende mein Glück machen. Nun hab' ich's vielleicht verspielt, aber ich habe meine Ruh' und keinen Graus. Solche feste Engagements sind nichts für mich. Nur Momente und dann weg damit.
Um sieben erst heim mit Leuten, die bei mir Kaffee tranken und Bubi bewunderten.

Februar-März

Schlimme, ganz schlimme Zeiten. Krank, krank, krank, kann

mich kaum aufrecht halten. Dazwischen wieder schöne Frühlingstage mit Bubi im Garten. Er wird so groß, läuft und spielt.

April

Wenn er mich in diesem Elend nur nicht allein lassen wollte. Ich bin wirklich ganz verzweifelt und weiß nicht, was anfangen. Seit vier Wochen herumgelegen. Schmerzen – immer wieder versucht zu arbeiten.

12. April

Schmerzen und Fieber. Die Katastrophe kommt heran, aber was dann? Und dies Herumziehen ist einfach entsetzlich. Bubi, Bubi, mein Herzkind – – –

29. April

Vom 13. bis 23. krank gelegen, dachte schon, es wäre aus mit mir. 40 bis 41° Fieber. Phantasiert. Doktor eine Nacht bei mir geblieben, die andere Frieda Schorer bei mir gewacht. Phantasierte immer von der Schreibmaschine oder sah das ganze Zimmer voller Leute.

Ach, lieber nicht an das Elend denken. Als ich eben »gerettet« war, kam Friess von seiner Reise. »Die ganze Geschichte war überflüssig wie ein Kropf.« Dieser gemütvolle Ausspruch wirkte einfach erlösend auf all meine dramatischen Gefühle, und meine Seele war wenigstens geheilt, vielleicht definitiv von ihm geheilt. Wollte Gott, es wäre so. Aber äußerlich hat er sich gut gemacht und die Kosten des Verfahrens auf sich genommen.

Gott, daß ich nur den Bubi wieder habe, ich dachte schon, es wäre aus mit mir.

Mit dem Erholen geht's langsam, langsam, mir kommt es vor, als ob ich ein ganzes Stück Lebensmut verloren hätte.

Als ich heute vor die Tür kam, war ein Schrei des Entsetzens, wie blaß ich aussähe.

Gesundwerden kann so schön sein, aber diesmal bin ich zu matt, hänge nur so herum. Das Bubiherz ist mein einziger Trost und meine Freude den ganzen Tag. Na, ich muß doch wieder froh werden.

30. April

Richtiger Aprilsonntag, Hagel, Regen und Sonnenschein durcheinander. Heute zum erstenmal wieder ganz früh auf, aber es geht noch schwer.

2. Mai

Zum erstenmal aus. Bei Langen, hatte meinen beau jour und erntete Komplimente, aber man fand, ich sähe hektisch aus. Arbeit geholt. Drei Kapitel Prévost und zwei Teile großer Roman.

3. Mai

Victoria von Hamsun gelesen. Liebesstimmung, aber meine Liebe hat einen ziemlichen Knacks bekommen. Mit Bubi draußen gewesen, warmer Frühlingstag, er spielt am Boden. Ist so überwältigend herzig, aber gewaltig unbequem, wenn man so kaputt ist. Nichts ist vor ihm sicher, in der Küche erwischt er die Eier und knallt sie auf den Boden, steckt Steinkohlen in den Mund und trank neulich Spiritus. Großer Schreck, die Hausmeisterin und ich nahmen auch jeder einen Schluck, um zu sehen, wie es täte. Einmal waren seine kleinen Schuhe verloren, und ich fand sie in der Kaffeekanne wieder.

5. Mai

Arbeiten angefangen. »Monsieur et Madame« ein Kapitel.

6. Mai

Jetzt gibt es wieder Regentage. Rolf spielte den ganzen Tag um mich herum.

7. Mai

3 Kapitel »Monsieur et Madame«.

8. Mai

»Vierges fortes« angefangen, eine gemeine Arbeit. Nachmittags Stadt. Mantel und Schuhchen für Bubi. Solch schöner warmer Maitag. Abends lange am Fenster. Ich möchte wieder froh sein wie im vorigen Sommer, aber meine Liebesseligkeit kann ich nicht wiederfinden.

9. Mai

Unruhige Nacht, Bubi viel geschrien, ich wurde sehr nervös und schimpfte. Dann Licht gemacht und ihn getröstet, da war er so lieb und freundlich. Ich könnte ihn manchmal verschlingen vor Liebe. »Vierges fortes« übersetzt. Bubi draußen an eine lange Schnur gebunden, damit er nicht auf die Straße wegläuft. Aber er verwickelt sich fortwährend und setzt sich dann resigniert nieder und spielt. Dann und wann sah er mich vorwurfsvoll mit seinen schönen dunklen Augen an. Mittags Falkenberg*, abends verabredet.

10. Mai

Morgens am dänischen Buch, mittags nach Thalkirchen und zu Fuß nach Ludwigshöhe, Schneiders besuchen. Ach, der Frühling draußen ist so schön. Schneider: wann ich denn endlich zum Studieren komme. – Ach ja, wann? Abends der Muckl, im dunklen Zimmer gesessen und von alten Zeiten gesprochen.

16. Mai

Sommer, Sommer. Bubi draußen im ausgeschnittenen Kleidchen mit blassen Armen und Beinen. Richtet andauernd Unheil an, wenn er in die Küche gerät, liegt alles am Boden. Zuerst machte es mir Spaß, daß ich ihn zerschlagen ließ, was er wollte, aber es wurde doch zuviel.

17. Mai

Lebensmut wächst wieder mit der Gesundheit. Nur zuviel Arbeit. Draußen kann ich nicht arbeiten, zu oft gestört. Binde Bubi an und laß' ihn allein spielen. Sitz' drin am Schreibtisch mit soviel Sehnsucht nach ihm, möchte draußen sein und mit ihm im Gras liegen, ganze Tage. Mir fehlen die Luftschlösser vom vorigem Sommer, Gott weiß, ob ich's überhaupt noch durchsetze.

18. Mai

Mein Geburtstag. Mit Bubi zur Stadt zum photographieren. Er sah sehr niedlich aus mit seinem braunen rosigen Gesichtchen und amüsierte sich königlich über alle Hunde und Menschen und strampelte sehr mutig neben mir mit seinen dicken Beinen. Und dann einen großen Fliederstrauß gekauft. Ja, jetzt sind wir wieder froh. – Mir riet neulich jemand, Schulreiterin in einem Zirkus zu werden. Das wäre auch ein wundervoller Gedanke, aber erst Reitstunden, ich fürchte, ich ende eher als Hebamme oder Masseuse. Und ich möchte doch einmal in ein »glänzendes« Leben hineinkommen, auch wenn es nicht lange dauerte. Noch zwei kleine »Prévosts« nebenher.

20. Mai

Abends Belami. Der erste schöne Abend zu zweien seit langer Zeit. Aber nun geht er bald fort.

---

* Der Direktor der Münchner Kammerspiele Otto Falkenberg.

21. Mai

Korrekturen gelesen und Vierges fortes. Bis ersten Juli will ich mit allem fertig sein und dann wieder Theater.

22. Mai

Regentag. Bubi kann nicht heraus, er ist grantig, ich etwas elend. Auf dem Sofa gelegen, Theatersehnsucht wieder erwacht. Aber –

25. Mai

Gestern abend mit dem Lulu gesumpft, im Ratskeller Friess getroffen, der sehr erstaunt blickte. Ich fühlte mich gut angezogen, beau jour, und sehr vergnügt.

26. Mai

20 Seiten. Es ist kaum möglich, mit dem Kind daneben zu arbeiten. Man möchte sich in Stücke zerreißen, damit keins zu kurz kommt. Verfluchte Schreiberei, sonst könnte ich den ganzen Tag mit dem Tierchen spielen. Es schneidet mir ins Herz, wenn er mich an die Hand nehmen und mitziehn möchte zum Spielen.

Ich glaube, ich werde verrückt. Dr. Zurhellen mußte eigens herkommen, um die Kapitel zu zählen, weil ich sie dreimal verkehrt angegeben.

27. Mai

Manchmal kommen so innere Festtage dazwischen. Zwei Uhr nachts Friess durchs Fenster. Hatte eine Keilerei mit Rowdies gehabt und sich vor dem Gendarm zu mir geflüchtet. War besonders liebenswürdig und blieb zum Frühstück. Jetzt am offenen Fenster an der Arbeit.

28. Mai. Sonntag

Auf Seite 130. Abends Bubi mit seiner Flasche umgefallen und Finger zerschnitten, konnte sich gar nicht über das verbundene Pfötchen beruhigen, hielt es mir immer hin und heulte. Du Geliebtes.

29. Mai

Zahnweh.

30. Mai

Zum Zahnarzt, zu irgendeinem wildfremden. Nach siebenmaligem Reißen die Wurzel stecken geblieben, und den ganzen Mund schlimm zugerichtet. Zugeherin wieder einmal durchgebrannt. Seit dem Winter, da die Marie nicht mehr kommt, finde ich andauernd nur fürchterliche Hexen, mit denen ich bis aufs Messer kämpfe, bis sie glücklich davongehen oder ich sie hinauswerfe. Nun muß ich wieder selbst dran.

5. Juni

Wirklich, ich lebe immer mehr auf, und das heillose Frühjahr ist vergessen. Sonne, Gesundheit, Bubi und Lebensfreude.

Friess ist weg, heute eine Karte aus England. Ich dachte, es würde mich todunglücklich machen, aber nein. Ich brauche ihn eigentlich vor allem als dramatischen Hintergrund, im Vordergrunde leichte und lustige Erlebnisse. »Abenteuer«. Selbst la grande passion macht mich nicht monogam.

Nachmittags Marie wiedergekommen. Es ist so heimatlich, wenn sie wieder in der Küche herumtobt, statt der üblen Hexen. Sie hängt an mir und an Bubi, und hat die schlimmen Zeiten redlich geteilt.

8. Juni

Mit Falkenberg und seinem Freund einen sehr netten Abend. Um halb vier Uhr heim, durchs Fenster, weil Schlüssel nicht sperrte. Gearbeitet. Nachmittags W. — Sehr lieb war mir der Besuch nicht, aber mein Herz ist nun einmal weich. Was soll man dabei machen. Ich kann keine Härte auf die Länge durchführen.

12. Juni

Man kommt nicht zum Nachdenken, kommt zu nichts, denke nur daran, wieviel Seiten ich täglich fertig bekomme. Morgens und abends gehen wir unsere Einkäufe machen, das ist für Bubi große Seligkeit, für mich weniger. Manchmal komme ich mir doch sehr deklassiert vor, barfuß in Sandalen, ohne Hut und mit Petroleumkanne. Aber ich bin viel zu faul, mich jedesmal umzuziehen. Begegnete neulich dem R. in diesem Aufzug, und er schien sehr peinlich berührt.

14. Juni

Arbeite im Galopp. Sinnlos müde. Fange jetzt endlich an, ohne Konzept zu schreiben, zu dumm, daß ich mir früher die doppelte Arbeit machte. Wenn nur das par force Arbeiten nicht wäre, aber ich bin doch sehr glückselig. Bubi von Tag zu Tag lieber, er ist so zärtlich. Morgens kommt er gleich zu mir gekrochen und legt die Arme um den Hals.

22. Juni

Blödsinnig gearbeitet. Bin unzurechnungsfähig, zähle nur noch Seiten, Stunden, Tage. Bubi spielt draußen mit seiner ersten kleinen Freundin. Manchmal raufen sie sich auch und dann wieder zärtlich. Sie kann etwas sprechen, er noch gar nicht.

Neun Uhr abends. Jetzt geh' ich mir ein Bier holen, Küche richten, Wäsche aufhängen, o mei.

24. Juni. Johannistag

Dachte an Walter vor vier Jahren. Bubi bei mir im Zimmer. Manchmal kommt er mit seinem Schemel, stellt sich drauf und schaut mir zu. Dann schmiegt er sich so zärtlich an mich, daß mir das Herz ganz warm wird. Es ist so schön, mit ihm zu spielen, sich mit Kopfkissen zu werfen usw. Er kann wundervoll lachen.

25. Juni

Nur noch 170 Seiten.

26. Juni

Noch 140.

Heute in Stellvertretung ein Original von Zugeherin, die sich hier so wohl fühlt, daß sie vor abends nicht wegzubringen war, hatte einen zehnjährigen Buben mit und erzählte mir, daß sie keine Wohnung hätte, sondern irgendwo auf einem Speicher schliefe. Zu mir immer nur: Sie san lieb, Sie san schön.

29. Juni

Noch 64 Seiten. Mein Gott, mein Gott, wenn du nicht wärest, ich ließe alles zum Teufel gehn, möchte nichts mehr wissen von der Quälerei und von dem Sonnenschein, der so lockt. Nur schlafen.

Manchmal wollt' ich, ich wäre alt, und alles schwiege schon in mir. Aber wenn ich dann wieder an das Bettchen gehe, wo mein Kleines schläft — — da wird's wieder gut. Nur aushalten. Das ist eben die Sache. Ich fühle mich so geschaffen, im Leben herumzutoben, alles an mich zu reißen und maßlos zu genießen, und ich bin immer mit Ketten angebunden. Wie komm' ich nur einmal da heraus und mitten hinein?

1. Juli

Sechs Uhr morgens. Fertig mit der Arbeit, aber sehr mit andern Problemen beschäftigt, mir ist so haltlos zumut, ich möchte nur sinnlos weinen.

7. Juli

Auf einmal in einem ganzen Wirbel drin von Aventüren. Ach, wie ist es gut, wenn einem der moralische Halt so gänzlich fehlt. Früher hab' ich mir oft so Mühe gegeben, ihn zu haben, die schreckliche Idee, sich selber eine neue Moral zu machen. Aber das ist schon recht lange her.

10. Juli

Wie ein Verhängnis: Sobald ich etwas Nützliches in amore inszenieren will, kommt etwas anderes, worin ich mich verliebe, und die Kreise sind wieder gestört. Die Affäre mit T. N. war gerade im besten Zug nach langem Bemühn, ihn nicht zu unausstehlich zu finden trotz aller seiner Unwiderstehlichkeit. Ach Gott, ist das ein Typ mit seinen Verführerkünsten. Könnte man nur den heillosen Degout loswerden, aber das ist meine schwache Seite. Und im selben Moment muß Billy auftauchen. Man sollte sich solche Intermezzi nicht gestatten, wenn man praktisch sein will. Aber das ist leicht gesagt.

20. Juli

Schöner stiller Tag nach der vorigen Tobezeit. Wieder Arbeit, kann's jetzt aber sacht angehen lassen. Mit Bubi Stadt, dann ihn ins Bett und zwei Stunden Ruhe in dem halbdunklen Zimmer, zuletzt eingeschlafen. Dann die Marie mit ihm spazierengefahren, was für sie geradezu ein Fest ist.

6. August

Diesen Monat muß ich den unseligen Kaspar Bugge endlich fertig kriegen und einen kleinen Zola.

Der in Sünden erworbene Reichtum ist längst zerronnen, unrecht Gut gedeiht eben nicht. Wäsche, Stiefel, Kleider für Bubi und mich — Schulden — Himmel, nimmt das nie ein Ende.

S. A. würde mich eventuell »übernehmen«, vor allem soll ich aber den Bubi in Pension tun, bis er größer ist, dann könnte man an eine andere Wohnungseinrichtung denken etc. pp. Wahrscheinlich darf ich dann nur auf dem Sofa liegen, Nägel polieren und mit Herzklopfen auf sein Kommen warten. Nein, mein

Freund, so haben wir nicht gewettet. Die Bubiidee war schon ausreichend.

August

Es ist immer ein schlechtes Zeichen für meinen inneren Zustand, wenn ich nicht zum Aufschreiben komme. Zeiten, wo ich nicht im inneren Zusammenhang bin.
Sonst war es eigentlich nicht so schlimm, seelenlose Bummelei ist manchmal sogar ein sehr guter Zustand, nur bin ich mit meinen Plänen nicht weiter gekommen. Woran liegt das? Andere können's doch, aber mir gleiten die Fäden immer wieder aus der Hand. Sommertage, einer nach dem anderen. Bubi spielt neben mir, macht Mäulchen, als wenn er sprechen wollte, aber es geht noch nicht. Manchmal kommen Nachbarskinder herüber und wir spielen alle zusammen.

10. August

Mächtige Hitze und wieder an der Arbeit, kommt aber nicht vorwärts. Und ganz neue Menschen. Neulich Fritz Huch* getroffen, er machte mich mit seinen Freunden bekannt, saßen in der Brauerei bis spät in der Nacht. Gott, das ist endlich etwas ganz anderes, wie aus einer neuen, aber längst bekannten und vertrauten Welt. Dann noch einen Abend bei Huch mit ihnen, jetzt weiß ich erst, wie sie heißen. Klages** ist die Hauptsache, kam mich besuchen, neulich Nachmittag im Garten. Heut' waren sie auch da, wir saßen in meinem Wohnzimmer beim Gewitter. Als sie fort und Bubi im Bett, mich mit der Schreiberei in den Garten gesetzt. In Wohn- und Schlafzimmer hatte ich geschwefelt wegen bösen Tieren und Bubi in die kleine Kammer getan. Um zwölf Uhr war ich todmüde, aber es gab keinen Rückzug. Und eine wundervolle milde Nacht, die Motten schwirrten nur so um meine Lampe.

Morgens um vier Militärmusik, dann wurde es allmählich hell. Ach Gott, sind solche Nächte schön, es ist schade, daß man sie meist verschläft, d. h. in diesen Jahren hab' ich sie oft nicht ver-

---

* Der Schriftsteller Friedrich Huch, Bruder des Schriftstellers Felix Huch und Vetter der Dichterin Ricarda Huch.

** Der Philosoph, Graphologe und Psychologe Ludwig Klages, gründete in München 1905 das Seminar für Ausdruckskunde.

schlafen. Um neun fertig. Abends wieder mit Huch, Busse* und Klages bis halb eins.

15. August

Mit Klages und Busse in Dachau, saßen dort stundenlang im Moos. Das Mutter- und Hetärenthema.
Inzwischen Wohnungssuche und für 1. Oktober eine gefunden. Es tut mir sehr weh, die gute alte Höhle fahren zu lassen, aber im Winter ist sie zu schlimm. Immer noch am dänischen Buch gearbeitet, geträumt, daß auf Bubi nicht acht gegeben und er in einen langen reißenden Bach fiel, während ich mich von irgend jemand umarmen ließ. Ich sah ihn immer weiter forttreiben und wußte, daß ich ihn nicht erreichen konnte. Dann wachte ich auf – da lag er neben mir und fuhr mir mit den Händchen durchs Haar.

26. August

Viel mit der Klagesgesellschaft. B. ist mir nicht sehr angenehm, aber sie gehören nun einmal zusammen. Am liebsten bin ich mit K. allein, es ist dann etwas so Lichtes.

Dachau, 29. August

Mit Bubi in Dachau. Ich dachte es mir so schön, einmal auf dem Land zu sein, aber jetzt ist mir recht fad unter all den Leuten. Vorher noch in aller Eile Kaspar Bugge fertig, wieder eine Nacht durch.

1. September

Rolfs zweiter Geburtstag. Kam in aller Früh zu mir ins Bett getapst, ihm gratuliert. Er fängt jetzt doch an, unartikulierte Sprechversuche zu machen, wenn er sehr unglücklich ist. Wurde von der ganzen Gesellschaft mit Geschenken überhäuft, Hauptsache eine Trommel. Wir alle mit den Kindern den Berg hinauf und in die Wirtschaft. Auf dem Rückweg fing er an zu schreien und war nicht zu beruhigen, schien aber nicht wohl und gleich ins Bett. Nun sitz' ich bei ihm und hab' Heimweh nach unserm stillen Heim. Gerad, wenn er krank ist, möcht' ich mit ihm allein sein, nicht unter Fremden. Jetzt schläft das Herzkind, vorher lag es nur da und schaute mich an.

---

* Der Schriftsteller Hans Busse, Inhaber des Instituts für wissenschaftliche Graphologie in München, Vorsitzender der Deutschen Graphologischen Gesellschaft.

München, 15. September

Gott sei Dank wieder zu Hause. Konnte es nicht mehr aushalten. Schöne stille Tage, draußen Regen. Ich arbeite, und dann umarmen wir uns wieder. Gott, ist das Kind zärtlich, und seine Liebe macht mich ganz selig. Dann geht er wieder spielen und bringt mir all sein Spielzeug auf den Schreibtisch, so daß ich mich vor lauter Katzen und Kaninchen kaum mehr rühren kann.

19. September

Nur noch zwei Tage in dieser Wohnung, kann mich schwer davon losreißen von diesem grünen Winkel, wo wir zwei Sommer gesessen haben. Es ist, als ob man ein Stück von sich zurücklassen sollte.

Ein wundervoller Abend mit Klages. Ich erzählte ihm fast mein ganzes Leben und auch von Friess. Das erstemal, daß ich so zu einem Menschen reden konnte. Ich sehnte mich ja immer nach einem Menschen, der fliegen könnte, und ich glaube, er kann es. Wohl mir, daß ich ihn gefunden habe.

20. September

Der letzte Abend hier, es sieht schon alles ganz verwüstet aus. Den ganzen Tag geräumt mit dem großen Rolf und abends im Café. Nun allein in der verödeten, geliebten alten Höhle und heimwehig.

24. September

Umzug überstanden. Die Wohnung ist an und für sich viel schöner, aber wir fühlen uns beide noch ungemütlich. Am Umzugstag gab es ein großes Unglück, Huch und Klages waren zum Helfen gekommen, ich sprach einen Augenblick mit ihnen im Zimmer, sah dann nach Bubi, er stand in der Küche und hatte gerade die Petroleumkanne angesetzt, trank und fiel mit furchtbarem Geschrei hinten über. Ich dachte, nun wäre er verloren, und das Herz stand mir still. Hob ihn auf, und er brüllte entsetzlich. Auf Rolfs Rat ihm gleich mit dessen Hilfe den Magen ausgepumpt und dann Doktor geholt. Er hat mir den ganzen Finger zerbissen. Klages und Huch saßen im Zimmer und sagten: »Das ist ja enorm.« Der Doktor sagte, es wäre nicht gefährlich, aber das arme Wurm wimmerte noch die ganze Nacht. Mir wollte der Schreck nicht wieder aus den Gliedern.

27. September

Jetzt geht alles wieder den gewohnten Gang, nur können wir bei schönem Wetter nicht mehr vor unserer Tür hocken. Nach dem Sommerplatz hab' ich oft Heimweh und muß jetzt mit Bubi ausgehen, was recht anstrengend ist. Essen jetzt immer im Café Noris, wo er sich schon viele Sympathien erworben hat. Gräßlich niedlich sieht er aus mit weißem Kleidchen und rotem Schlapphut.

Sonntag, 1. Oktober

Bubi hat heute ein Fenstergitter gekriegt, damit er immer an der Luft sitzen kann. War selig darüber, krähte vor Vergnügen. Nachmittags besuchten wir die alten Maurers, die wie immer außer sich über den Bubi waren, fuhren im Fiaker zurück, was ihn sehr belustigte. Dann saß er wieder in seinem Gitter und sagte plötzlich laut und vernehmlich: »Nein, nein.« Das erste richtige Wort.

8. Oktober

Sein Hauptspaß ist, jetzt alles auf die Straße zu werfen, z. B. seine Hosen, mein Geld und sich mit den Passanten zu unterhalten.

Wieder in der Arbeit, aber weiß der Teufel, ich mag nicht mehr arbeiten, seit ich etwas Blut geleckt. »L'inondation« von Zola. Viele innere Schmerzen, das geht nimmer lange so.

Mich für Versicherung engagieren lassen und neue Übersetzung. Zwei Witze für den Simpl.

19. Oktober

Versicherungsbesuche, völlig negativ. Mit Bubi herrlichen Spaziergang durch den Englischen Garten. Artikel für Panizza.

21. Oktober

»Les sept visages« angefangen. Mit Bubi bei Schneider, fragt wieder, wann ich anfangen will. Ach Gott, ich kann jetzt gar nichts wollen. Schwanke zwischen Schr.-N., Übersetzen, Versicherung und wünsche alle drei zum Teufel. S. N. will mich mit nach Algier nehmen, aber was soll ich da mit dem Rest ohne Bubi? Hab' Fr. Strindberg auf ihn gehetzt, er weiß nicht, daß wir uns kennen, und wir amüsieren uns königlich, daß er uns andauernd die gleichen Propositionen macht.

22. Oktober

Solch schöner Herbsttag, nichts getan, am Fenster gesessen und gesponnen und über die Zukunft gebrütet. Mit dem S. A. ist ja doch nichts anzufangen – entweder mein Leben nach seiner Methode einrichten, und das wird ziemlich greulich und langweilig – und außerdem ist er doch sehr knickrig – oder in dem jetzigen Geleise weiter.

24. Oktober

Schöner, stiller Nachmittag am Schreibtisch, während Bubi vom Fenster aus mit kleinen Mädeln kokettiert.

Wieder sehr elend, wo will das hinaus. Versicherungsbesuche von früh bis abends, zu Fuß oder Rad und dabei Schmerzen. An der Übersetzung seit vierzehn Tagen nichts gemacht. Aber was hilft's, die Flinte ins Korn zu werfen, ich muß sie doch immer wieder sammeln. Das Leben könnte so schön sein trotz alledem, wenn ich nur etwas gesünder wäre.

29. Oktober

Mit Bubi beim chinesischen Turm, durch den wundervollen Herbstabend heim.

30. Oktober

Versicherung gelaufen, aber ohne Resultat. Ich bin jedesmal froh, wenn die Leute gleich die Tür zumachen.

Donnerstag, den 2. November

Besuch von Falkenberg, fragt, ob ich im akad. dramat. Verein mitspielen wollte. Hurra – ob ich will! Vielleicht komme ich dadurch wieder auf den Theaterweg.

3. November

Leseprobe, ich soll vielleicht die Hauptrolle spielen. Spät nach Haus und sehr beglückt eingeschlafen.

4. November

Wieder Leseprobe. Baschl auch da. Hat probeweise die Hauptrolle und soll versuchen, sie zu spielen. Ich weiß, daß ich schlecht lese, aber spielen würde ich's doch besser.

6. November

Recht behalten, das Baschl konnte es nicht. Ich hatte schon ganz richtige Theatergefühle, denn ich wartete im Hintergrund nur darauf, daß sie Fiasko machen würde und ich dran käme. Falkenberg kam dann auch auf mich zugestürzt: »Warum haben Sie das neulich nicht schon so gemacht? Sie können ja spielen.«

Nachher alle zusammen im Café gesessen, und meine liebe Eitelkeit kam sehr gut weg.
Lag die halbe Nacht wach und dachte, wenn ich es doch noch zu einer Zukunft bringe. Es brennt alles in mir darnach. Ich muß ein Leben mit »künstlerischer Betätigung« haben, das hab' ich ja immer gewußt. Vielleicht komme ich dann auch wieder zum Malen. Hab' den Bubi halbtot gedrückt vor Vergnügen.

8. November. Mittwoch

Jetzt sind die Proben im Katholischen Kasino, ich lebe ganz auf und bin ungeheuer selig. Alle Abende jetzt gebummelt mit der ganzen Bande. Ach, es tut so gut, wieder etwas aufzuwachen unter Menschen und Jugend, und ich amüsiere mich ziemlich mit den jungen Dachsen, die mir mächtig die Cour machen.

9. November

Gestern abend wieder gelumpt. – Probe, ich bin nicht zufrieden, möchte die Rolle ganz anders herauskriegen. Ich habe noch 25 M., von denen 50 gepumpt sind und 600 Vorschuß. Bis wieder Arbeit da ist, wird Langen keinen neuen geben. Aber mir ist jetzt alles egal, bin viel zu vergnügt, um darüber nachzudenken.
Nächste Woche kommt Friess wieder. Ich habe mich in der Zeit ziemlich von ihm emanzipiert und glaube nicht, daß er die alte Gewalt über mich noch hat.

12. November

Melancholischer Herbstnachmittag. Vormittags Probe, dann mit Falkenberg, Otto und Wanda, Wahl* und Artaval zu Mittag im Luitpold. Dann heim zum Bubi. Jetzt sitzt er bei mir, spielt mit meinen Schreibtischsachen und will jeden Augenblick Bussi. Seit vierzehn Tagen immer Probe und mit Wahl zu Hause geübt. Es ist eine schöne Zeit, ich bin sehr froh. Das Getobe mit all den Jungens ist sehr lustig. Klages kann diese Art von Betrieb nicht leiden, er findet, daß ich mich durch den Verkehr mit Minderwertigen entwerte, begreift nicht, daß bei mir sich das alles von selbst auseinanderhält. Ich verkehre ja doch mit all den Buben nicht wie mit Menschen von wirklicher Bedeutung, sondern weil's mir Spaß macht. Gerade das ganz oberflächliche Amüsieren ist

* Der Journalist und Schriftsteller Fritz Wahl, Korrespondent der Frankfurter Zeitung in München und Madrid.

auch etwas, was ich brauche. Toben, toben – wenn jetzt doch Karneval wäre. Mit ihm – Klages – bin ich wieder in einer ganz andern Welt. Aber wir haben uns jetzt nicht so sehr oft gesehen, wenigstens nicht allein. Wenn ich einem Menschen einmal so ungeheuer rückhaltlos mein Innerstes gezeigt habe, werde ich hinterher leicht scheu und plötzlich verschlossen.
Am 27. war der große Tag. Vorher die Generalprobe. Heftiger Flirt mit Bobby, wir waren überhaupt alle in gut frivoler Stimmung, und die Kulissenheiterkeit ließ nichts zu wünschen übrig. Das Stück fiel dann elend durch mit Zischen und Pfeifen, wir Schauspieler kamen besser weg und wurden ziemlich oft gerufen. Und trotz allem in äußerster Stimmung. Nach der Vorstellung kam Falkenberg, gratulierte mir und sagte: »Sie haben gerettet, was zu retten war«, und der alte Schneider: »Hören Sie, ich bin überrascht, Sie müssen bei mir lernen.« Ich blähte mich gründlich und sehe schon eine glänzende Zukunft vor mir. Draußen warteten Klages, Busse und die Huchs und wollten mich mitschleppen, sie konnten nicht recht begreifen, daß ich zum Souper »mußte«. Ja, ja, das Souper. Es verlief in göttlicher Trunkenheit und wurde zum gänzlichen Bacchanal, so daß die Spitzen der Gesellschaft, z. B. Halbes*, äußerst entrüstet waren. Ich habe nur noch dunkle Erinnerungen, daß ich mit Bobby auf einem Stuhl saß, die Jünglinge zu zehnen umarmte und Pepi, der nicht mehr Platz fand, mit demütigem Aufblick mir die Füße küßte. O mei, o mei. Dann ging alles nach dem Bahnhof, ich setzte mich mit Bobby auf eine Bank am Promenadenplatz, und die andern waren alle verloren. Fanden sie im Bahnhof wieder und später den Heimweg über die Schwabingerwiesen, wo wir unsere Rolle zu Ende spielten und um sieben Uhr früh vor meiner Tür ankamen. Ach du mein Gott, es war alles so frühlingsmäßig, ich fühlte so alle Jugend in mir unter den Sternen auf der dunklen Wiese, und der Schreck, wie es auf einmal Morgen wurde. Dann heim zu meinem Bübchen, ein paar Stunden geschlafen. Ich hatte draußen auf der Wiese meine Handschuhe verloren, ein Paar, das ich besonders liebte, und ging vormittags hinaus, sie zu suchen, fand sie aber nicht mehr.

* Der Schriftsteller Max Halbe.

29. November

Die Bobby Aventüre ist leider im Volke ruchbar geworden. Der gute Junge ist seinem besten Freund um den Hals gefallen und hat ihm sein Herz ausgeschüttet, und F. schickt zu mir, um es mich wissen zu lassen. Gott, ich mußte eigentlich darüber lachen oder wenigstens lächeln. F. macht mir dann abends in der Bar Vorwürfe, ich wäre eine Schlange und verschmähte das Herz und die treue Liebe des A., der es doch mehr verdiente, hatte sogar seine Einladung neulich auf Rosen und Liebe abgelehnt. Und ich konnte wirklich wieder nur lachen.

30. November

Friess – ich hab' ihm manches erzählt, und er hat mir seine Meinung darüber mitgeteilt. Ich hab' doch gefühlt, wie schwer es ihm wurde, mich loszulassen. Und ich – ich weiß selber nicht, ob die große Liebe tot ist, und ob ich von ihm los kann. Es ist ja auch nicht nötig, wir können unsre Konvenienzehe ja beibehalten. Ich kann mich nur nicht wieder von ihm einengen lassen wie früher zeitenweise. Ich kann kein verneinendes Prinzip in meinem Leben brauchen – – – wenn ich es auch noch so sehr liebe.

3. Dezember

Dem kleinen Bobby hab' ich Vorhaltungen über seine Indiskretion gemacht, er kam dann selbst und erklärte mir mit großer Feierlichkeit, etwa so: Was geschehen wäre, bereute er nicht, im Gegenteil, wäre stolz darauf etc., aber es dürfe keine Fortsetzung haben, denn er müsse darauf warten, bis er eine große Leidenschaft fände, die große Leidenschaft. Es war so lieb, daß ich ganz gerührt war über all den Jugendillusionismus und wir uns Freundschaft schworen.

Dezember

Wir leben jetzt wieder unser stilles Leben zusammen, schreiben, kochen, spazieren gehn etc.

Gott weiß, daß ich mein Kind über alles in der Welt lieb habe, daß ich's keinen Tag entbehren möchte. Warum dann aber diese ewig gedrückte Stimmung, die nicht wanken und weichen will, das fortwährende Nachdenken über mein Leben, wie es war, wie es geworden im letzten Jahr. Und gleichzeitig ist mein Lebensverlangen wieder so mächtig geworden. Ist das ein gutes oder schlimmes Zeichen? Und habe ich nicht eigentlich Grund, müde

zu sein? Aber ich will es nicht, ich sträube mich dagegen. Ich will jung und gesund und ungebrochen sein und noch ein ganzes Leben vor mir haben. Wenn ich ganz ehrlich sein will, ist das, was mich am meisten verstimmt, die ewige Geldnot und das ewige Gfrett mit der Gesundheit. Wenn die beiden nicht wären, stünde mir die ganze Welt offen. Dann wieder gibt es Stunden, wo ich so tief zufrieden bin, wenn der kleine Rolf neben mir spielt, wenn er nachts neben mir liegt, wenn ich mit ihm ausgehe. Aber die Melancholie kommt immer wieder. Sachen, die ich früher in zwei Tagen vergessen hatte, drücken mich jetzt wochenlang nieder.
Aber ich darf nicht feige sein, ich muß durch. Mein Rolf, mein Schatz, ich freue mich, je größer er wird, und doch möchte ich ihn gern als Baby behalten. Er ist noch sehr Baby, seine Intelligenz erwacht sehr langsam. Mit dem Sprechen ebenso, d. h. jetzt haben wir schon ein ganzes Wörterbuch. Nein ist immer noch sein Hauptwort, daneben taucht jetzt hier und da »Mama« auf. Wir gehen jeden Tag zusammen spazieren, das sind meine besten Stunden, um die Nerven etwas auszuspannen.

Weihnachten

Unruhe nach dem Sturm. Vereinsabende, stürmische Weihnachtsfeier, dazwischen ein kleines Buch übersetzt. Und ich mit Wehmut an das Theater und die Proben gedacht. Gesundheit miserabel.
Zweimal eine große Seligkeit – Mon Dieu, que je suis heureuse, quand je l'ai à moi. Im Theater getroffen, nachher Souper und Heimfahrt im Fiaker durch die Schneenacht. Am nächsten Morgen wieder zusammen zur Stadt. – – Ich habe diesen Sommer gesehen, daß ich ohne ihn leben kann, aber jetzt bin ich doch froh, daß es wieder so ist wie früher. Ist es Liebe? Nein. Ist es Glück? Nein. – –
Es ist etwas ganz Sonderbares, Unbestimmtes, Sehnsuchtsvolles, was man niemals mit Händen oder Gedanken wirklich fassen und jeden Tag ohne Sang und Klang endigen kann oder auch dauern – jahrelang.
Ach, ich werde selbst nicht draus klug.

25. Dezember

Am Weihnachtsabend meinem Bubi einen großen schönen Baum gemacht. Er freute sich darüber und über sein Schaukelpferd. Als er zu Bett sollte, gab es ein großes Geschrei. Abends dann das Baschl, wir tranken Glühwein und gingen später in die Christmette. Von Monsieur einen entzückenden Teetisch mit zwei Stühlen. Wenn er wüßte, wie selig ich darüber bin.

29. Dezember

Eine beklemmende Nerven- und Depressionswoche. Donnerstag Chloroformuntersuchung von Noorden und Quenstedt, Operation beschlossen.

Jetzt infolge der Untersuchung Schmerzen und geradezu wahnsinnige Nervosität. Ich habe diesmal entsetzliche Angst, einfach fürchterliche Angst. Es ist immerhin gefährlich, nachdem der Doktor es sagt. Darf ich es nun riskieren, sollte ich mich nicht lieber so weiterschleppen, als mein Leben dransetzen? Der Gedanke, von meinem Kind fortzumüssen, es andern zu überlassen, Gott, nein, ich kann nicht. Aber wenn es gut geht, und das ist doch das Wahrscheinliche, und ich werde gesund, ganz gesund, dann wird mein und sein Leben dadurch so viel besser werden. Der Zweifel drückt mich ganz nieder. Wenn ich einen Menschen wüßte, dem ich den Bubi lassen möchte, ich weiß einen, aber der wird von meinem Kind nichts wissen wollen – ich weiß noch einen, aber das geht auch nicht – – – –

Jetzt fühle ich erst, wie ich am Leben hänge um meines Rolf willen, wie er der ganze Inhalt meines Lebens ist. Ich kann jetzt nicht sterben, will jetzt nicht sterben, und hab' doch so ein Vorgefühl, als ob es diesmal nicht gut gehn würde. Es ist ja zu töricht, es ist heller Unsinn. Aber ich kann es nicht loswerden.

Ich kann meine Nerven kaum noch bändigen, ich bin halb verrückt. Und die letzten Tage so ungeduldig mit meinem süßen Kleinen gewesen. Das macht mich dann völlig verzweifelt. –

Wenn ich all diese körperlichen Qualen los wäre, es ist gar nicht auszudenken, wie schön das Leben dann wäre. Ich kann bei aller Selbstbeherrschung nicht immer so sein, wie ich will. Wenn bestimmte körperliche Gefühle da sind, bin ich einfach nicht mehr Herr über mich selbst.

Mein Bubi, mein einziges, wie wollte ich dir das Leben schön und reich machen, was wollte ich dir alles geben und sein. Wenn ich nur bei dir bleiben darf. Ich kann nicht ohne dich leben und nicht ohne dich sterben.

31. Dezember

Ein guter Tag. Schmerzen besser. Nerven gelöst. Vormittags gearbeitet. Nachmittags mit Bubi zu Güttners. Herrliche Frühlingsluft. Er war sehr niedlich, Güttners sehr nett. Zu Hause dann noch einmal den Weihnachtsbaum angezündet und mit dem Bubi davor gesessen und an alte Zeiten gedacht – an zu Hause. Vor acht Jahren zum letztenmal zu Hause. Das Heimweh hört doch nie auf. Dann kam Friess.

Jetzt ist es zehn. Alles still und ich allein. Das letzte Licht am Baum noch nicht ausgebrannt. Nebenan schläft mein Kind. Mein Kind.

1. Januar 1900

Wieder ein Frühlingstag wie vor zwei Jahren. Wie war ich damals selig. Seitdem bin ich schon wieder viel schwermütiger geworden. Im tiefsten Grunde bin ich überhaupt immer melancholisch gewesen. Aber die anderen Leute wissen es nicht.

5. Januar

Bubi entwickelt immer mehr Temperament, stampft, schreit nein, nein und gestikuliert wie ein alter Schauspieler, wirft sich auf den Boden etc., wenn er etwas nicht will oder ihm etwas nicht gelingt. Über seine Spielsachen wird er manchmal ganz rasend. Wenn er mit mir nicht einverstanden ist, macht er eine Faust und sagt drohend: Mama!

Das Jahrhundert fängt gut an. Alles in allem hab' ich wohl an die 1000 M. minus und gar keine Aussicht, die Summe in absehbarer Zeit zu verringern. Lieber nicht daran denken. 2 Bücher müssen noch vor der Operation fertig. –

6. Januar. Sonntag

Ein neues Buch, das sofort gemacht werden soll. Also das andre liegen lassen und damit anfangen.

9. Januar

Fleißig gewesen. 124 Seiten. Gott hilft mit.

13. Januar

180 Seiten. –

Heut mach' ich's auf dem Sofa, rasende Migräne.

Gegen ein Uhr Friess. Tout à coup je le vois devant mon lit, en frac et irrésistible et il m'a dit, qu'il a déjà parlé avec moi et

que je lui ai répondu en dormant. C'est un talent très dangereux, je le sais déjà d'autrefois – – –
Ces nuits là sont la joie de ma vie, la grande et profonde joie. Je ne suis plus seule, j'ai quelqu'un près de moi, et c'est mieux, ce mariage de convenance, que de l'amour et plein d'un charme étrange.
Le matin, quand je me suis levée, il a joué avec le petit, et j'ai vu qu'il lui a donné un baiser quand je ne regardais pas. –
Den ganzen Tag auf dem Sofa gelegen, wohler wie gestern und in seliger Nervenharmonie. Draußen ein schneeweißer Wintertag. Alles glitzert vor Frost, selbst die Luft. Bubi spielt im Zimmer herum. Jetzt gegen Abend bin ich müde, melancholisch geworden, Sehnsucht, Einsamkeit. Nur wieder an die Arbeit.

18. Januar

Heute früh um vier mit dem »Etui de nacre« fertig geworden. Summa seit Neujahr 420 Seiten.
Mittags Monsieur mich um meinen wohlverdienten Schlaf gebracht. Aber ich war nicht bös darüber, zusammen essen gegangen, dann Kaffee bei mir. Abends in den akad. dramat. Verein.

19. Januar

Todmüde – ich glaube, ich bin immer todmüde. Ich merke es nur, wenn die Arbeit einmal aufhört. Abends Baschl bei mir, wieder erst um zwölf zu Bett. Und nun wieder im schönsten Nervengerase. Es fehlt nur eine Kleinigkeit, so werde ich tobsüchtig. Berge von Näherei, neue Übersetzung, Schmerzen etc.

20. Januar

Wieder Monsieur mittags mit einem Moralischen. Merkwürdig, wie sein Charakter gewinnt, wenn er diese Art von Moralischem hat.

21. Januar

Trüber einsamer Sonntag. Das fortwährende Krankheitsgefühl, das sich in den letzten Monaten heftig gesteigert hat, verdunkelt mir alles. Ich kann all den süßen Lärm, den mein Bubi um mich her macht, kaum mehr ertragen – nur, wenn ich nichts zu tun habe, und das ist nie. Ach mein Kind, mein Kind, wie werden wir glücklich miteinander sein, wenn ich wieder gesund bin.
Hand in Hand schlafen wir ein, und am Morgen weckt er mich

wieder mit seinen Küssen, und amüsiert sich darüber, wenn ich mich anziehe. Wir sind so ganz zusammengewachsen. Wie soll ich es aushalten, ihn ein paar Wochen nicht zu haben. Wenn wir uns etwas zanken und ich ihm ein paar Klapse gebe oder ihn in die Ecke stelle, bin ich ganz unglücklich über jeden Augenblick, der so verdorben wird. Und ungezogen kann er gehörig sein, dabei ein so weiches, gutes Kind. Ich zwinge ihn nie dazu, den »ersten Schritt« zu tun, wenn wir uns bös sind, aber er kommt von selbst und bittet um Taschentuch und Bussi. Ich fluche nun jeden Tag wieder über all die Arbeit und meine schlechten Nerven, die ihr nicht gewachsen sind! So schlimm wie in den letzten Monaten war es aber auch noch nie.
Die Schmerzen und der Druck sind zum Verrücktwerden.
Und wie wollte ich elendes, vergnügungssüchtiges Weib den Karneval mitmachen. Jetzt hab' ich wieder keine Lust dazu und bin am liebsten still zu Hause. Trotzdem hab' ich eine kleine Rolle angenommen in der Mandragola, die am Achten gegeben wird. Wann werde ich mir einmal das Zu-Vieles-Wollen abgewöhnen Vor allem will ich eine gute, glückliche Mutter sein und mein Kind gut und glücklich machen. Das ist wohl das Einzige, das ganz fest in mir steht. Aber außerdem – übersetzen, eigenen Roman schreiben, Sprachen lernen, nähen, Theaterspielen – Gott o Gott. Ich glaube, am allermeisten freue ich mich jetzt doch auf die stille Zeit im Krankenhaus.

1. Februar

Gestern mit Monsieur auf dem bal paré. Mein Kostüm war gut, und ich fand mich selbst sehr hübsch, nur etwas zu mager. –
– – Der Abend war zu schön, um ihn auch nur für sich selbst aufzuschreiben. Warum nur jeder Lebensrausch soviel Schmerz und Sehnsucht und Wollust in einem zurückläßt.

3. Februar

Heute geht alles in mir auf und nieder. Ich habe wieder von meiner Familie gehört, von Catty, und daß Walter demnächst wieder heiratet. Aber ich bin's ja gewöhnt, jeden Aufschrei in mir zu unterdrücken, wenigstens vor andern. Mieze, die es mir erzählte, hat sich gewiß wieder darüber gewundert, daß ich es so leicht hinnahm.
Er hat mich vergessen und überwunden, und er hat mich geliebt.

Und ich hab' ihm alles zuleid getan, bin von ihm fortgegangen, aber ich habe ihn nicht vergessen, vergesse ihn nie.
Seine Braut ist jünger und schön. Ich bin nicht mehr jung und bin nicht schön. In solchen Augenblicken kann ich mich wie wahnsinnig über mein Kind werfen, und dann fühle ich, daß doch das Beste und Herrlichste auf der Welt mein ist, daß ich es mit niemand teilen muß. Jetzt schläft er, ich bin ganz allein.
Ich möchte heute abend wieder auf die Redoute gehn und tanzen wie verrückt, alles das, was mir wehtut, den gleichgültigsten Leuten erzählen und darüber lachen und dann jemand haben, bei dem ich mich ausweinen könnte, der mich in seine Arme nähme.

7. Februar

Das waren schlimme Tage. Ein Gefühl, als ob mir noch das Letzte genommen sei – die letzte Hoffnung auf ein volles Glück. Aber ich habe mein Kind. Und das Glück, das ich in ihm finde, ist reicher als das, was je ein Mann mir geben könnte. Es verträgt sich mit meiner Natur, daß ich noch kein anderes Glück vertragen habe. Walter will seine Briefe zurück. Aber es wird mir namenlos schwer, mich von all diesen süßen und bitteren Erinnerungen zu trennen. – –
Dazwischen der Bauernball. Das Leben ist ein Narrentanz, ein Affentheater. Ich war so ausgelassen, daß Monsieur mir böse Worte gesagt hat, die mir entsetzlich wehtaten. Hätte ich ihm sagen können: Warum hilfst du mir nicht? Du kannst es. – – Die Stimmung war fort, und nun in dem blödsinnigen Kostüm dasitzen mit all dem Schmerz in sich. – Wir haben uns kalt und unfreundlich getrennt und seither nichts voneinander gehört.
Ich habe ihm am nächsten Morgen einen Brief geschrieben, daß es mir leid täte und ich traurig wäre. – Aber von ihm keine Silbe. Und nun schweige ich auch.

15. Februar

Nun liege ich im Krankenhaus, mein Kind ist nicht bei mir, mein Freund weiß nichts davon oder denkt nicht daran. Mir ist einsam und verzweifelt zumut. Ein ungemütliches Zimmer, fremde Schwestern, alles anders als früher. – – Dann kam meine gute Schwester Johanna, die mich damals gepflegt hat, und ich fing an zu weinen wie ein dummes Kind.

Ich möchte einfach wieder davonlaufen, vor dieser einen Nacht graut mir mehr wie vor der Operation selbst.
Einen schweren Kampf gekämpft, ob ich Monsieur schreiben soll, aber mein »Stolz« hat gesiegt. O Gott, dieser Abend.

16. Februar früh

Neun Uhr, die Henker wetzen schon die Messer, in einer halben Stunde muß ich schön und bleich in meinem weißen Schlafrock heruntersteigen und mich auf den Operationstisch legen. Ich habe jetzt gar keine Angst mehr, sehr gut geschlafen, umständliche Toilette gemacht, eine letzte Zigarette geraucht. — —
Die Schwester kommt mich abholen. — — —

23. Februar

Me voilá gerettet. Operation mit dem gewünschten Erfolg und glatt verlaufen. Die ersten Tage in völligem Morphiumdusel. Trotzdem die Schmerzen sehr quälend. Manchmal des Nachts von meinem eigenen Aufschrei geweckt. Aber dann kam meine gute Schwester wieder mit der Morphiumspritze. Noch ist mir sehr schwach und abscheulich zumut.

8. März

Wieder auf. Alte Lebenskraft, wieder sensationellen Triumph gefeiert. Ohne Hilfe aus dem Bett gestiegen und durchs Zimmer — allerdings etwas geschwankt.
Es war doch wieder eine schöne Zeit — die Schwestern, die Ärzte, die Bekannten, alle so gut. Umgeben von Freundschaft und Blumen, allgemeine Anerkennung meiner »Bettschönheit«. Viel in all den langen Stunden an den bösen Freund gedacht, aber ohne Schmerz, ohne besonderes Verlangen, ihn zu sehen oder von ihm zu hören. Verstehe es selbst nicht recht. Habe ich mir vielleicht meine Liebe nur eingeredet? Ich glaube, es ist so! In mir war alles, woraus eine große Liebe hätte werden können, wie bei einem Pulverfaß, das gern explodieren möchte, aber der Funken fehlt, und von selbst kann es nicht explodieren. Meine Sinnlichkeit war stark in Anspruch genommen, aber das andre konnte alles nicht zur Entwicklung kommen, weil er nicht wollte, weil eben das bei ihm »der Frau gehört, die er liebt« — Das erste Jahr habe ich in der Illusion gelebt, ihn für mich zu erobern. Sonderbar, daß er mir früher einmal gesagt, in der ganz alten Zeit, er wollte nicht mehr kommen, weil er fürchtete, sich in mich zu

verlieben, daß er später manchmal momentan solche »Anfälle« gehabt hat. Bei unserm letzten Zusammensein il a eté comme un amoureux, des baisers sauvages, des caresses — — — — — Et depuis — le Krach au Bauernball et puis pas un mot — — — — — Et pendant je ne suis pas malheureuse — je m'en étonne, mais c'est bien comme ça. Je n'ai pas même besoin de lui. — C'est presque comme une amputation, qui m'a délivrée d'une grande souffrance. Je me sens comme reconvalescente-physiquement comme moralement.

Sois franche, mon enfant, est-ce que c'est l'apparation de l'homme blonde qui te fait entrevoir de nouvelles espérances d'amour? — — — — — Je ne le sais pas. Et oublier ces années, ces jours gais et jours tristes, ces nuits, pleins d'une saveur exquise, oui, exquise — — il y avait quelques choses dans nos amours, que je n'ai trouvées jamais chez d'autres hommes. Non, je ne l'oublierai pas, l'ami étrange, l'homme masqué qui n'a jamais delaissé son masque devant moi. Mais il faut divorcer avec lui. Il me faut vivre — vivre, et lui — il est pour moi la négation de la vie. Il me supprime, il m'étouffe. Et il ne m'aime pas, ne m'aimera jamais. Par là ma vanité a reçu un knacks terrible. Quelque fois j'ai le désir de me venger, de lui faire mal, et puis de nouveau j'ai une pitié profonde de lui. Je le sens malade, déchiré — friedlos, freudlos — au moins je peux me dire, que je ne lui ai pas fait mal — jamais. J'ai toujours essayé de lui donner un peu de joie, du repos, quoiqu'il ne m'a pas permis de la faire, comme je l'aurais voulu. Il a une vanité et un selfgovernment maladif. Il est malade, et moi j'ai été un peu garde-malade pour lui.

Et s'il m'appellerait une fois tôt ou tard, je crois que j'abandonnerais tous — sauf mon enfant — pour aller chez lui, le soigner comme une mère, une soeur — une vraie amie. — Mais pour l'amour — c'est manqué à jamais. Poverissimo — je n'oserai pas lui dire ce mot, mais je l'ai pensé souvent. Il ne trouvera pas une femme, qui l'aimera, comme moi je l'aurais aimé — s'il avait voulu au commencement. —

Fini le roman conventionnel de Monsieur et Madame.

15. März

Wieder zu Hause. Abschied vom Krankenhaus förmlich schwer geworden. Von Tag zu Tag kräftiger und gesünder innerlich und äußerlich. Und vor allem – vor allem meinen Bubi wieder, den Einzigen, Geliebtesten.

Es sind schöne, ungetrübte glückliche Tage jetzt, daß ich jeden festhalten möchte. Außen und innen gesünder, Heilung, Wiederaufwachen. – O mein Kind, mein Kind, ich möchte, daß wir beide jubelnd zusammen durchs Leben gingen über alles weg, durch alles durch.

Und die Sommeraussichten, mit Adam* nach Samos – Bubi und ich. Es ist zu schön, um wahr zu werden. Siegfried? Oder doch nicht. – Einstweilen hat er gesiegt.

17. März

Mein Bubi, er blüht so herrlich auf. Er ist lauter sonnige stille Tiefe. Die schönen dunklen Augen – ich kann mir denken, daß man ein Kind vor Liebe erwürgen kann. Wenn er nachts aufwacht, halten wir unsere schönsten Gespräche. Beim Arbeiten stört er mich nicht mehr, er spielt sehr ruhig um mich herum.

Liege immer noch im weißen Schlafrock auf Divan dem Schrecklichen und lasse mich verwöhnen. Diktiere vormittags einer blassen blonden Lehrerin, die alle Fremdwörter verkehrt schreibt.

Endlose Besuche.

Gehe wieder aus, noch matt. Manchmal wieder Melancholie, als ob es nicht so bleiben könnte. Samos zieht jetzt sehr, mir kommt es vor, als ob ich direkt ins Sonnenland hineinfahren sollte. Das Leben lacht, nun lach auch du!

Bacchanal bei Adam und bei Schmitz**, erstes unbacchantisch-bacchantisch, letzteres bacchantisch-unbacchantisch.

Von Monsieur geträumt, was mich wehmütig stimmt.

9. April

Durch den Englischen Garten, Primeln gefunden, blaue Frühlingsnebel, sprechen über all das Schöne, was der Sommer uns bringen soll. Daheim mein Rolf. »Mama wieder, Mama wiederkommen.« Wieder in vollem Zug an die Arbeit.

11. April

Monsieur auf der Trambahn gesehen. Doch wieder ein Zucken – die alte erbarmungslose Sehnsucht. Als ich um sieben nach Hause

---

* Der Privatgelehrte und Paläontologe Albrecht Hentschel.

** Der Schriftsteller Oskar A. H. Schmitz.

komme, Visitenkarte von ihm. Wollte arbeiten, saß aber statt dessen vor der Karte und dachte.
Um zehn geschellt und er kam. Bis vier Uhr. Erst sehr ruhig, Konversationston, dann immer tiefer hineingesprochen – eine seiner seltenen Male, wo l'homme masqué sich in l'homme sans masque verwandelte. Und das ist dann so einschneidend, so im wirklichsten Sinn des Wortes ergreifend, daß ich mich totweinen möchte. Es gibt so seltene Momente, wo man so bis in die tiefste Tiefe hinein empfindet. Es ist so, wie wenn man ganz jung ist und nachts im Mai im Bett liegt und draußen eine Nachtigall hört. Da möchte alles Weh und alle Sehnsucht gewaltsam durchbrechen und herausquellen und ist doch gebunden durch Selbstbeherrschung und Scham und Stolz.
Mein Stolz ist rehabilitiert durch das, was er mir an dem Abend gesagt hat – er kann nicht ohne mich leben.
Ich glaube, zwischen uns ist ein Gefühl, das es überhaupt gar nicht gibt, und was deshalb nie eine Befriedigung findet. Denn wenn ich denke, wir liebten uns mit wirklicher Leidenschaft, mit Raserei, dann wäre es vielleicht gar nichts mehr, dann wäre alles vorbei. Es muß so bleiben, wie es ist, es sind Stunden, wie die größte Liebe sie nicht bringt. Et il restera mon ami, l'ami des amis, malgré tout.

13. April

Mit Adam in der Stadt, abends um halb elf kam er nachsehen, ob ich noch arbeite. Er hat mir heute gesagt, daß es ihn froh mache, wie alles gekommen ist und wir so miteinander ständen.
Er und Friess sind so verschieden wie Tag und Nacht. Er ist der Tag mit seinem Leben und seiner Wärme und Friess wie die Nacht mit ihrem Halbtot und ihren intimen Reizen. Es ist jetzt eine so wundervolle Stimmung in mir, ein Reichtum von hellen und wehmütigen Stimmungen wie die Apriltage da draußen.

»Über die Heide
Gab mir ein schweigendes Weib das Geleite.
Ich kannte sie schon von Kinderzeit
Frau Herzeleide – – – – –
Und zagend rief ich aus
Verlaß mich nicht, Frau Herzeleide.«

Sie verläßt mich nicht!

14. April. Ostersamstag

Nein, sie ist wieder da, an meiner Seite. Mir ist so bange, traurig und nervös zumut. Ich möchte Monsieur nicht wieder sehen, um die schöne wehmütige intime Stimmung unseres letzten Beisammenseins nicht zu zerstören und lebe in einer Art von nervöser Angst, daß er wieder einen Abend kommt.

Zwei Monate in äußerer Hetze und innerem Kampf. – Oder ist es auch wirklich ein Kampf? –
Es ist nur das alte Verhängnis.
Es schlief eine Zeitlang, und da war mir, als ob man etwas aus mir herausgenommen hätte, als ob ich fliegen könnte, aber fliegen ohne Seele, ohne Inhalt. Ich fing wieder einmal an, mich herumzuwerfen nach allen Seiten, mich zu vergeuden, zu blasphemieren das, was mein Heiligstes ist. Nein, nicht das Allerheiligste, das ist mein Kind. Und das ist etwas, womit ich nie spielen könnte. So ist es doch etwas anderes wie früher. So ganz unselig kann ich nie mehr werden, denn der tiefste Grund meines Lebens ist doch das Muttersein.
Aber ich bin eine Zeitlang gewesen, wie ich nicht sein sollte, ich habe geglaubt, das, was während der letzten Jahre mein heilig gehüteter Schatz war, über Bord werfen zu können, zu müssen. Ich wollte mich von ihm losmachen, ich glaubte, Adam hätte mich ganz davon erlöst, denn wir haben uns so sehr lieb.
Aber als er dann wieder kam, da wußte ich wieder nur die alte Leidenschaft, die rasende, niederdrückende, hoffnungslose und doch so selige, furchtbar selige. Und nun ging es nebeneinander her. Und sonderbar, ich empfinde es nicht als Teilung, als Konflikt. Als Konflikt nur insofern, als die anderen es so auffassen würden, als ich Adam nicht die Wahrheit sagen kann um Fr.'s willen. – Ich stehe darüber, es ist mir nicht unnatürlich. Wenn ich es aussprechen würde, würden die meisten es für eine wahnsinnige Arroganz halten oder für einen bemäntelten Kompromiß. Aber ich habe noch nie einen Menschen gefunden und werde ihn auch nicht finden, der alles in sich vereinigt, was ich brauche. In Adam finde ich mich selbst wieder, mit Friess bin ich mitunter verzweifelt oder selig oder ganz kalt. Wenn er jemals dieselbe Leidenschaft für mich fühlen sollte, so wäre es, als ob der Himmel

sich einen Augenblick auftäte – aber dann würde alles vorbei sein. Wer Gott sieht, stirbt.

Manchmal tut er sich auf – seit wir jetzt wieder zusammengekommen sind, aber nur um eine kleine Spalte. Es sind überirdische Augenblicke. Mit A. ist es schön und menschlich.

Und es ist doch auch etwas, was Fr. zu mir hinzieht.

Nein, es läßt sich nicht schreiben, nicht fühlen, nicht begreifen. – Ich war heute so verzweifelt, so todtraurig après une nuit, une nuit suprême d'amour, où je l'ai senti contre moi, où il m'a baisée, secouée – – – – Ich dachte, er wollte mich töten.

Aber jetzt ist wieder tiefe Ruhe in mir, mein Kind, mein Rolf. Den kann mir niemand nehmen, er ist so mein und seine süße kleine Liebe zu mir. Wenn du wüßtest, mein Einziges, was für Stürme in deiner armen Mutter toben und wie du sie wieder zur Ruhe bringst. Wie du mein Glück, mein Friede, mein Alles bist. So lange ich dich habe, bin ich gut und rein, was ich auch tue und fühle, und wenn ich dich einmal nicht mehr hätte, wäre alles vorbei. Keine Liebe, keine Leidenschaft würde mich mehr am Leben halten. Deshalb bin ich bei alledem wohl doch ruhig und glücklich und fühle mich stark und fest.

Mein Götterkind, es geht so heitere Sonnigkeit von ihm aus über mich. Wenn er von Balilula erzählt – wer Balilula ist, weiß kein Mensch. Aber Balilula – Radfahrer – Balilula ist jemand, für den wir uns beide sehr interessieren.

Ich bin ja doch so glücklich – ich lasse meinen Schmerz hier und darf mit meinem Bubi und meinem hellen frohen Siegfried in die Welt hinausfahren, und daneben wird Frau Herzeleide neben mir hergehn. Ob es nicht vielleicht das Vollkommenste ist, was wir Menschen erleben können, zugleich einen tiefen, nagenden Schmerz und die lichte sonnige Freude – eine lachende Liebe und eine dunkle schwere Leidenschaft – ich Glücklichste von allen und ich Unglückselige – – – – –

Ich habe einen Freund gefunden, den ich schon lange hatte, ich wußte nur nicht, wie sehr er es war. Ich habe es schon einmal gefühlt, an einem Sommerabend im vorigen Jahr, aber ich weiß nicht, wie es kommt, wenn ich einmal mit einem Menschen so gesprochen habe, über das Allerheiligste, dann schäme ich mich hinterher und ziehe die Fühlhörner ein.

So war es damals. Ich war damals noch zu sehr in meiner Liebe verworren, um darüber zu sprechen — ich hatte beinah ein feindliches Gefühl gegen den, der darum wußte, vielleicht weil ich fühlte, daß er die Weichheit in mir gefühlt hat — das ohnmächtige Weib.

Aber jetzt hab' ich ihn wiedergefunden, gerade an meinem Geburtstag, nach einer Nacht, wo mir so gewitterschwer vor Liebe und Sehnsucht war. Wo es in mir überströmte.

Das wäre der Mensch, bei dem ich mich einmal ausweinen könnte, es fehlte nicht viel, so hätte ich es getan. Aber ich fürchte mich vor diesem Ausweinen, vor dem Aufschrei, in dem meine ganze Kraft dahingehn würde. Oder ist meine Seele wirklich schon so still geworden? Nein, sie schreit und weint und sehnt, es ist ein fürchterlicher Aufruhr in mir. Es ist so schön und so furchtbar.

Und so gut, mit dem Freund davon zu reden, dem einzigen Menschen, der mich liebt, ohne nehmen zu wollen. Es war ein unvergeßlich schöner Abend.

Und dann wieder so qualvolle Tage, wo er mir soviel geholfen hat. Dabei eine so seltsam süße Heimlichkeit, wie wenn zwei Kinder über etwas Verbotenes sprechen. Es ist alles so sonderbar, so ein schmerzlicher, herrlicher Reichtum nach allen Seiten. Mir ist manchmal, ob ich reicher wäre, mehr umschließen könnte mit meinen Armen wie alle andern Menschen. — — — — —

Es war zuviel, der Sturm zu gewaltig. Tagelang apathisch dagelegen oder herumgegangen, die ganze unglückselige Liebe von all den Jahren bäumt sich in mir empor, will mich zerreißen. So war es noch nie. Ich habe noch nie so gewußt, daß es Liebe war. Es brennt in mir. Und ich muß fort, kann nicht mehr zurück, gerade um meiner Liebe willen. Aber — als ob ich über mich hinweggehen müßte. Es lodert alles in mir, es ist, als ob jedes andere Gefühl mit aufglühte, die Liebe zu meinem Kind, das Heimatgefühl, alles, alles. Ich muß fort — und dann sehe ich ihn nicht mehr, lange, lange Zeit. Wenn er jetzt eine Nacht nicht da ist, ist es schon Verzweiflung. Ich zähle jede Liebkosung von ihm wie einen Schatz, den ich mitnehme, von dem ich lebe.

Und Adam — meine Leidenschaft ist zu groß, um sie als Schuld zu fühlen, ich fühle alles als Schuld, was nicht meine Liebe ist. Bei ihm will ich ausruhn davon, ihm den Reichtum geben, den sie in mir anhäuft. Geschieht ihm damit Unrecht? Ich kann ihm jetzt sein, was ich sonst nicht sein könnte. Und er mir. Es ist die Tiefe für mich und für ihn. Wenn ein Tag käme, wo er das verstehen könnte, dann würde er von mir das Leben lernen und begreifen, was er mir ist – –

Der letzte Abend. Vorlesung bei Schmitz, sein Drama. Ich war noch nie so in der Stimmung und habe noch nie so zugehört. Und dabei immer der Gedanke, wenn er jetzt an meinem Haus vorbeiginge, wenn er heute noch einmal, noch einmal käme. Er war nicht dagewesen, und es ist schon spät, über Mitternacht. Bubi ist unruhig. Jetzt möchte ich den Freund hier haben und mit ihm weinen.

Ich kann nicht fort, ich kann nicht. Wenn er heute noch käme. Morgen um diese Zeit bin ich unterwegs. Frau Herzeleide, verlaß mich nicht.

30. Mai

Er war zweimal da gestern und ich nicht. – Mir ist, als ob ich nicht die kleinste Erschütterung mehr vertragen könnte – ohne daß mit einemmal alles über mir zusammenschlüge. –

Ich werde wahnsinnig – jetzt liebt er mich, und sieht, daß er mich nicht mehr halten kann.

Und ich?

Ich reise heute abend. Ich werfe mich in Adams starke gute Arme und will mit ihm glücklich sein. Das war ich noch mit keinem. Er ist wie ein heller Morgen und der andere wie ein dunkler Traum, aus dem man aufwachen muß, und den man vergißt. Wenn ich es ihm nur sagen dürfte. Ist es schlecht gegen ihn, daß ich über mich selbst hinweggehe? – Ich weiß nichts mehr, ich weiß nur, daß ich doch fort muß und mit ihm fort muß.

VIERTE EPOCHE

Reise nach Kleinasien

31. Mai

Abends von München ab. Abschiedssouper mit Natalie, Baschl, Schmitz, Klages im Künstlerhaus. Am Bahnhof Marie mit Bubi. Marie in Tränen zerflossen. Schmitz, Baschl bis Ostbahnhof mit. Bubi schlief die ganze Nacht, wachte sehr vergnügt in Wien auf. Morgens um sieben dort, ins Grand Hotel. Zwei Tage dort herumgelaufen und gefahren.

Dann nach Budapest. Vormittags an der Festung. Dann ich mit Bubi am Quai gebummelt. Er fängt an, Reiseroutine zu bekommen, brachte mich anfangs durch sein Gemaunze zur Verzweiflung. Läuft jetzt artig überall mit hin.

Von Budapest nach Belgrad. Abends spät angekommen, von dienstfertigen Strolchen umringt. »Hotel« schmierig, Wanzen und Knoblauch. Morgens um vier Uhr aufs Schiff. Bubi selig, mit allem zufrieden. Bis Mittag geschlafen. Dann auf Deck. Ziemlicher Sturm, zuletzt großartiges Gewitter. Bei strömendem Regen in Turn Severin an. Menschliches Hotel, wohlwollende, fette, geschminkte Wirtin. – Um drei Uhr auf. Die Maus geweckt, sie lachte und amüsierte sich über die nächtliche Fiakerfahrt zum Bahnhof. Schöne Morgenfahrt, überall weiße Gestalten mit roten Schärpen auf den Feldern, sahen aus wie Sonnenanbeter. Adam und Maus schliefen. Mittags in Bukarest, in ein ziemlich verdächtiges Hotel, wo Bubi und ich ein paar Stunden schliefen. Dann weiter bis Constanza, über die weit ausgetretene Donau, zu beiden Seiten nur weite Seen, an deren Ränder weidenartige, silbergrüne Baumgruppen. Am Ende der Brücke Cernawoda wie eine Märchenstadt mit Kuppeln und kleinen spitzen Türmen im Sonnenuntergang. An der Dobrudscha Sumpfland mit vielen Störchen. Beim Mondschein durch Constanza aufs Schiff. Ging heute nicht, bis zum nächsten Abend geblieben. Balkon aufs Meer hinaus. Nächsten Vormittag an den Strand. Alle drei gebadet angesichts aller Reußen. Bubi furchtbar geschrien, lief nackt und entzückend mit seinem roten Hut am Strand herum. Nachmittags rasendes Gewitter. Um neun Uhr aufs Schiff. Mondschein. Vormittags in Konstantinopel eingefahren bei Regen und trübem Wetter. Am Bahnhof Gewimmel genossen, während Adam Zoll besorgte. Zollbeamte sich für Bubi begeistert, ihm Bussi gegeben und ihm einen Affen geschenkt. Nachmittags zu den Derwischen. Todesangst, ob Bubi ruhig sein würde, benahm sich tadellos zu meinen Stolz, fragte ganz leise: »Nachher wieder Gassi gehn?« und schlief zuletzt ein. Zu den Süßen Wassern, lange Wagenfahrt, dann ein Boot, Haremsdamen, schöne Türken, Zigeunerinnen, das ganze wie in einem Märchen. Man kann so etwas nicht aufschreiben, nur schauen.

9. Juni

Adam mit Dr. Gies um 7 Uhr früh ausgeritten, ich mit Maus im Garten. Nachmittags mit ihr und Dragoman ausgefahren. Etwas übermüde. Abends mit Gies und »Frau« im Café. Sehr nettes Wiedersehen. –

10. Juni

Um ein Uhr per Schiff den Bosporus entlang nach – – –, dort zwei Pferde genommen. Adam mir auf einer Wiese, wo eine Menge Türken, Zigeuner, Tscherkessen etc. zu sehen waren, erste Reitstunde gegeben. Bubi mit Dragoman im Wagen daneben hergefahren, war selig. Ich auch. Dann mit dem Schiff zurück.

11. Juni, Montag

Vormittags mit zwei Damen, die hier kennengelernt, zwei Harems besucht. Im ersten scheußliche, meist alte und äußerst schlampige Weiber, eine neuvermählte, plumpe, aber ganz niedliche Araberin, die uns mit Zigaretten, Erdbeeren etc. bewirtete. Verschiedene Schwiegermütter. Große Pracht in der Einrichtung, perlmuttereingelegte Schränke und Tische, Prachtbetten mit Perlmutterhalbmond. Eine von den Hexen sich für Bubi begeistert, ihn geküßt und ihm Bonbons geschenkt. Herrlicher Garten mit Ausblick auf das Meer. – – Dann noch ein zweiter Harem mit drei sehr niedlichen, ganz jungen Frauen und noch eine mit drei Kindern. Erinnerte etwas an ein Mädchenpensionat. Der erste soll einem Schwager des Sultans gehören, der letzte einem alten reichen Türken. Mittags im Teppichbasar, dann in die Hagia Sofia. Zuletzt in den großen Basar, schließlich in einen Laden, wo Limonade getrunken, Teppiche usw. angeschaut. Abends mit Adam geritten.

12. Juni, Dienstag

Um sechs Uhr mit Adam, Dragoman und den Damen um die Stadtmauern geritten. Bei den sieben Türmen in dem verfallenen Schloßhof gesessen, roter Mohn, Lorbeer, Feigen. Alter Türke uns Kaffee gemacht, alter Bettler herumgekrochen. Dann zurück. Alles in allem zirka vier Stunden geritten.

Donnerstag

Mit Bubi und Dragoman nach Skutari, mächtig großer türkischer Friedhof mit einem Wald von Zypressen, dahinter der tiefblaue Himmel. Unten ein Feld mit großen Quadersteinen, dazwischen malerische Türkengruppen. Herrliche Aussicht über Meer und Häusermassen. Dann zu den heulenden Derwischen. Unheimlicher riesiger Neger, der schäumt und die Zähne fletscht, als ob er einen fressen wollte. Ganze Prozedur anspannend, als ob man selbst getanzt hätte. Bubi saß dick und süß in seinem Schemel und fragte leise: »Wieder Gassi gehn? Und Mam schön tanzen.«

Freitag

Noch einmal zu den Süßen Wassern im Kaik.

Samstag

Auf dem Galataturm, nachher in Galata gebummelt.

Sonntag

Adam nach Trapia. Ich mit Bubi von morgens bis abends im Hotelgarten gesessen und gespielt. Die Goldmaus, die Einzige. Sie ist die Seligkeit und Ruhe für mich, wenn sie jetzt auch manchmal eine kleine Last ist und ihre Mama am Loshüpfen hindert. Ein Tag wie heute, wo ich mich so ganz in mein Kind versenken kann, nimmt jedes andere Gefühl mit weg.

Geld ausgegangen, alle abgespannt. Die nächsten Tage daher etwas blödsinnig im Hotel versessen. Onkel Kêf – wertvolle Errungenschaft.

Donnerstag Museum, Freitag Basar. Nachmittags aufs Schiff, das erst gegen zehn abging. Drei drei Sprachen redende Muli-Bubi. Nachts mit geringer Unterbrechung auf Deck.

Das Meer, mein Meer.

Sonnenaufgang. Heißer herrlicher Tag auf dem Schiff.

Vakan Effendi. Abends elf Uhr in Lesbos.

Die nächsten Tage krank im Schaukelstuhl auf dem Balkon ge-

sessen und aufs Meer hinausgesehn. Aristaghi Bey und die Exzellenz. Zimmer wimmelt von Fez und Sprachen. Dicke Messalina.
Bubi fängt Fliegen und amüsiert sich immer über die »Vogi«, die ihm immer in den Kaffee fallen.
Hier wohltuende Ruhe.
Mittwoch morgen um fünf Uhr auf. Etwas wohler, Adam ausgeritten. Ich im Balkonzimmer langen Brief an Klages geschrieben, dann mit Bubi durch die Stadt zur Ruine. Herumgeklettert, im Café gesessen, mit Zigeunerweib angefreundet. Im Kaik zurück. Möchte malen!!!
Abends mit Bubi allein gesegelt. Er hatte Angst. – Das Meer!! –

1. Juli

Immer noch kein Dampfer. Hitze, Bauchweh, Balkonzimmer. Türkengewimmel fortwährend aus und ein. Mit Halim Bey, Exzellenz, Freundschaft gemacht, netter würdevoller alter Herr, ihm den größtmöglichsten Blödsinn über Deutschland aufgebunden, traktiert uns mit Bier, liebt den Bubi.
Vakan Effendi von seiner Reise zurück. Etwas Faible für ihn, ist so angenehm kultiviert.
Abends mit ihm und Hollbach zusammen. Das Geheimnis unserer Ehe entschleiert. Große – ich glaube freudige – Überraschung. Spät noch im Kaik zum Blumengarten.

2. Juli

Hollbach und Vakan fort. Unser Dampfer wieder nicht gekommen. Hatten schon gepackt und wollten siegesfroh abziehen. Bubi erst freudig, dann heulend: »Jetzt gehn wir Samos. Samos gehn, Samos gehn!«

3. Juli

Endlich! Nachmittags Samosdampfer auf der Bildfläche erschienen. Abschiedstrunk mit Aristaghi Bey. Dann an Bord. Endlich einmal wieder kalte Getränke und anständigen Kaffee.
Ziemlich windig. Kajütenfenster trotz Mahnung aufgelassen. Mitten in der Nacht ein tüchtiges Sturzbad. So schön salzig und kühl.

4. Juli

Morgens um sieben in Vathy. Die schöne Bucht mit dem blauen

Wasser, den weißen Häusern und ringsumher Berge, alles in der Morgensonne.

Menschliches Hotel. Briefe abgeholt, ausgeruht. Adam Besuche. Bubi und ich auf dem Balkon bis abends.

Jetzt sind wir da! –

Vier Tage in Vathy, erst aufgeatmet, weil am Ziel. Aber das war nur ein Augenblick. Jetzt wieder so tief niedergedrückt. Den ganzen Tag apathisch in dem heißen Zimmer. Abends am Quai mit den faden Menschen, die einen hier nicht locker lassen.

Wenn nur der eine Punkt in Ordnung, diese dumpfe körperliche Angst und Schwere von mir genommen wäre. Quäle mich selbst und A. Gefühl, als ob er mich innerlich verwünschte. Bin nichts für ihn. – Im Anfang war das anders. Glaubte, ich könnte mit ihm ein Stück Weges lachend durchs Leben gehn. Aber er hat nicht das Lachen, das ich brauche, das Gleiches in mir auslösen kann. Er hat keinen Schmerz in sich, der auf das, was weh in mir, antwortet. Er weiß mich nicht anzufassen, trifft immer auf meine Fühlhörner – und versteht nicht, warum ich sie einziehe.

Er hat nicht gesiegt in mir, – es ist alles wieder da, schwerer, wehmütiger, qualvoller als je.

Eine halbe Nacht durchgesprochen, über Liebe, speziell über mich und Liebe. Er glaubt mich so ganz anders, wie ich bin, muß es ja auch glauben, weil ich mich nie so geben kann – nicht alles sagen. Aber ich kann nicht, innerlich zugeschlossen, und er findet den Schlüssel nicht. – –

Es kommt mir wie ein Unrecht vor, bei ihm zu bleiben.

Ich falle ihm auch auf die Nerven. Er fühlt wohl, wie ich bin oder besser nicht bin und fühlt doch nicht warum.

Es ist schrecklich, wenn zwei Menschen immer so verkehrt ineinander eingreifen, bei jeder Kleinigkeit dies Hängenbleiben, das nie in Richtigstellen, immer nur in Aushacken endigt.

Besonders über den Bubi. Das hört nicht auf und ist so überflüssig. Fühle mich gerade darin meiner Sache so sicher. Gewiß, manchmal Handlungsweise durch Nerven etwas getrübt – aber das macht's ja doch nicht besser, dieses fortwährende Dreinfahren. Wenn ein Instrument einen schlechten Ton gibt, haut man auch nicht drauf. Brauche jemand, der auf mir zu spielen versteht oder Alleinsein.

Tigani, den 9. Juli

Früh um vier nach Tigani. Bubi auf Adams Pferd, Galopp, Galopp. Armes Kerlchen, zuletzt müde und gnaunzig.

Schauderhafte Gäule, trotzdem Ritt herrlich. Lebensfreude.

Ungemütlicher Tag. Herumhetzen, Nervenraserei, Adam Bubibeinchen mit Reitpeitsche gestreichelt. Sinnlose Wut in mir – Haßgefühl in dem Moment. Hat es doch gefühlt – verstanden nicht! – Gelindes Mitleid mit meinen verschrobenen Empfindungen. A. abends nach Vathy zurück, mit Bubi allein in dem öden Haus, nur Matratze am Boden, umringt von neugierigen Griechenweibern und den Zorn von heute früh im Herzen. Todunglücklich gefühlt.

Nachts bis zur Raserei von Mücken zerstochen.

Jetzt acht Tage hier, nachts Jagd, tags Einrichtung etc. Drüben lockt und ruft das Meer. Das soll in diesem Sommer mein bester Freund sein.

Seit gestern früh allein bis heute abend. Das war es, was mir not tat. Jetzt ist bald alles eingerenkt, jeder an seiner Arbeit. Dann soll es besser werden. Diese zwei Monate sollen so werden, daß er es nicht bereut, mich mitgenommen zu haben – die Last nicht fühlt. Es ist ein so schöner Zug, daß er es mich nicht bisher fühlen läßt, mich zu überzeugen sucht, daß es etwas für ihn ist.

Mit Bubi in ein anderes Zimmer gezogen, wo anscheinend wirklich weniger Ungeziefer. Seit acht Tagen zum erstenmal gut geschlafen, wachte um vier auf. Auf den Balkon. Starker Wind. Mond am Himmel. Drinnen mein süßes schlafendes Kind. Ringt sich doch wieder etwas Freude in mir durch. Wäre am liebsten gleich mit Bubi ans Meer, aber er schlief so schön. Wieder hingelegt und bis 9 Uhr geschlafen.

Zwei Tage allein, Adam in Vathy. Wie gut, diese Einsamkeit. Mich wieder ganz auf mich selbst besonnen, so glücklich mit Bubi.

Früh mit ihm baden gegangen. Ihn die steile Wand hinabgetragen und auf einen flachen Stein ins Wasser gesetzt. Wie ein kleiner Nix – und seine Angst um mich: »Mama nicht Wasser fallen – Mama, Fischi.« –

Mir war so jung und leicht und gesund zumut wie lange nicht.

Abends Adam zurück.

Mir fest vorgenommen, daß es jetzt anders werden sollte.
Es war ein Moment, als ob sich etwas über uns aufhellen wollte.
Dann meine törichte Erzählung von dem Abenteuer mit Herrn W. in Konstantinopel. – Sturm! Mein Gefühl: Tant de bruit pour une omelette. Ich habe nun einmal nicht das Talent, mich Schutz suchend in die Arme des geliebten Mannes zu flüchten, komme im Moment nicht einmal auf den Gedanken. Ganze Szene berührt mich gar nicht weiter. Warum soll ich mich beleidigt fühlen, Begehren des Mannes ist nie eine Beleidigung, selbst dann nicht, wenn rein gelegenheitlich und ohne alle »seelische Beimischung«. Auffassung, wie die Adams, daß er »meine Schmach rächen müßte«, verletzt mich viel mehr. Empfinde es als namenlos übertrieben und unreif.
Adam sehr aufgeregt Absicht geäußert, an Onkel Kêf zu schreiben. Keine Aussöhnung. – A. nächsten Morgen nach Vathy.
Peinliche Tage, nur froh, wenn mit Bubi allein. Beide es wohl mehr oder weniger als Unmöglichkeit empfunden, zusammenzubleiben.
26. oder 27. zusammen nach Vathy geritten. Sonntagmorgen, unfroh, physisch und moralisch, gedrückte Stimmung zwischen uns beiden. – – Diner bei Rücks. Nerven! Doktor.
Noch drei Tage in diesem Gewirr. Adam ernstlichen Trennungsvorschlag gemacht. Ich halb im Scherz abzulenken versucht.
Donnerstag der große Tag. Le divorce. Basis zu unserer wirklichen Freundschaft. – Wie ein leises Gewitter war es, in dem sich alles löste. Meine Beichte, und wo er mir von sich erzählte, ohne schweren Donner und ohne Qual. – –

Hab Dank. Wir waren Mann und Weib –
Es ist geschehn.
Nun laß uns wieder aufrecht gehn
Allein und klar.
Wir wollen uns nicht trüb gebärden,
Wir können jetzt erst Freunde werden
Ganz und wahr – –

Gleichzeitig die physische Katastrophe, d. h. kaum Katastrophe, sondern ein langsames Vollziehen unter vielen Schmerzen, Fieber etc. Aber jetzt war es körperliches Leiden unter einer großen seelischen Befreiung. – –

Warum wohl diesmal so wenig Muttergefühl?
Ein Augenblick, wo ich glaubte, es sei der Tod, es war aber nur eine tiefe Ohnmacht. — — Zwei Nächte und anderthalb Tage ohne Schlaf um mich geschlagen. Ich kann nicht mehr! Dann die Morphiumnacht und ein langer einsamer Tag zwischen Träumen und Wachen.
Friedliche Rekonvaleszenz. Nicht Geliebter, nicht Freund, nicht Bruder — etwas von allen dreien. — Manchmal Erinnerung an Walter. All der quälende Druck der letzten Monate ist von mir genommen, alles wie ein neuer Lebensanfang. — Lust zum Roman und in weiter Ferne dahinter noch einmal mein alter Traum von der Kunst.
Schöne stille Tage. Viele Aussprachen, endlich aufgeschlossen. Trotzdem nicht Verstehen bis zum letzten Grunde wie bei Klages. Und Bubi — die lachende, braune Sommerfreude auf seinem Gesicht, das Sonnige, Blühende an dem Kinde. Seit ich hier krank liege, muß ich ihn wohl oder übel sich selbst überlassen. Er strolcht davon mit seinem lachenden: »Adieu, Mama«, geht in die Küche, ißt den ganzen Tag Melonen und Kartoffeln, läßt sich von den Stammgästen einladen. Vor drei Tagen machte er seinen ersten selbständigen Ausflug zu den Konsulkindern. Wir sahen vom Balkon aus den kleinen dicken Kerl die Straße entlang strampeln, dann und wann ein paar vergnügte Sprünge.

14. August

Heute nachmittag wollte Mausi allein zu Onkel Mühlberg* gehn, Frau Rück sollte ihn abends zurückbringen. Um fünf Uhr allein gekommen. Ziemlicher Weg am Quai entlang und das Haus schwer zu finden. War im Grunde sehr stolz auf ihn und doch ein wenig ängstlich. Ihn nicht an die Schürze hängen und doch nicht va banque spielen — sehr schwer, das Mittel dazwischen zu finden. Aber wie schön dies Leuchtende, wenn er heim kommt!
Eines Morgens kommt er mit drei gestohlenen Melonen angeschleppt, eine nach der andern. Wenn sein Kleid schmutzig wird, wäscht er es unten am Brunnen und kommt patschnaß herauf. Draußen in den Anlagen kommt er zum Doktor, setzt sich neben ihn und klopft mit dem Stock auf den Tisch nach der Bedienung.

---

* So nannte der kleine Rolf Albrecht Hentschel.

— — Onkel Mühlberg, sein bester Freund, sitzt alle Abende bei ihm und ißt mit ihm, hat ihn allein essen gelehrt. Abends vom Balkon ihm zugesehn. Jetzt seit zwei Tagen auch zum Essen hinunter. Aber noch so schwach. Und doch so gnädig vorübergegangen.

Dr. Stamadiades: »C'est extraordinaire. Quand elle était presque mourante, et quand moi-même je commençais à être fâché de l'affaire, toujours elle dit: o je vais bien, je suis contente — c'est extraordinaire. —«

Eben dieser Doktor angnehme Ausnahme unter den Samioten — immer Kulturmensch bis auf ein kleines Eckchen, wo er auch Samiot ist. — — Die versunkene Stadt mit lauter Larven. — — — — Was mögen diese »Leute« sich unter dem Leben vorstellen?

15. August

Gestern mit Zigarettenentwöhnung angefangen. Leichter im Kopf. Tugendstolz. Nächtliches Intermezzo. Morgens so froh und hell aufgewacht. — — Lebensfreude, Lebensmut, Arbeitslust. Eine Zeit, von der ich schwer Abschied nehme. Bubi heute früh wieder mit Onkel Mühlberg gegangen. Zeitlang nach ihm. Eifersüchtig auf jeden Strahl meiner Sonne, der auf andere fällt! — Gelesen. Zigarettendurst wieder mit einigem Erfolg besiegt, wenn auch noch nicht ganz. Adam versteht nicht, daß es ein so schwerer Kampf für mich ist. Wenn er wüßte, wie ich mit meinen Nerven ringe.

Jetzt kommt endlich das, was ich von diesem Sommer erwartete. — Aber was war das für ein Durchbeißen bis jetzt. Wie das Auseinanderwirren eines ganzen Knäuels, wozu man nie Zeit hatte und das immer heilloser wurde. Jetzt habe ich wieder den Faden gefunden, jetzt muß eine Umschlingung nach der andern weichen. Dann wird's ein bedeutungsvoller Sommer.

In den letzten Tagen habe ich ein paarmal wirklich lachen können. — Das ist bei mir ein sehr schwerwiegendes Symptom. —

Langen Brief an Belami geschrieben. Auch die Sehnsucht schweigt jetzt mehr, stehe auch dem wieder gesünder gegenüber.

16. August

Gestern abend großes Tanzvergnügen, auf dem Balkon auf Adam zum Ausgehn gewartet. Maus erscheint strahlend unter dem Balkon, kommt dann herauf, alle drei fort. Unten die Doktorskinder wollen sich seiner bemächtigen, er maunzt, will meine Hand. Kinder fort. Wir drei am Quai entlang, Bubi maunzt weiter. – Adam will nicht, daß er an meiner Hand läuft, weil für mich unbequem. Bubi geheult, eigensinnig, trottelt hinterher. Adam ungeduldig, verhaut ihn schließlich en pleine rue. Bubi brüllt. Rückweg im gleichen Stil.

Mein Herz wehgetan. Der kleine Kerl war den ganzen Tag fortgewesen, wollte jetzt seine Mama haben. Warum ihm nicht die Hand geben, wenn er sich »gewöhnen soll, allein zu gehen«. Er wäre vergnügt gewesen, ich auch.

Aber lieber Stillschweigen, um keine Auseinandersetzungen – zurückgekommen mit Bubi allein ins Zimmer, ihn mit Redenhalten und kaltem Wasser beruhigt, er immer nur: »Lieb haben, lieb haben.« Er soll nie Mangel an Liebe fühlen, wenn auch dabei mal ein Prinzip überhüpft wird. – – –

War dann nachher unten ganz ruhig und artig, und ich war nicht böse auf Adam, wenn ich auch diesmal ganz anderer Meinung war. Siehe innere Umwandlung seit der Reitpeitschenaffäre.

Abends alles so flüchtig und oberflächlich hingeschrieben, um das lang verbummelte Aufschreiben nachzuholen. Heute zum ersten Mal wieder allein.

Adam nach Tigani. – – Die letzten Male in der bösen Zeit war es wie eine Erleichterung, wenn ich allein blieb. Das ist jetzt so ganz anders geworden. Jetzt ist es ein Losreißen, ich fühle, daß etwas Liebes von mir geht, mir fehlt. Ich mag nicht diesen einen Abend mit ihm hergeben.

Wie schön ist es zwischen uns geworden mit dem Moment der Aussprache an jenem Tag, wo ich mit großen Schmerzen im Bett lag. Wir sprachen und sprachen, und mit jedem Wort wurde es leichter in uns. Was wir einander sagten, war in der Hauptsache, daß eben jeder von uns einen andern liebt. Und doch sind wir mehr wie nur Freunde, wir sind auch Mann und Weib.

Aber fertig war es doch noch nicht mit dem einen Tage, mit jedem neuen Tage kam wieder ein Stück sich geben, vom andern nehmen, sich noch mehr verstehn.

Wie hat er mich gepflegt in diesen bösen langen Stunden, und wie konnte ich mir jetzt von ihm wohltun lassen. In dem Augenblick, wo ich in seinen Armen »starb« und seinen Schrecken fühlte, dann, als das Schlimmste vorüber war und ich einen langen, stillen Tag alleine dalag, da war ich sehr glücklich. Und jetzt ist es so gut, das frohe helle Aufwachen und »Guten Morgen« sagen, die langen, sonnigen Vormittage, wo wir schreiben oder lesen oder »schwatzen«, der heiße Nachmittag mit geschlossenen Fensterläden, dann Fenster und Türen auf, wenn die Sonne weggeht, Tee und wieder Plauderstunde. Aber was für Plauderstunden, es wird nie zuviel und nie abgestanden. Dann wird es allmählich Abend auf dem Balkon. Drunten stellt man die Tische heraus. Onkel Mühlberg kommt. Die Doktorkinder kommen manchmal zu uns herauf. Dann gehen wir zum Essen herunter; nachher noch eine stille Stunde oben.

Besonders der eine Abend, wo Adam mir sagte, daß ich doch noch einmal malen sollte.

Die Monate, die uns hier noch bleiben, liegen jetzt in vollstem Sonnenschein vor mir. – Jetzt bin ich nicht einsam, einen langen frohen Sommertag nicht einsam. Ich fühle soviel neues Leben in mir, das ich mit Adam teilen kann, nichts einsam hinunterschlucken.

17. August

Nervöser Abend gestern. Draußen Feuerwerk mit Lärm, drinnen große Käfer, die klatschend auf die Erde fielen. Kosta, der schwarze Küchenkerl auf dem Balkon, verschiedentlich über sein Schnarchen erschrocken, außerdem die Tiere. Infolgedessen bis zehn Uhr verschlafen.

Stiller Tag allein. An Klages geschrieben. Bis abends mit dem Doktor peripato. Adam uns überrascht, war so still, daß ich glaubte, er wäre gegen mich verstimmt. Es war aber Somi-Stimmung. Ärgerte mich dann nachher, daß ich ihn mit Fragen geplagt, muß ihn doch als Taktlosigkeit berührt haben. So beide etwas nervös.

Gegen drei Uhr nachts Läuten und Feuerlärm. A. fort, ich auf den Balkon, großes Feuer, Funkenmassen, eine einsame Zypresse, die ganz bleich dazwischen stand und schwankte wie eine menschliche Gestalt.

Allmählich heller Sommermorgen. A. durchnäßt heim, mitgelöscht. Stadtberühmtheit.

Mut und Zugreifen immer schön, aber ist es wert, für ein Haus in Vathy ein reiches, schönes Leben aufs Spiel zu setzen? – Hierüber viel mit A. gesprochen.

Sonntag, den 18. August

Etwas müd' von der unruhigen Nacht. – Jetzt vier Wochen her – Nachmittags Besuch beim Konsul, dann mit Doktor und Frau nachmittags am Quai. – Sympathische Leute, können doch etwas lachen und sind gewiß nicht so leichenhaft.
Nachts wieder Feuer. A. wieder hin.

Montag, den 19. August

Nachmittags mit Schiff nach Tigani. Anfangs sehr schlecht. Die Wasserfahrt hatte trotz des sonnigen Augustnachmittags etwas Unheimliches in der Stimmung: das schmutzige Schiff mit den schwarzen Kerlen, die eine unverständliche Sprache redeten, rechts das steinige Samosufer, dahinter der Sonnenuntergang, auf der andern Seite das offene, tiefblaue Meer und dann die Küste von Anatolien wie ein verzaubertes Land, das Mykalegebirge, rostviolett – etwas Lachendes, Stummes, Tot-Heiteres –, davor weiße Seevögel.

Dienstag, den 20. August

Elend. Nicht geschlafen vor Mücken. Nerven fangen an, nach Schlaf zu schreien. Früh auf. Haus in Ordnung gebracht. Abends grantig und nervös.

21. August

Wieder nicht ausgeschlafen. Morgens Brandes »Menschen und Werke« gelesen. Muß wieder viel lesen. Bubi selig, spielt den ganzen Tag mit Mädi, hängt sich Karton an den Arm und ruft den ganzen Tag Weintrauben aus:
Staffilia, Staffiliaaa –

22. August

Adam ganzen Vormittag fort. Briefe geschrieben. Bubi läuft aus und ein und sucht bald seinen Stuhl, bald seinen Eimer. Sitzt mit fünf kleinen Mädchen auf der Haustreppe. Die kleine Italienerin Margherita Primasell Hauptfreundin. Nimmt seinen Eimer und schlägt sie damit über den Kopf. Sie heult und läuft weg. Er sieht ihr liebenswürdig lächelnd nach. Mama holt ihn herein und prügelt ihn durch, sieht sie unter Tränen mit seinen wunderschönen Augen an: Du böse Mama! –
Auf dem Balkon alles so sommerlich, links die kahle, sonnige

Wand mit einzelnen Zypressen, Ölbäumen, im Garten die staubigen Feigenbüsche. – Auf einem Altan hängt eine Frau Wäsche auf, manchmal ein singender Eseljunge den Weg entlang. Vor mir das tiefblaue Meer mit weißen Schaumkronen und die asiatische Küste.

Angefangen meine Kindergeschichten zu skizzieren. Ob es wohl einmal vorwärts damit geht?

23. August

Nerven! Nerven! Nerven! –

24. August

Endlich einmal wieder ein guter froher Tag, so daß ich von morgens bis abends lachen möchte.

Brandes Essays über »Menschen und Werke« gelesen.

Christa in die Hauswirtschaft eingedrillt. Das war ein Stück Arbeit, besonders das blöde Angrinsen dieser Klasse zu ertragen resp. abzugewöhnen. Jassimo dazwischen mit indolenter Anmut. Der arme Adam viel Geduld.

Jetzt ist es wirklich so schön, daß ich mit Schmerzen daran denken muß, nur noch zwei Monate. – Möchte noch viel Griechisch und Italienisch lernen, am Roman schreiben, malen, Homer, Shakespeare, Nietzsche lesen. Lange geschlafener Bildungsdrang erwacht wieder.

Abends: Verfluchtes Bett. –

25. August. Sonntag

Nachts etwas unruhig. Viele Mücken und großes Gelächter. – Morgens trotzdem frisch. – A. fort. Angefangen, Vorrede zum Dante zu lesen. Dann Brandes »Shakespeare«. Nachmittags wieder wildnervös, verfalle immer wieder dem Rauschteufel. Verfluchte Energielosigkeit. –

Abends Balkon. Jassimo zu meinen Füßen kauernd, mit ihren schwarzen Augen erzählt sie mir von ihrem Leben. Können uns doch schon ganz gut unterhalten. Große Bubiseligkeit, war einmal wieder recht mein Baby. Er geht mit Kimon Perikles spazieren, kommt wieder, alle Taschen voll Lukum und zwei kleine Melonen unterm Arm.

26. August

Gestern abend Gespräch über das Thema: ob ich wohl noch einmal den Mann finden würde, der für mich geschaffen ist. – – –

Dabei aber wieder Mißverständnis, soviel ich mich erinnere, aber keine Gereiztheit meinerseits. A. auf einmal ablehnend, und ich weiß nicht, warum. — — Sehr traurig darüber.

Morgens um halb fünf von Mücken geweckt, einen Augenblick auf den Balkon, dann weiter geschlafen. A. früh immer noch verstimmt. — Warum? — — — Dann nach Vathy. Ich heroischen Tag. Früh italienisch gelesen, nachmittags Roman*. Erstes Kapitel im Entwurf fertig. Wenn ich alle Tage so arbeiten könnte, in einem halben Jahr ganze Geschichte.

Bubi mit Kimon Perikles spazieren, kommt mit einem Spiel Karten wieder, furchtbares Geheul, weil ein kleines Mädel sie ihm nachher vor der Tür fortnahm und damit davon lief. Stand da mit seinem kleinen Blecheimer in der brennenden Sonne und heulte: »Mädi Bildi weggenommen.« Konnte es ihm so in tiefster Seele nachfühlen.

Nachmittags gewaltig ungezogen, ihm eine gewiß nicht arge Ohrfeige gegeben.

Nasenbluten — das Gefühl vergesse ich in meinem ganzen Leben nicht wieder.

Meine eigne Mutter mir förmlich als Gespenst erschienen. Mein Kind, mein Kind. Es darf nicht so weitergehen, daß man ein hysterisches Werkzeug seiner Nerven ist, immer mehr und mehr, — heute wenigstens einen Anlauf genommen und trotz vielem Arbeiten wenig geraucht.

27. August

Am Roman geschrieben.

Bubi mit Adam baden, ganz durchnäßt heim, schon ein paar Tage nicht wohl. Ich sehr unzufrieden. Gegen halb neun Bubi morgens mit Bauchweh aufgewacht, aber so herzig dabei.

28. August

Ich auf dem »Sofa«, Bubi in seinem Bettchen, beteuert, daß er keine Schmerzen mehr hat, muß aber doch noch liegenbleiben. Adam hat ihn mir ins Zimmer getragen. Da liegt er und strampelt und bittet, aus dem Bettchen heraus zu dürfen.

Gegen zehn Uhr kommt er auch heraus und wir spielen zusammen.

---

* Gemeint ist der Roman »Ellen Olestjerne«.

Ihn den ganzen Tag um mich gehabt, weil er nicht hinaus sollte. Alles wieder liegengelassen und mit ihm gespielt. Das sind Feststunden. Warum muß ich mich immer mit so vielen andern Sachen herumschleppen. Nur das Kind haben und meine »Kunst«, und das Leben wäre überreich.

Mit Adam wieder ausgesöhnt – dummes Wort. Er will so viel, und ich bin in keinem zum Geben fähigen Stadium. Vielleicht kommt es bald. Es kommt mir vor, als ob ich mir eine Blöße gebe, wenn ohne alles. Wenn man bereit ist, es gerne will, und es geht dann nicht – – dann soll man es nicht forcieren.
Der Nachmittag, als A. fort war, ganz sonderbar wehmütig – – – – – fleißig am Roman, erstes Kapitel. Unerwartet abends zurück, leider mit dem Idioten Georg Stamakiades.

1. September

Bubis Geburtstag. Schöner Vorabend zwischen A. und mir trotz »Schema«. Bis zwölf gesprochen. Morgens um vier kam Adam und sagte: »Gnädige Frau, es ist ein großer unwillkürlicher Schmerz« und verkündigte dann die Geburt der Maus. Maus den ganzen Tag schrecklich süß. Die drei Jahre waren wie ein langer schwerer Arbeitstag mit vielen Festen und Festmomenten. Schwer und reich und schön. Aber doch etwas zuviel für ein schwaches Weib, es möchte manchmal aus mir hinausschreien: es ist genug, Herr.
Es hat sich »wunderbar gefügt« mit diesem Sommer. Muß immer an den einen Satz aus Garborg denken: »Und sie war so glückselig jung geworden.« –
Sie ist es noch nicht ganz geworden, aber sie fängt an, es zu werden. Besser: glückselig gesund.
Meine Nerven fangen an, sich einzurenken, wieder aufzuschnellen. Es sind jetzt manchmal ganz verwegene Hoffnungen in mir – doch noch – doch noch einmal. – Und wie anders würde ich jetzt drangehn können. Aber erst muß der Roman fertig sein. –
Adam, der wirkliche Freund. Aber miteinander fliegen können wir nicht.

7. September

Zum erstenmal wieder morgens am Strand mit Bubi. Nerven

ungemütlich und Kopfweh – Herrgott, wann nimmt es einmal ein Ende.

Möchte auseinanderfliegen vor Nervosität.

Abends mit Adam auf dem Molo.

8. September

Gebadet. Nachher 2 Stunden im Sand. Wohler, freudiger, Arbeitslust.

9. September

Ruhetag. Allein zu Haus. Nachmittag zweites Romankapitel.

Mondschein. So recht empfunden, wie wertvoll die Einsamkeit ist.

»Einsamkeit, du meiner Seele Heimat – Einsamkeit –«

Ernstlich daran gedacht, ein ganzes Jahr hier zu bleiben.

10. September

Bubi nicht wohl. Sein Bettchen steht bei mir im Zimmer, nachmittags am Balkon. Ist so lieb, spielt und singt, versichert mir immer wieder, daß er kein Bauchweh hat, um aufstehn zu können. Brief von Emanuel. –

Abends mit A. am Strand. Weit draußen auf dem Meer dann und wann ein Aufblitzen, als ob Sterne hineingefallen wären.

Auf einmal daran erinnert, daß Walters Geburtstag – als ob er in diesem Augenblick an mich gedacht hätte.

Vielleicht war es so. Dachte dann, wie wir ihn vor sechs Jahren zusammen feierten. – –

Fange an, mich hier an diesem Strand leidenschaftlich wohlzufühlen. Wenn Belami nicht wäre, bliebe ich ein ganzes Jahr hier in einem stillen schönen Kloster, vergäße die Welt und schriebe meinen Roman.

Adam will meine Beziehungen zu Belami durchaus zu einer großen Liebe stempeln.

– – Würde ich dann wohl so seelenruhig hier mit ihm herumgehn?

– – Das, was hätte sein können und nicht ist. – –

21. September

Fieberabende – schöne heitere Tage. – Schon etwas wehmütig in dem Gedanken, daß nur noch sechs Wochen – – – Zinganii!! – hier bin ich gesund und wieder froh geworden.

Sonntag

Nachmittag auf Colonna zu geritten.

Montag

Nach Choa und etwas weiter gegangen. Erster wirklicher Spaziergang und so schön. Abends Brief von Friess. Traurig und doch viel Freude. Das erste von meinem Leben, was in diesen vier Monaten plötzlich wieder zu mir herübergreift. –

26. September

Vieles dieser Tage im Kopf herumgegangen. Wie gut, hier zu sein in dieser Stille, wo alles wohltut, nichts quält.

Täglich ca. 20 bis 30 Kindern Augen gewaschen. So nett und zutunlich. – Küssen Hand und bringen Eier als Dank.

Jetzt glücklich selbst Augenentzündung erwischt. Adam nach Anatolien. Herz schwer geworden, daß ich nicht mitkonnte. Krüppelgefühle.

Unruhige Nacht mit herumwandernder Schildkröte. Augenschmerzen und Bubi Bauchweh. – Letzteres fängt allmählich an, mich zu beunruhigen. Wenn ich nur nicht deshalb eher fort muß aus dem gelobten Land. –

Mit Jassimo Religionsgespräche geführt. Ihr erklärt, daß wir weder Katholiken noch orthodox noch Protestanten, sondern Heiden seien. – Sie: Ob wir zu Apollo beteten?

Am Sonntag abend Adam zurück. Und dann reckte Gott seine Hand aus und schlug mich mit Blindheit. Drei Wochen lang unfähig, irgend etwas mit den Augen zu tun und auszugehn. Bei jedem Lichtstrahl bohrt es im Gehirn bis zur Übelkeit. Nachts Morphium, weil Schmerzen zu arg. Stimmungsvoller Tag im Bett im halbdunklen Zimmer und ganz befangen von Morphium.

Kristos spielte in der Küche Harmonika. Adam fährt täglich nach Mytilinious und abends zurück. Bubi immer noch Dysenterie.

Augen besser, mit plötzlichem Entschluß aufgemacht und nach Vathy. Den Ritt genossen nach der langen Haft.

Vathy, 5. November

Kühl und herbstlich geworden, aber immer noch Sonne. Den Tag nach unserer Ankunft starkes Gewitter. Ich mit der Maus am Fenster im Dunkeln zusammen gesungen. Bubi: »Sommer macht Bumsda.« –

Nächsten Tag ihn wieder ins Bett gelegt, und nun wieder gefangen, nicht hinauskönnen. – Heimweh nach Tigani.

Und doch so schön mit Bubi. Ein krankes Baby ist so unendlich rührend, wenn es so lieb und geduldig ist. Und Adam so gut und das Meer und die Luft — — — warum also maunzen.
Und er sieht aus wie das Leben, kann nicht wirklich krank sein.

Aber doch steigt manchmal eine bange Sorge auf.
Abends mit Adam am Quai. Da sitzt er nun wieder und kann nichts tun und läßt's mich doch nicht entgelten. Ich bin doch schuld daran, daß er seine Zeit verloren hat. Unser Zusammensein ist so schön. Mir ist wieder einmal warm ums Herz geworden. —
Die Fehlingschen Briefe. Tagelang mich ganz darin versenkt in meine reiche stürmische Jugend. Aber ganz ohne Wehmut. Ich habe dem Leben doch mein Wort gehalten. — Und bin noch jung, und habe so viel vor mir. Es soll doch noch werden, alles.
Einen Abend in Tigani haben A. und ich zusammen gesungen. Singstunde und Gitarre verheißen — — also wieder einer meiner tiefsten und am schwersten unterdrückten Herzenswünsche.
Die weiß er herauszuholen und ihnen ja zu sagen Ich habe wohl selten gegen jemand so tiefen Dank gefühlt — und immer wieder erinnert er mich an Walter, wenn er auch so ganz anders ist. Was war das für ein reicher schöner Sommer. Jetzt Adam wieder in Mytilene, ich allein mit der Maus. Es ist schwer, ihn krank zu sehen, daß er nicht hinauslaufen kann, wir beide zusammen, wo draußen alles so schön ist und wir so gern mit Adam sein möchten.
Mit dem Doktor Griechisch gelernt, der Roman ruht.

6. November

Gestern und heute abend einsamen Spaziergang längs dem Quai. Heute endlich wieder einmal am Roman geschrieben. Abend in so seltsam wehmütiger Alleinseinstimmung. Die arme Maus hat ihren dritten nur Milchtag mit der gleichen Geduld überstanden. Es kommt mir schwer an, nein zu sagen, wenn er so niedlich um einen Kuchen bittet — und beinahe noch schwerer, wenn er resigniert darauf verzichtet.
Wie ich nach dem Spaziergang und Abendessen zu ihm heraufkomme, liegt er noch wach und fragt, ob ich ihm keine Briefchen mitgebracht hätte.

9. November

Adam wieder einen Tag hier. Dann zum Demetriusfest nach Myt. Muß wieder hierbleiben.

Abends in der Konditorei Kaffee getrunken und zum erstenmal etwas entdeckt, was einem Liebespaar ähnlich sah.

Anakréon* fängt immer mehr an, den verfluchten Kerl herauszubeißen! Gestern in der griechischen Stunde arabisches Sprichwort zitiert: si un homme et une femme sont ensembles dans un endroit, le diable etc. –

Die Maus hat nicht so ganz unrecht: Herr Doktor hat Kopfi verloren.

Il sent le papier rougé brûlé.

Heute nacht sonderbaren Traum. Mit Adam am Strand, sehen einen Dampfer stranden und die Leichen herumschwimmen. Einige standen nachher wieder auf und stiegen herum. –

10. November

Wieder geträumt, diesmal, daß Adam etwas besonders Schönes beim Ausgraben gefunden.

13. November

Sonntag mit A. nach Mytilini–Tigani, wehmütig schön in dem verödeten Haus. Abends zwischen Ruinen gegangen, dann mit der Ingenieursfamilie am Quai. Nachts Sturm, trockene Blätter vom offenen Balkon hereingewirbelt.

Hier liegt ein Stück von meinem Leben, das ich um nichts hergeben möchte.

Montag früh zu Fuß nach M. Meer unruhig, gebadet im Novembersturm.

Dann allein zurückgeritten. Bubi wohler. Heimweh nach A. und Tigani.

Jassimo war, während ich fort, bei Bubi. In Tigani das anziehendste Wesen, das man sich denken kann, paßt aber nicht hier in die Landschaft, wirkt wie der richtige Sonntagsbesen vom Lande.

Abends mächtiges Gewitter, ganze Nacht durch geregnet, morgens schwimmt das ganze Zimmer.

Bubi hat Jassimo schlecht behandelt, Jassimo oxo Mama, Jassimo oxo Adam krewati!

---

* Der Arzt auf Samos.

Sonntag, den 18. November

Μεγάλη δυστιχία, ein paar etwas getrübte Tage. Man gewöhnt sich wirklich daran, unter Damoklesschwertern zu leben.
Und wenigstens ist Bubi wieder gesund. Heute nachmittag mit ihm spazieren gegangen, nachher Simplicissimus besehen. Wie er jetzt aufwacht.

19. November

Morgens auf der Post »schöne Möglichkeit« vorgefunden. Mit den lockeren Greisen Isai und Epaminondas Café getrunken. Nachher mit der Maus im fürstlichen Garten, Sonnenschein, Palmen, Orangenbäume. Es ist so herrlich, wieder mit ihm auszugehn und ihn in seiner weißen Matrosenbluse trotteln zu sehen.

20. November

Morgen oder übermorgen abreisen, um die Μεγάλη δυστιχία abzuwenden. Dann merke ich, wie anders stark das Leben wieder in mir ist – daß mir diesmal nicht so bange und schwer ist, nicht als ob man vor einem Berg steht, sondern mehr, als ob man einen Stein mit dem Fuß wegstößt.
Und doch und doch – das alte Lied: verlaß mich nicht, Frau Herzeleide. – Nachmittags wieder mit Bubi aus. Anakréon und Frau getroffen. Böse Lust verflogen – sie war doch einmal da. – Sonderbar, doch einmal in meinem Leben nicht getan, was momentweise reizte. – Einer Liebe wäre ich vielleicht untreu geworden, aber nicht dem Freund, während er seine helfenden Arme über mir hält. Hätte mir selbst etwas damit zerrissen, für den Augenblick und für die Erinnerung getrübt, was jetzt einen schönen vollen Klang gibt. –
Dabei die Wertlosigkeit des Objekts – Seiltänzer ohne moralische Berechtigung ihres Daseins. Und Adam! Ich hab' ihn jetzt noch viel lieber.
Wie ist es schön zwischen uns geworden, soviel Wärme und soviel Dank. So schwer, wieder auseinanderzugehen, nur noch drei Wochen, wo wir so ganz beisammen sind. Immer wieder Abschied nehmen, immer wieder.
Und meine »große Liebe«? Die Klaue, die sich wieder um mein Leben krallt? Und das Heimkommen? Wie war doch der alte Vers:

»Heimat und Liebe, laß' sie den andern,
Still geh' vorüber an ihrem Haus.«

Möchte wenigstens Adam sie finden. Ich mag keine Wolken über ihm sehn.

22. November, abends

So wird es denn morgen wirklich Ernst mit der Abreise. So namenlos traurig, heute bei all dem »zum letztenmal«. Ein schönes, volles Stück Leben, das sich wieder ablöst, und das man doch als neuen Reichtum mit sich nimmt. Ein langer, reicher, sonniger Ferientag.

Adam ist nun zum letztenmal in Tigani, und ich sehe zum letztenmal die Bucht und die Schiffe dunkel werden.

Das war unser Samos!

»Bubi, morgen gehn wir weg von Samos.«

»Ja, Mama, morgen gehn wir weg von Samos.«

Ich mußte dran denken, wie er damals auf Lesbos immer rief: »Jetzt gehn wir Samos.« –

Namenstag des Fürsten. Volksmenge, Illumination und die unvermeidlichen Raketen. Die versunkene Stadt im Festjubel. –

Lange auf dem Balkon.

Die Maus kann heute nicht einschlafen.

Ich dachte an alte Zeiten und den alten Schrei nach ungebundenem Hineinstürzen ins Leben.

Wie bin ich ruhig geworden.

Dann durch dieses Fenster hineinschauen, wo mein Kind im Bett liegt und auf mich wartet. –

Da liegt mein Kaiserreich! –

23. November

In großer Eile mittags um halb zwei mit dem Lloyd fort.

Abschiedsbesuch bei Anakréon. Er uns aufs Schiff begleitet. Gewaltsamer Händedruck. Mir wehmütig zumut. Es war doch etwas zwischen uns. Und gerade, weil es »nicht weiter kam«. Etwas verliebt war ich doch. Sah ihm nach, wie er zurückfuhr, am Quai entlang ging und dann in einer schmalen dunkeln Spalte zwischen den weißen Mauern verschwand. Und nun muß er da sitzenbleiben in diesem trostlosen Nest, ein Jemand, der noch nicht auszuruhen braucht.

Den ganzen Nachmittag an Deck gesessen. Souper mit dem kreuzfidelen Kapitän, ein Mensch, der lachend, singend und aufschneidend durchs Leben trollt.

In Chios gelandet, dann am Morgen um vier in Smyrna.
Schöner und freier ist es hier als in Vathy und mehr Leben.
Im Bazar, am Quai. Am letzten Tag Fahrt zur Karawanenbrücke. Einmal wieder lauter türkische Bilder und zwei Negerbuben auf dem Gitter, die wie Vögel in der Sonne zwitscherten.
Ärztliches Interemezzo. Dann dummerweise aus Ungeduld abgereist, um die Sache in Athen wieder aufzunehmen. Kann es nicht mehr ansehn, daß Adam durch mich so festgehängt, aber was tun?
Überfahrt auf russischem Dampfer. Sympathische Engländerin. Sang am Abend vor. Traurig geworden: »Per te vorrei morir.«
Die Nacht in einer fürchterlichen Kabine mit einer türkischen Prinzessin – wie man sagte – und deren Dienerschaft. Die Alte in lauter Goldstickerei gewickelt. Ungeheuer und sehr freundlich, sprach durch die Dienerin griechisch mit mir und wollte mit Bubi anbinden, der sich aber fürchtete. Am Morgen dann die wundervollste Seefahrt, an Inseln und Felsen vorbei. Mit dem Wagen von Piräus nach Athen.
Diese heitere, helle, staubgetönte Landschaft, die man sich so gut mit schönen, schöngewandeten Menschen denken kann. –
Furchtbar erkältet, Schmerzen in der Lunge, dazu das andere. Physisch und psychisch also im denkbar ungenußfähigsten Zustand. Und kann doch nicht niedergedrückt sein.
Akropolis. Gerade in diesem körperlich zerschlagenen Zustand, wo man seinen Körper kaum mehr fühlt, war es schön, weil man da ganz sein eignes Dasein vergißt und nur sieht.
Die ganze Nacht und noch viele Tage von Himmel und Säulen geträumt. Tags drauf die Mondscheinfahrt zum Sokratesgrab und Thesaion.
Warum gehen wir beide so innerlich einsam nebeneinander her bei allem, was wir zusammen sehen? Kommt das nur von den beiden, die nicht da sind?
Ich kann nur schweigend in mich aufnehmen, und doch sehne ich mich, daß schweigend etwas von Seele zu Seele übergeht, wenn ich nicht auch äußerlich allein bin.
Wenn ich dies entsetzliche Mißtrauen loswerden könnte, daß A. mich immer als Fremdkörper empfindet. Ich sage es ihm – aber er möchte mir wohl nicht wehtun.

Warum habe ich mich nicht vielmehr in mich zurückgezogen, ihn mehr in Ruhe gelassen? Es ist dies törichte Verlangen, sich anzuschmiegen, ausgelöst werden zu wollen.
— Und doch war die Zeit hier für mich von einer wunderbaren Fülle und Weichheit — zuletzt noch ein stilles Ausruhn auf dem kurzen Krankenlager, das mir wie ein verklingender Gruß von alten Freuden war — bittren und doch lieben Freuden.
Ich fühle wohl dabei die verzehrende Unruhe in ihm. Aber mein Herz ist ja auch weit fort, wenn es jetzt auch noch nicht laut redet. Bald genug wird es wieder laut aufschreien in dem seligen, wilden Schmerz, der meine Liebe ist. Und auch wieder still werden und dann Ruhe geben, meinem Friedlosen. —
Diesen Winter muß ich endlich den »Fliegenden Holländer« hören. Mir fällt wieder der Abend in Pullach ein, die kleine rauchige Gartenkneipe und der Gesang »Unselig holder Mann«. Wie bin ich ihm untreu gewesen, daß ich seinem müden Kopf seine Ruhestätte nahm. Und wie soll es nun zwischen uns werden?
Ich bin soviel reicher und gesünder geworden in mir selbst. Jetzt soll das kommen, wozu ich doch und doch und doch noch jung genug bin.
Mein Gefühl für Adam wird mit jedem Tag tiefer und wärmer. Er soll mich doch noch einmal »leuchten« sehn — dann wird er sehn, was ich ihm danke. Und Angst um sein Glück. Um die Frau, die auf ihn wartet — die ich immer neben und um ihn fühle.
Seine Liebe zum Bubi. Jetzt kann ich ihn mit ihm teilen. Sonderbares Leben, daß wir drei zusammen sind.
Die Märchenfahrt durch den Peloponnes, in den hohen Felsabhängen die goldenen Weinfelder mit dem Meer dahinter und die fernen Schneeberge über dem Meere in der Abendsonne.
Der Abend in Patras, die Meeresfahrt. In der Mittagssonne auf Deck sitzen bei Korfu. Der lange dunkle Abend in Brindisi. Dann fuhren wir in den frischen Morgen hinein mit dem Gefühl: nun endlich! Adam wirft das Billett zum Fenster hinaus. Wir steigen in Ostuni aus und wandern endlos auf dem schönen breiten Weg zwischen Feldern und nur alten Ölbäumen. Das war so der letzte tiefe Eindruck vom Süden. Dann warten wir noch eine Stunde

auf dem Bahnhof, mit seinem Mantel zugedeckt. Ein alter italienischer Bauer will Bubi von seinem Brot geben, aber er will kein »schmutziges Brot« essen. –

In Brindisi kommt das Billett wirklich wieder. Langer Mittagsschlaf und so frisch wieder aufgewacht. Im Abendschein zum Bahnhof. Adam und Bubi legen sich schlafen, und ich sitze ein paar Stunden froh und wach daneben. Wir hungern uns vergnügt durch und kommen noch mit einer Lira nach München. Eine Stunde in Verona und soviel gesehen in dieser einen Stunde. Ich muß einmal nach Italien. Was werde ich da für einen Reichtum finden, den ich jetzt nur ahne. – Wie hat das alles in mir geschlafen, während das heiße Leben mich in den Klauen hatte. Was hab' ich entbehrt, während ich auf der andern Seite so unendlich lebte. Aber es ist mir jetzt, als ob alles das noch für mich aufgehoben wäre und jetzt nach mir riefe. – Und das war da, während über mich die Räder der Notwendigkeit hingingen.

Wie hab' ich jetzt mein Leben lieb, weil noch alles vor mir liegt. Wie habe ich mich lieb, daß ich Stand gehalten habe. – – – –

Am 22. Dezember morgens früh angekommen. Zum Baschl. Dann nach Adams Atelier. Gehetzte Tage. Von Pontius zu Pilatus um Geld.

Die Familie M. contra Adams. Gekocht hat es in mir. Miserable Schmarotzer. Bei solchen Dingen kommt erst ganz heraus, was Adam ist. Da liebe ich seine Vornehmheit. Da kommt er heim von der langen Reise, um in diese widerliche Kleinkrämerei hineinzupatschen. Wenn sie ihm nur nicht wirklich weh getan haben, mir hat es wütend weh getan, daß er nun Weihnachten nicht heimfuhr. Ich wäre so gern ganz mit ihm allein gewesen und hätte ihm wohlgetan, wenn ich es hätte können. Mit ihm und Bubi, aber das Baschl war nicht zu umgehen. Ich wollte den Baum recht schön machen, aber es wollte bei der Eile nicht so recht gelingen. Dann holte ich wieder die Marie und meine alten Maurers. Das war doch ein Stück Heimatgefühl.

Bubi hatte den ganzen Nachmittag geschlafen und war dann ganz Seligkeit mit seinem kleinen Tisch und Stuhl und seinen Spielsachen. Ich wollte ihn nur andächtiger genießen können mit A. alleine.

Spät wartete ich noch auf ihn, als er das Baschl nach Hause brachte. Aber diesmal hab' ich mich doch wieder wie ein Kind an meinen Geschenken gefreut. Er kann so wundervoll geben und schenken. Zu Weihnachten Schlittschuh zu bekommen, war mir wie ein lange nicht empfundenes Kindergefühl. Die Frau v. Stein-Briefe sind mir gerade jetzt etwas so Wunderbares. Wie hat er das herausfinden können.

Muß mich erst wieder an diesen grauen Himmel und die schweren Häuser und Menschen gewöhnen. Alles kommt mir so fremd und langweilig vor. Wie schön, daß ich noch hier bei ihm sein darf. Dieser Raum hat für mich etwas so Wohltuendes.

– – – Nun kommt der Augenblick, wo ich stark sein muß, von meiner warmen Sonne Abschied nehmen. Noch will es nicht recht gehn. Aber du mußt, mein Kind, du mußt. Jetzt gilt es, den Reichtum festzuhalten, sich Wort zu halten.

Meine arme, alte Mama schwer krank. Möchte hin. Die vielen traurigen Gedanken. Warum immer noch diese unglückselige Weichheit?

Und dann das andere. Kann ich denn jetzt anders wie dran denken? Wenn gerade jetzt das käme, was ich gerade jetzt brauche – – – – –

29. Dezember

Traurige Nachrichten über Mama. Wenn sie mich doch rufen ließe! Bubi wieder Dysenterieanfall. Immer wieder muß das arme Tierle ins Bett. Da liegt es und spielt mit seinen Weihnachtssachen.

Adam fort. Traurig und deprimiert. Sehne mich nach ihm. Wie bin ich an ihn gewöhnt, an die Wärme, die von ihm ausgeht. Ich weiß noch gar nicht, wie ohne ihn leben! Das nicht zu bekämpfende wehmütige Gefühl – Tigani – Vathy – Athen.

Ich habe furchtbare Sehnsucht nach ihm.

Ein Atelier gemietet, muß mir ja wieder »ein Heim« suchen.

Aber das Alleinsein tut so weh.

An Belami geschrieben.

Neujahrsabend 1901

Mit dem Baschl eingerichtet. Bubi blieb mit der kleinen Marie in Adams Atelier. »Mama muß neues Heim fertig machen. Hier ist Papa Heim« – jetzt nennt er A. immer vor anderen Leuten Papa! –

Abends, als ich ihn abholte, war er ganz aufgeregt: »Mausi muß ins neue Heim gehen.« – Ach, mein Kind, wo haben wir beiden denn ein Heim?
Baschl war mit ihm drin im Atelier, ich draußen, als er auf einmal vor mir stand. – Er wollte später kommen. Um halb ein Uhr kam er.
Unsere Neujahrsnacht. Wie sonst, aber es steht alles zwischen uns beiden. Ist es noch Liebe von mir? Oder ist mein Stern vom Himmel gefallen? – Ich sah ihn schlafen und deckte ihn zu. Legte mich dann ins andere Zimmer ins Bett. Gegen sechs Uhr ging er fort.
Ich kann die alte Seligkeit nicht wiederfinden. – –

1. Januar 1901

Auch heute abend wieder da. Warum ist es so still in mir?

3. Januar

Bubi: »Mausi will tot sein. Mama soll Mausi ins große Wasser werfen.« –
Warum jetzt wieder solche Gedanken? Wenn wir beide drin lägen! –
Er erholt sich wieder, ist etwas munterer und sieht besser aus. Aber das Leiden immer noch nicht behoben. Habe ich ihn auch gepflegt, wie ich sollte, es nicht etwa zu leicht genommen?
Von Mama Nachricht, daß noch Lungenentzündung hinzugekommen und das Ende so gut wie sicher. Für mich bedeutet es, daß alles, was noch mit der alten Heimat zusammenhängt, tot ist – und dabei die Befreiung, wenigstens für eine Zeit, von allen Sorgen.
So wie jetzt war es doch noch selten. Ein Sturm von Rechnungen, nach allen Seiten hin geliehen. »Mama, wollen wir jetzt betteln gehn?«
Mama geht alle Tage fechten, so weit, daß man eben durchkommen kann. A. läßt nichts von sich hören.

6. Januar

Das hättest du nicht tun sollen! –
Was soll das, wie komme ich dazu? –
Abends dann Telegramm von Adam: Ich hab' sie. Zusammen in Berlin. –

Damit losch wieder etwas aus für mich. Immer steh' ich draußen vor der Tür, wenn die andern Feste feiern. Dies furchtbare Alleinsein. – Und so quälendes Heimweh nach dem Sommer. Alles, was an Wachheit und Liebesbedürftigkeit in mir ist, schreit auf dagegen. Ich halt' es ja nicht aus, so allein zu sein.

FÜNFTE EPOCHE

Der Roman

8. Januar 1901

Vormittags Klages. Frohes, schönes Wiedersehn.

Abends Monsieur. Nun fange ich an, mich wieder daseinsberechtigt zu fühlen. Er war so gut, beinahe etwas von Weichheit.

Fragte, was ich mir zu Weihnachten wünschte. –

9. Januar

Mit besserem, wärmerem Gefühl aufgewacht. Und doch immer noch die Sehnsucht nach Tigani, nach unserer Reise. Wenn ich von Samos spreche, tut es mir förmlich weh. Ich muß wieder in den Süden, sobald als möglich. Im Hause jetzt fertig. Klages, Schmitz, Steinmetz. Mit meiner Menschenkenntnis ist es immer noch nicht weit her. Hielt Schmitz einmal für etwas Exquisites, – zweimal allein mit ihm zusammen – da merkte ich, daß er dumm ist. Ich mag jetzt überhaupt keine Menschen. Klages, Adam und Monsieur, mehr nicht, alle andern überflüssiger Nervenballast.

Meine Maus erholt sich jetzt tüchtig. Brief an Onkel Kêf. Das ist auch einer.

Noch ein paar Ruhetage, dann fängt die μεγάλη δοχία an. Mein »Roman« fängt an, in mir zu leben. –

In alten Briefen aus Ibsenklubzeit und folgendem gelesen. Es bewegt mich noch alles, wenn ich das lese, aber wie aus weiter Ferne. Aus Heimweh nach Samos an Anakréon geschrieben. –

12. Januar

Was war dem Bubi heute abend, als er sich so zärtlich an mich schmiegte und immer wieder sagte: »Mama muß Mausi festhalten.«

Ich bin jetzt mit meiner Einsamkeit wieder froh geworden. Es ist wieder wie früher in den letzten schönen stillen Jahren.

Heute ist der große Tisch von Adam gekommen, nun hab ich Lust zur Arbeit.

Nachmittags Dämmerstunde mit Klages und Bubi. Dann Kinderwäsche gewaschen, auch einmal wieder. Und abends mit Milchkanne usw. einkaufen gegangen. Immer noch Hetze, Hetze. Besorgungen, rennen, Menschen abwimmeln und nicht recht wohl. Möchte Schlittschuh, Karneval, Singstunden, Sprachstunden –

15. Januar

Um sechs Uhr früh Monsieur vom Dienstbotenball als Koch.
C'était si bon, si doux.
Zwei Stunden à côté de lui – wachgelegen und gedacht.
So froh aufgestanden, heller Frostmorgen draußen.

17. Januar

Schlittschuh gelaufen, alle Vormittage. Der Englische Garten so märchenhaft im Schnee.

19. Januar

Adam zurück. Morgens bei hellem Winterwetter an die Bahn.
Nachmittags mit Klages bei Wolfskehl*. Abends mit Busse, Klages, Adam im Salvator.
– – – – – – – Die üblichen Gedankenstriche. Ich denke nicht mehr wie früher, ob es Liebe ist oder ob es welche werden kann. Es ist viel schöner so.

20. Januar

Müder Sonntag. Vormittags mit A. aufs Eis. Nachmittags Klages, abends mit Schmitz bei A. Unwohltuend.

21. Januar

Bei A. Abschied gefeiert. War so gut.
Heiße Arbeitstage, vergnügt. Vormittags Buch für Schmitz, nachmittags Roman. Bal paré. War sehr hübsch, d. h. ich war sehr hübsch. Aber in schändlicher Stimmung. Fühlte wohl, daß er da war und wollte doch bei A. bleiben. – Dann uns plötzlich gegenüber. Viel später erst mich gesehen, und dann – und dann. Wie voriges Jahr einmal – wilde Heimfahrt und brennendes Löschen. – Darf ich immer kommen, immer?
Nachkirchweih am 7. Februar. Bei diesem Menschen hat selbst der Rausch etwas Tragisches, Herzbeklemmendes. –
Er fühlt doch das warme Umfangen. Er sagte mir zuletzt viel warme Sachen, hinter denen soviel Zerrissenes und Wehes lag. –
Er will mir viel sagen, wenn der Karneval vorüber ist. –
Was wird er mir da wieder zu tragen geben?

---

* Der Dichter und Schriftsteller Karl Wolfskehl.

A. Krach bekommen und schon um zwei fort. Wollte ihm nach und bei ihm bleiben, hatte es mir so schön gedacht, was wir alles sprechen wollten. Aber Schmitz und Wolfskehl mit, erst noch mit Monsieur getanzt. Dann mit den andern bei Adam. Stimmung zerfetzt, ging schließlich nach Hause. Dann Reue. So eine bittre, wehe Sehnsucht, und daß er gewiß traurig war.

8. Februar

Abends lange mit A. gesprochen. Alles wieder so gut und schön. Ich liebe den andern, und doch möchte ich ihn auch ganz für mich haben. Ich bin so reich nach allen Seiten, und mir fehlt doch so viel. – Und ich kann nicht zur Ruhe kommen.

Mein ganzes äußeres Leben zerrt mich hin und her, es gehört ein Stück Gewaltsamkeit dazu, sich dabei zu konzentrieren. – Aber dies Stück Gewaltsamkeit will ich jetzt zustande bringen, à tout prix. Ich will Klavierstunde nehmen und Singstunde, vorläufig bei Adam. Vielleicht kann ich noch etwas von dem, was mir in dieser Beziehung fehlt, nachholen. A. findet, ich habe Gehör, und ich glaube, daß ich eine schöne Stimme habe. Dann Sprachen lernen, einstweilen Griechisch, Italienisch, Dänisch, von denen dreien ich wenigstens eine Ahnung habe. Ferner »Leibesübungen«, Schlittschuhlaufen; wenn das zu Ende ist, Schule radeln des Abends. Last not least der Roman und etwas Übersetzen. Und lesen, die nächsten Bücher sind Geburt der Tragödie, die in Samos angefangen, Winkelmann »Kunst des Altertums«, Burckhardt »Renaissance«. Danach kommt dann die Kultur der Griechen. Gott weiß, ich habe nachzuholen, es ist alles verschlampt und vernachlässigt. Und was hätte man in all den Lebensjahren machen können, als ich noch zu Hause war. – Seitdem habe ich noch sieben volle Jahre verloren, besonders für die »Bildung«. Dafür habe ich gelebt. Nun muß beides zusammengehn. Und doch hängt wieder alles vom Gelde ab. Noch ein paar Jahre Fronarbeit wie die letzten, dann ist alles rettungslos zu spät, und meine Porträts werden nie gemalt. Also jetzt drauf!

Und nun will ich extra noch etwas Karneval mitmachen, um mich dadurch nicht herausbringen zu lassen.

Sonntag, 10. Februar

Heute ausgeruht aufgewacht, zu Adam kleine Fingerübung. Er behauptet, ich *könnte* singen lernen.

Von 11–1 Uhr Griechisch gelernt, dann im Kunstwart verschiedene Aufsätze gelesen. Mittags mit Adam und Klages. Dann bei Adam abends Roman – durch Baschl etwas gestört.

11. Februar

Vormittags italienisch gelernt. Selbst zufrieden. Mittags mit Adam im Vegetarischen, dann zu lange geschlafen. Beim Aufwachen melancholisch und sehnsüchtig – Einsamkeitsgefühl wie in Tigani, wenn Adam fortgefahren war.

Abends am Roman geschrieben, inzwischen Adam auf einen Sprung. Es ist ja so gut, das Leben. Vor allem empfinde ich wohl jetzt das Gesundsein manchmal fast wie einen Rausch, wenn ich so fühle, daß mir nichts mehr wehtut, Kopf und Inneres frei sind. Es ist ja Wahnsinn und Schwindel, zu denken, daß das so bleiben könnte.

Und all die herrlichen Menschen jetzt. Das hat mir doch in den letzten Jahren so gefehlt. Da waren es lauter Krüppel, Lahme und Blinde, mit denen ich verkehrte.

12. Februar

So kalt, daß einem die Finger steif frieren.

– – – – Über Nacht sind Rosenblätter auf meine Übersetzung gefallen. Ob das eine gute Vorbedeutung ist? – –

Griechisch gelernt, Schnotzing Übersetzung. Schlittschuh gelaufen, Bögen geübt, oh, die lahmen, ganz verrosteten Glieder. Dies Jahr sollen sie aber wieder gründlich eingeölt werden.

Maus zu Bett gebracht, saß in seinem Nachthemdchen auf meinem Arm und deklamierte:

»Ich halte eine Puppe in den Händen,
Und diese Puppe ist der große Pan.«

Schade, daß das Theater sich zerschlagen hat, ich hätte so gern einmal geglänzt.

Abends Roman. Kapitel bis zur Pension. Kommt doch jetzt vorwärts.

13. Februar

Früh italienisch übersetzt, dann zur Stadt, Schneiderin, Baschl – und einen Pelzhändler überlistet.

Zu Hause Wolfskehl gefunden, der mich zu Stefan George* ein-

* Der Dichter Stefan George.

laden will. Wegen der Jourklatschaffäre unter Vorwänden abgelehnt. Will erst Satisfaktion.

Dann Monsieur, bleich, unangenehm und übernächtig, eingebildet und greulich. –

Stören Sie mir meine Kreise nicht!

Räche mich erst heute nacht.

14. Februar

Mit der Rache war's nichts. Auf dem Bal paré Anfang der Aussprache, die seit einem Jahr schwebt.

Beziehungen zwischen uns nicht mehr möglich, Verbrechen gegen mich selbst und Kind. Mangel an Selbstachtung.

Dem entgegentreten. War noch nicht so, wie ich gewollt hätte, das kommt noch. Uns lange in die Augen gesehn. Was lag drin bei ihm?

Dann Adieu. Gefühl ein innerer Krampf.

Dann Adam, Erlösung, Wohltat, Befreiung.

Heute froh und gesund. Biegen oder brechen. Mag's brechen, mich bricht's nicht.

Mit Klages Schlittschuh, mittags Adam im Leopold. So schöne Tulpen von ihm, die rot und golden auf meinem Schreibtisch stehn und mir leuchten wie seine eigne Wärme.

15. Februar

Vor einem Jahr mein Operationstag, heute Jugend und Gesundheit. Manchmal faßt es mich doch wie ein Schrecken an, kann es so bleiben? Ob ich nicht beim nächsten Schritt wieder drunten liege und alles schwarz wird?

Und das ist wieder so ein tiefer wunderbarer Glockenton durch meine Lebensfreude, dies fortwährende Zittern um das, was man hat.

Das fortwährende Zittern um das, was man hat.

Heute etwas Griechisch und etwas übersetzt. Vor- und nachmittags Schlittschuhlaufen.

Abends auf Grund der Handschriftenanalyse B. A. S. das Fest gefeiert, wo die Kerzen eine nach der andern wieder angezündet wurden.

Es ist doch die rettungslose Liebe. Lieber ihn verlieren, als daß die in mir versagt oder versiegt.

16. Februar

Abends mit Klages, Busse, Rodi* und Putti bei Adam. In schlechter Stimmung.

17. Februar. Karnevalssonntag

Vor einem Jahr im Josephinum zwischen Leben und Tod.
Sonderbar, daß dasselbe Zerwürfnis sich um dieselbe Zeit wiederholt. Wird es diesmal ein endgültiges werden? Soll ich ihm schreiben, meinen Standpunkt klarmachen, oder abwarten, schweigen? Wenn ich sicher wüßte, daß er nicht wieder kommt, würde ich schreiben.
Italienisch gelesen. Dann Singstunde bei Adam. Will jetzt auch Klavierstunde nehmen, dann später Gitarre. Adam sagt, ich hätte sogar gutes Gehör. Ich hab' mir immer eingebildet, gar keins zu haben und bin jetzt ganz selig. Es ist wie ein großes Geschenk. Wenn ich nur ohne Friess leben könnte, ich würde so froh jetzt leben — aber im tiefsten Innern zerreißt etwas dabei.
Abends »Renaissance« von Burckhardt angefangen. Dann mit Adam im Leopold.

18. Februar

Griechisch gelernt. Schlittschuh gelaufen. Kann jetzt Bögen.
Frau W. hinausgeworfen. Telegraphisch Brief an Belami.
»Dann ist es besser, unsere Wege trennen sich, und zwar nicht nur, bis Ihnen die Laune wieder anders steht. Dazu bin ich mir zu gut.«
Abends mit Adam, Schmitz und Baschl im Leopold. Klages hat in dem »Karnevalstreiben« ihn gesehen, er schien doch wieder mit mir sprechen zu wollen, aber ich mit »Seelenstärke« fest und doch wieder an allen Gliedern gezittert. Er sah noch nachher öfters zu mir herüber. Das Herz dreht sich mir um. Ich möchte ihn in die Arme nehmen und ihm wohltun und kann doch nicht anders, als ihm jetzt so schroff wie möglich entgegentreten. Wird er wiederkommen?

20. Februar

Immer noch gebummelt. Vor- und nachmittags und dann bis abends bei Wolfskehl, Stefan George. Fast unheimlich, dieser

---

* Roderich Huch, Neffe der Dichterin Ricarda Huch und Vetter der Brüder Friedrich und Felix Huch.

seltsam gebildete Kopf mit den erloschenen Augen. Kommt einem nicht recht wie ein wirklicher Mensch vor, trotzdem er lachen kann.

21. Februar

Von Steinmetz rapportierte Äußerung Monsieurs. O, das glaube ich doch nicht – vor andern Menschen so über mich zu sprechen. Unmöglich gegen sich selbst und gegen mich. –

Vormittags Eis. Morgen muß ich wieder in Ordnung kommen, lesen, arbeiten, mich in Stimmung und Kraft halten, die »innere Stimme« übertönen, die nach ihm schreit, nach guten Worten von ihm, nach alledem, was so schön war zwischen uns. Was denkt er jetzt – nach meinem Brief? Was ist überhaupt in ihm?

Mir kommt alles so verödet vor, noch nicht so, daß ich es nicht ertragen kann, aber wann wird das kommen. O mon ami, mon ami. –

22. Februar

Nachts von ihm geträumt. So gut. Am Tage traurig. L'irréparable, wenn auch in anderm Sinn. Vormittags an der Übersetzung gearbeitet. Nervös. Nachmittags mit Adam durch den Englischen Garten bis zum Schwabinger Friedhof. Daran gedacht, wie wir, Friess und ich, im Sommer hier hinaus geradelt sind, wie er einmal abstieg, um mich zu küssen – und dann früher, vor vielen Jahren, wie wir einmal am Karfreitag hier mit unsern Hunden gingen und nachher einen von unsern Abenden in meinem Atelier hatten.

Auf meinem Schreibtisch eine Karte von Fr. – »Darf ich heute abend zur Aussprache kommen?«

Es ist eine Stunde her und alles an mir zittert noch, als ob mein Leben auf dem Spiel stände – dann würde ich nicht einmal so zittern, höchstens, wenn ich geköpft werden sollte und die Guillotine sähe. – Wenn er jetzt schon käme, würde ich wie gelähmt dastehn und kein Wort sagen können. Diese Todesangst: wenn es nun wirklich aus sein sollte. Die Angst vor dem »Morgen und alle Tage«, wenn es aus wäre. Ich bin ja an ihn festgewachsen, ich kann nicht, kann nicht, kann nicht ohne ihn sein. Es ist keine Liebe, keine Freundschaft, keine Leidenschaft und ist alles zusammen. Wenn er nun kommt, von meinem Brief spricht und von all den andern Sachen und dann fortgeht und nie wiederkommt –

Wenn er mich liebte, würde ich ihn nicht loslassen, aber ich habe nichts, um ihn zu halten. Wenn ich dann doch wenigstens ein Kind von ihm hätte, dann könnte ich vielleicht ohne ihn leben. Aber er darf nicht sehen, daß ich so zittre, ich muß kalt und abscheulich sein.

24. Februar. Sonntag abend

So ziemlich im Sand verlaufen. Etwas Aussprache, dann alles wie sonst. Das kommt davon, wenn man sich auf große Dramen gefaßt macht.

In etwas abgefallner und doch leise von der Nacht her durchbebter Stimmung. –

Warum kommt er wieder, wenn ihm nichts an mir liegt? Im Grunde das Gefühl, als ob er mir zeigen wollte, daß er es nicht so bös gemeint hätte.

Oder mich blamieren wollte – das wäre sehr kurzsichtig gewesen. Denn ändert etwa das coucher ensemble etwas an dem, was ich ihm geschrieben? –

25. Februar

Somi angekommen.

26. Februar

Auf dem Wolfskehljour. Nachher eine Zeitlang auf Belami gewartet, dann zu Adam und mit ihm im Noris. War schön und froh. Abends Friess nur kurz.

Nerventag. Gegen Adam gereizt und greulich. Ihn nachher im Leopold verfehlt und den ganzen Tag nicht mehr gesehen. Wenn ich jetzt wie immer in der letzten Zeit zu ihm laufen könnte, aber er wird nicht da sein. – Er ist jetzt doch nicht mehr so für mich da, und ich bin traurig darüber.

27. Februar

Frühling draußen. Wie ich morgens ins Atelier komme, alles sonnig und warm. So froh hat es für mich lange Jahre nicht angefangen. Gesundheit, mein strahlendes Kind, seine süße Liebe zu mir, alles, was Adam mir tut und mir ist. –

Früh zu A. und er machte mir ein so schönes Frühlingsgeschenk. Den ganzen Jacobsen.

Somi war gestern abend bei ihm gewesen – doch etwas eifersüchtig. Nun gehört er mir nicht mehr. Aber ich will jetzt froh und hell sein. –

1. März

Mit dem Datum ganz in Unordnung geraten. Auf einmal ist schon der 1. März. Draußen ist es so, als ob es gleich Sommer werden wollte.

Und ich spinne wieder einmal. Weil ich nicht ganz wohl bin, weil ich etwas arbeiten muß und es mit dem Geld nicht gehen will, weil mon ami für vierzehn Tage fort ist, und weil Adam heute fort ist, und weil ich doch eigentlich keinen von beiden wirklich habe, und weil ich dieses Jahr nicht wieder ein Samos vor mir habe.

Wenn ich doch erst selbst etwas Musik machen könnte. – Und der Bubi ist nicht wohl, es scheint aber nichts zu sein. In der Nacht war er aufgeregt und sprach dann, daß jemand ihn totmachen wollte.

Ihm morgens einen Wickel gemacht, lag so lieb und geduldig da: »Jetzt ist Mausi gleich gesund.«

Dann beschäftigte es ihn, ob seine Miezekatze ihn lieb hätte. Du Süßes. Alles dreht sich bei ihm ums Liebhaben. Wo hat er das her. Er muß das Sonnenkind werden, das ich nicht geworden bin, weil das »liebhaben« fehlte. –

2. März. Samstag

Abends mit Klages.

Meine mystische Seite. Die drehende Swastika.

Der Todesschreck beim Nachhausekommen – Bubi schrie.

3. März. Sonntag

Mittags mit Klages und Stefan George im Leopold. Nachmittags mit Klages von seinem Besuch bei Somi erzählt. Dann mit ihm und George im Leopold.

Bubi gestern, als ich ihm mit Patsche drohte: »Nein, das geht nicht, das macht zuviel Spektakel.« –

Als ich sage Jessas, Jessas – »Mama, Jessas ist doch nicht.« Erste Gottesleugnung.

4. März. Montag

Griechisch gelernt und etwas übersetzt. Abends mit Klages und George Leopold.

5. März

Beim Doktor, Lunge untersuchen lassen – sie ist schwach, Schonung befohlen, eine vernarbte Stelle von der Entzündung. Leichter Herzklappenfehler. Auf meine Lunge und Herz hätte ich Häuser gebaut. Ganz lieb ist es mir nicht, wenn er auch dabei sagt, daß beides nicht von Belang. Es ist eben doch immer eine Warnungstafel.

Abends mit Somi und Klages zu den Ringkämpfern. Somi ganz anders, wie ich sie mir gedacht. Nachher mit Wolfskehl, George, Klages im Leopold.

Es fällt mir ein, daß ich Monsieur in letzter Zeit überhaupt ganz vergessen habe. –

Bubi heute: »Ich bin die Göttervenus. Diese war so schön, daß ihre Schönheit krank machte.« –

Das kommt, wenn Mütter Rollen üben. –

Abends: »Guten Tag, Mama. Götter Venus ist da.« –

Brief von Jassimo. –

8. März

Von ihm geträumt. Gingen zusammen Treppen hinauf, die kein Ende nehmen.

9. März

Gegen Abend mit Klages und Wolfskehl Leopold.

Um Mitternacht Monsieur.

Samstag abend auch.

Rien ne va plus – – ich: Meine Schuld ist es nicht. – Ich liege wieder in meinem Heiligtum und bete an.

Adam zurück. Dann hab' ich wieder Zutrauen zum Leben.

10. März. Sonntag

Übersetzung für Schnotzing fertig. Ich kann nichts mehr aushalten. Schlapp und matt, komme gleich wieder in verwahrloste Lebensunordnung mit Zigaretten etc. Und der Roman. – Ich möchte nun malen und anfangen, Musik zu treiben. Das muß ich haben, dann kommt das Leben.

Klages: Sie sind eine heidnische Heilige.

Adam stimmt ein.

(Warum hat er dann eine andre viel lieber? –)

– Mon ami steht mir im Leben so fremd und fern. – Ich freue mich auf den Sommer und aufs Land. Die letzte Häutung. Trotz aller Mattigkeit Explosionsgefühl. Irgend etwas muß kommen.

Die ganze vorige Woche nicht Singen geübt, immer heiser. Ich will doch sechsmal lieber die Schwindsucht haben als mein altes Leiden, das immer noch ruht.

Bubis süßes Erwachen jeden Morgen! Guten Morgen, meine Mama.

11., 12. März

Elend, Erkältung, der liebe Gott ist ein alter Neidhammel. Kann er's mir denn jetzt nicht lassen.

13. März

Gestern abend mit Adam, Somi, Klages durch die illuminierte Stadt zum Zirkus. Mir gehn immer mehr die Augen auf, seitdem ich in Griechenland gewesen bin. Ich habe früher nie so gesehn, wie abscheulich häßlich alles Moderne ist, Häuser, Treppen, Türen, Straßen, als ob man früher blind gewesen wäre. Gestern abend auch, alles Kitsch – – die Raketen an der Bucht von Samos, die zum Stadthausfenster hinaus ins Meer schossen. Somi ist reizend, ich könnte sie sehr lieb haben. –

Abends im Bett große Stimmung – Roman, malen. – Rolf Brockdorff getroffen, das war wirklich eine warme Freude, etwas Heimatliches. Wir hatten uns so lange nicht gesehen.

Am Roman geschrieben. Pensionszeit. In der Zwischenzeit einiges dazu gelernt in bezug auf Stil etc.

Abends hinunter, Zigaretten und Veilchen gekauft.

14. März

Ein Stück Roman und etwas Griechisch. Todmatt, schlafe alle paar Stunden, möchte im Bett liegen und den lieben Gott guten Mann sein lassen.

Sehnsucht nach Samos und Adam. Ich hab' ihn jetzt so wenig und brauche ihn so sehr. Wenn ich einen hergeben müßte – Monsieur herzugeben wäre ein großes Zerreißen, A. – Unmöglichkeit. Ob nicht zwischen uns beiden noch einmal etwas wie Schicksal wird? Er fühlt noch nicht, wie ich an ihm hänge. Fr. vergesse ich zeitweise ganz, so wie jetzt – brauche ihn gar nicht.

16. März

Gestern abend war er wieder da. Heute abend mit Klages und Adam im Leopold.

Ich fühle mich seit drei Wochen wie eine Leiche, schwitze des Nachts, und es kostet mich Mühe, eine halbe Stunde zu gehen. Arbeiten, lesen, alles geht nicht. Wird wohl nichts anderes sein, als akute Frühlingsbleichsucht.

Die Finanzen kribbeln seit Weihnachten immer lustig weiter.

Wenn man immer so durchkäme, brauchte man überhaupt kein Geld.

17. März

Todmatt, wenn es so weiter macht, muß ich mich ganz hinlegen. Nachmittags bei Adam, gesungen, aber es geht nicht, Hals ist ganz lahm. – Brockdorff und Frau, dann Adam und Somi.
Mit Brockdorffs nachher noch lange geschwätzt, freue mich so über sie.

18. März

Nachmittags Rolf. – Mir 300 M. geliehen. Schönes Wetter und ich war sehr vergnügt.
Abends mit Adam bei Falkenbergs.

19. März

Alle Tage etwas an meinem Roman. Das ist aber auch alles. Mit den Musikstunden noch nicht angefangen. Es geht jetzt alles nicht, ich verlösche vor Schwäche, möchte mich am liebsten hinlegen und nicht mehr rühren. Trotzdem alle Tage ein bis anderthalb Stunden gegangen. – Abends bei den Ringern.

20. März

Auch abends bei den Ringern. Zigaretten wieder reduziert, etwas geschrieben. Nach dem Zirkus beinah ohnmächtig.

21. März

Gestern nachmittag fing es an zu regnen. Als ich um ein Uhr nachts nach Hause kam, Bubi wach.
»Mama, regnets, Mama, Mausi hat weint.« Du wahnsinnig süßes Göttertier –
Es schlug an die Scheiben. Heute früh Schnee – fühle mich heute einfach gesund, ob es vom Wetterumschlag kommt?
Morgens Griechisch gelernt, nachmittags geschrieben. Abends dito und gelesen. Wieder zu allem Lust und nicht nervös.
Es ist doch eine Komödie. –
Der Schnee weht an die Fenster. Ich habe den ganzen Tag mit niemand gesprochen. Nur vorhin kamen Schmitz und Somi vors Fenster und fragten nach Adam. Ich habe Somi sehr gern und bin manchmal sehr eifersüchtig.
So ganz einsame Tage sind doch etwas Herrliches.

26. März

3 Tage auf dem Sofa. Diesmal besser vorbeigegangen als das

vorige. Nur wieder was nicht in Ordnung innerlich während der letzten Zeit. Das Gespenst stand wieder einmal da.
Fort mit ihm. Ich siege ja doch. Über alles. Auch über ihn. Donnerstag auf Freitag war er da.
Es schreit nicht mehr in mir nach seiner Liebe, manchmal schweigt es ganz.
Es schreit nur nach Liebe überhaupt.
Lese Bettina. Goethes Briefe an Frau von Stein.
So eine Liebe gib mir, lieber Gott, eine tiefe, heitre Liebe, die durch jeden Tag und über alle kleinen Sachen geht.
Walter? Das war etwas davon. –
Kann mir doch nicht vorstellen, daß es mit Fr. jemals zu Ende wäre. Aber es wird doch immer nur eine schmerzliche Sehnsucht sein nach dem, was nie war und nie sein wird. Und brennende Momente.
Ich habe ja mein Kind. Ich fühle aber auch die Geliebte, die ich sein könnte. Die wird wohl nie ganz zu ihrem Recht kommen. –
Bubi behandelt ihn konventionell: »Nehmen Sie einen Platz, Herr Doktor. Hundi, nehmen Sie auch einen Platz« – holt sich seinen kleinen Schemel, setzt sich vor ihm hin und macht Konversation, sucht die Beine überzuschlagen wie er. –
Erste Gitarrestunde. – Was hat mir alles gefehlt, was hätte man alles aus mir machen können. Und ich muß im Mai dreißig Jahre alt werden. Es ist, als ob wieder ein neuer Feind vor mir aufstände.
Bei allem denke ich jetzt: Aber Adam ist ja da. Daß er gekommen ist, möchte ich dem Schicksal auf den Knien danken. Wenn er in der Nähe ist, wird alles froh und hell, der große, gebende, schenkende Freund.

30. März

Gestern bei A. Heute melancholisch. Ich habe viel zu wenig Liebe in meinem Leben gehabt, und wer hätte sie wohl so gebraucht wie ich? Und braucht sie noch! – Busses Charakteristik. – Sie ahnen doch alles nichts von mir. Alle miteinander. –
Vers von Walter:

»Ich kenne es wohl, dein Herzeleid,
Verfehltes Leben, verfehlte Liebe.« –

Das verfehlte Leben will ich streichen. Das stimmt nicht mehr. Das andere –

Ein paar ganz nichtssagende Tage, herumgedöst, Gitarre geübt, Zigaretten geraucht – ich bin wieder mit allem aus dem Geleise gekommen und könnte weinen, wenn die Zeit mir so vorübergeht. Klages erzählte mir, daß er aufs Land will, und mir kommt mit einemmal auch solche Sehnsucht hinaus.

5. April

So bin ich hinausgefahren. Adam war am Nachmittag bei mir, und ich packte meine Sachen zusammen. Wir fuhren gemeinsam an die Bahn. Bald ein Jahr, daß wir beide zusammen in die Welt hinausfuhren, es war ganz sonderbar, daß ich diesmal allein im Coupé war. –

– Bubi, sag' Gitarre. –

– Das kann nicht Mausi sagen.

Aber »Regenwurrm« kann Mausi sagen.

Auf dem Land. – Sturmabend. – Klages und ich auf der kleinen Höhe vor dem Muttergottesbild mit der ewigen Lampe. Dann im Tannenwald.

Drei schöne, weltferne Tage. Dann holte mich Adam ab und wieder nach München.

Dort Unruhe mit viel Hin- und Herlaufen. Einen Abend bei Adam. Nerven nicht sehr wohl. Viel Gitarre geübt.

Donnerstag wieder hinaus. Frühlingssturm. Kälte. Dazwischen Sonne. Diesmal arg verstimmt, weiß nicht weshalb.

Montag, 15. April

Abends 6 Uhr zurück. Adam am Bahnhof. Später mit ihm, Somi, Baschl in den Blumensälen und noch eine Stunde allein mit Adam im Leopold.

Vom Bubi hab' ich immer mehr Seligkeit. Wie er blüht und schwätzt und groß wird und doch immer noch so ganz Baby.

Ich habe diese Monate arg verbummelt, besonders die beiden letzten vor Frühlingsmüdigkeit. Ich muß noch viel, viel ausruhen und ausschlafen, bis ich ganz gesund bin. Und wenigstens genieße ich die Faulheit jetzt, das nicht Müssen.

Freitag, den 19. April

Frühlingswetter, alles wird grün, die Vögel singen, es wird Sommer. Ich lebe auf, sobald nur Sonnenschein da ist. Viel auf dem Sofa gelegen. Akkorde geübt und in den Emanuelbriefen gelesen. Macht es der Roman, daß ich jetzt soviel in der Vergangenheit lebe? Wie ich mein Leben liebe, jene Jugend selbst und das jetzige. Es ist so, als ob ich nun wieder so würde, wie ich damals war, so voller Pläne und Hoffnungen. Eigentlich hat sich mir doch alles erfüllt, und in all den Stürmen ist nichts verloren wie ein bissel Kraft. Die hätte ich auch bei einem ruhigen, stumpfsinnigen Leben hingegeben.

Nun gehe ich aber hinaus in die Landeinsamkeit, den ganzen Sommer. Da will ich ganz zu mir kommen unter dieser Arbeit, die auch ein Lebenswerk ist. Aber dann soll erst das Wahre kommen. In den letzten Jahren hab' ich die Fühlung mit mir selbst verloren, die kommt jetzt wieder. Ich wußte gar nicht recht mehr, was ich eigentlich war vor lauter Hetze.

Samstag, den 20. kam Fr. zurück. Klages war, und so ging er wieder.

Gestern wieder da, wir wollen nächstens einen Abend zusammen ausgehn. Früher war es ein seliges Martyrium, diese Liebe. – Was ist es jetzt? – Es ist anders geworden, es brennt nicht mehr so – Ich träume manchmal wieder von dem Messias, der immer noch nicht gekommen ist. Der ist es nicht, aber ich liebe ihn und kann von ihm nicht lassen.

Montag, 22. April

Bubi hat heute ein weißes Kleidchen an und Strohhut auf. Das Kind ist mein unermeßlicher Reichtum.

Gestern Abend mit A. im Leopold. Das ist wieder so etwas ganz anderes. Alles, was mir auf der andern Seite fehlt. Wenn ich mir aus all den Menschen, die ich habe, den zusammenschmieden könnte, den ich nicht habe. –

Zwei Tage mit Bubi unterwegs.

Am Kochelsee, einen Nachmittag auf dem Balkon gesessen und soviel geträumt. Großes, leeres Hotel, mitten im Einrichten. Darin schliefen wir, am nächsten Morgen mit der Post nach Urfeld, Jachenau, durch die Jachenau nach Lenggries. Mir war so unendlich einsam zumut, ich fürchte mich jetzt vor dem Gedanken, den ganzen Sommer allein zu sein, mich so ganz einzuspinnen in mich selbst und meine Gedanken. Allein, immer allein. Ich möchte wieder mit Adam in die weite Welt fahren!

28. April

Heute so bodenlos melancholisch. Als ich aufwachte, sah ich lau-

ter Gewitterwolken, so eine Frühlingsgewitterbeleuchtung. Mir wurde so wehmütig, ich sehnte mich nach A. und nach Tigani. Es leuchtet immer mehr in meiner Erinnerung.
In den nächsten Tagen muß ich aus meinem Atelier heraus. Die Sachen in zwei öden Zimmern in der Belgradstraße untergebracht und dann wieder hinausgetrieben.
Ich habe keine Heimat, aber mein Kind, mein Kind. – – –

4. Mai

Kolosseum. Fiakerfahrt durch die hellen Straßen. Mir die Hände geküßt, mich so sonderbar angeschaut. Und der Rausch. Und heute so wonnig müde. Die ganze Welt erotisch durchleuchtet.
Mit Klages vormittags lange im Englischen Garten.
Das dauerte tagelang. –
Montag, d. 6. Mai, Abschiedsabend, die Wohnung schon halb ausgepackt mit Puttis Hilfe. Wir gingen um neun ins Noris, er dann heim, um nach seiner kranken Mutter zu sehn, kam dann noch einmal wieder. Nachtgespräch. –
»Sie haben kein Recht mehr auf Empfindungen – und wenn man sie auch hätte, so will man sie eben mit Gewalt niedertreten und herabziehen, weil Sie das Recht darauf verscherzt haben.« –

8. Mai

Dienstag Umzug, todmüde. Mittags bei Adam ausgeruht. Wollte den selben Tag noch abfahren, aber trostloses Regenwetter und kein Geld. In der neuen Wohnung alles durcheinander und durchgeregnet. So nahmen Bubi und ich uns todmüde an die Hand und schoben zu Schmitzens. In eheliches Drama hinein. – Nach zweistündigen Vermittlungsversuchen todmüde mit Bubi auf Diwan geschlafen. Unbequem, kalt, greulich. Um halb sieben auf und zu Adam. Halben Tag bei ihm auf dem Bett gelegen. Wie breche ich leicht zusammen. Von den paar Tagen ganz fertig.
Wartete nachmittags auf A., der mir Geld bringen sollte, um abzufahren. Kam erst um halb sechs mit der Freudenbotschaft, daß er jetzt das große Geld bekommt. Herrgott, Herrgott, als ob einem ganz langsam ein Riesenstein und viele kleine Steine vom Herzen fielen. Geld ist jetzt Freiheit für mich. Soll es nun doch noch alles kommen? Ja! es soll und ich will. Denn das gehört auch dazu. Ich konnte es erst nicht begreifen, dann hätte ich am liebsten diese Hände geküßt, die mir alles wiedergeben. So bleibe ich denn auch

diesen Abend noch, erst mit Bubi Besorgungen gemacht, dann mit A. in seinem Atelier gesessen und mit ihm und Klages im Noris. Mir war ganz fern und verklärt zumute und dabei so müde, daß ich alles nur wie aus weiter Ferne hörte. – Dann heim, todmüde.

Am nächsten Morgen im Bett Kaffee. Ach, so gepflegt und verwöhnt werden.

Dann kam Klages. Die letzten Besorgungen gemacht, zum letzten Mal mit ihm und A. im Leopold, draußen unter dem Zelt. Sie brachten mich beide an die Bahn, es war schönes, goldnes Wetter nach all dem Regen. Ich hatte Heimweh und wäre gern dageblieben.

Auf der Fahrt kam allmählich die große Freude und Ruhe zum Ausruhen.

Die Nacht in Tölz wie wahnsinnig geschlafen. Früh beim schönsten Wetter nach Lenggries.

Nun ist alles so, wie ich es haben möchte, großes Zimmer mit niedrigen breiten Fenstern aufs Gebirge, alles einfach und landmäßig. Mir ist so wohl, nur noch etwas apathisch von dem allzu vehementen Schlafen.

11. Mai, Samstag

Gestern um neun zu Bett. Das Training für den Roman begonnen. Heute vormittag schon ein paar Stunden daran gearbeitet. Ich glaube, die Arbeitswut kommt bald. Der bloße Gedanke, damit durch zu sein. –

Abends von fünf bis sechs mit der Maus peripato. Die Seligkeit über kleine Lämmer und ein Füllen.

»Das ist ein Maushippi und ein Mamaihippi.« – Auf dem nächsten Feld nur ein alter Gaul.

»Ach, das arme Mamaihippi hat keine Maushippi. Aber es will doch ein Maushippi haben – nicht wahr?«

Sonntag, 12. Mai

Den ganzen Vormittag im Isartal. Alles ist Frühling und Sonnenschein. Mein Gott, ist es schön. So hell und frisch und jung, ein wahres Schwelgen. Und das braune Götterkind. Nachmittags im Garten geschrieben. Dann noch einmal denselben Weg. Große, tiefblaue Enziane gefunden und eine goldige Blindschleiche. »Mausi, du darfst Schlangen nicht anfassen.« – »Aber Mamai darf doch Schlangen nehmen und Schlange Bussi geben.« –

Deine Mamai hat mancher Schlange Bussi gegeben. – Abends Güttners.

Montag, 13. Mai

Bis Wegscheid, ca. eine Stunde, mit dem Bubi etwas länger. Und er lief so tapfer und freute sich so an allem in seiner süßen Kinderfreude. – Auf dem Rückweg sahen wir, wie ein Hirtenjunge mit einem großen Stock auf einen jungen Ochsen losschlug. Das machte ihn ganz wild: »Du böser Bubi darfst nicht auf den Ochsen haun.« – Und den ganzen Rückweg: »Der arme Ochs, nich?« –

Dann kamen wir überein, daß der arme Ochs jetzt zu seiner Ochsenmama käme, die ihn pflegt und ihm zu essen gibt.

Die kleinen Wirtsmädel haben nicht viel Sinn für den Bubi. Sie liefen ihm weg, und er heulte furchtbar: »Alle Mädis laufen weg.« Dann erschien eine auf dem Balkon. Und er rief ganz verzweifelt und schmerzlich hinauf: »Mädi, Mädi, du magst doch nicht den Bubi.« –

Nach einiger Zeit: »Mädi, willst du mit Bubi spielen?« –

– »Jo!« –

»Mamai, Mädi mag doch Bubi.« –

Dienstag, 14. Mai

Heute fällt mir auf einmal ein, daß dies eigentlich der allererste ruhige, frohe und zukunftshoffende Sommer ist. Ich liege mit dem Bubi draußen mitten im Grün mit all seinen tausend Blumenwundern wie in einer Märchenwelt, den ganzen Morgen. Dazwischen gehn wir ein Stück, dann legen wir uns wieder ins Gras, eine Prozession kommt vorbei, entzückende Buben, alt aussehende kleine Mädchen in verkrüppelten Kleidern mit sehr eng zusammengedrehten Haaren, dann Erwachsene, Krüppel, darunter knorrige, verbogene Arbeitstiere mit schwerem Gang. Sie leiern und schreien ihre: Heilige Maria, Mutter Gottes, du Gebenedeite unter den Weibern. Dann ein Pfaffe, der so dabei schreit, als ob ihm die Welt gehört, Chorknaben. Sie gehn lallend durch die blühende Welt, und wir liegen daneben im Gras. Sie sehen uns mißfällig an, so: »Was habt ihr da zu tun, wenn ihr nicht mitbetet.« –

Zwischen Heidekraut große, blaue, leuchtende Enziane, die etwas von schönen, hochmütigen, kalten Frauen haben. Wir pflücken Bubis ganzen Hut voll, um sie Adam zu schicken. Herein in unser

Dorf. Eine Schafmutter, die »ihren Mausi pflegt«. Bubi ist nicht wieder fortzukriegen – »sieh mal, der kleine Bengel« – sagt er.
Wir beiden sind die Welt, was gehen uns die andern an – du Einziges, wahnsinnig Geliebtes. Warum leben wir nicht immer so allein? Er läuft zu jedem Kruzifix und schreit: »Sieh mal, Mamai, ein Krotos.« – Ich habe ihm einmal gesagt, das ist Christus. Aber er nennt es hartnäckig Krotos.
Mich freut jetzt meine Arbeit – ich mache jeden Tag ein Stück und übe Gitarre. Mich freut alles, ich bin glücklich!

16. Mai

Was war heute nacht mit meinem Kind? Es taumelt mir mit einemmal in die Arme und schreit und weint laut: »Mamai, mach Licht.« –
Und dann saß er mir erschrocken auf dem Arm und sah erschrokken um sich und ins Zimmer hinaus und sagte: »Jetzt kommt's wieder!« – als ob er irgendein Entsetzen fühlte vor dem Leben, so daß ich mich mitfürchtete.

18. Mai

Mein Geburtstag. Nicht wohl und gesponnen. Traurig, weil A. nicht kam.
Ein paar Tage Halsweh. Heute morgen stark gehustet und etwas Blut gespuckt. Ich hab' mich blödsinnig erschrocken. Vielleicht war es nur von der Anstrengung, denn jetzt tut nichts mehr weh. Der Doktor hat noch im Frühjahr behauptet, es ist nichts an der Lunge, nur eine Narbe. Aber mir ist doch etwas bange.

25. Mai

Es ist doch verrückt. Ich träumte von ihm schon ein paarmal, aber heute mit besonderer Intensität. Und mittags liegt ein Brief da.
Wie es wieder alles in mir aufwirbelt. Er hätte die Tage herkommen wollen, vermutet aber zuviel Besuch bei mir. Gewitterluft draußen, und mir ist sonderbar schwül und unbehaglich zumut. Jeden Tag vormittags mit Bubi draußen bummeln, im Gras liegen. Vorher und nachher etwas Gitarre. Mittagessen. Schlafen. Von 2–5 Roman, dann wieder gehen, Gitarre und von halb acht bis halb zehn schreiben.
Ach, wenn die Schreiberei fertig wäre! – Sudle alles nur so hin, um arbeiten zu können. Chaos – wie beim Brotbacken, wenn das Mehl nicht in den Teig hinein will. Und gleich wieder nervös,

gleich wieder das Überarbeitungsgefühl. Bin jetzt bei der Emanuelfrühlingszeit. Zehn Jahre her. Was für zehn Jahre.
Mittags Adam, der liebe, gute, einzige, wohltuende, schenkende. – Maus und ich ihm entgegen, als er glühend heiß und halb ausgezogen um die Ecke kam.

Donnerstag, den 30. Mai

Fast den ganzen Tag Adam Roman vorgelesen, die Nacht fast Seekrankheit, heute ganz hin. War aber doch ein so schöner Tag, der mir wieder ein ganzes Stück vorwärtsgeholfen hat. – Jetzt will ich fest drangehen. –

5. Juni

Das hab' ich getan, es geht mächtig weiter. Arbeite vormittags und nachmittags im Garten, dann Spaziergang mit Bubi, manchmal abends oder in aller Frühe, auch noch allein. Fange wieder an, energisch zu werden. Dazwischen Gitarre üben. Für Briefe etc. finde ich kaum mehr Zeit.
Gestern abend hat Bubi das Zimmermädchen erschreckt mit großem Geschrei und dann: »Die dumme Fräulein, ich bin doch der Bubi, ich bin doch kein Schwarzer Mann.« Ich träume die Nacht, daß ich in Tigani wäre. Das sind wohl die Reiseerinnerungen an das vergangene Jahr, die mir so Heimweh machen.
Ich: Du gutes Kind. Er: Du bist ja auch ein gutes Mamai. –
Der »Herr Oberkontrolleur« nahm ihn nachmittags mit zum Spazierenfahren. Die Seligkeit!
Nachher fragte ich ihn, ob er mitgehn wollte oder nur mit dem braven Mann fahren. »Nein, Mamai, erst fährt Mausi Fiaker, und wenn Mausi wiederkommt, hat es ein Mamai.« –
Arbeite sieben Stunden am Tag mit Heuschnupfen und Leibweh – aber es geht weiter. Jetzt beim Krach.

6. Juni abends

Seit fünf Tagen hat ein Kind im Hause Diphtheritis. Der Doktor sagt, ich soll ruhig bleiben. Bubi wäre sonst schon angesteckt, wie er in den letzten Tagen mit ihm spielte. An Adam geschrieben, daß er zum Doktor geht.
Bubi kann heute abend nicht einschlafen und wollte zweimal Wasser trinken. Und ich sitze da, als ob das Entsetzen schon vor mir stände – und fühle, daß mein ganzes Leben an diesem einen Faden hängt.

8. Juni, Sonntag

Vormittags mit meinem Göttertier einen herrlichen Gang durch den Hohenburgerpark gemacht. Zwei Pferde mit ihren Kleinen.
Er will wissen, warum die Sonnenblumen am Abend zu sind.
– Die Blumenmamai sperrt sie jeden Abend zu und jeden Morgen wieder auf.
»Die brave Blumenmamai.«
Beim Förster ist eine Hirschkuh im Gehege, die heißt nur »das brave Tier«, und ich muß mit ihr sprechen und sage ihm, was sie antwortet. Er glaubt, daß ich mit ihr sprechen kann, lacht aber doch etwas unsicher darüber. –
Recherche de la paternité.
Er hat von den Kindern gehört, daß es Papas gibt und sagt Papa, Papa.
Wo ist denn dein Papa? – Nachdenken: »Mamai ist Mausi sein Papa.« –
Abends fragt er noch einmal an:
»Reserl hat einen Papa, Mausi hat doch keinen Papa.
Die Frau hat gesagt, ich muß auch einen Papa haben.« –
– Du brauchst keinen. –
– »Nein, aber Reserl braucht einen Papa.« –
– Nicht wahr, du willst doch nur eine Mamai haben? –
»Und ein braves, kleines Hipp.« –

21. Juni

Brief von Muckl. Réveil.
Wie bin ich noch jung, ich werde nie alt.
Eigentlich lebe ich jetzt so ganz, ohne wirklich zu leben. Ich brauche immer Erschütterungen, um zu fühlen, daß ich lebe. Sonst gehe ich so im Dusel dahin.
Eine quälende Zeit wieder von schlechter Gesundheit, tägliches Kämpfen mit dem Roman. Kein sonniges Wetter. Heuschnupfen, so daß ich nicht hinauskam, nur im Garten sitzen und den ganzen Tag schreiben. Aber da muß ich jetzt durch.
Heute abend endlich einmal tüchtig gegangen, erst mit Bubi, dann allein.
Wenn ich in der Natur lebe, mit meinem Kind, meiner Malerei, dann brauche ich nichts weiter. Die tiefe Ruhe bei solch einem Abendgang und zurück durch das stille Dorf mit Licht in den

Fenstern und daheim mein Sonnenkind schlafend in seinem Bett – dann vergesse ich wieder die tägliche Unlust meiner jetzigen Arbeit, die Ungeduld auf anderes.
Morgen nach München. O Menschenherz – jetzt regt es sich doch wieder. Ich glaube ja immer wieder, daß es vorbei ist, wenn ich ihn nicht sehe und bin froh – und noch viel froher, wenn ich wieder fühle, daß es doch nicht vorbei ist.

26. Juni. München

Spät angekommen, Hotel Deutscher Kaiser. Adam an der Bahn. Wollte so vieles mit ihm reden, kam aber Pongratzky dazu, bis eins im Café Habsburg.
Unruhige Tage. Donnerstag abend mit Klages und A. Noris. Samstag nach Murnau, A., Somi und ich. Bei großer Hitze dort gleich gebadet, nachher gerudert. Ich, Baschl und Bubi über den See gefahren, an Jugendzeit gedacht, wo ich den halben Tag auf dem Wasser war. Büsum. Die Zeit der »tollen Fanny«.
Abends auf der Promenade. Bubis Entzücken über die schönen Frauen und Kostüme; er sollte sagen, wer die schönste wäre.
»Das kann Mausi nicht, Mausi ist zu müde.« – Und am nächsten Mittag: »Jetzt sind die Frauen nimmer schön.« –
Das Sonnenwendfest wirklich ein Fest, wenigstens für mich. Ums Feuer gelegen und getanzt, das Gewand halb zerrissen. Durch den Tau die Abhänge hinabgerollt. Mit einer kleinen Malerin im Holzkorb geschaukelt, ganz lange Zeit.
»Sie sind wundervoll, Gräfin«, sagte sie – »was haben Sie für einen Mund. Und dabei hab' ich Sie noch nie gesehen.« –
Stern*, mein Sklave, mußte mir Bowle kredenzen und bekam meinen Fuß auf den Nacken, fühlte mich den Abend inspiriert und redete mit Zungen.
Dann unruhige, unerfreuliche Münchner Tage, aber die Feststunden gingen mir noch zwischen den andern durch.
Letzten Abend mit Monsieur, aber so kühl, d. h. ich. – Konnte ihn absolut nicht leiden. Platonisch geschieden. Mit Erleichterung wieder hier hinaus. So möchte ich's immer, Einsamkeit und dazwischen ein schöner Rausch.
Bubi schlief die ganze Fahrt mit dem Postwagen in meinem Arm.

---

* Der Privatgelehrte und Philosoph Dr. Paul Stern.

Dann trug ich mein Kostbarstes nach Hause und legte es in sein Bettchen, mein Einziges.

Jetzt wieder sehr fleißig. Renaissance gelesen. Gitarre geübt, Roman. Fortwährende Gewitter. Mir ist ruhig und froh.

Jetzt, wo ich das Arbeiten con amore angehn lasse, merke ich erst, was für eine Gefahr es war, mir den ganzen Sommer mit dem gezwungenen Arbeiten zu verekeln und was für ein andrer Mensch ich bin, wenn ich nicht schreibe. Beschränke es jetzt auch auf ein paar Nachmittagsstunden, und gleich ist die Sommerfreude wieder da. Morgens und abends mit der Mausi durch Dörfer und Felder. Blumen gepflückt, Hippi gespielt. Und das Wetter ist wieder schön. Nachts wildes Gewitter. Ich war lange am Fenster und schlief nachher bis in den Tag hinein. –

Morgen Jahrmarkt. Rolf den ganzen Nachmittag bei einer Bude gestanden, wo Spielsachen ausgepackt wurden. Mir selbst macht es auch einen kindischen Spaß, Kinderzeit – Husumer Jahrmarkt. Jetzt ist er in großer Angst, daß morgen die Spielsachen wieder weg sind.

Wieder Diphteritisangst – will jetzt von hier weg.

Adam kommt nicht, obgleich er mir's bestimmt gesagt hat.

Er ist jetzt ganz Somi, und ich komme mir wieder um ein ganzes Stück einsamer vor. Und hab's doch vorher gewußt.

Nicht einmal ein Wort, daß er nicht kommt. Es tut mir sehr weh. Das, was ich fest an ihm zu haben glaubte, geht auch fort. Ich werde immer wieder ganz in mich zurückgeworfen. Ich hab' die Maus, was ist dagegen alles, was ihr andern habt.

10. Juli

Den nicht ganz leichten Entschluß gefaßt, fortzugehen – hier war mir so wohl. Aber wenn er einmal gefaßt ist, kommt wieder das Vagabundenfieber, nur weiter, anders wohin, Gott sei Dank etwas Neues. Das wechselt ab mit der Sentimentalität. Es war doch so schön, so ruhig hier, mein schattiger Garten, mein Adam, die Religions- und anderen Gespräche mit dem Oberkontrolleur. Am letzten Tag noch mit der Maus im Heu gelegen und ein Bild gesehn, dunkelblaue hohe Berge, davor eine lichtgraue Wiese, in der ein schwarzer Hund wühlt, mittendrin. Der Hund wühlte nämlich wirklich, auf dem Bild müßte er etwas von einem Ungeheuer haben, mitten in dieser glühend schönen Sommerwelt.

Früh nach Benediktbeuren. In Tölz lauter greuliche Krankengestalten. Mir ekelt so vor allen lazarettartigen Menschen. Und war doch selbst mal einer, aber mit dem Trost, daß es damals eigentlich ein schönes, ästhetisches Krankenlager war. Sie kamen alle zu mir, wenn sie lachen wollten und nannten es den »Salon Reventlow«.

Benediktbeuren – Gott weiß warum man machmal die Hysterie hat: hier kann ich nicht bleiben. Nur das Kloster lockt mich mit seinen Arkaden und schweren alten Gebäuden, dazwischen wundervolle Höfe mit hohem Gras und wilden Blumen – und ein kleiner Friedhof, Kindergräber. Und neben mir läuft das kleine Leben, das blühende.

Aber die Zimmer in der Klosterschenke sind schon vergeben. Aus Wut darüber beschlossen, weiterzufahren. Am Abend mich in Kitschroman »Zur guten Stunde« vertieft. Das hab' ich manchmal gern, all diese furchtbar gesellschaftlichen Geschichten, wie Klänge aus alten Zeiten, nervenberuhigend.

Vor dem Fenster eine blühende Linde. Die Maus und ich aus Sparsamkeit . . . so in einem Bett geschlafen, mit einiger Angst berechnet, wie weit ich noch reiche, bis Geld kommen kann. Um vier Uhr auf, halb sechs zum Bahnhof. Alles in Morgennebeln, die Berge nur in Umrissen dahinter, und der Nebel funkelt in der Sonne.

Halb sieben Degerndorf. Aufs Geratewohl ausgestiegen. Rechts an der Bahn ein entzückendes Dörfchen, das ganz abgeschieden aussah. Aber man konnte nicht hinüberkommen, weil die Loisach dazwischen fließt, und Degerndorf war nur ein Hotel am Abhang. Ein Zimmer genommen und ein paar Stunden . . . geschlafen.

Mittags nach Hohenschäftlarn. In der Bahnhofsrestauration abgestiegen. Man braucht nicht nach Griechenland zu fahren, um schmierige Hotels, zudringliche Leute, atmende Sofas und unheimliche Betten zu finden. –

Ich war ganz deprimiert vor Degoût. Diese letzten drei Stationen, dies einbegriffen, überhaupt in einer ganz andern Welt, die ich bis jetzt eigentlich noch nie kennen gelernt habe. Es scheinen die typischen Sommerfrischen des schiefgetretenen, lahmen, buckligen, verkümmerten Kleinbürgertums zu sein, lauter mißratene Gestalten, die man einstampfen sollte, statt sie wieder aufzufrischen. Pfui Teufel. Es ist, wie man manchmal an Festtagen so viele schiefe abscheuliche Gesichter sieht, die nur dann einmal aus ihren feuchten Kellern hervorkriechen. – –

Heute nachmittag fing's denn glücklich an, mir über diese Ahasverfahrt komisch zu werden, denn hier bleibe ich auch wieder nicht. Es scheinen auch in dem »Hotel« verschiedene Proletarierfamilien dauernd zu wohnen, in eine Häuslichkeit sah ich von der Treppe hinein. Und die Wirtsleute, die Kellnerin, die sich beim Essen mit beiden Armen vor uns auf den Tisch legt und Konversation machen will. Es kommt auf das Wie an, aber es ist so die schmierige Zudringlichkeit, die ich nicht ertragen kann.

Als wir aufgestanden waren, setzte sich ein Dackel auf Mausis Stuhl und trank sehr säuberlich seine Milchtasse aus und schleckte dann die Butter vom Teller. Aber Bubi lachte so süß immer wieder: »Das brave Hundi hat Mausis Milch ausgetrunkt.« –

Nachmittags ins Dorf hinauf Zimmer suchen, aber nichts zu haben. Wahre Idyllen von Häusern, mitten in Wiesen und Bäumen. Ein kleiner, grünbewachsener Teich, aus dem die Unken »mit süßem Tiefsinn sangen«. Auch einige Interieurs zum Malen. Abends, als die Maus im Bett war, noch ins Kloster hinunter. Durch den Wald hin und zurück. Etwas gegruselt und rasch gegangen. Wie bin ich schwach, von dem bissel Steigen ganz in Schweiß und Herzklopfen. Nachmittags ohnmächtig in meinen Koffer gefallen, als ich etwas herausnehmen wollte. –

Jetzt auf dem Balkon, am Himmel der Abendstern. Unten der Bahnhof mit seinem Gerassel. –

12. Juli

Noch 2 Mark in meinem andern Portemonnaie gefunden.

Morgens mit Maus nach Icking gefahren, in all den kleinen Bauernhäuschen nach Wohnung gefragt und wieder schon alles vergeben. Ein Häusl, das nur aus einem Zimmer bestand, wie in Schwabing, war aber nichts zu machen. Später nach Ebenhausen, wieder ideale Winkel, sympathisches Gasthaus mit Lenggries ähnlichem Garten, aber alles voll. Traf dort Frau Dr. Jochner und besuchte sie. Es gehörte eigentlich Frechheit dazu, da sie Interna von meiner Scheidung etc. gehört hat. Fragte auch, als sie mich ihrer Tante vorstellte ...

Die Frau hat sehr viel Liebe.

Zu Fuß nach Hohenschäftlarn zurück. Durch den dunklen Wald und über heiße Felder, wo wir im Heu ausruhten. Abends trotz unsrer beider Müdigkeit ins Kloster hinunter. In der Brauerei glücklich noch einen Unterschlupf gefunden. Bin ich froh! Auf 80 Pf. für uns beide heruntergehandelt. Auf dem Rückweg überlegt, morgen die Wirtsfrau anzupumpen, um hier zu zahlen und dann hinunter, morgen schon – wenn Adam morgen kein Geld schickt. Hier kann ich es nicht ertragen. Der Garten ist abscheulich ungemütlich, auf allen Tischen wälzen sich Kinder, Hühner, Hunde herum. –

Abends gab ich der Frau des Hauses ein paar Asthmazigaretten, die entschieden freundlichere Stimmung hervorriefen, nachdem wir uns nachmittags über den schlechten Kaffee etwas zerkriegt hatten.

13. Juli

Abends zum Kloster hinunter und dort ein Zimmer gefunden. Rolf war arg müde, lief aber doch mit. So froh, daß ich aus dieser Spelunke herauskam.

Samstag mittag hinunter. Nach dem Essen unter die große Linde unten in den Klosterhof gesetzt und geduselt. Sonntag menschenvoll und ungemütlich, sonst ist es herrlich hier.

14. Juli

Die Böhlaugesellschaft* kennengelernt.

15. Juli

Montag Klages, Rodi und Putti. Nachmittags wir alle vier in der Isar gebadet. Abends Klages fort. Die beiden Baby in einem Zimmer hier geblieben. Ich begleitete Klages ein Stück, stand lange am Abhang.

Abendstimmen im Gras, unter dem Wald ein Gewitter. Wetterleuchten, ich dachte an Heimat und Leben. Da kam mit einmal das Gefühl, und wenn ich auch alt würde und einmal mit alten Augen das alles schauen müßte – ich bin doch durch das Leben gegangen, habe all seine Rätsel und Schauer und Tiefen gelernt und gelebt und vielleicht gelöst und möchte nie mehr wünschen, nicht gelebt zu haben. Wir sehen uns ins Auge, das Leben und ich.

---

* Die Schriftstellerin Helene Böhlau mit ihrer Familie.

16. Juli

Wieder am Roman gearbeitet. Mit der Maus gebadet, abends der armen Maus heiße Milch über die Beinchen gegossen. Spät durch die Wiesen im Nebel gegangen. So einsam.

17. Juli

In der Isar. Doch immer ein sonderbar tiefes Grauen vor dem Wasser, das ich jedesmal überwinden muß.

Alle Tage geschrieben, Roman rückt vor, aber nichts Rechtes.

Mittags auf zwei Stunden nach München. Mit Muckl im Glaspalast getroffen, auf Sonntag verabredet.

Samstag, 20. Juli

Hineingefahren, mit Rucksack und Bubi in die Belgradstraße gezogen. Dort alles in Unordnung. Abends Putti, Rodi, Klages, Busse im Salvator.

Adam fort, er gleitet immer weiter fort, jetzt auch von mir. Monsieur in der Ferne gesehen.

Muckl doch nicht gekommen, alle, die ich treffen wollte, verfehlt. Nachmittags bei Bernhards. Auf dem Sofa während des Gewitters geschlafen. Abends zurück. In Großhesselohe den Zug verfehlt. Nachher der Pater von Schäftlarn, der mir den Rucksuck heruntertrug und eine Zigarette bekam.

22. Juli

Gearbeitet. Regen. Nervös. Abends Renaissance gelesen. Das frischt mich immer wieder auf.

24. Juli

Abends allein drunten an der Isar.

25. Juli

Wieder ein schöner Abendgang.

Gegen 7 plötzlich eine ganz unheimlich schweflig gelbliche Beleuchtung. Davor wilder Regensturm. Ganz durchgeweicht.

26. Juli

Unabänderlich. – Eine Postkarte aus Tegernsee und einen ganzen Abend froh, daß ich ihn wiederhabe, nachdem ich ihn so lange nicht mehr haben wollte.

27. Juli

In aller Frühe auf und Brief zur Post getragen.

28. Juli

Das sind doch nur noch Rückfälle, die eigentliche Krankheit ist vorüber. Den Mann hab' ich doch geliebt, d. h. ich war wieder einmal das Medium für die Liebe oder vielmehr für die Leidenschaft, Erotik. Klages sagt, das wäre heidnisch, dieses nicht die Person lieben, sondern die »Liebe, die sich ein Medium sucht«. Für mich ist nur Einer »der Eine«.

Und dieser. – Es ist jetzt nur mehr ein Spiel, das mich freut. Wir trennten uns wieder ohne das Ende. Ich haßte ihn, fand ihn lächerlich klein, verächtlich-geschmacklos. Dachte, ich hole mir morgen eine Reitpeitsche, und wenn du wiederkommst, schlage ich dich ins Gesicht. – Ich sehne mich danach, ihn ins Gesicht zu schlagen. Ich bin wie das Daudetsche Maultier, das sich seine Fußtritte sieben Jahre lang aufsparte.

Früher war er anders, er hat alles verloren. –

Die Stunde oben an dem Hotelfenster, allein im Mondschein, darunter die große Uhr.

Der Fremde, der vor der Tür stand und auf mich wartete.

»Ich wußte, daß Sie kämen. – Ihre Augen haben so sonderbar zu mir gesprochen, ich habe noch nie solche Augen gesehen. – Ich weiß nicht, wer Sie sind, und ich werde nie begreifen, was Sie sind.« –

Dann bei meinem Kind. Es fühlte, daß meine Seele erschüttert war.

»Wein' nicht, Mamai.« –

Und dann ganz von selbst:

»Der böse große Adam.«

Er weiß so gut, wie weh mir A. getan hat – daß er mich wieder allein läßt. Er selbst weiß nichts davon.

Ich hätte ihn so sehr gebraucht diesen Sommer.

31. Juli

Wieder draußen. Am Roman. Drückend heiße Gewitterluft. Mit Anita Augspurg* herrliche Abendbäder in der Isar bei Sonnenuntergang. Das unheimlich lockende Wasser. –

Geldschwierigkeit.

Ich will nun wieder nach München zurück, mir meine Wohnung

* Dr. Anita Augspurg, Führerin des radikalen Flügels der deutschen Frauenstimmrechtsbewegung, Mitbegründerin der Internationalen Frauenliga für Frieden und Freiheit.

einrichten. Darauf freu' ich mich. Aber es ist schwer, arg schwer, von dem schönen Sommerleben da draußen Abschied zu nehmen. Arg schwer.

Symbolische Handlung der Maus.

»Großen Adam Kopf abschneiden.«

Er schneidet ihn in Stücke, erst die Ohren, dann Gesicht, Kopf, Beine.

Er spielt mit Omar al Raschid*, genannt das Bobbele. Sie kriechen zusammen in eins der Riesenfässer, das braune und das blonde Kind.

Steckt den halben Tag im Schweinestall und kennt jedes Schweinchen. Die Frau, die die Tiere besorgt, heißt die Schweinemama und liebt ihn sehr.

Dann kommen mit einmal wieder Menschen in meine innere Einsamkeit.

Klages – morgen Adam, dann Onkel Kêf.

Klages gehört zu mir, lebt mit uns, die andern erinnern sich von Zeit zu Zeit, daß ich lebe und irgendwo bin.

5. August
München. Hotel Deutscher Kaiser

Gestern kam Adam. Er war ganz wie sonst und doch ganz anders. Er lebt nicht mehr mit uns und mit mir. Ihm ist das alles so fremd oder mehr oder weniger gleichgültig. Meine Hoffnungen sind nicht mehr schön, seit er keinen Teil daran nimmt. Er hat ganz vergessen, daß ich in diesem Monat mit Malen anfangen wollte, fragt nicht danach und merkt nichts davon.

»Polling wäre sowieso nichts für mich gewesen.« – Ich verstehe das Gefühl, daß er mich dort nicht haben möchte. Ich bin für ihn verschollen. –

Aber ich weiß, daß das Leben mir immer nimmt, nur eines, wo es gibt – mein Kind. –

Kêftage. Wohnung eingerichtet. Mit Kêf in den Ausstellungen, Pinakothek etc. – endlich einmal wieder. Er so gemessen – halb schmerzlich.

Kêf sagt, meine Augen wären noch schöner geworden.

* Omar al Raschid, der kleine Sohn der mit dem Philosophen Friedrich Arndt alias Omar al Raschid Bey verheirateten Schriftstellerin Helene Böhlau.

9. August

Freitag noch einmal nach Schäftlarn. Mit Anita Augspurg abends im Dunkeln gebadet und vormittags in heißer Sonne. Und dann zurück nach München.

Vom Sommer Abschied, aus all der glühenden sonnigen Welt zurücksinken. Mir ist innerlich so grau und steinern zumut zwischen all den Häusern, ich habe so brennendes Heimweh nach draußen.

Wenn das Geld da wäre, bliebe ich keinen Tag hier, aber so ist's »vernünftiger«, es muß sein.

Wie war es schön – in Lenggries vor allem, da war ich so ungestört allein mit dem Sommer. Jetzt ist er draußen, und ich sitze hier und soll schreiben, immer schreiben. Und bin so müde von dem Warten, dem furchtbar vielen Warten, immer wieder dies Hinausschieben. – Ich möchte, daß es jetzt schon Herbst wäre, dann wäre ich nicht so traurig.

12. August

Immer noch an der Wohnung gearbeitet. Jetzt ist sie endlich fertig. Jetzt kommen noch die zahllosen Besorgungen, das Wiedereinrenken ins Stadtleben. Spätestens am 15. will ich zu arbeiten anfangen.

Nun sitz' ich hier allein. Ich habe mich so auf den Abend mit Adam und Klages gefreut, der für lange Zeit der letzte gewesen wäre, wo wir alle drei zusammen.

Ich erinnere mich der Szene damals in Murnau noch ganz genau. A. hatte das gemeinsame Baden veranstaltet, indem er eben auch da badete, wo wir badeten, als er an diesem Morgen mit Somi hinkam, während ich noch im Wasser war. Das schokierte ihn also nicht.

Ich war allein in der Badeanstalt, nachdem der Russe fortgegangen war, stand ohne etwas in der Tür meiner Kabine. Somi stand in der Öffnung der Anstalt auf den See hinaus und fragte: »Haben Sie sich noch nie modellieren lassen?« A. draußen. Dann ging ich noch einmal so ins Wasser und schwamm hinaus, wo die andern waren. –

A. heute abend, er hätte mir das übel genommen, – es hätte so ausgesehn, als ob ich damit die Intimität mit ihm markieren wollte.

Ich hätte ihn niederschlagen können vor kalter Wut. So hat mich noch kein Mensch gekränkt. Es ist vielleicht das erstemal, daß ich etwas als wirkliche Kränkung empfinde. Nein, ich gehöre nicht zu diesen Menschen, ich bin ganz allein, und es ist eine Mauer zwischen uns, über die hinweg wir uns manchmal miteinander unterhalten.

»Was hast du, Mamai«, fragt die Maus. »Du mußt nicht weinen.« – Er hatte am Nachmittag geweint, weil ein andrer Bub ihn auf den Kopf geschlagen hatte.

»Großer Adam hat mich auf den Kopf geschlagen.« –

»Der böse große Adam.« –

»Schreien wirst du einst: ich bin allein.« –

Es kann mich aber doch nicht besiegen, auch die Einsamkeit nicht. Die wird einmal mein letzter Geliebter sein, der mir am wehesten und am wohlsten tut.

Die abscheuliche Stadt. Wieder ein Heim bauen, das doch nicht lange stehen bleibt.

Die tausend ermüdenden Gänge, das viele »Erledigen« und Niefertigwerden, nie ungeteilte Tage. Soviel Ekel, Nervosität, Unruhe.

14. August

Wildenroth. – Die verzauberte Halde im Wald. –

Ich konnte mit einmal lachen, es klangen so viele Saiten in uns.

»Sie sind heute ganz die kleine Fanny«, sagte Klages. Das Gefühl des Verliebtseins. – Wir waren beide so jung den Tag.

Klages nächsten Tag fort.

Roman schreiben, Schwimmen, Trapezturnen, Gitarrespielen.

Das Letzte ist noch nicht einrangiert, kommt aber noch.

Abend mit Adam. Große Aussprache. Ich möchte eigentlich, daß es so wäre, aber die Häufung von Nebenumständen entgeht ihm, mein vieles Kranksein, die ganze Häutungsperiode. Was hätte zu andern Zeiten daraus werden können? Vielleicht. –

Ich glaube nicht, daß Somi das Letzte für ihn bedeutet. Und will es nicht. –

Ich führe jetzt ein wohl eingeteiltes Leben, das auf Gesundheit, Arbeit und Genuß berechnet ist. Morgens eine Stunde Gitarre üben, Roman, wenn's keine Laufereien gibt. Mittags zum Baden. Lerne das Schwimmen wieder ordentlich, esse dann mit meiner

Maus beim Ungerer auf dem schönen schattigen Platz unter Bäumen. Wir gehen in der brennenden Mittagsonne heim, Hinlegen mit Burckhardt Lesen, später wieder Roman und Gitarre üben. Morgens und abends eine halbe Stunde turnen, hanteln.
Wenn ich die Hände in den Schoß legte, würde ich nach einem Menschen schreien, nach dem, der mir fehlt, Adam. Er fehlt mir an allen Enden, teilt mein Leben nicht mehr so wie damals. Und das war so schön, war so sehr das, was ich brauche. – Nun ist Klages auch fort, wandert in der Lüneburger Heide.
Als ob sie alle nichts anderes zu tun hätten, wie mir zu fehlen. –
– Abendgang mit A. über die unheimlichen Wiesen, ferne Vorstadtlichter, weiße Blumen im dunklen Gras. Er trug mich, wir fühlten uns beide durchrüttelt – und am andern Tag soviel Sehnsucht nach ihm. Aber da war die Tür wieder zugefallen. –
Den nächsten Abend wieder, gingen durch die Straßen, in einem Hause schlugen sich Mann und Frau, man hörte die Frau und die Kinder schreien, es ging mir durch Mark und Bein. Ich fürchtete mich so, daß ich die Maus in mein Bett nahm.

Sonntag, 25. August

So ein seltener Harmonietag. Vormittags mit Bubi in der Renaissanceausstellung. Das kleine Kerlchen wollte durchaus mit »ins große Hausi mit Bildi«, stand in dem sonnigen Garten und bettelte und freute sich so, daß er mitdurfte. Ach Göttertier, wenn du immer klein bliebest, manchmal geht es mir so tief durch, was das Kind ist. Wie die kleine Seele sich an mich schmiegt und mich liebt! Da saß er in seinem weißen Kleid mit den bloßen braunen Armen ganz still, während ich herumging. Mir ist es wie eine alte Heimat, Kunst zu sehen, daß ich wieder zu ihr kommen kann. Ich möchte nun alles, alles sehen und lernen und fassen und auch nehmen. Wie dumm lief ich doch früher durch alle diese Sachen. Jetzt sind sie mir viel näher, viel intimer, sprechen anders zu mir. Dann zum Bad, Essen usw. und daheim mit der Maus so stille, schöne, wirkliche Sonntagsstunden heute mit einem wahren Festgefühl. –
Wie bin ich einsam und wie bin ich glücklich. –
Am Nachmittag Roman gearbeitet, dazwischen wieder draußen beim Rolfi. Dann gingen wir durch den Sonntagabend, er paddelte so müde neben mir her. Abends bei Adam.

26. August

Regen und gleich wieder ganz melancholisch, Gitarre geübt, mit Bubi essen gegangen, ins Leopold. Da überfiel mich mit einmal die Regenstimmung, als ob etwas ausgelöscht wäre. Adam, jetzt ist die schwarze Kralle fort, nun wäre ich frei, nun wäre ich froh und gesund. Und er ist schon wieder weitergegangen. Wie hab' ich mich heute nach ihm gesehnt, so, daß mir alles andre nichts war, nach unserm Leben zusammen draußen im Süden, in der Sonnenwelt. Las in meinem Samostagebuch, macht mich heute so wehmütig, daß ich es nicht aushalten kann. Unser Tigani, gerade jetzt ist es ein Jahr, es war die leuchtendste Zeit.
Jetzt Somi wieder da. –
Mit ihnen beiden werde ich wohl sehr wenig zusammenkommen. Mein Teil Adam ist dann nicht da, und von S. habe ich nichts. Wenn ich mit ihr zusammen bin, mag ich sie gern, anziehend etc. Wenn sie nicht da ist, mag ich sie nicht.

Die Roditage. Schlangenknäuelähnliche Beziehungen, die plötzlich durcheinander geraten.
Ein paar Mal mit Busse zusammen.
Den geknickten Rodi abends an die Bahn gebracht.

29. August

Wieder eine würgende Angst. Mein Gott, muß gerade dies Gespenst immer wieder kommen. – Zorn auf Adam.
Mein Bubigott, ich könnte mich vor dich hinlegen und beten. – Wenn er sagt: »Nun wollen wir uns lieb haben« und seinen Kopf an mir reibt mit zärtlichem Gebrumm.
Heute: »Mamai, Mamai, meine Frau.«
Maus, ich hab' nur dich. –
»Ja, du hast keinen großen Adam mehr – und wo ist der böse Klages?« – Er weiß all meine Gedanken.

30. August

Adam wieder da.
Die Angst ist fort, die Sonne scheint. Ein froher, leichter Tag bis zum Abend. Dann war ich mit A. zusammen, und wie eine Wolke sank es wieder auf mich herab, daß ich niemand mehr habe. Früher trieb ich sie alle von mir, jetzt bin ich allein zurückgeblieben, sie gehen alle ein Stück mit mir, dann gehn sie weiter.

So vieles mit ihm gesprochen. Wenn er nur nicht heiratet – dann wäre mir alles recht – aber der Gedanke, daß er dann gewissermaßen gestrichen ist. –

31. August

Und heute ist er schon wieder fort. –
Gestern war ich beim Staatsanwalt um Erlaubnis, Panizza zu besuchen. Erfahren, daß er schon entlassen ist. –
Ich möchte so gern froh sein, aber es war heute ein langer enttäuschter Tag. Und so müde. Spätestens übermorgen will ich wieder hinaus, dann wird es wieder heller und leichter um mich. –

Manchmal möchte ich wünschen, daß ich schon alt und wunschlos wäre. Aber mein Herz ist noch allzu jung, quälend jung, und die Gesundheit, die mir endlich wieder zurückkommt, macht mich noch viel, viel jünger. Nun möchte ich nur leben, leben jeden Augenblick, mich reut jede Stunde, die nichts in sich hat, mir ist so erwartungsvoll wie in der allerersten Jugend.

Morgen Mausi Geburtstag, der vierte. Da lebe ich wieder all die furchtbaren und schönen und feierlichen Stunden und liebe mein Leben wieder und das kleine süße herrliche Leben, das jetzt seitdem um mich ist. – Halleluja, die Maus. –

1. September

Wir wachten früh auf. »Heute ist Mausis Geburtstag.« Verlegene Neugierde in seinen großen Augen. Wir kochten uns Schokolade mit sehr viel Schnee. Dann wird er in den Garten hinausgeschickt. Mildes, wehmütiges Herbstwetter mit etwas Sonnenglanz.
Und als er hereinkam, so süß verlegen die Schultern hochzog und sagte: »Ach« und eins nach dem andern fand und sich so freute.
Aber Adam kam nicht – alles vergessen. Ich wollte nicht traurig sein, mein Kindergeburtstag ist ein so großes Fest, das laß ich mir nicht stören. Damit hat all meine dumme Sehnsucht nach anderem nichts zu tun.

2. September. Schäftlarn

Ein Sonnentag. Früh auf, alles gepackt und dann mit einem Freudenschrei weggefahren nach Schäftlarn. Der Sommer ist im Vergehen – wir liefen den ganzen Nachmittag durch den Wald und an der Isar und fanden manche rot und gelben Blätter und ein herbstliches Wesen. Wir wohnen diesmal in der Mühle, haben drei Zimmer und eine Küche für fast nichts. Ich werde gut arbeiten können und habe meine Gitarre. Und nun soll viel geschafft werden, alle Sehnsucht in der Arbeit untergehn und in dem Reichtum, den ich habe.

Abends, als Bubi im Bett war, ging ich zum Essen hinunter. Es kam jemand und sagte, er schreie. Er lag im Bett und schrie aus vollem Halse, das Weinen schüttelte ihn nur so.

»Warum weinst du, Mausi?« –

»Weil du mir kein Apfi gegeben hast.« – Ich weiß, daß er deshalb nicht schreit, es war also nur ein Vorwand, den er sich zurecht gemacht hatte, um seine Angst zu verbergen. Er schlief auch lange nicht ein, bis ich ins Bett kam, dann umfaßte er mich mit all seinen Armen und Beinchen und schlief ein. Als ich ihm sagte, daß ich nichts zu essen bekommen hätte, weil er so geschrien hätte: »Morgen bring' ich dir was zu essen, Mamai, bleib' nur jetzt hier.«

3. September

Früh spazieren gegangen. Es ist kühl und unfreundlich, ich möchte goldene Tage, aber es soll auch so gut sein.

Luftveränderung, Müdigkeit, Kopfweh und Herbstregen, aber jetzt fange ich an, den Herbst zu empfinden und das wird nun auch wieder schön und vertraut. Vorher wollte ich nur den Sommer, der nicht mehr da ist.

4. September

Um vier aufgewacht frühmorgens, zum Fenster hinausgesehn. Es regnete, in den Ställen brannte Licht, ein Mann mit einem Wagen. Etwas später wurden die Kühe hinausgetrieben mit Geläute.

Als wir aufstanden, schien die Sonne, alles leuchtete naß. Wir liefen durchs Gras auf die Kuhwiese und pflückten Herbstzeitlosen. Auf dem Balkon gearbeitet. Brief von Klages, so traurig, so enttäuscht. Und ich lebe so in einem wundervollen Wechsel von Stimmungen, das seltne Gefühl, daß sich alles in mir spiegelt. Ich glaube, nun kommt immer, immer mehr die Lebensfähigkeit, die ich früher entbehrte. Spinne mich an Regentagen mit Genuß in meine Arbeit und mein Zimmer ein, keine Ratlosigkeit, es ist wirkliches Genießen jedes Tages.

6. September

Abends bei der Augspurg. Nachts langes Zwiegespräch mit der Maus. – Wir beide sind doch so allein, Maus. –
– »Is Klages auch fort? Und Rodi auch?«
Nein, kleine Maus. –
»Jetzt bin ich nicht mehr klein. Gestern war ich klein.« (Gestern ist alles Vergangene.) –
Beim Zubettgehn:
»Heute wir ich so artig und habe kein Guts gekriegt.« – Da mußte ich doch gleich hinlaufen und ihm eins holen. –

7. September

Mit einem Mal ein leuchtender Sommersonntag, warm, Sonne – konnte vormittags nicht arbeiten. Dann in der Sonne nackt gelegen, Gott, was für ein Tag. Sommer, Sommer, drinnen und draußen.
Morgens wollte ich die Maus mitnehmen, er wollte lieber spielen, schwankte: »Du kommst doch wieder, Mamai.« – Ich war so traurig, daß ich sagte: »Nein, ich weiß nicht.« – Er lief mir mit Tränen nach, und wir weinten beide. Dann wollte er mit ausgehn, und es war so schön wie nach einem Liebeszwist. – Ich werde doch immer froher und jünger und gesünder, jetzt fängt sogar der Roman an, mich zu freuen. – Dr. Lessing* hier. Erst das Gefühl unbedingter Abwehr wegen seiner Beziehungen zu Klages. Dem Verkehr war nicht auszuweichen, und allmählich war er mir sympathisch. Sind viel zusammen gegangen, viel geredet. Guter Kerl und viel Ästhetisches. Gestern seine Frau hier, um ihn abzuholen, hat mir auch gefallen, nur zu frauenbeweglerisch geistig sein wollend. Da kann ich nicht mit.
Die Maus und ich gehn jetzt wieder täglich Isarbaden. Die Sonne leuchtet, wir laufen eine Stunde nackt am Strand herum und tauchen dann und wann hinein. Gott, wenn man nackt leben könnte.

* Der Kulturphilosoph Dr. Theodor Lessing, Jugendfreund von Ludwig Klages und Vetter von Karl Wolfskehl.

10. September

Vorgestern Abend bis ein Uhr mit Lessing geredet, liefen die Landstraße zur Isar auf und ab. Sonderbar, wie es doch jeden Menschen ergreift, wenn ich ihm mein Leben erzähle.

So friedlich gehn jetzt die Tage hin. Ich liebte das Sonnenwetter, die olympischen Spiele am Strand und jetzt lieb' ich das herbstliche Einspinnen mit feuchten Spaziergängen dazwischen durch die nassen Waldwege.

Maus läuft mit seiner Kapuze neben mir her wie ein Waldzwerg, und die Augen und der Mund fragen immerfort.

Ich erzähle ihm, wenn die Blätter herunterfallen, ist Winter. Dann wollen wir Schlitten fahren und Schlittschuh laufen.

Nach einer Viertelstunde ist er ganz bös, daß die Blätter immer noch nicht herunterfallen. –

Von Klages eine Karte aus dem Husumer Schloßgarten mit der Brücke.

12. September

Abends mit der Fräulein Heymann* im Wald. Konnte nicht wieder zurückfinden und patschte knietief durch die Wiesen.

13. September

Endlich einen Tag am Roman, wo ich glaube, daß er anfängt, gut zu werden.

Nachmittags kam Bubi, ob er mit der Frau Oberst nach Ebenhausen gehn dürfte. Ich wieder ganz traurig: dann muß ich doch nachher allein gehn – aber du darfst schon. Er faßte mich um die Knie: Nein, ich will mit Mamai gehn.

Und dann gingen wir zusammen den wundervollen Waldweg hinunter, wo die Büsche immer mehr rot und gelb werden. Der Himmel sah etwas heiterer aus.

14. September

Bubi hat sich mit der Schweinemama brouilliert, weil er im Schweinestall den Ofen geheizt hat, siedelte dann in die Mühle über und war ein Mehlmann. Als Anita Augspurg reiten wollte: »Ich muß sehn, wie Frau Herr Doktor von seinem Gaul stürzt.«

---

* Lyda Gustava Heymann, zusammen mit Anita Augspurg Herausgeberin der Zeitschrift »Die Frau im Staat«.

15. September

Vormittags Roman, mit Glück. Sonntagsgefühl. Nachmittags nach München, um Klages einzurichten. Bei Hohenschäftlarn Belami im andern Zug vorbeigefahren. Das Herz schlug doch wieder, aber ich habe einen leichten Klappenfehler, daher –
Abends Wolfskehls.

17. September

Halb sechs wieder auf, ganzen Tag kalfaktert. Mittags finde ich Adam und heute zum erstenmal wieder den richtigen Adam. Jetzt bin ich wieder froh und hab' Flügel und ein Kleid, das mir steht und Sonnenschein.
Abends Adam bei mir. Ich Gardinen genäht, Bücher geräumt und sehr froh gewesen.
Bubi hat man erzählt, daß ein Kind verbrannt wäre, weil es mit Zündhölzern gespielt. Er fürchtete sich so, daß er nicht im Bett allein bleiben wollte. Das soll nicht wieder geschehen. – –
Heute endlich das Gefühl von Unermüdlichkeit bei mir konstatiert.
Noch ein Adamabend, wie hab' ich ihn lieb. Die ganzen Tage mit Einrichten und Besorgungen verbracht, von sechs Uhr früh bis zwölf Uhr abends. Mobil. Kann weder zur Gitarre noch Roman kommen. Stark geschwollene Füße, sonst recht wohl.
Busse, Adam und ich zum Bahnhof, um Klages abzuholen, waren alle in Angst, daß er verstimmt und traurig käme, aber er freute sich über uns und über das Heim, das wir ihm gemacht hatten. –
Es lag wirklich ein kindlicher Schimmer an diesem Abend über ihm, und wir waren alle so froh und festlich. Spät die Landstraße hinunter zwischen meinen beiden besten Menschen, fühlte mich reich und geborgen, konnte vor Freude nicht schlafen, lange, lange bis in den Morgen.

21. September

A. fort, ich morgens zu Klages, ihm sein erstes Frühstück gemacht – möchte so gern bleiben und für ihn sorgen, aber ich muß fort, muß an die Arbeit, allein sein.
Nachmittags.
Ein tiefer Schauer, aber er folgte auf die Freude, die ich wollte – sie war durch die Angst getrübt, Angst vor Eifersucht – ob auch hier jemand anders kommt, mir etwas wegzunehmen. Wenn ich

etwas mehr Zutrauen zu Putti hätte, dann schwiegen solche Gefühle in mir. Aber ich will den anerkennen können, der in irgend etwas mit mir rivalisiert. Oder lügt man sich das vor? Ist auch möglich. Aber bei mir kommt immer sofort ein Fühlhörnereinziehn, das mir selbst wehtut.
Sowie ich wieder hier allein bin, ist das alles fort, weit fort. Menschen und Beziehungen sind mir gleichgültig, wenn ich nicht dazwischen stehe. Das ist auch wieder eine Mahnung zur Einsamkeit.

22. September

Sonntag mittags heraus.
— »Jetzt freuen wir uns, Mamai« — dabei fährt er mit seinem kleinen Schiebkarren den Berg herunter in unser ungequältes Paradies. — Draußen Anita Augspurg und die Schwestern Goutsticker getroffen, mit ihnen gebadet. Über dem Gebirge weinroter Sonnenuntergang und die nackten Gestalten.

23. September

Im Klostergarten auf der Bank gesonnt, die Patres und Brüder gehen lächelnd vorbei und sagen mir guten Morgen, Rolf spielt zwischen den Hühnern im leuchtenden Gras, über der Laube hängt roter Wein, es glüht noch einmal alles im Sommerreichtum. —
24., 25., 26., 27. in großer Elendigkeit zugebracht, auch den ersehnten Tag mit Adam. Bin das nicht mehr gewöhnt und sehr ungeduldig. Es hat aber auch sein Gutes, weil ich immer mehr Lust zur Arbeit bekomme, wenn ich nichts tun kann. —
Heute endlich Kopf wieder frei.
Am Roman und endlich einmal Gitarre geübt. Wenn ich mal so hineinkomme, bin ich ganz wild, male mir aus, wie das nun jeden Tag so sein wird und wie herrlich ich weiterkomme. Aber es ist des Teufels. Was hatte ich früher für eine herrliche Energie, und jetzt hängt sie in Fetzen. Was sollten in diesem Dorf für Wunderdinge geschehn, und ich habe nicht einmal Gitarre gelernt und meinen Roman fertig und den Burckhardt ausgelesen.
Abends im Bett gelesen und dann natürlich den nächsten Tag wieder Schädelweh.
In der Isar gebadet und in der Sonne gelegen. Dann wieder besser.

Am Ende meines Nachmittagschlafes überraschten mich die Geschwister Klages, abends mit ihnen spazierengegangen, mit ihm spät noch geredet.
Sie fuhren heute um halb zwei wieder ab, ich überliste die Maus und lasse sie drunten, während ich mit nach Ebenhausen ging. Als ich wiederkam, stand er verweint im Schweinestall. Die Leute erzählten mir, daß er mich überall verzweifelt gesucht und geheult. Schließlich hat die Schweinemama ihm ein kleines Ferkel auf den Arm gegeben, das hat er gestreichelt und sich damit getröstet.
Traum:
Mit Adam in einer merkwürdigen unwirklichen Landschaft, dann war es auf einmal der südliche Abhang des Husumer Schloßgartens. Somi kam in einem rotseidnen Staubmantel, wie ich gerne einen haben möchte mit Kapothut, und ich sagte, nun müßte ich wohl gehen. Schwang mich seitwärts über hohe Felsen hinauf mit einem Gefühl von Stolz, daß ich da hinaufsprang und die andern unten auf dem Weg gingen. Ihre Figur war etwas schwerfällig, und sie gingen nicht nebeneinander. Dann hatte ich plötzlich einen Schädel im Arm und erschrak, bis ich sah, daß es ein nachgeformter war und in dem Felsen festsaß. Dann noch mehr Schädel, aber alles keine wirklichen – während die beiden immer weiter entschwanden. –

4. Oktober

Die Bolognamappe mit meinem Romananfang. – Herrgott, hab' ich mich gefreut, und wieder auch war es wehmütig, Samos, Adam, Tigani, Athen, alles war auf einmal wieder da.
Und ein Brief von A.
Mit der Maus Megali peripato auf Deining zu, er lernt jetzt die Namen von allen Bäumen, die Tanne ist ein Stichelbaum. Man kommt doch allmählich immer besser darauf, ein Kind zu behandeln. Ich mache ihn den ganzen Weg darauf neugierig, was an der nächsten Ecke kommt usw., und auf dem Rückweg tanzen und laufen wir. Dann sind wir zwei unartige Mausis, die weglaufen. Da wird er nicht müde. Früher, wenn ich an meine Schreiberei dachte und er quängelte, war es oft eine große Nervosität. Jetzt schmeiße ich das beiseite, wenn ich draußen bin.
Abends dafür gearbeitet und ein Stück weitergekommen, ich

glaube, die Kindheitsgeschichte wird gut und das Abendarbeiten scheint zu gehen. Nur die Gitarre ist zu kurz gekommen.

6. Oktober, Sonntag

Nun sind es andere Träume, und sie lassen mich nicht los, den ganzen Tag. Das ist Wiedererwachen und rüttelt an mir wie in den wildesten Zeiten. Mich hält die Arbeit stark gefangen diesen Sommer, aber wenn sie einmal zu Ende ist, muß das alles wiederkommen. Wie ist das Leben schwerreich, so reich, daß man nur immer beide Hände ausstrecken möchte.

Herbstwetter, Regen, mit Rolf durch den Wald und gesungen. Abends Roman und innere Schmerzen. Bubi bei mir im Bett eingeschlafen, während draußen der Sturm heult und die Kastanien von den Bäumen herunterprasseln.

7. Oktober

Ins Ökonomiehaus gezogen, in das Zimmer, wo einst W. und ich Derleth* besuchten, er uns seine Gedichte vorlas und den Rhythmus verloren hatte.

Ich finde den meinen immer mehr wieder. –

Bubi steht am Fenster. »Mamai, jetzt wird's Winter, jetzt fallen gleich die Blätter herunter. Und dann kommt Weihnachten und was krieg ich dann?

Dann krieg ich ein Stichelbaum mit Lichtern und Schlittschuh.« – Wenn er groß ist, will er »Menschenkleider« tragen und ein Leibi wie Adam. Gestern war er mit den Kühen auf der Weide. Nachher erzählte mir die Regina, daß er eine Kuh beim Schwanz genommen, die sich dann umdrehte und ihn stoßen wollte. Nun darf er nicht mehr mit. Nachmittags wundervoll geschlafen, 2 Stunden lang. Als ich aufwachte, war mir so wohl in dem großen warmen Zimmer – so ein rechter Winternachmittag. Gitarre gespielt und genäht, heute abend soll es wieder ordentlich an die Arbeit gehn.

8. Oktober

Bubi kriegt seine erste Hose und läuft in namenlosem Stolz herum, zeigt sie allen Patres. Der Roman rückt vor, wir sind sehr vergnügt.

---

* Der Schriftsteller und Lyriker Ludwig Derleth aus dem Kreis um Stefan George.

Er wird früh ins Kloster geschickt, um Honig zu holen. Der Küchenbruder ist der »Kaufmann Honig«. – Einen Tag Soldaten hier. Da saß er mitten drin am Biertisch und meinte, daß sie mit den Fahnen Schmetterlinge fingen. – Träume und Nerven. Angst abends im Bett, aber das Buch muß fertig werden.

11. Oktober, Freitag

Abends Klages. – –
Den nächsten Morgen und Nachmittag ihm Roman vorgelesen. Steine, Zentner und Mühlräder vom Herzen, daß er es gut fand. Hochgespannte und wundervolle Stimmung, hätte in einem Zug das Buch zu Ende schreiben mögen.

Alpdruck und ein dunkler Teich, in dem tief unten eine rote, rote Sonne schien.

Bubi fragt, woher ich ihn gekriegt hätte. Ich erzählte ihm, er wäre, als ich krank und traurig war, vom Himmel gefallen. – Dann sah er am Abend die Abendwolken und erzählte mir: »Wie du im Krankenhaus warst, war ich eine Wolke am roten Himmel, und dann bin ich zu dir geflogen vors Fenster.«

13. Oktober, Sonntag

Schweres Kopfweh. Wir gingen am Morgen durch rote Buchenwälder am anderen Isarufer. Nachmittags noch ein weiter Gang in die Wiesen hinein.
Abends gearbeitet.

14. Oktober

Glänzender Vormittag. Der Nachmittag wieder nervös. Mein Gott, wie bin ich manchmal heftig mit dem Bubi und finde es selbst abscheulich.

16. Oktober

Ein Kraft- und Freudentag, eben dabei fällt mir ein: der sechste Jahrestag meiner Operation. Fiel wieder mit Wut über die Gitarre und hab' meinen kleinen Finger malträtiert, der sich nicht biegen will.
Weiter Gang über Wiesen und durch Wälder, wo die Sonne durch goldene Buchen schien. Auf der Wiese gelaufen, gesungen und Bubi Purzelbäume gelehrt. Fehlte nicht viel, daß ich auch einen versucht hätte. Sind das die Zirkuserinnerungen aus meiner Kin-

derzeit oder das plötzliche Gesundheitsgefühl? — ich möchte heute nur turnen, laufen und meine Glieder verrenken und träume von equilibristischen Turnstunden, von denen ich doch vielleicht trotz meines Alters etwas profitieren kann.

18. Oktober

Was für Tage, wie lauter Geschenke. Im Nebel durch den Wald auf Bayerbrunn. Gegen Sonnenuntergang brach auf einmal eine leise Röte und auf der andern Seite zwischen den Zweigen ein leuchtendes Gold durch. Wir rannten, um aus dem Wald zu kommen und den Himmel noch zu sehn, aber da war die Sonne schon herunter. — Ich bin dahinter gekommen, daß ich in letzter Zeit eine niederträchtige Mutter war, ungleichmäßig und gereizt, dachte den ganzen Tag an den Roman und war dann jeden Augenblick ungeduldig. Jetzt hab' ich mich ein paar Tage ordentlich angestrengt, mich besser zu verteilen, und wir sind beide besser dran. Mit dem Augenblick, wo ich von der Arbeit aufstehe, konzentriere ich mich um und beschäftige mich nur mit Bubi und seinen Fragen, und da vertragen wir uns wundervoll. Es ist merkwürdig, wie Gereiztheit der Mutter gleich auf das Kind reflektiert und es ungezogen macht. Wie hat man sich zu erziehen, um nicht in die verbreiteten Elternfehler zu verfallen. Und im ganzen kann ich mir doch sagen, daß ich so mit ihm umgehe, wie ich selbst will. Aber es müssen auch die Momente verschwinden, wo ich es aus Zappelei nicht tu'. Ich fange ja überhaupt erst an, zu leben und an mir selbst zu modellieren. — Durch schimmernde Wälder und Wiesen. Bubi war erst nicht recht aufgelegt: »Heute sind wir zwei traurige Mausis.« Aber ich gebe mir Mühe, ihn lustig zu machen, und zuletzt waren wir sehr vergnügt. Im Bett versprach er mir, er wollte mir zu Weihnachten Bubihosen schenken, das ist jetzt das Schönste, was er sich ausdenken kann.

Unterwegs ging ein Mann mit uns, der mich fragte, ob das mein Brüderchen wäre und ganz erstaunt über die Mutter war.

Abends.

Die Maus so müde, daß ich sie beim Nachhausekommen aufs Sofa legte und zudeckte. — Jetzt bist du ein krankes Mamai. — Als ich wieder hinaufkam: »Mamai, mach' schnell das Fenster auf. Da ist ein Mausi geflogen gekommen, weil ich ein krankes Mamai bin.« —

Wieder einen mächtigen Ruck am Roman. Erste Malstunde. Selbststudienversuch etc. pp.

Bubi:

»Gibt es auch weiße Kaminkehrer?

Werden die Gänse alle Tage gerupft?«

Morgens beim Aufstehn spielte ich Ziegenbock, der Mamais Kleider anzog. Er war ganz überzeugt, ging dann hinaus und kam als Mamai wieder und ließ sich alles vom Ziegenbock erzählen. Am Isarabhang gesessen, die Maus auf einem Baumstumpf, legte meinen Kopf in seinen Schoß und ließ mich streicheln.

— »Du brauchst dich nicht fürchten, wenn du dein Mausi hast.« —

— Wenn nun jemand mir etwas tun will? —

— »Dann schlag' ich ihn tot und nehm' großes Messer und schneid' ihm Kopf und Hände ab und alle Beinchen.« —

Große Seligkeit über den Mond. Erzähle ihm, wie wir da hinauffliegen wollen, er rote und ich goldene Flügel kriegte und wir auf den Telegraphensaiten Musik machen — so nennt er immer die Gitarresaiten.

Ich muß abwechselnd Mond und Ziegenbock und Pferd und Gott weiß noch was sein.

Er schaut die Photographien von sich und Adam an, sieht die von Walter: »Das ist ein böser Mann.« —

Warum denn? —

»Ja, der mag mich nicht, der schimpft mich immer aus.« —

Wie kommt er dazu? —

Geschwister Klages. Er verstimmt, gereizt, fuhr am nächsten Morgen in aller Hergottsfrühe zurück, weil nicht geschlafen.

Nein, da kann ich nicht mehr mit, kann das Hin- und Herzerren von Stimmungen nicht mehr aushalten, wenigstens jetzt nicht, wo ich all meine Kräfte brauche. Ihm die ganze Woche nicht geschrieben.

Nerven, Nerven, aber ich mache große Fortschritte in der Selbstbehandlung und der Erziehung meiner selbst. Ich will keine ungeduldige Mutter werden. Ja, wenn ich nicht schreiben müßte, ich glaube, dann hätte ich überhaupt keine Launen. Zappligkeit hat nie in meiner Natur gelegen. Na — und gegen frühere Jahre ist mein Leben jetzt Faulenzen. Um 7 1/2 aufstehen, erst sehen wir vom Bett aus die Sonne aufgehen oder die Nebel leichter werden. Dann kaltes Wasser bei offenem Fenster, das vertrage ich jetzt auch wieder. Frühstück, Morgenspaziergang, auch das eine alte Gewohnheit, die ich lange vernachlässigt hatte und die mir notwendig ist, von 10–12 resp. 1 arbeiten. Essen, schlafen bis 5, 1/2 Stunde gehen resp. turnen, dann laufen und springen, dann Gitarre üben, Bubi füttern und zu Bett bringen. Noch 1–2 Stunden arbeiten und um 9–10 schlafengehen.

Wenn ich nicht rauchte, wäre mir noch viel wohler, aber c'est plus fort que moi. Immerhin ist's jetzt nicht schlimm damit, zehn Zigaretten das Höchste – und abends kein Tee. Mein Herz ist auch zur Zeit wieder manierlicher. Es gab Zeiten, wo es bei jeder Bewegung hüpfte.

Sonntag, 4. November

Inzwischen zwei Tage in München. Brrr. Stadt, Hetzerei, selig fuhren wir wieder hinaus. Es friert des Nachts.

Früh alles weiß bereift und winterlich. Es kommt mir vor, als ob ich lange, lange die Jahreszeiten nicht mehr erlebt hätte. Mir ist in diesem Sommer und Herbst alles neu, jeden Tag neues Erleben. Mit einmal förmliche Frühlingsmüdigkeit. Kniee knicken ein, schlafe zwei Stunden über Mittag und bin nachher in einem halben Traumzustand vor Schlaffheit, der aber nicht unangenehm ist. Mit Mühe und Not aus dem warmen Zimmer und dem mulmigen Gefühl aufgerafft, in den frischen Abend hinausgehen. Brachte es heute auch nur auf eine halbe Stunde Spaziergang, was lange nicht vorgekommen ist. Mir schliefen fortwährend die Beine ein, und das Bett schwebte mir vor als höchstes aller Gefühle.

Immer noch nicht wohl, jetzt fängt es aber an, unangenehm zu werden. Abends etwas Fieber und den Tag über schrecklich nervös.

6. November

Früh war ich ungeduldig mit dem Bubi – er wollte nicht schnell gehn und zerrte an mir oder blieb zurück. Ich schalt ihn, und plötzlich fing er an zu weinen und legte seinen Kopf an meine Kniee: »Mamai, ich bin so traurig, mach' mich doch wieder vergnügt.« Das tat ich dann auch, und wir gingen sehr glücklich zusammen durch den Wald im Rauhreif, wie einen Märchenwald. Auf dem Rückweg an derselben Stelle: »Da hast du mich traurig gemacht, und da hast du mich wieder vergnügt gemacht.«

— Aber ich glaube, ich werde krank, wenn ich nur wüßte, was — Nach einer halben Stunde Gehen hatte ich mich mitten im Walde hingelegt, weil mir die Knie einfach versagten. Le bon Dieu schikaniert mich überhaupt wieder, ich kann die Augen abends nicht gebrauchen, ohne Schmerzen und ohne Kopfweh zu bekommen. Denke wieder manchmal an Monsieur — d. h. eigentlich sehr oft. Solange ich ihn nicht sehe, geht es noch, aber ihm einmal begegnen?! —

Sonntag, 10. November

Nachmittags lange geschlafen und mit wahnwitziger Einsamkeitsstimmung aufgewacht. Ich muß wieder einen Menschen haben, finde ich wohl jemals einen wieder?

Brachte nachmittags Wanda Falkenberg nach Ebenhausen, man erzählte uns eine Schauergeschichte von einem Mann, der dort gestern erstochen wurde. Und auf einmal legt sich alles so bleischwer auf mich, der Himmel hat sich auch bezogen. — Fürchtete mich auf dem Heimweg, meine Nerven sind überhaupt wieder bedenklich herunter. All die frohen Hoffnungen von Samos erlöschen manchmal vor diesen alten Gefühlen.

Klages, zusammen Roman gelesen. Kopfweh, Nerven, ich kann dieses mich Umgeben nicht vertragen — es ist, als ob fortwährend in die Sphäre eingedrungen wird, in die ich mich einwickle. Wer versteht wohl das Fernbleiben bei aller Nähe? Wenn er ein Mensch wäre oder ein Mann — denn ich suche jemand, wo i c h mich anlehnen kann, und er will sich an mich anlehnen. —

Und das »Ungeheure« an ihm liegt nicht im Menschlichen.

— Übrigens ist das alles Blödsinn, es ist nur das Zurechtformulieren. Dahinter ist nur, daß ich mich entsetzlich nach einem Menschen sehne und nie mehr einen finde.

Vielleicht war Adam die letzte Möglichkeit, die nun auch vorübergegangen ist. Hätte ich ihn wohl festhalten können? — und warum habe ich's nicht getan?

Ja, die vielen Warums, die einem erst hinterher kommen. Ich lebe jetzt zu sehr außerhalb des Lebens, es ist wie eine Krankheit.

Mittwoch abend brachten Rolfi und ich Klages zur Bahn und gingen mit der Laterne im Dunkeln zurück.

Donnerstag noch ein unerwartet guter Arbeitstag. Draußen Herbstregen. Vormittags 2 Stunden durch Wälder gegangen.

Freitag Baschl, wieder der Abendbahnhofsgang mit der Laterne, ein Fest für die Rolfmaus.

Samstag, 16. November

Ganzer Tag am Sofa, sehr elend. Erster Schnee. Gegen Abend zum Ausgehn aufgerafft und auf die Isar zu zwischen den weißen dämmrigen Schneefeldern.

17. November

Heller Schneesonntag, wir sehen nun alle Morgen vom Bett aus den Himmel rot werden und die Sonne aufgehn, und nun werden auch der Schnee auf den schwarzen Bäumen und das weiße Stalldach rot. Zwei Tage ganz verlesen und verträumt im warmen großen Zimmer mit Buchenholz im Ofen und dem Wintertag draußen.

Montag nach Ebenhausen auf die Felder, um die Sonne untergehen zu sehn. Rolf hat viel Gefühl dafür, Naturfeste zu genießen.

19. November

Nun kommt wieder die übliche Nachmigräne. Ich muß doch sehn, in diesem Winter durch eine letzte Kur alle Reste loszuwerden, verliere zuviel Zeit damit, jeden Monat fast eine Woche. C'est trop. Ich zittere so um mein Leben, ob ich noch alles hineinbekomme, was ich will, solange es noch nicht Herbst ist. Denn das ist es noch nicht. Sommer, Hochsommer. Die Herbstruhe und Herbstreife ist doch noch weit. Das habe ich dieses Jahr an der Jahreszeit draußen gesehn. –

O Leben, Leben, nur leben. Das alte Fieber wacht immer mehr auf. Lieber noch verzweifelte Kämpfe als entsagen. Das Entsagen war bei mir immer nur Kranksein und Lahmsein. –

Es ist Winter, und ich muß die Zeit vor mir herhetzen, um das Gefühl zu verlieren, daß sie vorüberstreicht.

Ich lese Marie Bashkirtseff, das möchte die einzige Frau gewesen sein, mit der ich mich ganz verstanden hätte, vor allem auch in der Angst, etwas vom Leben zu verlieren und vor dem unerhörten Prügelbekommen vom Schicksal.

22. November

Nach München. Klages Schwester Helene mich abgeholt. Sie ist ein entzückendes frisches, junges Geschöpf. Die ersten Male kam sie mir leicht steif und etwas zu gesetzt vor; zu meiner Wohnung, dann kam Adam mit einem Teerosenstrauß. Die Maus und ich fielen über ihn her und prügelten ihn wie wahnsinnig, zur Strafe, daß er Somi geheiratet hat. Die Prügelei fing immer wieder an und dauerte etwa eine Stunde, wurde nachher noch in der Klagesschen Küche fortgesetzt.

Dann Klages Verstimmtheit über die Rodiaffäre, und ich schämte mich über meine blöde Gedankenlosigkeit. Nachher tobten wir wieder ab, Helene, Adam und ich. Ach, Adam — jetzt bin ich wieder froh.

Später mit Falkenbergs im Luitpold. Ich wollte zum Schluß Adam all meine Pakete aufladen, er wollte nicht, und ein großes flog dabei unter einen fremden Tisch, was peinliches Aufsehn erregte. Ich ärgerte mich über das Backfischbenehmen eigentlich nur in dem Gedanken, daß ich dazu nicht mehr jung genug aussehe. Das ist überhaupt meine Sorge bei Tag und bei Nacht. Die andern finden mich noch jung, auch wenn sie mir nicht schmeicheln wollen, aber ich selbst nicht mehr. Solange ich noch wußte, daß ich jung aussah, hab' ich mich nicht viel um mein Aussehen gekümmert, jetzt werde ich immer eitler und bin unglücklich, wenn ich nicht lauter Sachen habe, die mir stehn. So trage ich hier draußen trotz aller Kälte noch meine Sommermatrosenbluse, weil sie mir gut steht, mit hellblauem Matrosenkragen — das ist vielleicht auch ein guter Beweis, daß Backfischfarben mir immer am besten stehn. Ich glaube, mich macht nur die Schreiberei häßlich, weil ich von der Kopfarbeit einen gespannten Ausdruck kriege und das Schreiben seit Samos meine Augen anstrengt. Und ein Entschluß steht fest: ehe ich wieder übersetze — kommt lieber ein reicher Schatz. Aber dann muß ich mich eilen, sonst bin ich doch nicht mehr jung genug. — Ich gebe mir noch zehn Jahre zum Jungsein, von dem Augenblick an, wo nichts mehr hilft, will ich lieber lernen, mit Grazie alt zu sein. Forcierte Jugendlichkeit macht nur noch viel älter.

Für Bubi das erste Märchenbuch gekauft. Wir kamen beide todmüde zurück, die schwarze Franzi holte uns mit der Laterne ab. Ich tat ihn ins Bett und wollte noch irgend etwas anfangen. Hatte ihn mit Gott weiß was gekränkt und nun saß er aufrecht im Bett und schimpfte eine halbe Stunde lang: du *unverschämtes* Mamai, du *unverschämtes* Mamai — war so entzückend, daß ich mich nicht entschließen konnte, ein Ende zu machen. Später: ich armes Mamai, ich habe niemand, ich bin ganz allein – und er: dann sind wir beide zusammen allein.

23. November

Verlorener Tag. Vor Müdigkeit zu allem unfähig, anscheinend Lungenstiche im Rücken und unterm Schlüsselbein und wahnsinniges Kopfweh, zwölf Stunden geschlafen und zwei am Tag. Dann abends mit dem Rolfi im Schneestrum zur Isar hinunter. Rotkäppchen erzählt.

24. November

Vormittags Roman. Es sollte ein schöner Maussonntag werden, wir hatten uns mit dem Maxl zum Schlittenrutschen verabredet, und dann wollte ich ihm wieder Märchen erzählen – statt dessen kam Schuler* mit seinem Ferdinand, sie hatten unsere Spur im Schnee gefunden, und der ganze Nachmittag war hin. Ich komme zu nichts, und möchte über jeden solchen Tag heulen, die Gitarre – alles, wonach ich lechze und Tag um Tag danach strample. Und die Zeit rinnt.

29. November

Bessere Tage, plötzlich geht es wieder in die Höh' und eine mächtige Arbeitswut. Draußen Schnee und abends Märchen.
Wir haben ein Schneehaus gemacht und wieder eingeworfen. Ich entsetzlich erkältet, Asthma und Lungenschmerzen im Rücken. Doch manchmal entsetzliche Angst, daß da etwas ist.
Ja, ja, ja, die Sache gefällt mir nicht. Fieber und ähnliche Sachen. Zur Arbeit ist so ein leises Fieber fast eine Hilfe. Manchmal komme ich mir wie ein Koloß vor, wenn ich denke, wieviel Steine ich jahrelang zusammengeschleppt habe und auch in diesem Jahr wieder. –
Hätte ich das in die Arbeit, die ich will, hineinwerfen können. – Ich mag nicht daran denken.

Dezember

Jetzt zittre ich nun um jeden Tag, als ob das Leben daran hinge, bis Weihnachten fertig zu sein. Aber das tut es wirklich.

---

* Alfred Schuler, Archäologe und Mysterienforscher, gehörte mit Ludwig Klages zu den »Kosmikern« in München, die sich vom Kreis Stefan Georges absonderten.

Das Göttertier ist kein Hemmnis, es ist überwältigende Erholung. Ich habe mich selbst in strenge Disziplin genommen und werde sehr selten nur ungeduldig bei allzu fürchterlichem Lärm, Türen schlagen, sechsmal nacheinander hereinkommen etc. Im ganzen bin ich mit mir zufrieden, ich komme allmählich dahin, wo ich will. In dieser Zeit habe ich wirkliche Erziehung geübt. Es gibt Leute, die sagen: Ich kann mich nicht teilen, aber ich zerlege mich direkt in zwei Teile: Sklave der Arbeit und Mamai. In dem Augenblick, wo der Bubi hereinkommt, bin ich ganz der Eine. Es ist immer nur der schwierige Moment, wo man sich plötzlich umschalten muß, aber ich sehe, daß man es durch Training dazu bringen kann.

Sonntag abend

Mit ihm im Puppentheater in Ebenhausen, es war eine Seelenerschütterung, das Kind zu sehn, wie seine großen schwarzen Augen allem folgten – wie er vor Schrecken zusammenfuhr und nach meiner Hand greift, als der Kasperl kam. – Schrecken vor der menschlichen Karikatur – der Ritter machte ihm keine Angst. Dann ließ er meine Hand nicht los, er war noch nie so anschmiegend. Als der Engel im roten Licht zu Genoveva herunterkam, sagte er: »Solches war ich auch.« – Da hätte ich am liebsten vor ihm gekniet. –

Wir leben jetzt in Märchen. Der Winter ist das böse Wintertier, das auf den Bäumen sitzt und sie schüttelt. Wenn es schneit, sind es die Engelmausis im roten Himmel, die den Schnee herunterwerfen, hört es auf, so schlafen sie in goldenen Bettchen.

Die letzten Tage – wehmütiger Vorabschied und zitternde Arbeitshast.

Dienstag, den 17. Dezember

Roman fertig, d. h. bis zum Schluß, zum letzten Fertigsein fehlt noch manches.

München. Arge Kopfwehtage, besinnungslos Phenacetin genommen. Schlaflosigkeit, Rennerei und Heimweh nach dem Kloster. Aber schöne Stunden mit Adam. Wozu nur schwindelt er mich an? Ahnt nicht, daß ich den Sachverhalt längst zusammenkombiniert habe.

Bubi jeden Morgen: »Ist jetzt Weihnachten?«

24. Dezember

Am Nachmittag steckte ich ihn ins Bett und machte im Nebenzimmer den Baum, und er ruft zu mir herüber.

Dann das überwältigte Göttertier – und daß der gute Adam da war. Am liebsten wäre ich mit ihm und Maus ganz allein gewesen. Menschen im allgemeinen werden mir immer unerträglicher. Wollte abends mit ihm in die Christmette, aber zu müde. Am nächsten Tag traurig darüber. Von Adam hab' ich nie genug. Am zweiten Feiertag ihn verfehlt, d. h. er hatte zwei Stunden bei mir gewartet und mußte dann bald gehn. Darüber wieder traurig, und dann fuhr er fort. Und ich nach Schäftlarn.

Hinausgefahren im Schneenachmittag, hier mit Freude empfangen. Dann Bubi plötzlich krank, zwei unruhige Nächte. Fieber immer höher bis 40,5 und der kleine, heiße, zuckende Körper dicht an mir.

30. Dezember

Besser – Gott, war das eine Angst. Aber jetzt ganz gesund mit derselben Rapidität wie gestern das Kranksein. Ich selbst ganz tot, lahm im Kopf und in allen Gliedern, möchte nur daliegen, energielos bis zum völligen Verzagen. Nur die Freude über Bubis Besserung verleiht mir Kraft. Er spielte nachmittags wieder um mich herum. – Bubi gestern abend, als ich im Nachthemd stand: »So bist du aber nett, Mamai.« – Ganz weinerlich ist das kleine Tier.

Dienstag, 31. Dezember. Silvester

Ausgeschlafen und frischer aufgewacht. Schwere, schwarze Wolken, dazwischen fahler Sonnenaufgang. Dann kommt die Sonne durch, und es ist wie ein Frühlingstag; Vögel zwitschern. Schäftlarn ist mir ein heimatlicher Erdenfleck, wo ich ausruhn kann und still bin.

Das vierte Mausneujahr, und es geht zu Ende mit Genesung. Jetzt muß ich wieder »drauf«, keinen Tag verlieren.

Im Sonnenuntergang nach Ebenhausen. Heimfahrt. Hier Weihnachtsbaum noch einmal angesteckt, den großen und Bubis kleinen. Mit ihm dagesessen, erst etwas traurig – Einsamkeitsgefühle – die aber vor dieser warmen Gegenwart verschwinden. Jetzt schläft das Göttliche, da steht sein Puppentheater, seine Wiege, sein Bäumchen. Und ich wollte traurig sein. –

Alles ist still im Haus und ich in einer selten ruhig-frohen, leicht gemessenen Stimmung. Las in alten Briefen – Walter – Adam – dazwischen Karten von Fr. – Die erste Neujahrsnacht seit vier Jahren, wo ich allein bin und nicht auf ihn warte.
Vor vier Jahren kam er um Mitternacht unter mein Fenster – ich weiß noch jeden Moment aus der ganzen Nacht und wie ich dann am Neujahrsmorgen den Bubi spazieren fuhr und mir Veilchen kaufte. Es war auch solches Frühlingswetter wie heute – –
Und wo mag er jetzt sein?
Eigentlich ist er mir ganz gleichgültig. –
Ich denke daran, wieviel lichter alles für mich geworden ist – und rüttle aus alter Gewohnheit etwas an meinem inneren Menschen, der mir immer noch nicht ganz gefällt.
Und auch da sind es wieder nur meine Nerven, an denen ich zu arbeiten habe. Besonders wegen der Maus – ich will nicht die kleinste Regung von Ungeduld und ähnlichen Greueltaten. Kann mir aber auch das Zeugnis ausstellen, daß die sehr selten sind, nur wenn ich vor Elendigkeit, Hetzerei etc. am Zerspringen bin. Müßte ich nicht arbeiten, d. h. mit dem Kopf arbeiten, so wäre ich eine vollkommene Mutter. – Das alles nagt an mir, zerstört mich und explodiert manchmal, aber durch mehr Einteilung soll auch das jetzt unschädlich gemacht werden. Lieber noch ein paar Falten bekommen, als Risse in das kleine, zarte Gemüt, das mir ganz gehört. So oft frage ich ihn: Maus, bin ich nicht abscheulich? – und er immer: »Nein, du bist brav.« O Gott, nur überhaupt keine verhetzte, fahrige »Existenz« werden. –
Der Roman liegt hinter mir – die erste Abspannungsnervosität ist weg, wieder in ein stilles, erfreuliches Tempo eingelenkt.
Meine Göttermaus, wir sind doch so namenlos gücklich und reich miteinander, und der Reichtum soll immer größer und vertiefter werden.

Neujahr 1901/1902

Sechste Epoche

Kreuz und quer

10. April 1902

Gestern von Gebirgstour zurück. Adam und Baschl an der Bahn. Adam plötzlich grantig – niemand weiß, warum. Wir andern im »Leopold« zu Abend gegessen, plötzlich Deprimiertheit, weil wieder in München.

Am andern Morgen gehn wir zu Klages. Er, schlecht aussehend, spricht von vinum et circenses – abweisend kühl, diese Art von Kühle, die ich nicht vertragen kann, weil sie mir so beabsichtigt vorkommt.

Es ist alles aus dem Geleise zwischen uns.

Donnerstag Italienisch mit Dhesyllas.

Freitag mit D., Helene Klages und Schnuckl zu den Ringern. Wir drei im Fiaker zurück, plötzlich Anwandlung, zu Klages zu gehen und mit ihm zu sprechen. Durch seine Schwester verhindert. Fast zornig geworden. Helene steht in gewisser Weise zwischen uns, weil sie zuviel von uns beiden weiß. Ebenso Adam.

Mir ist der Weg zu ihm förmlich abgeschnitten, und ich muß ihn doch wiederfinden. Wir können so nicht auseinandergehn. Aber unsere Sache ist quasi Gemeingut geworden, lauter fremde Hände dazwischen.

Warum überhaupt schweigen wir alle nicht viel mehr? Alles wird beredet, auseinandergelegt – wieder zusammengesetzt und dann wieder von vorn angefangen.

Nächsten Abend Adam, redet in seinem unangenehmsten Ton mit lauter Stimme über Bubi.

»Ihm war, als habe seine Seele einen Schlag mit dem Stock erhalten.« – So war mir, nicht allein über das, was er sagte, – ich glaub' da doch besser zu sehen, jedes Kind schauspielert oder wenigstens jedes schlaue, wenn es etwas zu erreichen gibt, und manche Mätzchen bei Bubi, die er meist aus der Spielschule bringt, berühren mich selbst unangenehm, und ich suche sie ihm abzugewöhnen. Wenn er nicht beachtet wird, ist er ein völlig unbe-

rührtes Kind, und ich kenn' ihn am besten. – Aber Adam: »Der Bubi ist ein raffinierter Komödiant« etc. pp.
Er möchte die Maus einmal vier Wochen um sich haben, um ihm alles auszutreiben. – Und wenn er ihn allein vier Wochen um sich hätte, würde er auch ohne »austreiben« sehn, daß die Maus ziemlich so ist, wie sie sein soll.
Im Grunde doch wieder das Stück Philisteradam, der Frau und Kind in absoluter Tadellosigkeit will.
Sie sollen nur erst einmal ihre eigenen Kinder erziehen und mir dann sagen, wie ich meins erziehen soll. –
– Der Bubi hat eine gute Witterung; obgleich er nicht bei diesem Gespräch dabei war, zeigte er sich Adam abgeneigt und wollte ihm nicht gute Nacht sagen.

Die ganze Art und Weise von A. hat mich tief verstimmt. Warum mir dann nicht lieber mit ein wenig Ruhe und Wärme sagen: Das und das gefällt mir nicht am Bubi – siehst du es nicht auch? –
Ich fühlte, daß auch da etwas gegen mich ist – Feindseligkeit. – Wir gleiten immer weiter auseinander. – Adam hat als Freund nicht gehalten, was er mir versprach.
Und dann denke ich an Samos und würge den ganzen Tag an Tränen, während ich mit dem Griechen durch den Englischen Garten gehe.
Morgens mit dem gleichen Gefühl aufgewacht – unaufgelöste Tränen, die mir jeden Augenblick in die Augen steigen.
Und Sehnsucht nach dem Freund, der jetzt so weit weg ist. Könnte ich nicht einmal in Ruhe und Güte mit ihm sprechen, er müßte doch fühlen, wie stark ich an ihm hänge.
Entbehren wenigstens kann ich ihn nicht, in diesen wenigen Tagen ist's mir ganz klar geworden. Wir beide dürfen nicht voneinander weggleiten und uns verlieren, weil seine Liebe zu mir anders ist als meine. Keiner von uns wird das in einem andern Menschen jemals wiederfinden. –
Es kommt mir so schmachvoll und allzu menschlich vor. –
Maus: »Mamai, wenn ich ein großer Adam bin, nehm' ich dich mit nach Samos.« –
Sonntag und Sonnenschein, aber immer noch die würgenden Tränen. Wollte nachmittags mit Fr. auf die Jagd, aber nicht wohl,

auch darüber noch deprimiert. Weiß nicht mehr, wohin mit mir vor innerer Gereiztheit.

Und jetzt einmal mich selbst bei den Ohren genommen und gründlich mit mir ins Gericht gegangen. — Ich denke auch immer nur daran, was die andern verfehlen.

Montag, 14. April

Vormittags zu Klages. Tränenstunde.

Ein paar gute, stille Tage mit ausgleichenden Gesprächen über alle Streitpunkte und dann wieder Friede auf Erden und den Menschen ein Wohlgefallen.

Wenn er immer so wäre, mein Gott, wieviel könnte man von dem Menschen haben.

Donnerstag bis Samstag nach Schäftlarn. Bubi erklärt auf einmal, daß er jetzt auch mit Klages wieder gut Freund sein wollte und küßt ihm die Hand. Wir malen uns aus, wie er später die Maus lehren und leiten soll.

In Schäftlarn blauer Frühling und die schöne Einsamkeitsstimmung des vergangenen Jahres. Ließe man mich immer so in Ruhe, so hätte ich ganz andre Nerven.

Morgens mit dem Rolfi durch den Wald, Wiesen und Sümpfe, Blumen gepflückt. Ich die Strümpfe aus und in die Sümpfe hinein, um Dotterblumen und schwarzes Schilf zu sammeln. (Klages wird sofort wieder den Glauben an meine Lebensbejahung verlieren, wenn ich solche Sünden gegen meine Gesundheit begehe.)

Samstag vormittag zurück. Nachmittags bei Klages, essen zusammen im »Leopold« zu Abend.

Au milieu de la nuit Monsieur arrive, frappe à la fenêtre comme autrefois, s'en va après une heure. Nous causons encore à la fenêtre, lui dans le jardin debout sous les arbres fleurissants m'invite à l'accompagner au travers du jardin anglais mais je suis trop fatiguée, vais dormir. D'après, je l'ai regretté. —

Adam, Klages und ich die Maus zur Schule begleitet. Ihr eingeredet, daß ein Luftballon, der am Himmel stand, der liebe Gott sei, aber wenn er herunterfällt, platzt er. Bubi rennt in die Schule: »Fräulein, der liebe Gott ist draußen« — aber sie glaubt es nicht. —

Bubi hat sich neuerdings auf Leben und Tod mit Alex, unserm Nachbar, befreundet. Ich kannte die Eltern schon von der Ažbeschule her.

Alex ist drei Jahre älter, aber sie kommen wundervoll zusammen aus, sind unzertrennlich, sobald Alex aus der Schule kommt.

Montag, den 21. April

Ludwig. Die nächsten Tage fast von morgens bis abends mit ihm zusammen. Mittags im Ratskeller. Abends saßen wir bei den Scharfrichtern. Wedekind*, seine Ballade zur Gitarre singen gehört. E du mon Dieu, mon Dieu! – Das Karnevalsfaible für ihn erwacht wieder – aber arg.

Ludwig mit Adam und Klages bekannt gemacht, dazu kommt der unglückselige Kêf, der mich nach Italien entführen will und von verschwiegenen Palazzi in Venedig vorschwärmt. Aber die Kosten der Reise will er nicht tragen, wie aus seinen Briefen hervorging. Und ich bin längst entschlossen, nach der Idiotenanstalt in der Schweiz zu gehen, eigentlich reut es mich schon, wenn auch die Reise mit Kêf nichts weniger als lockend ist. Aber allein in den Süden und heimlich einen Sprung nach Samos. Wenn mir nur jetzt nicht allzusehr die Initiative zu unsolidarischen und folgenschweren Handlungen fehlte! – und ich nicht in einem geknickten Moment den vereinigten Noorden-Klages versprochen hätte, nach Montreux zu gehen. –

Besuch von Brockdorff. Mein guter Rolf spinnt wieder und schüttet mir endlich sein Herz über »sie« aus. Wir schmieden Ehebruchspläne für ihn. – Ich habe mein Leichtsinnsquartal – wo ich »sie alle« lieben könnte. Mir scheint, als ob manchmal, so wie jetzt, auch zwischen uns beiden Funken springen. Aber wir haben beide eine Art Scheu, unsern geschwisterlichen Bund in anderes zu verwandeln. Er begleitet mich abends in die Stadt, wo ich Ludwig treffe, weiß nicht, was sonst geworden wäre – und wir verabreden uns, einen Abend zusammen auszugehn. Und dann natürlich wird's wieder nichts. Rolf am nächsten Tag mit seinem Freund Höper, der wie Beethoven aussieht, dabei in Wadlstrümpfen und Lodenjoppe.

Freitag fuhr Ludwig ab. Ich abends mit Rolf und Höper bei ersterem soupiert. Rolfs Frau auf dem Land. Wir sind alle drei etwas verjammert, jeder aus einem andern Grunde und müde, reden nur in abgebrochenen Sätzen, sitzen alle im Dämmerlicht nebenein-

---

* Der Dichter Frank Wedekind.

ander auf dem Sofa. Als Rolf hinausgeht, zieht Beethoven meine Hand an die Lippen.

Ich: Wollen Sie mir den Puls fühlen?

Beethoven schmerzlich bewegt mit tiefer Stimme: »Warum sagen Sie das?« –

Um die »komische Situation« möglichst rasch im Keime zu erstikken, stehe ich auf und gehe auf und ab mit einigen allgemeinen weltschmerzlichen Bemerkungen, die in solchen Fällen immer am angebrachtesten sind. Sie wurde dann auch gerettet. Beethoven macht nur bei Tisch eine bittre Bemerkung, daß ich von jeher die Besten verschmäht hätte, z. B. den M., den angeblich die unglückliche Liebe zu mir in den Alkohol trieb. –

Sonntag abend bei Kl. –

Montag früh erscheint Beethoven mit düsterer Miene, fragt mich unter vier Augen, ob ich einen Sekundanten für ihn wüßte, will sich mit Rolf schießen. – Ich nachher ans Telephon, um mit Rolf zu sprechen, statt seiner seine Frau, ich soll sofort kommen. Ich fürchte mich etwas wegen des Soupers, aber statt dessen in das Drama eingeweiht, das zwischen den Dreien spielt. Am schwerbegreiflichsten ist es mir, daß eine Frau leidenschaftlich bewegt sagen kann: »Ich liebe den Höper« – ohne dabei zu lachen. –

Um Rolfs willen ärgert es mich.

Lerne bei dieser Gelegenheit C. Reichel kennen, der entschieden der Mühe wert ist. – Muß dann Frigga Brockdorff zum Mittagessen eskortieren.

Sie sitzt nachmittags zwei Stunden bei mir, um auf Beethoven zu warten, denn sie haben sich bei mir ein Rendezvous gegeben. Als er nicht kommt, hofft man, daß er inzwischen einen suicide élégant begangen hat. Aber gegen Abend erscheint er doch, und sie unterhalten sich drei Stunden in meinem Zimmer, wobei Beethoven in seiner Erregtheit die Kaffeemaschine demoliert.

Ich abends mit Rodi zu den Scharfrichtern, wo wir unserer gemeinsamen Verliebtheit für Wedekind frönen. Nachher mit Falkenberg im Café, der bestürmt wird, uns ein Rendezvous mit Wedekind zu verschaffen. Mittwoch Lösung des Konflikts in Wohlgefallen, das versöhnte Ehepaar erscheint bei mir, ebenso C. Reichel. Etwas verlegene Sitzung.

Dann das Rendezvous mit Wedekind im »Luitpold«, das etwas

ins Wasser fällt. Rodis Gegenwart, Verschwinden und Wiederkommen erschwert die Sache und erzeugt Verlegenheit. Ich begleite W. noch ein Stück, wobei er etwas wärmer wird, aber es wurde nichts Rechtes mehr.

Abends zu Fr. aufs Bureau, schlafe auf dem Sofa, während er noch arbeitet. Dann im Parkhotel soupiert. Friedlichen und guten Abschluß.

So kommt der letzte Münchner Tag mit langem Nachmittagskaffee bei Falkenberg.

Ich nachher zu Klages. Und da gab's wieder Stürme, wohl die ärgsten von allen bisher. Trennten uns in Zorn und Verstimmtheit. Er redet immer wieder in meine tiefe Erschöpfung von heiligen Versprechen, Haltlosigkeit, Launen etc. pp., verlangt zum Schluß Versprechen, daß ich nicht später wie Samstag früh abreise. Ich, sicher, daß ich morgen abfahre, ärgere mich darüber und verweigere es, worauf er geht.

Freitag, den 2. Mai

bringt der gute Adam mich an die Bahn. Im letzten Moment erscheint Klages strahlend in dem Siegesbewußtsein, daß ich doch abfahre, was er wohl für sein Werk hält, und mit unglücklichen Scherzen, auf die ich kein Wort antworte.

Reise etwas ermüdend und deprimierend. Regenwetter, Maus erkältet, ich müde und über Kl. verstimmt. Ersten Tag nach Lindau und über den Bodensee. Bubi bändelt mit Gott und der Welt an, so auch mit einem Lebemann zweiten Ranges, der seine und meine schönen Augen bewundert und gelegentlich mit »ach, wenn doch deine Mama auch so lieb sein wollte«, sich an mich wendet, während seine verlassene Begleiterin mich sehr unliebenswürdig mustert. Er meinte, daß ich Schauspielerin wäre, ich suchte aber dahin zu wirken, daß er uns für Akrobaten hielte. Er war ungefähr das Genre, das mich vor zehn Jahren willenlos entzückte, aber jetzt nimmer. Trotzdem hob es mein Selbstbewußtsein, daß er uns noch bis zum Hotel nachstieg.

Aus alter Erinnerung im »Schlüssel« übernachtet, wo ich vor fünf Jahren eine entsetzliche Nacht zubrachte. Nächsten Morgen nach Kurzrickenbach hinausgefahren, wo ich mit der Maus unter dem Herzen wohl die allerschlimmsten Tage zubrachte. Und jetzt sitzt das lebendige, vergnügte Tier neben mir im Wagen, und ich

erzähle ihm von dem Haus, wo ich krank und traurig war, weil ich noch kein Mausi hatte. – Er wurde ganz nachdenklich gestimmt und fragte immer wieder.
Die Äschlimans, meine damaligen Wirte, erkannten mich gleich und freuten sich. Dann fuhren wir zurück und weiter nach Zürich. Dort zwei Stunden herumgegangen und nachmittags nach Lausanne. Bubi befreundete sich wieder mit drei Zigarettenreisenden, ich verhielt mich anfangs in eiserner Kühle, wurde aber schließlich durch gute Zigaretten entwaffnet und hatte es nicht zu bereuen, da sie mir in Lausanne die Maus und sämtliche Gepäckstücke hinaustrugen. Komisch und eigentlich deprimierend, daß eben dieses Genre Lebemänner und bessere Reisende mir immer die Cour machen.
Nacht in Lausanne. Nächsten Mittag nach Territet. Maus hat immer ärgeren Husten, der sich als Keuchhusten entpuppt und das arme Tierle sehr quält.

10. Mai

Die ersten Tage hier in schlimmer Stimmung, hätte allein sein wollen, keinen Menschen sehn. Allein, allein, allein, nur mit der Maus. Träumte unaufhörlich von München, von den letzten Verstimmungen, daß ich abreisen sollte und nicht wollte etc. pp. Dazu die nächtliche Unruhe mit dem Hustenbubi. –
Jetzt geht's schon wieder aufwärts. Mir wird jeden Tag wohler, wenn auch noch in namenloser Faulheit. Nur Heimweh, Heimweh nach Samos. Darf nicht daran denken, daß Adam demnächst allein hinfährt – und der See erinnert mich an die Bucht von Vathy.
Träume spielen mal wieder eine große Rolle, aber jetzt sind es schöne:
Fuhr nach Markdorf, um Dr. M. zu besuchen, er hatte keinen Bart mehr und sah aus wie in den Zeiten, wo ich in ihn verliebt war. Lud mich zu einem Abendessen auf grüner Wiese ein, wir fuhren in einem Kahn über den See etc.

12. Mai

Wieder einen ähnlichen Traum, aber diesmal war es Wedekind. Ich saß auf der Bühne bei den Scharfrichtern in einer Ecke, während er sang, und wir waren sehr amoureux. –
Diese Träume bringen mich in eine angenehme verträumte Stim-

mung, die den ganzen Tag anhält. Sonst immer noch etwas Energielosigkeit und im ganzen schlechte Nächte. Aber die Maus ist so süß und dankbar, wenn man sie pflegt: »Mamai, du bist so brav, daß du mir immer hilfst, wenn ich husten muß.«
Wir machen schöne Spaziergänge auf möglichst einsamen Wegen und erzählen Märchen. Einmal sind wir zwei Katzis, die auf Vogeljagd gehen oder Hänsel und Gretel oder Königstochter und Frosch.

Trotz Heimweh bin ich froh, von München weg zu sein. Es ist die beste Möglichkeit, um wieder in einen andern Lebensstil hineinzukommen. Die ganze Zerrerei dieser letzten Monate ging im Grunde genommen doch nur von Kl. aus, sie bebt immer noch nach, wenn ich an ihn denke. Und ich hatte nicht genug Kräfte, um darauf zu reagieren, wie ich's hätte sollen, nämlich einfach jede Einmischung in mein Leben ablehnen – was aber von jetzt an geschehen wird. Er hat mich damit halb verrückt gemacht und sich dann gewundert, daß ich verfahren und gereizt war.
Strich drunter und von jetzt an ein anderes Regime, wozu die Entfernung der erste Schritt ist. –
Rodi – ich spinne ihm viel lieber vor und bin sehr deprimiert.
Brief von Klages. Adam hat ihm vorgelesen, was ich über meine Gefühle beim Abschied schrieb. Nun tut es mir sehr weh. Es schmilzt wieder etwas in mir, und ich muß mir Zwang antun, um ablehnend und kühl zu schreiben. Aber das muß sein, ich brauche jetzt Form zwischen uns und Alleinsein.

17. Mai

Endlich einmal ein Strafgericht an der Maus vollzogen, die in letzter Zeit wieder mehr und mehr verwilderte wie immer in den Zeiten meiner eignen inneren Verstörtheit.
Dann wieder die Todesangst, eine ungeduldige, ungleichmäßige Mutter zu werden, überhaupt die Angst, meine Nerven nicht wieder in die Hand zu bekommen. Meine Nerven haben schon vieles aus mir gemacht, was ich von Natur nicht bin – zappelig, gereizt etc. Manchmal kann man darüber nicht schlafen. Der eiserne Wille ist mir abhanden gekommen, ich hatte ihn doch einmal. Vielleicht bin ich eben doch ein Wrack. – Der Zigarettenmorphinismus, über den man nicht mehr Herr wird. Bis jetzt auf

drei pro Tag abgewöhnt, aber ich werde stumpfsinnig, sobald mir das Gift fehlt. Misère de moi.

Wäre ich nur mehr allein mit dem Bubi. Er soll, soll, soll nicht unter meinen Nerven und Launen leiden, und er tut es doch manchmal. Ach, meine kleine einzige Maus.

Vormittags mit ihr in Chillon – das Gefängnis. Die Maus zeigt lebhaftes Interesse, ich erzähle ihm die Geschichte von Bonivard. Er sucht ein Loch und voller Eifer: »Da haben sie gewiß die Brüder hinuntergeschmissen.«

Sage ihm, daß morgen mein Geburtstag wäre, ich könnte ihm aber nichts schenken, und ob er dann böse wäre, wenn ich ihm nichts schenkte: »Nein, nein, ich bin nicht böse.« –

In der Früh des 18. kommt er angekrochen, und ich feiere in Gedanken all unsere Jahrestage. Wir essen Schokolade, dann verbinde ich ihm die Augen und lege ihm seine Geschenke aufs Bett, ein großes und zwei kleine Schiffchen und zwei Bilderbücher, die Klages geschickt hatte. Und er freute sich so und wollte so artig sein – an mich hat in diesem Jahr kein Mensch gedacht, und ich bin wieder sentimental. Regenwetter, mit Rodi und Maus spazieren gegangen, entsetzlich gesponnen. Dann gehn wir in unser Schnapsbeisel vis-à-vis Chillon und lassen die Spieluhr spielen, die Karnevalsklänge wieder aufweckte.

19. Mai

Endlich einmal frischer aufgewacht. Maus ohne Husten durchgeschlafen. Erzähle ihm beim Aufstehen von Thor, der ein Gott und ein Schmied war und wenn er schmiedete, so war es Donner. Dann, daß es viele, viele Götter gäbe, während die dummen Leute meinen, es gäbe nur einen. »Mamai, erzähl' mir noch mehr von den Göttern.«

Von Wedekind geträumt. Gingen zusammen über einen dunklen Hof zu einer Bretterbude. Er gab mir einen kleinen Frosch zu verschlucken und fragte dann, ob er nicht ein Schweinehund wäre.

Ich: Nein, er wäre doch wundervoll.

Maus: »Mamai, erzähl' mir doch wieder von den Göttern.« Erzähle ihm von dem Sonnenwagen und wie Prometheus die Menschen machte. Will immer mehr davon. –

In Clarens. Ich kaufe mir einen Tropenhut, die Maus will auch

etwas haben. Trambahn, Dampfschiff etc. Wir einigen uns auf Spielkarten.
Zum Abschied noch ein paar wundervolle Sonnentage. – Aber mir ist hier immer so schwer zumut, ich weiß nicht, warum. Könnte ich nur irgendwo in tiefer Einsamkeit sein, Ruhe, mit Bubi allein. Die Menschen bedrücken mich, alles, was um mich ist.

28. Mai

Ab von Territet, und nun doch etwas Bedauern. Über den Genfer See nach Genf. – Genf – abends am Quai die Musikbanden. Auch auf dem Schiff, wo Bubi seine Holzflöte nimmt und spielt.
Unruhige Nacht mit Ungeziefer. Brachte Bubi eine rote Nelke mit, die er küßte – und Bonbons. Er setzte sich im Bett auf und sagte: »Bäumchen, rüttle dich, schüttle dich, wirf schöne Gutln über mich.« –
Noch ein schöner, sonniger Tag. Nachmittags auf den Mont Slève, durch ein entzückendes französisches Dorf zum Hotel Bellevue, schwache Aussicht auf den Montblanc.
Nachher im Fiaker den Quai weit hinausgefahren in wundervoller Abendbeleuchtung.
Nächsten Vormittag nach Straßburg. Münster, Bubi gefallen am meisten die Teppiche. –
Einen Abend nach Kehl am Rhein.
Montag, den 2. Juni abends nach Basel. Hôtel de la fleure. – Entsetzliche Höhle mit Mitbewohnern. Bubi flüchtet zu mir ins Bett. Trotzdem sehr munter aufgewacht und den ganzen Tag in Basel herumgelaufen. Vormittags in Museen, Böcklin und Holbein. Bubi selig über die Fischfrauen und die Fischmausis. Nachmittags im historischen Museum. Es ist so entzückend, wie die Maus alles begierig anstaunt, fragt, sich erzählen läßt. Manchmal regt sich etwas mütterliche Eitelkeit über seine Intelligenz. – Abends nach Zürich. In Olten fährt uns der Schnellzug vor der Nase weg, unser Dienstmann unfreiwillig mit – wir mit dem nächsten nach.
Nicht wohl, Ruhetage, zwischendurch bummeln und Seidenwaren kaufen. Nun ist's herum, morgen nach München zurück. Die ganze Reise war doch schön, und ich bin ein undankbares Tier mit meinem vielen Gemaunze. Nur möchte ich einmal die Ruhe, und die war noch nicht bisher, die Ruhe, in der man sich dehnen und recken kann wie in Samos oder in Schäftlarn. Nach dem, wie

ich mich benehme, könnte man glauben, ich könnte es an keinem Platz aushalten. –

München, 8. Juni

Gestern abend spät an, die gute dicke Flingelli an der Haustür und wieder in unsern alten Betten geschlafen.

12. Juni

Bubi in Alexseligkeit, ich in namenloser Faulheit den halben Vormittag im Bett – Regen, Regen.

C. Reichel und das Mopshundi mit Freuden wieder begrüßt. Auch die Braut kennengelernt. Mit beiden einen Abend bei Brockdorffs. Endlich mal ein Mensch, den man um sich haben kann.

Auch Adam, aber der macht mir Schmerzen, es sticht mich jedesmal, wenn er von Samos spricht oder ich daran denke. –

Schluß: man darf eben nicht daran denken – sonst hat man wieder so einen Nagewurm im Innern.

An einem Abend Monsieur. Der nagt nicht mehr so an mir. Es ist alles ruhiger geworden von mir zu ihm. Und doch, und doch – dies ist eine Liebe, die nicht sterben will.

Daneben werde ich blaß, wenn ich mit den andern bei Tische sitze und plötzlich Wedekind hereintritt. Rodi sah es und lächelte mit mir. – –

Ich gehe nachher mit Absicht an ihm vorbei, und bin glücklich wie ein Backfisch über ein paar liebenswürdige Worte und daß die Maus ihm sichtlich gefiel.

Wiedersehn mit Klages. Nein, ich bin nicht mehr böse, aber es ist etwas anders geworden. Ich habe keine Illusion mehr über ihn, und er zerrt nicht mehr an meinem Herzen. Auch daran nicht denken. –

Für Sonntag abend mit Adam verabredet, um nicht mit Kl. allein zu sein. A. nicht zu Hause, und so blieben wir doch allein. Ich anfangs in feindseliger Stimmung, die nachher in eine ganz andere überschlug, ein Gefühl von wahnsinniger Einsamkeit. Wir saßen bei Ungerer unter dunklen Bäumen und dunkelblauem Himmel, und ich dachte mir ein Bild, das ich malen wollte. Zwischen weißen, kahlen Bergen die Einsamkeit als menschliche Gestalt mit bluttriefenden Augen. –

Aber dann kam ich heim zu meinem Kind.

Von dem Tag an hab' ich etwas in mir zusammengerafft – zum

Vorwärtsschauen auf das, was ich noch leisten will. Ich muß mich mit meiner Kunst wieder zusammenfinden, dann wird alles Schwanken und Zerren ein Ende haben. O Gott, wenn ich nur nicht in dies verfluchte Stahlbad gehen müßte. Ich wollte mich so schön selbst kurieren – und mit Schlaf und Bubi allmählich zu mir kommen.

Letzter Münchner Tag

So oft wie ich München verwünschte, es wird mir doch wieder arg schwer zu gehen. Das letzte Mittagessen mit Reichel, Rodi etc. Wedekind am Nebentisch. Bubi will mit dem Mopshundi Friseur spielen, dem Mopshundi gefällt es nicht, springt auf den Bubi, wirft ihn um und zerkratzt ihm das Gesicht ein bissel. Bubi mörderisches Geschrei, Reichel prügelt den Hund, alles in allem ein ohrenerschütternder Lärm. Wedekind grinst vor sich hin in unentwegter Ruhe.

Nachmittags. Adam kriegt wider Willen ein Bussi aufs Ohr. – Am Bahnhof Reichel und Rodi, beklagen sich darüber, daß ich nicht noch einen Tag bleibe. Mir wurde das Herz immer schwerer. Dann fort. Mit drei alten Damen gefahren, gräßlichen Norddeutschen. Als der Bubi schlafen gelegt wurde: »Sag' mal, kleiner Junge, betest du denn auch?«

»Nein« – sagte die Maus mit großen Augen.

Bis zwölf mit der Maus auf den Knien geduselt, sie schlief so süß. Dann in Hof ausgestiegen, ins Hotel. – Andern Morgen nach Steben. Mir ist fremd und unruhig, ich kann keinen Augenblick ohne den Bubi sein. Suchen uns ein Zimmer, zum Doktor etc. Wir haben ein Parterrezimmer mit Aussicht auf die Wiesen. Der Mond scheint, die Wiesen sind weiß vor Nebel, und Frösche quaken.

20. Juni

Ein sonderbares Gewirr von Adam und Monsieur geträumt. Adam begegnet Somi und geht von mir weg. – –

Um 7 Uhr auf, nebenan im Kurgarten spielt schon die Musik. Ich kauf' mir ein Glas, die Maus möchte mir ein recht buntes aussuchen, dann zum Brunnen. Ein heller Sommermorgen, das süße Tier mit seinem bloßen Hals und bloßen Füßchen trippelt neben mir. »Mamai, laß dir's schmecken.« Nachher im Kurgarten herumgebummelt, mittags in unserm gestrigen Hotel. –

So geht jetzt jeder Tag. Brunnenkur, baden, herumbummeln, hier und da im Gras schlafen. Erzähle dem Bubi Märchen. Wir sind den ganzen Tag zusammen, immer, immer. Zwei Buben im Haus, der eine ist mir widerwärtig, und ich lasse ihn nicht mitspielen, obgleich es mir wehtut. Suche die Buben bei ihm auszustechen und hab' es so weit gebracht, daß er sagt: »Du kannst so schön spielen wie drei Bobitschen.« Wir gehn in den Wald, ich bin ein Räuber und binde ihn, der Räuber läuft weg, und ich komme als braver Frosch und befreie ihn. Dann kriechen wir zwei Frösche den Berg hinauf mit Blättern als Laternen und kommen in ein großes Froschschloß mit goldenen Säulen, wo wir tanzen. Das einzige Göttertier, wenn es so mit seiner ganzen kleinen Seele beim Spiel ist und seine tiefen Augen macht.

Montag, 23. Juni

Molche für Frau Geheimrat gefangen. Die Maus in Jagdeifer und Aufregung.

Sonntagabend bin ich bei Geheimrats. Rolfi wacht auf, als ich zurückkomme, und es gibt ein großes Liebhaben. Er nennt mich Fanny und sagt, ich wäre eine Mädelmamai. –

Dienstag, 24. Juni

Grantig und Nerven. Aber wir lassen sie nicht mehr laufen und sind doch vergnügt zusammen. Gebe der Maus Kletter- und Purzelbaumunterricht. Er ist etwas träge und ängstlich, fürchtet sich vor allem Kopfüber – was ich so nachfühlen kann. – Spielen Reif, ich bin aber etwas ungeduldig und ärgere mich darüber. Waten abends in dem Froschteich, dabei vom Platzregen überrascht, dann unter der Halle den Regen abgewartet und Märchen von Zweiäuglein erzählt.

Träumte nachts Sonnenuntergang in Husum, stieg aus dem Fenster, um ihn zu sehen, alles rot und brennend. Nachmittags ziehen wir mit Keschern, Eimer etc. aus, um Frösche zu fangen, kriegen keine, dafür ein Kiebitznest mit vier Eiern. Erzähle der Maus, wie die Vögel brüten und dann aus den Eiern die Kleinen herausschlüpfen. Große Augen und viele »Warum?«.

Sonntag, 29. Juni

Schöner, sonniger Tag. Mit der Maus die Bilder in der Mythologie besehen, von Laokoon, der Unterwelt und Orpheus erzählt. Abends Feuerwerk. Maus: »Da kommt Feuer vom Himmel, der liebe Gott straft.« – Nachher: »Nein, das kommt aus der Unterwelt.«

Im Bett: »Die dumme Unterwelt.«
»Warum?«
»Weil sie immer so schießt.«
Ich: »Maus, ich hab' dich gemacht.« –
– »Nein, das haben die Götter getan, die haben mich aus Erde gemacht, dann auseinandergeblasen und wieder lebendig gemacht.« –
Von Zeus, Hera, Athene erzählt. Die Geschichte von Arachne, die eine Spinne wurde – Naturgeschichte der Spinnen.
Nachmittags im Rabenholz. Maus baut Vogelnester und ruft: Komm jetzt, Vögelchen, komm.
Bekommt von Frau Geheimrat ein Armband, von jungen Mädchen ein Herzchen drangehängt.
Ihm von Raupen und Verwandlung in Schmetterlinge erzählt, worüber er strahlend entzückt ist. Dann immer wieder von den Göttern. In der Badewanne läßt er seine Schiffe und Tiere schwimmen, und ich bin Poseidon, der das Meer bewegt und die Schiffe untergehen läßt.
Abends besuchen wir die »Herren Frösche« in ihrem Teich.
Als ich etwas später heimkomme: Mamai, du bist ein Lump. – Wenn ich ein böses Mamai gekriegt hätte, täte ich's in eine Kiste und schickte es in die Unterwelt. Und dann kauft ich mir ein braves Mamai, wie du's bist. –
Abends: Ich kann nicht schlafen, ich hör' den Mond im Himmel immer sprechen. –

23. Juli

Durch Klages die schlimme Nachricht, daß Frau Paula Unterstützung eingestellt, alles aus, Pläne, Träume. Aber nun will ich erst recht.

25. Juli

Nach München. Alles todungemütlich. Unsere zwei Zimmer fast unbewohnbar, erinnern an allertiefste Miserezeit. Ich sehe meine alten Sachen an und denke: Nun bleiben wir doch zusammen.

2. August

Zu Wanda Falkenberg gezogen. – Noch ein Brief von Frau Paula. Es ist wohl wirklich alles zu Ende. Mein Gott, nun merkt man's erst, was es heißt, wieder von vorn anfangen. –
Durch lauter glückliche Zufälle Geld zusammenbekommen. Mit

Wanda Kleider genäht, ganzen Tag auf dem Balkon an der Maschine. Bubi meist bei Alex, hole ihn abends und sehne mich den ganzen Tag, ihn mehr zu haben. – Süßes, Geliebtes, wir armen obdachlosen Vögel.
Einen Abend bei Klages, Friedrich Huch, Busse, Putti. – Fast dabei wie in einer fremden Welt – die Puttiatmosphäre ist schlimm, ich möchte nicht täglich drin atmen. Und sie meinen, ich bin es, die von ihnen fortbleibt. – Aber heimkommen zum schlafenden Bubi ist immer heimkommen.
Giselaabend mit Klages, Friess. – Wieder verliebt. Wir kommen doch nicht voneinander – zwischen allen anderen Kreuz- und Querfahrten immer Wiedertreffen.
Mit Klages lange gesprochen, einen Vormittag und einen Abend. Vielleicht finden wir uns wieder – ich weiß es nicht recht. –
Bubi kommt täglich mit Orakelsprüchen von Alex:
»Die Götter haben Gips im Magen. Daher können sie nicht sterben. In Buchloe ist ein Land, wo keine Götter sind.« – Und immer: »Der Alex hat's gesagt.«
Ich nähe und nähe.
Von Adam ein paar Karten, sonst kein Wort.
Sonntagmorgen mit der Maus Kahn gefahren. Ach, Maus, wenn wir erst wieder allein wären. Wenn ich Geld bekommen kann, gehn wir nach Schäftlarn.

31. August

Morgen ist Mausigeburtstag – vor zwei Jahren war er in Samos. Abends baden Rodi und ich in seinem Garten, gehn dann noch lange nackt im Tau spazieren.
Strahlende Sommernächte und das rauschende Wasser. Ich fühle mich so jung.

2. September

Gestern Mausigeburtstag. Kriegte die lang gewünschte Eisenbahn und war entzückt. Nachmittags mit ihm nach Schäftlarn, mußte ihn heute wenigstens ein paar Stunden allein haben. Jedes Jahr kriege ich ihn wieder, denke jede Stunde durch.
Abends mit Rodi gebadet, fassen uns bei der Hand und gehen romantisierend auf die Märchenlandschaft zu. Auf einmal den Grund verloren, sagen beide à tempo: O Gott – und drehn uns dann im Strudel. Kommen unter Wasser und dann wieder in die

Höh'. Ich weiß nur noch, daß ich ein paar Stöße zu schwimmen versuchte und den Kopf rückwärts wegtreibe – das schwarze Wasser und der Gedanke: Bubi liegt irgendwo im Hellen, und ich ertrinke hier. Todesangst! »Rodi, hilf mir!« Dann hängt Rodi mich an einen Baumast. Der schwankte und ich dachte, wenn er nun bricht, ehe ich hinauf bin. Rodi kriegt einen andern zu fassen und kommt hinauf, zieht mich dann heraus. Wäre ihm beinah um den Hals gefallen, war aber zu atemlos und verschluckt.
Ohne den Rodi wäre ich sicher und elend ertrunken, denn mit dem Widerstand war's vorbei. Dann lachen wir beide, sitzen zuerst auf der Landspitze und müssen dann noch durch den andern Kanalarm, der aber nicht tief ist. Unter dem runden Baum hängen unsere Kleider, und mir malen uns alles aus und schaudern nun doch gründlich. Dann sofort zur Wanda, Schnäpse getrunken und die Maus umarmt, wie jemand umarmt, der vom Tode zurückkommt.
Nächsten Tag erzählt Rodis Hausfrau, daß an derselben Stelle schon zwei Pferde ertrunken sind.
Noch am Abend mit Fr. intimes Gespräch, wie früher manchmal. Und dann wacht es wieder auf und wogt wieder.
Auch mit Klages ein guter Abschied, besser wie die vorige Zeit. Aber er ist doch sehr weit weg. Letzten Mittag mit ihm gegessen, nachher Putti. Putti fällt mir namenlos auf die Nerven, äußerlich und innerlich.
Eifersüchtig? Nein, dazu müßte mir irgend etwas an ihr gefallen und mir mißfällt alles. Nimmt mir auch nichts, denn das, was sie hat, möchte ich nicht haben. – Das ist ein anderer Klages.
Letzten Abend in Rodis Gartensaal gewohnt. Nach dem Gewitter noch ein letztes Bad. Waten mit der Laterne zu der Unglücksstelle und gruseln uns. Die schönen Abende sind nun vorbei.

Samstag, 7. September

Bei strömendem Regen nach Schäftlarn. Müssen im Wirtshaus wohnen, in einem Bett und alles ziemlich greulich.
Nächsten Tag Sonntag und schönes Wetter. Ganzen Tag draußen. Nachmittags Suchocki* und Rodi. S. bleibt. Abends Déclaration

---

* Der Pole Bogdan von Suchocki, Kunstgewerbler und Glasmaler.

d'amour, die aber im Keim erstickt wird. Ich mag jetzt überhaupt nichts von amour wissen – denke wieder nur an ihn wie ein Backfisch.

Montag früh mit Suchocki und Bubi nach Wolfratshausen. Mittags zurück und fest geschlafen. Dann kommt das Geliebte und weckt mich. Er feiert hier tausend Wiedersehn mit all seinen Freunden. Führe jetzt nur ein zielloses Schlafleben und dazwischen mit der Maus draußen. Wir feiern feierliche Flitterwochen zusammen, wo ich ihn wieder den ganzen Tag habe.

Mittwoch, 11. September

Heute abend hinübergezogen in mein altes Zimmer. Jetzt ist erst wirkliches Schäftlarn, und mir ist so wohl, daß es beinah weh tut. Mag immer noch nicht arbeiten. Baden in der Isar und in der Sonne.
Freitag Klages vor seiner Abreise nach Lodz zu Frau Paula. Wie wird es nun werden? –
Ich schlafe und schlafe. Unheimlicher Traum mit Sturm.

17. September

Mit Roman* angefangen. Wir sehn alle Morgen im Bett die Sonne aufgehn. Klages meint, ich hätte wenig Liebe, aber ich möchte vor Liebe vergehen zu dem kleinen Geschöpf und auch zu den großen. Sie fangen's nur nicht richtig an.

19. September

Monsieur kommt von Wolfratshausen. Wir stehn spät auf und gehn im Sonnenschein hinauf, ihn abholen. Ein Tag mit tiefem Glück, ihn einmal hier zu haben, ihm alles zu zeigen. Es wühlt mich auf und macht mich doch still und froh. Und er war sehr lieb. Bringen ihn wieder hinauf und fahren bis Hohenschäftlarn mit. Zu Fuß zurück, auf den Feldern die Leute beim Heuen. Herbstdunst in der Ferne, aber in der Sonne ist noch Sommer. Ich bin ganz schwindlig vor Glück – über nichts eigentlich und doch. Denke über meine Lebensjahreszeit nach. – Es ist doch erst Mitte Juli.
Sonderbar, wie demütig ich vor diesem Mann bin, es rührt und

* Überarbeitung von »Ellen Olestjerne«.

freut mich jedes gute Wort – wenn ich nur dürfte, ich wollte ihn überschütten mit Liebe.
Diese Tage sind noch Sommer. Sitze vormittags draußen unter dem Apfelbaum. Bubi steckt fast immer in der Mühle, bis mir der Müller erzählt, daß er einmal beinah ins Rad gefallen.
Wild an der Arbeit, dieser Roman ist entsetzlich, wie ein Gewirr, aus dem man niemals hinauskommt, und wirkt schlecht, sentimental, affektiert. Hätte ich meine Finger lieber davon gelassen, gibt's ein Fiasko, so wird mich die Zeit jämmerlich gereuen. Und im letzten Grunde hätte ich doch gewünscht, daß es etwas »Ungeheures« würde. Aber das wird es nicht. – Schrecklich nervös manchmal, fürchte mich am hellen Tage. Das Schreiben richtet mich sicherlich zugrunde, wenn ich nicht rechtzeitig herauskomme. Geb' mir alle Mühe, Bubi nicht darunter leiden zu lassen, das beste Gegengewicht ist, an meine Mutter zu denken. Ich will die wenige Zeit, wo ich mit ihm bin, mich an ihm freuen und ihn froh machen, ihm Märchen oder Göttergeschichten erzählen, mit ihm spielen. Aber manchmal gelingt's nicht. Der Roman geht mir im Kopf herum. Und ich möchte lieber vor mich hindösen. Manchmal bin ich auch unzufrieden mit der dicken, bequemen, stabilen Maus, ich möchte, daß er klettern und springen sollte wie eine Katze, er muß morgens mit mir Purzelübungen machen, und da werde ich leicht ungeduldig, wenn er gar so schwerfällig ist.
Eines Morgens erfreut er mich durch Purzelbäume, ich war einen ganzen Tag glücklich darüber. Jede Woche waschen wir zusammen unsere Wäsche, und er bürstet mit großem Eifer.
– Maus, wenn ich kein Geld mehr habe, muß ich mich aufhängen.
– Aber dann hängst du mich auch mit auf. –
Er denkt es sich sehr lustig und freut sich darauf. Nun malt er mir immer aus, wie wir reich werden, wenn er groß ist, und wie ich dann weiße Haare krieg', und dann noch ein paar Tage lebe und dann tot bin. Will sich dann auch totmachen und in demselben Grab begraben werden.
– Ich glaube auch, wir müssen einmal zusammen sterben. –
Wenn ich heftig gewesen bin und frage, ob ich ein böses Mamai sei: Nein, nein, du bist ein gutes, ich will dies Mamai behalten. Und ich tröste mich damit, daß er doch immer weiß, daß ich ihn so lieb habe.

Für einen Tag nach München hereingefahren, um die Maus auf die Oktoberwiese zu führen, die sie strahlend genießt, ohne das bei Kindern übliche Übersättigungsgeheul. Ganz zerstreut und abwesend vor lauter Freude. Abends mit Monsieur im Zirkus, hatte meinen beau jour und alles ohne Mißklang. Am nächsten Abend mit Rodi und Baschl wieder im Zirkus. Das Reiten versetzt mir beinah den Atem vor Verlangen. Nächsten Nachmittag noch einmal mit Rodi und Bubi auf der Wiese. Beide kein Geld mehr und eisige Kälte, mit der Maus in sämtlichen Schaukeln und Karussels und dann ängstlich die Pfennige gezählt. – Abends nach Schäftlarn zurück mit Rucksack, Tasche, Paketen, Bubi; eine etwas schwierige Trambahnfahrt. Nächsten Tag wieder wütend gearbeitet und ausgeschlafen. Endlich nach drei Wochen Kopfwehfrei. Nun Gesundgefühl, dann wird mir jede Last zum allerhöchsten Plaisir. So sind wir sehr vergnügt zusammen. –

Wieder hat's mich ein paar Tage. Einen ganzen dunklen Regensonntag auf dem Sofa, Maus bei mir gelegen, ihm Geschichten erzählt, aus dem Wunderhorn, die zu meiner eigenen Kindheitserinnerung gehören.

Gestern mit Rodi in den Wald, Bubi klettert auf einen Steinblock und ist Zeus, wir die Titanen, die ihm sein Holz aufsammeln müssen. Dann wieder schöne, heitre Tage. Abends spielt er unter meinem Fenster am Tisch, bis es dunkel wird. Als der Mond kommt, tanzt er auf dem Tisch und singt:

Mondgöttin, Mondgöttin. –

– Muß einmal gesagt haben, daß ich mich totschießen wollte, wenn er tot wäre. Geht zur Regina und erzählt, wenn ich einmal groß bin, dann lebt meine Mamai nur noch ein paar Tage, und dann schieß' ich mich auch tot mit einem Revolver.

Laufen auf den Feldern herum und sehen den Feldmäusen zu. Seligkeit und innige Liebe zu den Mäuschen. »Wenn wir Kätzchen wären, würden wir sie nicht fressen.« Lachen uns halbtot über zwei dicke Mäuse, die vor ihrer Haustür sitzen, auf einmal kehrt machen und im Loch verschwinden. Brombeersuche bei schönem Wetter auf dem Deiningerweg. Alles wie ein sonniger Festtag. Göttertier, unendlich geliebtes.

Bubi war den ganzen Nachmittag in der Waschküche und schenkte den Handwerksburschen Bier ein.

Sein erstes Gedicht, das durch klare Ausdrucksweise ermöglicht, nachgeschrieben zu werden:

»Wo bist du, wo bist du
Hier im Apfelbaum,
Arme Kuh, arme Kuh
Spring zum Alex runter.
Ha hi, ha hi, ha hi, ha hi.
Es gibt keinen Gott,
Hi ha hi.
Es gibt nur Götter.
Jetzt spring' ich runter vom Apfelbaum,
Und spring' in das Meer,
Und schwimm' und schwimm'.
Die Pferde, die goldnen,
Die kommen ja heraus.
Von heihei, von heia hei.
Juheiha, Juheiha.« –

Erste Lesestunde, in der i, u, n erläutert und begriffen werden. Wenn man vom Igel das gel wegnimmt, bleibt ein halber Igel, ein i.

Meine Erläuterungsmethode: Wenn man einen Finger in die Tinte steckt und ein Tipferl auftut, ist's ein i, zwei Finger in Tinte ohne ein Tipferl n etc. –

Möchte hinaus, ins Gebirge, mit Bubi und Rucksack von einem Ort zum anderen laufen – und nicht schreiben.

Sonntag, 19. Oktober

Bei nieselndem Regen spazieren gegangen und der Maus Märchen erzählt. Waren so vergnügt zusammen. Nachts wacht er auf und sagt im Schlaf: »Da liegt ein liebes Mamai und das gehört mir.«

20. Oktober

Vormittags waschen, nachmittags Briefe geschrieben, vor Müdigkeit fast zersprungen. Großes Liebhaben und Geschichten erzählen.

Mein Gott, erlöse mich von dem Roman, werde noch verrückt darüber.

Nachricht von Leipzig, daß wir nicht kommen können, weil Frau Geheimrat krank ist – o weh – was nun? –

Allerseelentag. – Bubi wild drauf, in die Kirche zu gehn, schließt sich der Nachbarsfamilie an, die ihn aber zurückschickt. Bitterlich weinend kommt er bei mir an, tröste ihn mit einem Isarspaziergang. Auf dem Heimweg finden wir Primeln, ein ganzes Glas voll richtiger Frühlingsblumen. Nächsten Tag mit der Rosalie zur Kirche. Ich allein spazierengegangen.

4. November

Roman fertig. – In einer Art glückseligem Rausch, der sich auch der Maus mitteilt. Auf den Rausch folgt ein Nerventag. Fühle mich schlecht. Schickte Bubi dreimal immer etwas zu holen, einmal bringt er es nicht, weil er sich vor den Gänsen, das nächste Mal sich vor den Pferden fürchtet etc. Ärgert mich nachmittags durch Ungezogenheit.

Abends, als ich den Roman durchlese, ruft ihn die Frau »mit dem langen Bub« herein, und ich lasse ihn etwas charakterlos zu den Leuten hinübergehn. Seligkeit – weil sie ihm vom »Jessaskindl« erzählt hat.

Am nächsten Abend Spaziergang und große Auseinandersetzung über den lieben Gott und Götter. Male ihm aus, wie viel schöner die Götter sind, so viele, so schön, und dagegen nur ein greulicher lieber Gott, der die Bösen bestraft und erst im Himmel die Guten belohnt. Sage ihm auch, daß man zu den Göttern nur im Freien oder in Tempeln, wo die Sonne hereinscheint, beten kann, nicht in einer Kirche. Dabei bringt er einige Sophistik auf, er bete auch in der Kirche nur zu den Göttern, und die Kirche wäre schön – war aber schließlich davon überzeugt, daß er nicht mehr hineingehen will, nur mit mir, wenn ich ihm große, schöne Kirchen zeige. Dann gehn wir heim und schaun das »Götterbuch« durch, und ich erzähle ihm. – Sage ihm, daß wir einmal draußen den Göttern opfern wollen, ein großes Feuer machen – er begeistert: »Aber Klages und Adam sollen auch dabei sein.« –

Was für eine Unsumme von Verstimmtheit, Nervosität, Unruhe etc. ist mit dem Ende des Romans von mir weg. – Möchte den ganzen Tag singen und mit der Maus Lärm machen, und Schäftlarn wird wieder die alte geliebte Heimat. – Erst wollte ich rasch weg, um die Bahn der neuen Taten einzuschlagen, aber ich will nun um alles in der Welt noch ein paar stille Tage bleiben und sie in mich trinken. – –

Wann werden wir wieder einmal hierher kommen, und dann ist alles verändert –

– – – – – – – – – –

auf keiner Stätte zu ruhn –
Die alte Geschichte – –

München beim Baschl

An einem wundervollen sonnigen, halbnebligen Herbstmorgen von Schäftlarn weg – mit argem Heimweh. Es war schrecklich viel Heimat in diesen letzten Jahren, und München ist viel weniger geworden, seit Klages von mir fort ist.
Baschl bietet uns Obdach, ich habe fast gar kein Geld mehr und ahne nicht, wie es weitergehn soll, sitze tags in dem Atelier am großen Tisch und schreibe Roman ab. Maus spielt.
So geht es nicht, habe nicht genug Ruhe. Herrgott, könnte ich ihn einfach abschreiben lassen, noch einmal wieder den Kelch, den ich schon vorüber glaubte. Aber am letzten Schäftlarntag ein Brief von Langen, der den Vorschuß von 100 Mark abschlägt. –
Andere Einrichtung gemacht, bringe morgens die Maus in den Kindergarten, gehe dann zu Brockdorffs und schreibe dort. Nachmittags bei Mieze. Mittagessen bei Baschl, also ein ewiges Hin- und Herlaufen, aber es ist nichts zu machen und das viele Laufen tut mir ganz gut.
Bubi nicht wohl, matt, daß er kaum mitzuziehen ist, stark erkältet. Ins Bett gesteckt, Wickel gemacht, Doktor gerufen, hält es für Masern. Von Fr. das notwendigste Geld mit Mühe extrahiert, verflucht, so zu betteln – »und dann, wenn alles auseinander stiebt, den anzuflehen, den wir einst geliebt.« Kleide es aber in scherzhafte und frivole Form, so geht es noch am ehesten.
Die süße Bubimaus liegt mit argem Fieber im Bett, ist so unendlich lieb, liebevoll und gut zu pflegen. Ich sitze den ganzen Tag daneben am Schreiben, melde mich nach Rußland an für die Zeit, wenn er wieder gesund ist. –
Berlin mir auch abgeschrieben. Schreibe und schreibe, bald fertig, zweite Abschrift macht Mieze. Geh' immer abends spazieren, an einem Abend zu Anna Derleth, sprechen von alten Zeiten und von Menschen – Klages. – Habe sie, wenn ich sie so sehe, sehr gern, sie darf nur nicht symbolisieren. –
Suchocki brachte mir eine Gürtelschnalle mit Blumen draufge-

steckt. Baschl macht ihm auf und streckt nur eine schöne weiße Hand heraus, Licht fällt gerade auf die »schimmernden« Nägel. – Such kommt an einem der nächsten Tage und schildert es. –
Einen Abend zu Klages, aber nicht hineingegangen, weil Putti mir aufmachte und alle zusammen im Zimmer sitzen. Geh' zu Fuß heim, ein Gemisch von Sehnsucht, Zorn, Abneigung, Abgestoßensein etc. Last not least das Gefühl, daß man mich nicht mehr braucht, beiseite gelegt hat, und etwas Bitternis, die nicht mit Wollust gemischt ist.
Mausi besser, doch keine Masern – sehr lieb und artig, erzähle ihr Geschichten, wenn ich genug gearbeitet habe, und er spielt im Bett, muß alles wegschieben, damit er mich sehen kann. Erreiche die stolze Höhe von 40 Seiten pro Tag und gedenke alter Zeiten. – »Kommst du denn nimmer hinaus über die hohen, hohen Berge?« –
Es scheint nicht, denn alles zersplittert wieder – nach Klages' neuer Theorie bin *ich* das, was zersplittert – aber es ist nicht wahr, ich halte mich noch grandios zusammen. –
Es hat noch niemand in meiner Haut gesteckt. – Ach, dies Verlangen, mit dem Göttertier zu spielen, zu schwätzen, den ganzen Tag – und immer anderes tun müssen und nie Atem holen, nie ein wenig Sicherheit. Wöchentlich die peinlich erkämpften 20 M. von Ihm und dann wo hinaus? Was soll werden? –
Absagebrief von Frau Paula und zornig geantwortet.
Maus wieder wohl, spielt den ganzen Tag bei mir und baut aus Papierschnitzeln die Stadt »Frakrika«.
Zu Falkenbergs übergesiedelt, merkte wohl, daß es dem Baschl lästig wurde – auch wieder so ein angenehmes Gefühl. Komme abends in die wüste und leere Wohnung bei wahnsinniger Kälte, alles in bodenloser Unordnung, schmutzig und grauslich, das Wasser zugefroren, unheizbare Zimmer. Zu Klages, um Hilfe zu holen. Auch Suchocki kommt, richten erst mit vieler Müh' die Betten her, dann den ganzen Abend gestöbert, bis es etwas menschlicher war. Such als Obereunuch Badezimmer geheizt, soupieren vor Kälte bebend, sitzen dann noch im Badezimmer und wärmen uns. –
Heulen und Zähneklappern. Frost immer ärger. Zimmer nicht zu heizen, nachts vor Kälte kaum schlafbar, ziehe alle möglichen

Pelzgegenstände an, Wärmflasche, Handschuhe und lese Jörn Uhl. Morgens bebend aufgewacht, dabei nachts schrecklich geschwitzt – Badezimmer geheizt, gebadet im Badezimmer gefrühstückt und dann aufs Eis. Maus lernt auch Schlittschuh laufen und stellt sich gut an, krabbelt hilflos und vergnügt herum. Such immer da.
Denke viel an Wanda und das Baby. Es ist so etwas, was man gar nicht begreifen kann, daß man's aushält. Mir selber geht's durch und durch, wenn ich die Sachen vom Kind sehe. Ich hielt es nicht aus. –
Nachricht von Falkenbergs, daß sie schon zurückkommen, bin selbst froh, aus der Eishöhle herauszukommen, aber das ewige: Was nun? –
– Nachmittags mit Adam, sitzen im Badezimmer, und ich lese ihm Roman vor. –
Richte der Mieze ein Bad gegen Bezahlung von zwei wollnen Strümpfen.
Fr. gibt nur noch 10 M. her, kann ihn nicht mehr anpumpen.
– Von Ludwig 200 M. – Trunkene Seligkeit, muß aber Berge von Schulden bezahlen.
Wieder für zwei Tage zum Baschl übergesiedelt, bekomme dann Miezens Zimmer über Weihnachten – niemand da, muß alles allein machen, kann nicht aufs Eis. Klappernd die Wohnung wieder umgerichtet, Betten zusammengeklappt, auf den Speicher geschleppt.
Krawall mit der Megäre.
Nachmittags zum Baschl. Adam erscheint, verheißt goldene Berge, soll Molton einen Anteilschein abkaufen und hohe Provision. Abends mit Adam und Klages bei Wolfskehls, sehr lieber, netter Abend, kann mich immer noch nicht von der Falkenbergschen Wohnung erwärmen und brate mich am Petroleumofen. –
Andern Abend Wolfskehl mit zum Baschl, mir meine Sachen umziehn geholfen in die Miezenbude.
Greulich ungemütlich so ein möbliertes Zimmer, zum Davonlaufen, aber fasse mich. Immerhin für die nächsten vierzehn Tage wieder untergeschlüpft.
A. wieder abgereist, der schrecklich liebe Adam, mein Vermögen bis auf ein Weniges mitgenommen, bin etwas bös dran, möcht's

ihn aber nicht merken lassen. Es ist wie an der Sonne zerschmolzen und rückwärts gegangen.
Klages kommt wieder manchmal, und es wird etwas lieber zwischen uns – einen Abend bis eins geschwätzt.
Hasse diese Bude und möchte heraus, aber wie? Zum erstenmal mit der Maus ein heimloses Weihnachten, hier kann man keinen Baum machen mit neugierigen Leuten herum. Werde also zum Baschl gehen. Mörderische Zahnentzündung.
Koche jetzt mittags bei Strahlendorff* als Wanderköchin, esse dafür umsonst, Zähne rasen – aber man muß wohl oder übel schaun, wie leben. – So schaut man denn und lebt. –
Zu Ceconi**, Zahnbehandlung, nehme vorher Morphium und habe dann die nötige Courage.
Abends zu Wolfskehls, Baum schmücken. Klages und Putti. Ich schmerzgelähmt auf dem Sofa.
Weihnachtmittag erscheint Wolfskehl mit Kegelspiel für die Maus. – Strahlendorff bringt Blumen, dann zu Brockdorffs. Er mit Maus in die Stadt und Spielsachen beladen zurück. – Seine Frau überreicht mir 100 M. im Böhlauschen Auftrag – und ich zerfließe in Tränen vor Erleichterung, ärgere mich schrecklich darüber.
Zum Baschl – die alten Maurers und Kopp – große Mäuseseligkeit. Ich bin ganz Zahnweh. Spät mit der Maus und all ihren Weihnachtssachen im Fiaker heim und zu Bett. Wie haben wir uns lieb, o Gott, meine Maus. –
Die arme Wanda, ich war nachmittags dort und fing ebenfalls an zu weinen, sie war so trostlos anzusehen. Also ein tränenreicher Tag! –
Früh am ersten Weihnachtstag Suchocki mit Futterkost von Frau Güttner. Ich noch im Bett, macht mir Kaffee etc. Alle Mittage bei Strahlendorff, sehr zahnwehig und angegriffen, ich liege auf dem Sofa, und er kocht, dazwischen Wohnungssuche, verstimmt darüber, daß ich doch wieder in München bleiben muß ohne alle goldenen Berge, ohne malen zu können. –

---

* Der Maler Hans von Strahlendorff.

** Der Zahnarzt Dr. Ermanno Ceconi, dessen Ehe mit der Dichterin Richarda Huch 1905 geschieden wurde.

Silvesterabend. Mit Monsieur in seinem Bureau, unser fünfjähriges Jubiläum gefeiert. Wie sehr viel ruhiger ist es in mir geworden und doch immer noch viel von der alten Liebe, nur jetzt auf einer ganz anderen Basis. Erotische Freundschaft mit etwas Heimweh drin. Soupieren zusammen im früheren Künstlerheim. Grundton: Wiederfinden und doch immer wieder ... sprechen über manches, was zwischen uns gekommen ist. –
Nachher um Mitternacht zu Wolfskehls, wo diese mit Klages und Putti, Schuler und seiner »Mama« zechen.
Schuler weissagt aus den Bleigießereien, ich habe einen Tod mit Pierrotkrause und eine Schlange dabei, Klages eine Menge verschiedener Sachen, die z. T. wie Schiffe aussehn. »Klages, Sie sind ein zerfahrener Mensch.«
Er selbst betont die Schiffe und das »Schweifende«. Die ganze Stimmung sehr froh und schön. Putti in ohnmächtigem Schwips. Ich kriege auch einen. Wolfskehl zog mich in sein Zimmer, um mir die Eulen zu zeigen: Ich habe dich so furchtbar lieb – – –
Ich etwas umnachtet rufe nach Luft, er die Fenster auf, ich will aber zur Tür hinaus, nehme »halb unbewußt« meinen Mantel und gehe heim. Im Bett Reue, daß ich fortgegangen.

1. Januar 1903

Neujahrsmorgen zu Klages, bei ihm im Zimmer, dann kommt Wolfskehl. Wir sprechen von gestern abend. – – –
Mit Suchs Hilfe Wohnung gefunden, herrenlose, wo man nicht einmal zu mieten braucht. Bekomme von der Bäckerin den Schlüssel und nehme sie. Atelier dabei – – –!
Nächsten Tag schwieriger Umzug, mit Such auch den Baschlspeicher geräumt, nächsten Morgen die Sachen von Wanda, der Miezewohnung und Rodi zusammengeräumt. Draußen tiefer Schnee, Maus im Schlitten hinter den Dienstleuten her gefahren. In dem dunklen Rodizimmer die letzten Sachen auf Bubis Schlitten gepackt und damit in unsere neue Wohnung. Am andern Morgen kommt Wolfskehl helfen. Gespräch im Atelier – Montag nachmittag. Was will das werden? Ich habe nichts davon gewußt, aber es geht mir auf wie etwas Leuchtendes.
Such und ich den ganzen Tag eingerichtet, abends noch in die Stadt und zur Flingelli gefahren. – »Die Flingelli hat Sie wohl

sehr lieb? – Ich habe Sie ja auch furchtbar lieb.« – Ich entziehe meine Hand und werde verhängnisvoll: man darf mich überhaupt nicht lieben – etc. etc. Glücklich abgewendet.

5. Januar

– Carlo* –

Unsere Nachmittage. Mein Leben ist jetzt sehr sonnig, ohne allen Schmerz – unendlich viel innere Heiterkeit. Gesund sein und Ruhe. Bubi und ich fangen am frühsten Morgen an zu singen, er geht in all meinen Stimmungen mit, und alle strahlen auf ihn aus. Ich kann mit allem zu ihm. Alle Morgen gleich nach dem Frühstück aufs Eis. Dort Such und nachher bei Rodi. Laute helle, kalte, wundervoll frohe Wintertage mit lauter Sonne im Innern. So hab' ich seit Jahren nicht gelebt.

Der Moltonsche Kuhhandel zustande gekommen. So sind die Sorgen auf lange Zeit beseitigt. – Will Massage lernen, kann aber nicht als Schülerin ankommen. Verdinge mich als Lehrling im Atelier Jessonde, jeden Nachmittag von zwei bis sechs. Vormittags Eis, dann Mittag essen, Bubi Kindergarten und ich ins Atelier, wo ich mich »Fräulein Emmy« rufen lasse als Pseudonym. Komme mir ganz verrückt vor mit der dicken, alten »Direktrice«, die trotz fünfzig Jahren noch keine Falten oder doch ziemlich viele hat und der kleinen Greti, »einer Zofe«. Die sonderbaren Weiber, die zur Schönheitspflege hinkommen und mit der Alten ziemlich entkleidete Gespräche führen – dazwischen langes Herumsitzen in dem halbdunklen Zimmer.

Man sieht so ungefähr, wie der Schwindel gemacht wird, aber das ist auch alles.

Greti plaudert mir an einem Nachmittag alles mögliche aus über den Schwindel, die Alte etc., daß nie mehr Klienten kommen wie jetzt, alle paar Tage einer etc.

An einem der nächsten Tage meine Sachen genommen und ausgerissen, halte aber bei meinen Bekannten aufrecht, daß ich noch hingehe. Noch ein Versuch gemacht, die wirkliche Massage zu erlernen, aber vorderhand nichts zu wollen.

Zwischendurch viel Näherei und alle Tage Eis mit Such. Habe noch etwa zwei Monate zu leben und lebe einmal ganz zwecklos,

* Karl Wolfskehl.

dehne mich in der Sonne, die so ungewohnt ist. Es ist ein ganz neues Stadium, die sonnige Höhe und auch neu, daß ich's hüte.
Turne mit der Maus und bin wirklich einmal so gesund und voller Kraft.
Von Klages löse mich mehr und mehr – und es tut nicht mehr so weh und doch manchmal soviel Sehnsucht.
Der Karneval geht an, immer noch Eis und Schlittschuhlaufen. Schon seit langem kommt der Such jeden Abend und gehört auch ganz zu meinem Leben. Reden tun wir nicht viel, aber ich merke ihm vieles an, worüber er schweigt, sehe aber nicht ganz klar durch. Moi – sie – äußert sich manchmal, er nie.
Vorbereitung zur Elendenkirchweih, Kostümproben. Such bleibt auf dem Sofa schlafen. Kostümieren uns. – Rodi, Mieze und ich – bei Falkenbergs, Bubi bleibt zur Nacht bei Wanda. Ich altes »griechisches« Theaterkostüm mit Dolch im Herzen. Gehen dann zu Wolfskehls, holen ihn ab und fahren nach Pullach, von Großhesselohe mit Schlitten. –
Das Fest sehr bunt und froh trotz der allgemeinen ziemlichen Blödheit. Die gewohnten Karnevalsintermezzi mit Falkenberg und Wedekind, wieder schöne Augenblicke mit meinem Tannhäuser, Pierrot, der mich als Lukretia verfolgt. – Suchs schöne Berserkerwut wirft das Brüderlein an die Wand, haut sich selbst an seinem Schwert blutig – ich möchte sehr gut und lieb mit ihm sein, aber er ist nicht zu fassen, stürmt immer wieder davon, und ich werde in lauter anderes hereingezogen.
Wurde aber im Augenblick ganz traurig, daß er mit den andern schon um vier Uhr fort. – Dann durch die Morgenstunden große Gemischtheit im Teesalon – die verbrecherischen »Geschwister«, dann ist Tannhäuser auch fort, und Falkenberg versucht, mir mit meinem Dolch »die Haut zu ritzen«.
Heimfahrt im Wintermorgen zu Falkenbergs. Die Maus grad aufgewacht und kriegt was mitgebracht. Heimkehr zur Maus ist immer so wunderschön. Warmes Bad mit ihm, dann Morgenspaziergang nach Hause und aufs Eis. Such läßt sich nicht sehen, nachher bei Rodi Botschaft, daß er krank. Mittags bei Sokisch, geschlafen, dann zu Such, er steht im Regenmantel und Mütze am Ofen und ist sehr elend.
Wieder Eistage und helles Wetter, gehe heroisch nicht zum

Bauernball, dafür zur Nachkirchweih. Such erscheint fast jeden Abend in einem andern Kostüm. Zur Nachkirchweih Holländerinnenkostüm. Rodi, Mieze, Such und Schmitz versammeln sich bei mir. Gehn erst um zwölf hin. Schwierigkeiten, bis Mieze hereingemogelt ist.
Rodi, Schmitz und meine Trios im Bierstübl. –
Zum Scharfrichterball. Rodi, Such und ich als griechische Knaben in schwarzen Trikots, roten Kränzen und weiß beschnürten Beinen, waren wirklich sehr schön. Such Keilerei mit dem schönen Meier, der mir »zu nahe trat«.
Auch wieder in Wedekind verliebt, er nahm mich gegen Morgen an die Hand, führt mich um sich herum und schaut mich an. Frage ihn, ob ich ihm jetzt endlich einmal gefalle. Darauf »fabelhafter« Blick, und ich reiße aus, damit dieser große Augenblick durch nichts zerstört würde.
Morgens mit Such und Maus Schlittschuh gelaufen auf allerletztem Eis, dann bei Rodi Tee.
Sonntag das Wolfskehlfest, wieder im griechischen Kostüm, alles sehr wundervoll. – Erscheinen der verschleierten Dame.
Überhaupt noch keinen Karneval so erlebt wie diesen, so unendlich bewegt, so einmal in »vollen Zügen«. Nur Monsieur ist ganz daraus verschwunden.
Nachher noch mit Such, Schmitz und Hessel* im Leopold. Dann mit S. heim, übernachtet auf meinem Sofa. Einen Augenblick schwankt die Grenze – auch bei mir.
Montag Schererabend – vorher: wie er sie getroffen hat. – Zorn. – Das Anziehen – wieder dieselben Kostüme, nur wir beide. Gefühl, als ob ein Sturm oder eine Lawine käme, nicht zu entrinnen. Hinfahrt bei Regen und sehr spät. – Dort alles sehr stimmungslos, bis der »Knäuel« sich arrangiert – und immer das Gefühl von Sturm, der näher kommt.
In strömendem Regen zu Fuß heim, verlieren die andern – erzählt mir alles, die ganze Geschichte, die mich sonderbar erschüttert und aufwühlt. Dann die Morgenfrühe und der Sturm kommt. Mein zorniger, verwundeter Krieger. –
Langer Schlaf: Bereuen Sie? –

* Der Schriftsteller Franz Hessel.

Fühle mich Erosdurchleuchtet. Der Krieger bleibt liegen, ich mit der Maus und der ganzen Gesellschaft zum Straßenkarneval, abends zu Rodi, Beardsley holt mich ab. Alle müde, klappen ab, trotzdem Luitpold.
Unsere Stunde – daß wir zusammengehören. –
Daheim wartet der Krieger auf mich – kein Konflikt, fühle mich so überreich. Liebe alle und alles.
Spät noch mit Koch* ins Leopold, komme heim, voller Konfetti.
Aschermittwochmorgen im Rodigarten, sitzen in der Sonne, mir ist frühlings- und lebensselig. Schlafe nachmittags von Rodi und Such behütet auf Rodis Bett unter dem grünen Plumeau, wie schon oft. –
Das Panzerhemd hängt an meiner Wand und das Eisenhemd, darüber mein roter Weinlaubkranz.
Frühlingsspaziergänge durch Biederstein und nach Föhring. »Gemäuse.«
Maus spielt unten auf den Wiesen, es sind lauter Frühlinge um mich her; denke viel an diesen Winter, all diese letzten Monate, die unsagbar reich waren, habe jeden Tag in mich getrunken und soviel Sonne in mich aufgenommen. –
Morgens mit Carlo im Biedersteiner Park – muß leider Gottes wieder eine Arbeit machen, war noch nie so wenig aufgelegt dazu wie jetzt, alles sträubt sich dagegen, bin ganz ent- und verwöhnt. –

18. März

Werdenfelserfest. Tanz mit Such, ich wieder Griechin, er Panzer. – Mit ihm tanzen ist wirklich schöner Wahnsinn – ob wohl andere es auch so empfinden? –
Mittags Wolfskehls abgeholt, aber nicht ganz glücklich verlaufen. K. Affäre. In der Früh Koch, Such und ich zu mir, vormittags geschlafen, nachmittags Weg nach Schleißheim, Kaffee in der Kalten Herberge. –
Drei Tage später Nachfeier – das allerletzte Ausklingen des Karnevals. – Masur. – Eifersucht, wenn andere mit ihm tanzen – sonst nicht.

---

* Der Archäologe Professor Herbert Koch vom Deutschen Archäologischen Institut in Rom.

Immer noch Frühlingsgänge und Rodigartensitzungen. Kann mich nicht recht aus der schönen Bummelei zurückfinden — so langsam wie möglich. — Schließlich doch wieder in den Fleiß mit hartem Bemühen — ein Tag nach dem andern, und es will nicht recht weiter.

Der unselige Freitagnachmittag.

— Meinte zuerst, daß alles verschüttet. Weiß es noch nicht. Etwas ist sicher verschüttet in mir. Er leidet vielleicht noch mehr darunter, und ich kann es nicht von ihm nehmen. Ein paar schlimme dunkle Tage. Dann wird's wieder etwas lichter, aber nicht ganz. Es ist doch etwas geschehn, hat sich zwischen uns gelegt. Der Glanz ist verwischt, der vorher über uns war. —

Mundentzündung. Fühl' mich todelend, fiebrig, schauderhafte Schmerzen und Deprimiertheit, liege herum. Gott sei Dank ist die Arbeit eben noch fertig geworden. Sehen uns oft, fast alle Tage — aber wir kommen nicht drüber hinweg. Es erneuert sich immer wieder. — Auf der anderen Seite soviel Vergessenheit, die mir jetzt wohltut. Liebe und Pflege von beiden, aber verschieden. —

Die gute, gute Maus. Ihr Gemüt kommt immer mehr zum Vorschein. Erzähle ihm Geschichten, soviel ich's aushalten kann, doch jedes Wort sprechen tut mir weh; überhaupt ein unsagbar gräßlicher Zustand. Früh und spät zu Ceconi, sonst gar nicht heraus, nur keinen Menschen sehn. Dabei die Marie fort, muß alles selbst machen. Klages Krankenbesuch.

Mal besser, dann wieder schlimmer. Jammre um die schöne Zeit, die vergeht mit infamen Gefühl und Unlust zu allem.

Adam. —

Carlo fort — regnerischer Tag.

Allmählich etwas besser, aber immer wieder fängt's an, Hals halb zu und sehr weh. Tu meine Zugeherinarbeit und laufe mit der Romansubskription* herum. Adam kommt oft, ist endlich wieder der alte liebe Freund, der sehr geliebte. —

Das miserable Übel ist nicht wegzubringen, leide sehr darunter und bin heftig verstimmt. Es ist so überflüssig und nimmt mir allen Schwung.

---

* Subskription für den Roman »Ellen Olestjerne«.

Darüber alle Zeitrechnung und allen Zusammenhang verloren. Und soviel schöne Zeit eingebüßt. Draußen ist es grün geworden, und ich habe es kaum bemerkt, nur täglich zum Arzt und um notwendige Sachen rennen, sonst stumpfsinnig und verzagt über Endlosigkeit zu Hause gesessen. Nun ist's schon Mai; das Geld längst zu Ende, man »fristet« wieder, rutscht so durch, kann nichts Rechtes anfangen, aber vorgestern wieder eine Arbeit von Marchlewski* bekommen, die etwas bringt. – Durch alles das verzettelt sich das Leben so, und das haß' ich so sehr – andere glauben, es läge tief in meiner Natur, und ich wollte es im Grunde so. – Gott erleuchte sie besser. Eben war alles so schön im Geleise, in Friede und Freude, da muß mir dies kommen. Liegt das denn an mir?

Ewige Besuche und Versprechungen wegen der Subskription. Briefe, daß ich nach Ravello kommen soll – aber wie kann ich? Von der Maus fort, es ist mir doch undenkbar. Und mit der Maus geht es nicht. Schlage es trotzdem vor. – Viel hin und her. Eigentlich will ich nicht, und doch zieht's mich arg. –

Heut morgen plötzlich das Gefühl: ich tu's doch – und dem folge ich jetzt. Wanda will die Maus nehmen, ich weiß noch nicht, wie ich es aushalten soll. Soll ich's wirklich tun? – –

Geschrieben, daß ich komme, aber eigentlich nur halb sicher, daß ich es wirklich tu, zieh es noch etwas hin.

Adam gesagt – –

Dienstag, den 12. Mai

Adam-Abend! Und so froh! –

13. Mai

Heute will ich nun wirklich fort, aber mir ist entsetzlich trübe und angstvoll zumute. Das »Vorausheimweh« – habe mir alles so schön klargemacht, daß Bubi sehr gut aufgehoben, daß man nicht so sentimental sein soll, daß ich doch so große Lust habe – aber wenn ich das kleine Geschöpf ansehe, denke ich wieder, ich kann's nicht aushalten.

---

* Dr. Julian Marchlewski-Karski, polnischer Sozialist aus dem Kreis um Karl Radek und Rosa Luxemburg, begründet in München zusammen mit Alexander Parvus-Helphand den Verlag slawischer und nordischer Literatur.

Tat es aber doch am Mittwoch nachmittag. Such mir packen geholfen. War so sehr gut und ich melancholisch und in allem unsicher. — — Abends die Maus zu Wanda, ins Bett gebracht. Sie nimmt es sehr vernünftig, sagt, sie wolle sehr artig sein, und ich sollte nicht traurig sein und nicht dran denken. Küssen uns unendliche Male, ruft noch einmal etwas weinerlich hinter mir her: Mamai, mach doch die Türe auf — da wär' ich beinah' noch dageblieben. — Dann zum Bahnhof. Mit Falkenberg bis Verona gefahren. — Abends elf in Rom, morgens früh in Neapel. Mich abgeholt —

Zwei Tage Ravello, ganz sonderbares Gefühl, mit einmal dort zu sein in dieser ganz andern Welt, an der blauen Bucht. Wundervolle Tage, viel Aussprachen — in der Sonne herumgehn. Wahnsinnige Sehnsucht nach der Maus, die ich nur dadurch zu beruhigen suche, daß ich kurz bleibe. Dabei wieder ganz vom Süden angetan.

Ob das Eine je wieder gut wird — je wieder kommt?

Viel darüber geredet. Aber im ganzen alles doch so sehr schön, harmonisch. —

Rückfahrt nach Vietri — ein Sonntagmorgen, brennendes Heimweh nach der Maus, hätt's nimmer ausgehalten, wenn ich nicht gewußt, daß ich heute fahre, ihr entgegen. — — Der dunkle Bahnhof wie ein Hohlweg, um elf Uhr in Neapel, nächsten Morgen früh in Rom, zwei Stunden herumgefahren, alles so sonnig und froh und ich heim zu meinem süßen Tier. Nachmittag Bologna, entschließe mich doch noch, nach Venedig zu Falkenberg zu fahren und morgen mittag weiter. Kam abends um elf an, mein Geburtstag, fahre in der Gondel zum Hotel, gehe dann essen, wo ich in Ohnmacht falle, und dann noch über den Markusplatz hin und her — bis zwei Uhr. Nächsten Morgen zu den Bildern und auf dem Wasser. Dann um zwei Uhr nach Verona und weiter die Nacht durch. Früh in München, zur Maus, feiern jetzt meinen Geburtstag nach.

Die ganze Reise wie ein sehr, sehr rascher, beinahe vorbeisausender Traum, mit sehr viel Schönem, und eigentlich gerade so schön, daß es so vorbeisauste. Die ersten Tage kommt einem München ganz fad vor, möchte die kleine Maus nehmen und mit ihm wieder in den Süden zurück.

Hals und Zähne wieder wie toll, miserable Schmerzen und nichts schlucken können, zum Doktor und Ceconi. Salzerbrief und Gegenbesuch – Ceconikrach.

Monsieurabend.

Carlo aus Italien zurück. – Schöne heiße Tage, jetzt schon ganz Sommer. Arbeit, endlich wieder eine Zugeherin aufgesammelt und somit ziemlich entlastet, nur die Schreiberei, die nicht besonders schlimm. – Plötzliche Besserung – Herrgott, ich hab' auch wahrhaftig genug und klappe jetzt ziemlich zusammen. Eine tote Müdigkeit, möchte nur in einem fort schlafen, und nervöse Deprimiertheit, die mich so ärgert.

Franz Hessel mit dem Sollnplan, auf drei Monate. So ist die nächste Zukunft wieder gedeckt, brauch' mich nicht zu überarbeiten und zu hetzen und werde bald wieder ganz droben sein – auf dem Lande mit Ruhe, Ausspannung und Maus! –

Abschiedsnachmittag von Carlo. Voll Ruhe und schön. Zusammengehören. –

Donnerstag früh mit Such und Hessel an die Bahn.

Samstag, 6. Juni

Vormittags bei Klages. – Annäherung von ihm – von mir aus in einem ganz andern Sinn. Doch alles sehr fremd geworden und lieber nichts mehr, wenn alles frühere tot ist.

Sonntag, 7. Juni

Mir ist jetzt wieder so sehr auf Einsamkeit und Tagebuch, hab's dies Jahr bisher liederlich versäumt und vieles entgehen lassen, was ich gern festgehalten hätte. Das sind immer so Zeiten, wo man mehr nach außen lebt, aber die andere folgt immer. Jetzt möchte ich wieder lange Zeit nichts von außen in mich aufnehmen, mich ganz abschließen, allein sein – Bubieinsamkeit meinetwegen mit Arbeit oder lieber ohne. Ganzen Tag zu Hause geblieben. Nachmittags spielt Bubi mit Franz Hessel und ich schlafe. Dann regnet es. Franz liest Bubi Geschichten vor. Ich in sehr verduselten Regensonntagstimmung und der Himmel grau. Denke an die Sommerruhe, die vor mir liegt.

Montag, 8. Juni

Früh um 7 mit Hesselfranz, Bubi und dem kleinen Franz nach Solln, Wohnung suchen. Todmüde zurück, bei Such halbe Stunde abgrundtief geschlafen. Nachts von Theodors Storms Zimmern in

Husum geträumt, die ich gerne haben wollte. Ludwig wohnte darin, versprach sie mir aber für später.
Letzte Tage hier in der Dietlindenstraße — soll schon nächster Tage hinaus — Montag, mag nicht. Suchabende und Koch — Abschiedswehmut, die mir immer so arg ist. Möchte im letzten Augenblick noch nein sagen. Nur für Bubi wird's sehr schön sein und außerdem sehr praktisch. Verflucht!
Fühl' mich heute, Montag, so schlecht, daß ich streike — erst Mittwoch. Früh Hesselfranz mit Rosen, ich ganzen Tag auf dem Sofa mit Kopfweh. Abends Such. —

Mittwoch

Schöner, milder Abschiedstag. Wenn ich nur nicht fort müßte. Donnerstag *wirklich* fort. —
Solln — fad, fad. Möchte allein sein, nur allein. Fahre jeden Augenblick vor Nervosität nach München, zu Koch, Such, Wanda. — — Bubi hat's sehr schön, Platz und alles zum Spielen, ich auch meine Ruh'. Aber trotz allem ist mir greulich zumut. —
Heimwehkrank nach der Dietlindenstraße mit all ihren Erinnerungen und roten Wänden.
Arbeite an der polnischen Korrektur — kann wegen Heuschnupfen nicht draußen sitzen, noch mit Bubi spazieren gehn. Aber die gute Maus ist in Sandekstase und hat einen Sandhaufen, in den ich ihm Treppen machen muß.
Wie ich das Gefühl kenne, in einer Atmosphäre zu leben, die mir nicht paßt, wie ein Kleid, das schlecht sitzt.
Ludwig Landshoff* vom Chiemsee zurück, die andern drüben in der Villa Landshoff — bringe Such an die Bahn, dann auch hinüber — Weiber mit großen Mohnsträußen am Weg.
Polnische Arbeit, oft nach München, nachmittags bei Such und Sitzungen im Hofgarten über die Subskription.
Endlich den Subskriptionstext fertiggestellt, in die Druckerei, in die Druckkosten teilt sich der Stammtisch.

1. Juli

Japanisches Fest. Such, Franz Hessel und ich — die Schweden — Rückzug bei Regen im Kostüm. Ganzen Vormittag geschlafen. Nachmittags Geisha-Morgenstunde, im Regen nach Pullach.

---

* Der Kapellmeister Ludwig Landshoff.

Große Subserei. Adressen schreiben, Briefe etc. pp. Nervös und grantig, aber dazwischen so viel Schönes, Heißes, in Nähe und Ferne –

Mit Such Wendelsteintour, so schön, daß ich hinterher ganz sentimental bin. Nachmittags von hier fort; Bubi begleitet uns noch bis Ludwigshöhe mit einer Schokoladenstange in der Hand, kehrt brav und allein um. Bis Schliersee gefahren, von dort Birkenstein, Waldwiese, Glühwürmer, tiefster Traum. Das Wotanzeichen zur Erinnerung in den Baum. Der dunkle Waldweg, wo plötzlich dicht neben uns ein junges Pferd wiehert und auf die Berge. Rast in der Mitte, Schlaf, dann bei wildem Regen weiter. Kuhtränke und Teekochen an einem Stein. Um drei Uhr oben auf der höchsten Spitze, am Abhang eine kurze Weile geschlafen. Sonnenaufgang. Wolken darüber wie ein schwerer dunkler Vorhang, der sich allmählich hebt. Die wundervolle Morgenfrühe unter lauter greulichen Touristengesichtern. Toilette in der Kapelle, wo man die Tür aufreißt und bei unserm Anblick rasch wieder zumacht. Frühstück bei erstem Sonnenschein im Wendelsteinhaus. Dann Abstieg nach Brannenburg durch lauter Blumen und Steine. Der eratische Block am Bach. Bad, wo die Höhle des Urmenschen. O Leben, mein Gott, wie ist es reich und tief. Glühender Sommertag, als wir in Br. ankommen. Nach Tisch im Gras geschlafen. dann ein langer Nachmittagskaffee auf der Altane unter roten Blumen und Heimfahrt. Such hier auf dem Diwan geschlafen.

Wäre ich nur allein mit Bubi, der Alltag ist fad hier, aber nur noch drei bis vier Wochen, dann ist Schluß und Freiheit. –

Suchabend.

Maus malt Pilze, die er sich aus dem Wald mitbringt und ich ihm zeichne. Bauen zusammen Indianerhütte und schleppen dazu Holz von weit her. Bubi: »Wir müssen so tun, als ob wir Holzweiber wären, wenn jemand kommt.«

– Will morgens nicht mehr nackt hinunterlaufen, weil der Metzger ihn auslacht und »Adam« genannt hat und die Magdalena ihm gesagt: »Schamst di denn net?«

Daß das dumme Pack nicht begreift, wie schön ein nacktes Tierchen ist – es verdient es nicht, daß man sich ihm zeigt, hab' ich ihm gesagt.

Jetzt kommt der Zeitpunkt für wesentliche Erziehungsmomente. – Ich will mit Such nach Kochel, aber krank. Fürchterliches Kopfweh, ganzen Nachmittag mit Eis auf dem Kopf im dunklen Zimmer, abends mit ihm nach Pullach. Nächsten Tage ganz krank, so wie mir lange nicht zumut gewesen ist. Bubi so lieb und ruhig und voller Rücksichten.

Ich bin eigentlich immer verzweifelt, wenn krank. –

Mausiana: wie wir im Wald liegen und die Bäume sich im Winde bewegen: »Die Bäume schütteln sich, wenn sie vergnügt sind, ich will das gute Bäumchen auch vergnügt machen«, worauf eine kleine Birke heftig geschüttelt wird. Angst vor »Kreuzackern«. Erzähle ihm das Andersen Märchen von der Kröte mit dem Edelstein im Kopf.

Sonntag mit Maus nach Tisch nach Höllriegelskreuth, Böhlau besuchen, wahnsinnige Hitze. Nur Omar und das Fränzle getroffen, fuhren mit den beiden Buben Karussell. Dann bei Regen und Gewitter nach Pullach zurück.

10. August

Nachmittags mit Bubi gebadet. Such am Ufer. Maus schreit laut und selig: »Das ist ein schönes Gefühl«, und traut sich zum erstenmal etwas ins Wasser hinein. Zu Fuß mit Such und Bubi nach Planegg – von dort nach Feldafing zu Brockdorffs. Der große Rolf überhäuft den kleinen mit Gewehren, Schiffen etc. Nächsten Tag nach Kochel zu Rad. Die vermeinten drei Stunden verwandeln sich in sieben. Mit Todesverachtung hinter dem Such hergefahren. Hinter Wolfratshausen am Bach Rast und Tee. Immer dunkler, einsames Bauernhaus, wo alles schon schläft, die Frau aber aufsteht und uns mit Wasser tränkt. Abends um halb elf in Kochel an. Am nächsten Morgen Regen in Strömen, frühstücken in der Veranda am See und schaun, ob es heller wird. Dann Räder über den Kesselberg geschoben und von Urfeld nach Mittenwald. Waldlager am Ende des Sees. Halb drei Mittenwald, gegessen, ich auf der Bank vorm Haus geschlafen. Gewitter, dann durch den Ort gezogen. Nachmittags fünf auf Garmisch zu. Unterwegs wieder Regenguß in Heuhütte abgewartet. Nach Garmisch, Souper an der Landstraße bei einer Brücke. Bis Oberau, in einem Bauernhaus übernachtet, die Empiretassen auf dem Schrank. Früh um fünf nach Murnau weiter, dann Weilheim. Unterwegs mit dem Rad hingesegelt. Noch über zwei endlose Berge geschoben, dann an der Straße hingelegt, ich aus einem Bauernhaus Wasser geholt und Tee gekocht. In Feldafing bei Brockdorffs gegessen, um vier weiter nach Solln.

Bubi uns mit solchem Freudenschrei: »Mamai!« entgegen, daß mir Tränen in die Augen kamen.

Nächste Tage müde und wehmütig, wie immer, wenn etwas so unglaublich schön ist.

Sonntag Such wieder hier. Abends Pullach im warmen Regen. Montag früh mit Such nach München. Nachmittags Wolfskehls. Todmüde zurück. Abends Franz Hessel, Stern und Such, bis ein Uhr auf.

Bubi fragt unendlich: Wie die ersten Menschen auf die Welt gekommen – ich: Die waren eben schon da. – »Und die ersten Bäume, wo noch keine Sonne und keine Bäume da waren? – Mamai, manchmal sind Bäume doch keine Frauen, und dann haben sie kein kleines Bäumchen.«

350 Subskribenten – fühle mich millionenreich. –

Bubis Kellerspiele mit der Sophie. Sie kommt am nächsten Tag: »Das dürfen wir nimmer tun, weil's a Sünd ist.« Bubi: »Was ist a Sünd?« Sophie: »A Sünd ist a Sünd.«

Frühmorgens erzählt er mir alles. Zuerst Krankenhaus gespielt und der Sophie Sägespäne auf die Rückseite gestreut. Schaut mich dabei etwas zweifelnd an, ob ich wohl etwas Schlimmes daran finde. Erkläre ihm, sich ganz nackt zu sehn wäre immer schön, teilweise Entblößung kitschig und derartige Spiele überhaupt dumm. Sünd ist Unsinn. Bubi: Ja, warum sagt sie denn nachher, es wär' a Sünd, dann hätt' sie es zuerst nicht tun sollen.

Liegen in unserm Wäldchen auf der sonnigen Lichtung, und ich erzähle ihm den Trojanischen Krieg.

Solln naht sich dem Ende. Bin die letzte Zeit doch gern dagewesen, jetzt ist mir leid, fortzugehn, gerade wo das Fädchen* sich der schweren Stunde naht. Kann aber nicht dabei bleiben, weil mich vor solchen Sachen furchtbar fürchte.

Morgenspaziergang nach Pullach. Der Hund stöbert einen Igel

---

* Die Sängerin Philippine Landshoff (Fädchen), verheiratet mit dem Kapellmeister Ludwig (Lutz) Landshoff.

auf. Bubi ganz leise: »Mamai, ist das ein wirklicher Swinegel?« – Eine halbe Stunde sehr nachdenklich, dann plötzlich: »Deshalb ist das Leben für den Swinegel so schön, weil er die Stacheln hat und ihm niemand etwas tun kann.« –

Nachmittags nach München, schrecklich nervös und deprimiert und sentimental.
Wohnung suchen mit Hesselfranz. Mon Dieu, mon Dieu, ich werd's doch nicht aushalten. Lebenskommunismus ist mir doch unmöglich. Aber ich werde wieder malen, das leuchtet über alles. Bubi und Malen, ohne Schreiberei und Sorgen und ewigen Tageskleinkram, aus dem ich seit Jahren nie herauskomme. Also muß ich durch alles durch, noch einmal mein Leben einen gewaltigen Anlauf nehmen lassen.

1. September

Roman wird jetzt gedruckt.
Nun hab' ich sechsmal Rolfs Geburtstag erlebt, und jedesmal ist es, als ob ich ihn neu bekäme.
Rad von Fädchen, ich glaube, ich habe mich ebenso sehr darüber gefreut wie Bubi, war ganz gerührt, und mußte morgens früh hinuntergehen, um das Rad zu sehen, ob es wirklich wäre.
Maus bekam seine Sachen im verdunkelten Zimmer, damit die Lichter mehr Effekt machten. Entdeckt alles erst allmählich, ganz zuletzt auch das Rad und begriff erst allmählich, daß es ihm gehörte. Ganz entgeistert vor Glück. Nachmittags mit Maus nach der Menterschwaige, kleine Differenz zwischen uns und Tränen. Dann ganz schmerzlich: »Nun hab' ich an meinem Geburtstag geheult.« – Das tat mir so entsetzlich leid, und wir sprachen uns aus und trösteten uns wieder. Maus überhaupt etwas übererregt, ganz blaß, ist doch ein nervöses Kind.

Er muß jetzt schwimmen lernen. Erst versuche ich ihn mitzunehmen und zu halten, aber so entsetzlich geschrien, sich das ganze Mäulchen innen blutig gebissen. Hab' ihn dann der Schwimmlehrerin übergeben, erst immer noch Geschrei, allmählich gewöhnt er sich dran, aber immer noch mit innerer Angst in Augen und Mund und ein ängstliches Fragen.
»Es ist ein schreckliches Gefühl.« –

Heute macht es ihm schon Spaß, nur einige große Angstmomente. – Wo bleibt Such? Kommt nicht und kommt nicht. Hat Seerosen geschickt, habe sie in einer großen Schale vorm Bett und träume mir einen heimatlichen See daraus.
Carlo auch immer noch nicht da. Ihr solltet alle um mich sein und die andern fort.
– Monsieur von der Tram aus gesehen und den alten Schock gefühlt. Muß ihn doch immer und immer wiedersehen. –

14. September

Ich sage nun den ganzen Tag innerlich o Gott, o Gott, o Gott, so schlecht und zerrissen ist mir von den Menschen im besonderen und im allgemeinen, so einer der Momente, wo die zu angespannte Saite in mir reißen möchte und alles nach Einsamkeit schreit, so tief, wie sie nur sein kann. Mein Gott, an unser Zusammenleben zu dritt soll ich meine Freiheit verkaufen, aber der Preis ist malen, und ich habe immer den Bubi neben mir, Ruhe vor den Sorgen, die mich wie Wanzen fressen.

20. September

In Schloß Winkl. Sonntagnachmittag. Such fort, Maus malt am Fenster eine Gebirgslandschaft. Habe mittags lange bei ihm am Brunnen gesessen, wo seine Tiere schwimmen und ihm Geschichten erzählt. So wundervolle Sonntagsstille, kann mich nicht entschließen, von Maus fortzugehn. Dann hinauf und meine Malsachen ausgepackt, in einer Ecke vom großen Zimmer etabliert, all die Skizzenbücher und Leinwand, die schon mit in Samos waren. Und noch einmal geht mir das Samos-Adam-Heimweh wieder durch. Aber es soll eine frohe Auferstehung der Toten werden.
Letzten Münchner Tag kam Adam. Abends mit ihm Osteria, unendlich viel von Klages gesprochen, nachher vor dem Café die Straße auf und ab. Dann mit Such und Carlo im Stephanie bis spät nachts. –
Konnte es dann nimmer in München aushalten und Hals über Kopf den nächsten Tag aufgepackt und hierher. Lange müde, regnerische Fahrt, eine Stunde mit der Post schon im Dunkel. In Grabenstädt abgestiegen, mit der Maus in einem guten Bett geschlafen und mit seiner Negerpuppe, die ich ihm noch auf dem Weg zum Bahnhof gekauft.
Nächsten Morgen ins Endlose geschlafen, zum erstenmal seit

langer Zeit scheint Sonne und ich bin allein auf dem Lande. Vormittags nach Winkl, alles angesehen, fühle wohl, daß dies der Platz ist, den ich sehr lieben und wo ich auch festwachsen kann. Nachmittags mit Bubi an den See, Abendrot, das er mit vielem Gefühl bewundert. Abends Tee in meinem Zimmer und Briefe geschrieben. Such kommt noch spät. –

– Samstag morgen übergesiedelt, ausgepackt und eingeräumt. O, hier wird mir wohl sein, bin nur noch arg nervös und reizbar von München her und schüttle mich, wenn Such vom Hesselfranz erzählt und mir bangt nur, wie es werden soll. Dazu einiges Zahnweh und ärgere mich immer, wenn ich mich so gar nicht von meiner Glanzseite zeige. Werde ein paarmal sehr gereizt gegen Such und Bubi. – Ich kann und kann und kann doch nicht mit Menschen leben, jetzt kommt wieder der ganze Rückschlag von dem Sollner Sommer.

Mit Such ja, auf Zeiten wenigstens, weil er die Ferne hat und hält, d. h. zu mir, sonst hat er bei aller Einsiedelei doch wenig Menschenferne, gibt zu leicht die Hand. Ich will mich sehr versenken, um all die Zersetztheit der letzten Jahre loszuwerden. Das andere geht nur drüber hin wie Wolken, aber ich möchte, daß der Himmel einmal sehr blau würde mit vielen Sternen. Denke viel nach und mache Resümées.

Nach Samos die Zeit am Roman war gut, nur von dem vielen Arbeiten aufreibend, und ich hätte Ruhe gebraucht. Dann der schreckliche Münchenwinter – Territet – Steben – mit allen Klagesaufregungen, der Ausgleich wieder in dem Schäftlarnherbst, wo der Roman fertig wurde. Der Winter sehr sonnig und heiter und froh. Dann die lange Krankheitszeit, unterbrochen von Italien und dann Solln, das sehr schlimm war. Kulminationspunkt nach unten München – Hesselfranz. So muß es jetzt wieder in die Höhe gehen. Und das Winter-Konglomerat muß durchgebissen werden, und überhaupt alles muß jetzt durchgebissen werden, wenn ich nur wieder malen kann und nicht mehr schreiben. Die Schreiberei kommt mir vor wie ein Tier mit einem Stachel, den man sich langsam und mühsam aus dem Fleisch ziehen muß. Aber hier ist gut sein und gut zu allem werden. Die Zimmer so wie ich's gern hab, groß, luftig, nur wenig Sachen drin und freies Land ringsum. Wenn jetzt die Götter gnädig sein wollten! Ich will viel ausruhen, viel Bubi trinken und Zarathustra lesen – und die Greulichkeiten der Zukunft auslachen.

So wie heut ist mir lange nicht gewesen. Schäftlarnstimmung, die unglaublich schöne Ruhe. Mit Maus aus einer Schüssel zu Abend gegessen, dann in den Herbstabend hinaus, alles schwarz und der Himmel rot. Laufen um die Wette, ich fürchte mich, nahe an den Wald zu gehn. »Du feiges Mamai.« –

Dann noch ein Stück die Landstraße hinunter an den Häusern vorbei, wo alle schon drin sind bei Licht. Eine Probe auf die Mausliebe gemacht.

– Wenn ich nun ein anderes Geschöpf möchte wie dich? Steht vor mir im Nachthemd und sieht wahnsinnig entzückend aus. – »Willst du ein schöneres – aber ich bin doch schön, wenn ich nackt bin.« – Ich: Alle Kinder sind schön, wenn sie nackt sind. – »Aber sie schauen nicht so rund aus« – dann mit Tränen: »Wenn du mich nicht mehr willst, dann geh' ich.« – Wohin? – »In den Wald – – oder ins Gartenhäuschen.« – Man fühlt, wie er sich's ausmalt und wirklich Angst hat.

Wird dann schnell beruhigt – ich kann manchmal so etwas nicht lassen, liegt solch ein Reiz drin, tiefere Affekte hervorzuholen. – – Aber wenn ich nun auch einmal stürbe? – Wieder in Tränen: »Aber das glaub ich nicht, ich glaube, du stirbst noch nicht – erst, wenn ich groß bin.« –

So und dann kann ich sterben. –

»Nein, eigentlich möchte ich, daß du dann auch noch lebst.«

Möchtest du denn gar kein anders Mamai? –

»Nein, ich möchte nur noch ein Brüderchen oder ein Schwesterchen, aber dazu ist es zu spät.« –

21. September

Nach Tisch mit Bubi und Such durchs Schilfrohr mit dem Fischerkahn zum See. Den Rückweg nicht gefunden, bis zur Dunkelheit im Schilf herumgesucht, endlich ans Land. Maus beim Herumpatschen alle Kleider durchnäßt, in Suchs Jacke gewickelt, war sehr müde und lieb. Sage ihm im Boot, er sollte schlafen: »Nein, ich möchte die schöne Welt noch sehn.«

Wieder in München, um Ludwig zu treffen. Abends mit Carlo im Café. Den Nachmittag zu Hause auf dem Diwan gelegen, ganz allein, bis in den Abend — draußen die Herbstsonne. Ich habe so selten einmal Zeit zum Träumen und doch so viele Träume.

Nächsten Tag mit Ludwig und Maus auf die Oktoberwiese. Maus in zerstreutem Entzücken. Um vier Uhr Ludwig abgefahren. Abends Carlo. Ruhige, liebe stumme Stunden neben meinem Sofa gesessen, fühlte mich ihm wieder so sehr nahe. Bei mir wechseln immer Zeiten, wo ich überhaupt innerlich kalt und müde bin und nur schlafen will — und solche, wo alles lebendig ist. Und ebenso stehe ich dann zu den Menschen, entweder ich liebe keinen oder alle.

Sonntag früh schlimmen Brief von Such, hat Carlos Briefe in einem Buch gefunden, es fiel mir ganz dumpf und schwer auf die Brust und solch ein Gefühl von Verzagen. Ich habe so viel geschwiegen und bin so vorsichtig gewesen, um ihm nie weh zu tun und glaubte doch, daß er alles ganz gut wüßte. Es ist so selten gewesen, daß ich so viel gebe, und er will immer mehr. Ich will nur begehrt sein, wenn ich selbst begehre — ich will überhaupt lauter Unmögliches, aber lieber will ich das wollen, als mich im Möglichen schön zurechtlegen. Es wird nun doch etwas in mir verstimmt bleiben und das wollte ich nicht.

Mittags mit Schmitz und Hessel nach Solln. Zug entgleist und wir alle im Fiaker zu Wolfskehl. Ich am Abend müde nach Winkl. Und nun wieder gerührt über das Schweigen.

Bin sehr unliebenswürdig — letzteres beiderseitig, aber immer: bei mir gibt's nicht — vielleicht ebenso wie bei mir bestimmte Schwächen nicht zugeben wollen, damit sie nicht etabliert werden. Zum Beispiel bei der Bemerkung, der und der wäre so, wenn du gut gelaunt wärst — ich: man braucht mir nicht immer von meinen Launen zu sprechen. — Such höchst erstaunt: er hätte nie Launen, wäre immer gleichmäßig und brillant aufgelegt. — O Such! — Er gehört immer zu denen, denen man unbedingt recht geben muß, sonst werden alle Spieße umgedreht, und ich bin die eigensinnige, die niemals Räson annimmt, die immer schwarz findet, was weiß ist etc. Ich wurde verstimmt über ein solches Gespräch und bekomme erklärt, daß es überhaupt unmöglich ist, mit mir darüber zu reden. Kenne das noch von Klages her, gerade diese Seite von Eigensinn, die es immer so dreht, daß nur der andere eigensinnig ist.

Gewinne aber dabei die Einsicht, daß ich mich zu sehr gehn lasse, wenn mich die Nerven zwicken und beschließe jetzt, einen wahren Kultus der Selbstbeherrschung zu treiben, vor allem im »Nachgeben«.
Weiß ja selber ganz gut, wann und warum ich kratzbürstig bin, vor allem, wenn ich nicht genug Zaun um mich herum habe.

Mausiana:
Beim Baden, als Such ihn zu sich locken will, aus Angst untergetaucht zu werden: »Nein, Such, du sollst selbst dein Vergnügen haben, du sollst selbst dein Vergnügen haben.« –
Als er einmal gespritzt wird: »Nein, Such, ich bin jetzt schon genug abgekühlt, ich glaube, die Wasserkraft ist zu stark für mich.«
Erzähle ihm gestern abend das Andersenmärchen von der Lerche, die im Käfig verdurstet, und dem Gänseblümchen, das zugleich verwelkt. Bubi liegt neben mir am Boden, fängt auf einmal entsetzlich an zu weinen. Ströme von Tränen – »Das arme Vögelchen und das arme Blümchen, ich hätte ihm einen großen Käfig gegeben und viel Wasser.« –
Tröste ihn mit lustiger Geschichte – er will nachher dem Such erzählen, daß er über dies Märchen geweint hat – ich: aber das erzählt man doch nicht – worauf er beschämt schweigt.
»Mamai, – du hast doch eigentlich eine schöne Stimme!« –
Reiten – brenne darauf und fürchte mich. Überhaupt ängstlich mit meinem Leben, seit ich immer denke, wenn mir was passiert, muß ich die Maus zurücklassen. Such reitet einstweilen die Pferde zu, die beide bockig sind.

Sonntag

Porträt von Bubi angefangen, zitternd innerlich. Das erstemal, daß ich seit sechs Jahren wieder einen Pinsel in der Hand habe, und mit Glücksgefühl, daß es doch »dasjenige« ist – alles einfach. Ich bin verwildert bei all dem Hin und Her der Muß-Arbeit. Aber es ist noch nicht zu spät.
Das gute Herz gibt sich die größte Mühe, still zu halten, es tut's aber doch nicht immer, und ich bin so töricht, dann ungeduldig zu werden. –
Hab' die Flingelli Marie herauskommen lassen, um mir die Haus-

arbeit abnehmen zu lassen, damit wir manchmal Touren machen können.

Morgens Radübungen, ich lerne am Herrnrad aufsteigen, mit dem gewohnten Pech. Trete fortwährend Speichen heraus. Dann geb' ich der Maus Radlstunde.

Nach Traunstein mit Such geradelt, mußte wieder an Monsieur denken, wie wir uns vor vielen Jahren einmal dort treffen wollten, und doch nichts daraus wurde, weil ich keine anständigen Kleider hatte.

Ihm eine Karte geschrieben. –

Tour auf den Hochfelln – um halb fünf bei herrlichem Morgenrot aufgestanden. Maus aufgewacht, bleibt im Morgenrot im Bettchen liegen, als wir fortgehn, freut sich daran und ist so lieb, daß ich mich kaum entschließen kann. –

Erster Reitversuch, traue mich nicht einmal zu traben – nur ein ganz klein bissel. Bei der Traunsteintour ein Pedal ums Bein geschlagen, weil ein alter Herr mir beim Aufsteigen auf die Füße sah. Trotz geschwollnem Bein um den Chiemsee geradelt bei herrlichem Wetter, einmal langes Stück zu Fuß durch den Wald, allein und ganz versunken, während Such weit voraus war. Mit argen Schmerzen zurück und über acht Tage lahm. Muß das Reiten deshalb wieder lassen.

Am Bubibild, das nicht werden will, und eine Skizze von der Maus gemalt. Im ganzen bummle ich schrecklich, aber mit Genuß und dem Gefühl tiefen Ausruhens. Bin viel zu verliebt in den Such – so, daß er mich unruhig macht. Traurig, wenn er nicht da ist und über jede Kleinigkeit, die mir an ihm nicht gefällt. Sein ganzes Wesen mit andern Leuten, dies viele Anbiedern, joviale Intimität mit Gutsleuten, Bierbrauern etc. stört mich fortwährend – ich will ihn vornehm und reserviert haben. Es ist kindisch, aber ich werde das nie los und bin fortwährend froissiert. Hätte ich ihn nicht so lieb, wäre es mir gleichgültiger – eine alte Geschichte.

Und er versteht nie, warum ich grantig oder nervös bin. –

Herbstmattigkeit, ein paarmal Blut ausgespuckt und wieder Schwindsuchtsangst, die mich auch sehr deprimiert. Liege endlos im Bett und bin dann noch matter. Müßte mehr allein sein und will doch den Such immer um mich haben. Was ich haben will,

will ich überhaupt immer ganz haben und bin darin sehr ungerecht und möchte mir alle solche Sachen abgewöhnen.
Hesselfranz einen Abend und Tag. Früh Reitstunde auf der Wiese, der Gaul bockt, und ich fürchte mich, bleibe aber doch oben.
Früh zwei Uhr mit Hessel nach Übersee und nach München. Erst nach Solln, dann Marchlewski, Brockdorffs und Hofgarten in der Hoffnung, Adam zu sehn. Unendliche Besorgungen, abends bei Koch und auf seinem Sofa übernachtet. Fahren um halb neun nach dem Bahnhof und ich wieder zurück nach Winkl. Bubi und Such an der Bahn. Heimatgefühl und sehr viele Liebe.

*

Male im Kuhstall, Such dressiert den Stier, läßt Maus auf ihm reiten. Manchmal Pferdereiten, aber immer kommt etwas dazwischen, Lahmheit oder Wetter.
Such alle Abende nach Grabenstädt, ärgere mich darüber wieder ganz kindisch. Es kränkt mich, daß jemand, der jeden Abend mit mir zusammen sein kann, lieber in dem stumpfsinnigen Nest mit Fischern oder Honoratioren am Biertisch hockt. Finde es Mangel an Geschmack und etc. pp. und bin dann auf ihn verstimmt.
Sonntag nachmittag mit Bubi und sechs kleinen Mädeln in den Wald, ich gemalt und die Kinder gespielt. Bubi hat doch viel Feminines, aber das liebe ich sehr an ihm und protegiere es, damit er später nicht einmal mannsimpelt. Denn ein wirklicher Mensch hat doch beides in sich – ich zum Beispiel.
Sehnsucht nach Klages, die manchmal ganz plötzlich und dann mit unglaublicher Heftigkeit aufwacht. Sie wird auch immer und immer bleiben –
Von allem Persönlichen, womit wir uns gegenseitig zerreißen, abgerechnet, bleibt er doch der einzige Mensch, mit dem ich mich in letzten Tiefen verstanden habe. In diesem bin ich seither ganz allein. –
Nun bald nach München zurück und viel Abschiedswehmut. Und auch Sehnsucht, wieder einmal ganz allein zu sein nur mit Bubi. Das ist und bleibt doch mein eigentliches Leben.
Wäre ich aber auf die Kaulbachstraße nicht eingegangen, so müßte ich wieder Tag für Tag am Schreibtisch sitzen und arbeiten, und alles würde sich nach und nach zerreißen. Ich habe ja heute

noch nicht ganz die Arbeitsjahre überwunden, meine Nerven havarieren immer noch daran. –
Madonna für den Such malen. Bubi vergoldet alle möglichen Schachteldeckel. Erzähle ihm abends Märchen, und wir singen zusammen.
Er erzählt mir auch Märchen. –
Dreschfest bei Sassana, Such und ich in Karnevalslust uns kostümiert, er ungarisch, ich in seinem »G'scheerten« mit Lederhosen.
Mit Bubi beim Schnee nach Bergen. Letzte Tage! Vorletzten Tag mit Bubi zu Hildebrand, bei strömendem Regen aus der Kapelle die alte Wetterfahne geraubt. Bubi als Vertrauter und Mit-Spitzbube. Am Abend in unserm großen Zimmer mit dem glühenden Ofen. Kann es nur immer nicht recht begreifen, daß ich wirklich fort soll.
Vorletzten Abend mit Such Grabenstädt, im Schneesturm mit einem Schwips zurück. Bild, das ich malen will, Stier mit Najade.
Fort – um sechs nach Übersee, und der Such bleibt da und sagt in der Post zur dicken, greulichen Posthalterin: »Hätt' ich gewußt, daß Sie nach Chieming fahren, so wär' ich mit.« –
Ach, Such!

Siebte Epoche

Das Eckhaus

München

Beginnt gleich mit vielem Gelaufe und vieler Arbeit und Sentimentalität über die roten Wände der Dietlindenstraße. Abends Koch zum letztenmal in dieser Wohnung. Und die nächste Zukunft sitzt mir im Hals – o Gott, o Gott. Sonntag nach Solln und todmüde zurück. Am Montag Such's Atelier gepackt, Himmelherrgott! – Tausend Schwierigkeiten und Betrachtungen darüber, daß ein Mensch es fertig bringt, so zu leben. Aber ich fasse all seine verstaubten Sachen mit viel Zärtlichkeit an und hab' ihn so lieb.

Mit Koch Kaulbachstraße, die vorläufig einen deprimierenden Eindruck macht. Dienstag bei mir gepackt. Dann der eigentliche Umzug, als der Möbelwagen in der Kaulbachstraße hält, nach Solln ausgerissen.

Mittwoch, den 1. November

Allein mit Frau Drobner losgearbeitet. Hessel nach Möglichkeit versetzt. Ein Chaos von Schwierigkeiten etc. Mich dabei ganz heruntergewirtschaftet und wieder Ringe um die Augen. Liebe gute Briefe von meinem Such. Richte ihm zwei Zimmer und möchte alles schön für ihn machen und ihn bald hier haben. –

Immer noch nicht durchzufinden, ein wenig kaputt. Dazwischen die Adam-Klages-Affäre und Carlo. Geh' herum und arbeite mit den Händen und kann nichts anderes denken.

Es ist vielleicht das Schwerste und Unfaßlichste, was ich mit Menschen erlebt habe. Mein Adam, mein guter Freund, der mich so lieb hat. Denn das hat er doch. Kann nicht schlafen, muß immer daran denken und lese nachts alte Briefe von ihm und Klages. Mein Gott, was ist Klages eigentlich? Am Ende doch nur ein Mensch mit Größenwahnsinn und Ichsucht und einem wundervollen Verstand, der uns alle hingerissen hat. Aber wohin reißt er die Menschen? Und vor allem meinen Adam? Adams Vorschlag nach Rom zu gehen? Dann Carlos Vermutungen. Mein

Kopf ist von alledem etwas überhitzt, und ich sehe lauter Gespenster und schreckliche Sachen. Und ein Gefühl, als ob ich allein Carlo schützen und halten könnte, das große Kind, dem so übel mitgespielt wird, die andern, die ihn ausspionieren und verraten. Und dann wieder kommt alles, was sie uns gewesen sind und was ich mit ihnen erlebt habe und wie sie jetzt von mir fort sind. Ich möchte verrückt werden. Schlafe neben meinem Revolver und denke, sie sollen nur kommen.
Ganz allein in dem unheimlichen Haus mit alledem. – Mit Adam und Klages war es doch die einzige Zeit, wo ich nicht allein war. Und nun werde ich es immer sein. – Aber ich hab' den Bubi, mein Kind, und bin doch noch reicher wie sie alle.
Gott sei Dank, daß wenigstens Hessel fort, könnte ihn jetzt absolut nicht ertragen.
Nacht in Solln. Such wird auf Abend telegraphiert, Bubi dort gelassen und alle den Tag hier. Abends Koch nach seinem Examen, dann um halb elf nach Solln. An der Bahn steht Such und sieht aus wie in Winkl. Nächsten Tag wieder allein nach München. Abends wieder Koch, bleibt die Nacht da, schlafen spanisch getrennt in meinem großen Zimmer, er in Bubis Bett – wir unterhalten uns zwischen dem Schlafen aus der Ferne. Morgens ihm Kaffee ans Bett und die Zigarette angezündet. Hab' ihn sehr mütterlich gern und irgendeine Sensibilität der gleichen Sympathie zwischen uns. Nacht und Morgen waren von einer zarten und schönen Stimmung.

*

Mittags Such und Bubi, und ich fange wieder an, normal zu werden und mich auf Weihnachten zu freuen.
Mein guter Such ist wieder da, und es kommt soviel Ruhe über mich wie nach einem unsagbar bösen Traum. Fühle mich beschützt und eingewiegt und nur noch traurig.
Weihnachten.
Große Mausseligkeit und ein wundervoller Baum, den Such aus Winkl mitgebracht. –
Uns beiden Großen ist auch ganz sonderbar und bewegt ums Herz. Ich abends noch zu den alten Maurers, dann im Trab zu Such und Bubi zurück.

Fädchen und Lutz, dann Wolfskehl. Bubi spielt uns Kasperltheater vor.
Jedes Stück endigt mit der Polizei, eines mit: »Adieu, Herr Tod, Adieu, Herr Gerichtsvollzieher.« – Waren alle sehr glücklich den Abend.

1. Januar 1904

Neujahrstag.
Seit drei Tagen mit Wut an einer Übersetzung, die nun hoffentlich die letzte ist, und alle Morgen auf dem Eis.
Gestern der Silvesterabend, wehrte mich mit aller Macht gegen meine Sentimentalität und das viele Zurückdenken. Vor allem an Monsieur und unsere vielen Neujahrsnächte und an voriges Jahr, wo wir alle bei Wolfskehls waren, so einig und noch beisammen. – Nachmittags nach altem Brauch den Baum noch einmal angezündet, aber Bubi müde und ich sehr müde. Es tut mir wohl, mich so ganz in meine Gedanken hineinzuversenken, vor allem alles, was jetzt kommen soll, wirklich einmal kommen soll. Das Leben ist doch gut und schön und unendlich reich, vor allem meins. Und soll es noch viel mehr werden. Immer wieder über Berge und sich aus allem möglichen herauswickeln, aber es wird auch immer klarer vor mir, und ich bekomme die Hände immer mehr frei, wenn sie mir nur nicht zu früh müde werden.

Januar

Lebe wieder einmal wie in alten Zeiten, um sechs bei dunklem Wintermorgen aus dem Bett, leise, daß Bubi nicht aufwacht, Küche geheizt, einen Sprung über die Straße um Frühstückskleinigkeiten und an die Schreiberei. Dann zwei Stunden aufs Eis, Mittag und wieder an die Arbeit bis Abend. Lebe ganz in der großen warmen Küche, das übrige Haus steht ziemlich kalt und unwohnlich verlassen. Such, mein getreuer Helfer, nimmt mir vieles ab. Dazwischen Carlo mit Blut- und Verfolgungswahn, in mir geht's auf und nieder, wenn ich darüber nachdenke. Sind es nur Angstphantome oder wirkliche Möglichkeit, aber jedenfalls geht über uns alle etwas hin, was dunkel und zerreißend ist und wo einem nichts unmöglich erscheint. Wenn ich abends allein und nervös bin, meine ich Schritte zu hören und Adam oder Schuler mit einem Dolch hinter der Tür. Carlo so unendlich verstört und bleich zu sehn, geht einem immer wieder durchs Herz. O Klages, Klages, schlimmer, verheerender und göttlicher. Das wenigstens weiß ich jetzt: Wir kommen alle nie los von ihm und schlimm für uns, wenn wir es könnten. Der vorige Winter war so wie ein heller lachender Tag und dieser wie eine Nacht voll Gespenster. – Koch wieder zurück. –

Ach Maus, deine Mamai kommt sich vor wie jemand, der zeitlebens Garn abhaspeln muß und nie fertig wird und nie Feierabend machen und Märchen erzählen kann. –

Such zum Presseball, ich muß an der Arbeit bleiben und bin in diesem Jahr für allen Karneval auch zu tief verstimmt und zu unheilvoll gestimmt. Aber es zuckt doch ein bissel, wenn ich den Such sich anziehn sehe und abschieben. Im Grunde ärgert man sich dann nur über die eigene Charakterfestigkeit und schimpft dann auf die -losigkeit der andern. –

Jérôme fertig und die Operation wieder verschoben, so scheint es Gottes Wille, daß ich nichts mitmachen kann, ein paar Mal vorher keine Lust und mich nachher darüber geärgert.

Eis, Venenentzündung und bei Koch Bücherpacken.

Hesselfranz zurück, bin so nervös auf ihn, daß ich bei seiner Ankunft nach Solln ausreiße. Überhaupt mißfallen mir alle Menschen, die ich sehe. Flüchte mich zu Koch – sein Zimmer mit den Bücherkisten ist ein wahres Asyl, und da fühl' ich mich glücklich, es ist wohl auch einiger Fern-Eros dabei, sogar sehr viel.

Wenn er nur nicht fortginge, ich kann ihn schwer entbehren. Endlos mit ihm über Klages – Wolfskehl – Adam etc. gesprochen. –

Mit Koch auf dem Jour, einem für uns beide ganz aufregenden Jour – weil wir alles wußten. Wolfskehls Verstörtheit und Abwesenheit, Schulers intrigante Unheimlichkeit usw. Nachher zusammen im Ratskeller gegessen, wurden beide bei der Musik karnevalssentimental und sonderbar bewegt. Sprachen davon, wenn man sich jetzt über all den dunklen Hintergründen in den Karneval stürzen würde.

Montag letzter Kochtag, bis spät abends noch gepackt, ihm das Nachthemd, das er in der spanisch getrennten Nacht angehabt, zum Andenken gegeben, ich hab' dafür das, worin ich von Winkl aus auf seinem Sofa geschlafen. – Um ein Uhr Fritz Huch, boshaft und verliebt zu mir: »Er kommt ja wieder!«

Aber nun ist er wirklich fort und ich komme mir sehr verlassen vor ohne alle Subtilitäten und Nuancen, die ich brauche.

Überhaupt in einer etwas unglücklichen Verfassung, reibe und stoße mich jeden Augenblick an etwas – gerade da, wo die meiste Liebe und Wärme um mich ist – nur bei der Maus nicht – und dann fühle ich immer wieder, damit müßte ich mich von allem wegflüchten.
– Wenn ich nur soweit käme, die Menschen einfacher zu nehmen, aber ich will sie immer auf all meine Kompliziertheiten und Hyperästhesien gestimmt haben. Wenn wir ein langes Gespräch miteinander haben, verstehen wir uns eigentlich doch immer, mein erotisches Leben ist so reich und tief erfüllt, daß mir beinahe die Kräfte fehlen, es ganz in mich hineinzunehmen.
Eigentlich lacht mir ja das Leben, ich habe nur Nerven und Froissements zu viel. –
Endlich Operation auf den 6. Februar festgesetzt, und nun hab' ich auf einmal gar keine Lust.

20. Februar

Zehn Tage im Bett in dem großen dämmerigen Zimmer, wo Such mir alles so schön hergerichtet. Der Morgen im Josephinum, Wiedersehen mit Schwester Johanna. Abend mit der Sanität heimgebracht.
Lauter sehr stille schöne Tage, manchmal etwas zu viel Leute, aber so sehr ausgeruht.
Such zum Bauernball, erst etwas unglücklich darüber, dann in Alleinstimmung geraten und sie tief genossen.
Viel wach gelegen, die Nacht durch, dachte an alte Zeiten, wo ich in der Heßstraße oft krank lag, Monsieur kam und mir aus dem Sektglas Wasser zu trinken gab. Und warum wir uns jetzt eigentlich nicht sehen. –
Maus in Solln, kommt mich manchmal besuchen und möchte bei mir bleiben, und dann tut mir das Herz weh, wenn er wieder geht.
Letzten Tage Zahnschmerzen. Such fort – und hätte so gerne gewollt, daß er bei mir sitzen bliebe. Morphium genommen und in seligen Rausch geraten.
Bubi noch zwei Tage bei Marchlewskis, ist müde und weint, daß er immer noch nicht bleiben darf, und ich fange beinahe mit an. Aber dann bleibt er endlich wirklich, und wir sind beide so glückselig, daß wir uns wiederhaben. Ist ruhig und leise und lieb, holt und bringt mir ganz stolz alles mögliche.

Aschermittwoch wieder auf. Hatte am Dienstag abend ins Luitpold wollen, aber nicht daran zu denken, mache statt dessen Betrachtungen über die Hinfälligkeit des Menschen.
Ungemütliche Tage, matt und lahm. Such unfreundlich, o Gott, o Gott. Es ist doch unter aller Menschenwürde, krank und abhängig zu sein.
Rodi viel gesehn.
Dann allmählich alles wieder ins Geleise – wie oft geht's bei mir aus dem Geleise und wieder hinein.
Adam! – spazierengefahren, nichts mehr vom Bruch, wieder mein alter Freund. Ob man einmal aus andern Menschen klug werden kann? Mir kommt's immer vor, als ob sie alle im Zickzack empfänden und dächten.
Fünf Tage Solln. Dann Theaterabend mit nachfolgender Bar-Sitzung und allgemeiner Verstimmung. Ich danke. Übernachtung bei den Sollnern. Nervosität und Degoût. –
Es löst sich wieder alles zwischen uns beiden, aber viele Gedanken darüber, daß ich doch nur vorübergehend mit andern oder einem andern leben kann. Wenn's bei mir hapert, liegt's immer daran, daß zu wenig Einsamkeit – bis ich wieder in die hineingleiten kann bei dem jetzigen Leben. – Öfter Adam, mein guter geliebter alter Adam. –
Botticelli-Fest.
Commencement de mon amitié avec le Docteur D., der einigen Charme für mich hat, d. h. eigentlich gar keinen. Aber sonst eine böse Dissonanz an dem Abend. Werde bald ein gewaltiges Stimmen in mir und von mir aus veranstalten müssen. So etwas darf nicht Platz bekommen.

17. März

Samstag abend, mit Such in der Küche, es läutet mehrmals und heftig, müde und keine Lust auf Menschen, lasse durch Such abweisen – er sagt mir dann, daß jemand mit einem großen braunen Hund – – – und mir bleibt das Herz stehn – vielleicht nur aus alter Gewohnheit. –
Sonntag nachmittag kommt Monsieur dann wirklich, recht bewegt alle beide, aber die große Leidenschaft nicht mehr, nur etwas unendlich Liebes, wehmütig Vertrautes, Unauflösliches, kein »Erzittern«. –

Der Sturm-Eros geht für mich jetzt von Such aus. – Ich möchte doch wissen, ob andere Menschen auch so entsetzlich kompliziert darin wie ich sind. Und dabei geht es auch wieder ganz einfach und selbstverständlich. Mit mir bin ich nie im Zwiespalt in Eroticis – höchstens durch den andern. –

Mir fehlt nur der Eros der Fremde, und der ist doch nur bei Bel-ami.

Ich denke an den unendlichen Reichtum in all den Zeiten mit ihm und bin froh, daß er immer noch da ist, und wir uns nie verlieren. Klages war doch der einzige, der das alles verstand, ich kann mit keinem andern fliegen.

Abschreiben bei D. – eine Stimmung, die ich gern mag, überhaupt diese amitié.

Bin plötzlich auf dem Punkt angelangt, den ich lange vergebens suchte, ich bin etwas wieder in mir selbst. Dann ist auf einmal alles gelöst und alle Froissements etc. annulliert. Die Balance wiedergefunden und ein Neues, daß es auch ohne äußere Einsamkeit möglich ist. Das hab' ich früher nicht können, und dann manchmal Angst gehabt, daß Klages Niedergangstheorie durch die Kaulbachstraße vielleicht ein Korn Richtigkeit bekommen hätte. Habe das Gefühl, als ob ich wieder einmal einen Stein der Weisen gefunden hätte – oder einen »Durchbruch der Gnade«.

Mit D. und seinem Freund in Tegernsee, mich in Frühling gewälzt und ein Harmoniegefühl, das mir lange abhanden war, aber ein neues. Darum wohl auch ganz fremd dagegen, daß Such verstimmt. Oder nicht fremd, aber beinah darüber »gelächelt«. Hätte es ihm weglächeln mögen, aber aus Müdigkeit doch etwas kribblig. Wenn nur einmal ein Mann, von denen, die mir ganz nahe kommen, begreifen wollte, wie sehr ich lieben kann und wieviel ich lieben könnte, ohne mich zu zersplittern. Aber sie haben immer die Tendenz, mich durch ihre entgegengesetzten Empfindungen zu zersplittern.

– Ach Gott, man möchte manchmal die ganze Welt in seine Arme nehmen, und mir ist jetzt so, als ob ich den ganzen Frühling in mir hätte und ihn andern geben könnte, wenn sie wüßten, ihn zu nehmen. Und das ganz von selbst ohne Erlebnis. Nach Klages scheint mir, ich habe irgend etwas erlebt, das ich eigentlich gar nicht erlebt habe, und das ist gerade das Wirkliche.

Nun wird auch nach außen alles glatter, ich bin gesund, habe keine oder sehr wenig Nerven seit einiger Zeit, habe Zeit für mich, für Bubi etc., komm' auch endlich wieder einmal zu meinem Buch. Ich muß jetzt sehr viel mit mir reden und hab' mir viel zu sagen.

*

Mamai, kannst du Eier legen? Maus: »Ich wollte, wir wären zwei Vögelchen und könnten Eier legen und brüten. Dann gingen wir eine Zeitlang weg, und wenn wir wiederkämen, läge da ein kleines Baby. –«

Ach, himmlischer Gott, was schwindelt man sich alles vor, wenn es ein wenig Frühling ist, sogar, daß die Menschen nicht entsetzlich wären. Gott sei Dank hat sich mein besseres Ich, das manchmal umnebelt ist, schon lange wieder gebäumt. Kann die ganze Blase nicht mehr ertragen. Der D.-Charme ist längst und rasch verflogen – inferior und unmöglich. Bin jetzt dabei angelangt, allen gleichgültigen Verkehr radikal abzuschaffen, es ist wirklich ein Verbrechen gegen sich selbst, wenn man ihn duldet – weg damit. Darin wenigstens habe ich diesen Winter und Frühling viel gelernt. Ich muß doch recht jung sein, daß ich immer noch so viel zu lernen finde.

Alles war nur wieder Bummelei – und da bin ich auch wieder schwach gewesen, lasse mich durch Such ins Verbummeln mit hineinziehen, und in manches andere, was nicht nötig wäre, wenn er nur manchmal einen Finger rühren wollte. Es ist recht schlimm, ich komme auf diese Weise nie aus dem Schlamassel heraus und komme nicht zu allem, was ich möchte.

Es hat mich glücklich gemacht, ihm helfen zu können, aber allmählich komm' ich mir lächerlich dabei vor und habe zuviel Unangenehmes dabei schlucken müssen. Wie die Geschichte mit D. – In bösen Stunden lag es mir ein paarmal auf der Zunge: Du zwingst mich ja dazu – hab' dem Himmel gedankt, daß das Abschreiben zu Ende war, es hat mich gewürgt zuletzt. Jetzt ist das alles wieder abgeschüttelt.

Mein Gott, mein Gott, es wäre vielleicht besser, sich wieder ganz allein durchzuarbeiten. Ich muß mich gegen vieles wehren und könnte manchmal weinen nach Einsamkeit.

Ob es für mich nicht immer ein Unglück bedeutet, einen Menschen so zu lieben?

Jetzt male ich, dann schließt sich mir alles wieder innerlich zusammen, ein wundervoller Nachmittag mit Bubi, er sitzt mit großer Ausdauer, und wir schwätzen zusammen. Ihm Trojanischen Krieg erzählt. »Paris hat ganz recht, daß er der Aphrodite den Apfel gab, weil sie ihm die schönste Frau versprach. – Nun werden wir schon sehn, ob er sie auch wirklich bekommt.« –

Von Such und Bubi Skizze gemacht. –

Verdammt elend, morgens schweißgebadet und zerschmettert. Und alles so überflüssig wie ein Kropf. – Nicht einmal Lust zum Malen – zu nichts.

Sonntag, 15. Mai

Such nach Winkl, möchte selbst mit und halb auch nicht. Bring' ihn an die Bahn, auf dem Rückweg in Gewitterregen hinein. Gewittermaistimmung, die ich so sehr liebe. Elende Schmerzen.

16. Mai

Sonnenwetter, und möchte so gerne froh sein. Sitze vormittags in der Küche und schreibe am sechsten Kapitel. Bin ich einmal wieder in der Lübecker Jugendzeit. –

Geträumt, daß ich vor Klages kniete, seine Handgelenke festhielt und sagte: Du hättest mich nicht von dir lassen sollen.

Dienstag früh Arzt, dann sehr deprimiert und nervös nach Solln, in große Lustigkeit und helles Wetter hineingefallen und selbst wieder ganz vergnügt geworden. Nachmittags nach Ebenhausen und Leoni. Unterwegs stilles, schönes Dörfchen, wo wir ausruhten, Fädchen, Bubi und ich. Von dort aus im Wagen, ich im Zickzack kutschiert, dann Überfahrt im Boot nach Possenhofen, alles so wundervolle Sommerabendstimmung mit der unerhörten Blütenüppigkeit. Nacht dort geblieben, ganz früh beinah betäubender Amselschlag, lag wach und dachte, daß mein Geburtstag war, sah meine Maus schlafen und war richtig froh – sentimental. Dachte an voriges Jahr – den Morgen in Rom, den Abend in Venedig.

Gegen elf Uhr heim, das blaue Deckchen. Ganz kindische Freude. Dann mit Lutz, Fädchen und Rolf Brockdorff Bar, Laboratorium, Geschenke, Reitpeitsche und seidne Strümpfe. Mir lange nicht passiert, einen richtigen Geburtstag gefeiert zu kriegen und lauter angenehme Geschenksachen. Maus von schmelzender Liebenswürdigkeit, kriegte von mir ein Malkästchen und Buntstifte, malt nachmittags mit großem Eifer und ganz still, während ich todmatt nach allem auf dem Sofa liege.

19. Mai

Stiller Tag. Mit Maus gespielt und mich von ihr pflegen lassen, bringt mir morgens den Kaffee ans Bett und ist wahnsinnig lieb. Neulich hat er von zwei Hunden behauptet, sie wären nebeneinander hergelaufen »wie zwei Schriftsteller«.

21. Mai

Verhängnisvolle Epistel an D. geschrieben. Heut abend plötzlich Sentimentalität über den armen Mann, kann's aber doch nicht ändern, es ist alles zu unmöglich. Und an meinem Geburtstag Monsieur begegnet – saß mit Stern im Fiaker, nur ein unangenehmes Gefühl, daß er mich sehen würde.

Lese meinen Roman und finde ihn doch eigentlich greulich, – Gott sei Dank, bin ganz erleichtert darüber.

24. Mai

Such zurück. Klages endlich die Briefe geschickt mit einer bitterbösen Hinzufügung. Es muß traurig um ihn stehen. Mein Gott, all diese schmählichen Enden sind so überflüssig, geschmacklos und unschön. Hatte den Tag vorher seine Briefe gelesen und soviel an damals gedacht. Dann dies wie ein kaltes Bad. Am gleichen Tag von D. einen Brief als Antwort auf meinen. Aber wieviel größer an Seele ist dieser ganz unbedeutende Mensch. Einfaches Begreifen und Wärme, während dort bei Klages dies abstoßende Ressentiment geradezu trieft. – Er ist auch ein andrer geworden – ich nicht.

Erzähle der Maus weiter aus Trojanischem Krieg – wie die unsterblichen Rosse des Achilles weinen, lächelt er erst und weinte dann ganz unglücklich. Ist so ganz bei der Sache.

Immer noch namenlos elend und manchmal entsetzlich verstimmt darüber: es ist genug, Herr! denn es will nicht aufhören. Nur Freude an der guten Maus, die immer um mich. Steht früh um sechs auf und marschiert in die Radlschule, erzählt mir dann seine Erlebnisse.

25. Mai

Früh zum Doktor, macht mir ein wenig Angst von Bauchfell und

Blinddarm, und ich fühle die alten Gespenster in mir. Sonst aber heute besser. Nachmittags Maus, wieder Troja erzählt. Hat fortwährend Tränen in den Augen, ist ganz auf seiten der Griechen.

Bei irgendeiner Gelegenheit: »Mamai, meinst du vielleicht, ich wäre der Seher Kalchas, daß ich alles wissen soll?« — Denke viel an Klages und über ihn nach.

Dritter Schwabinger Beobachter*, halbe Nacht durchgearbeitet. Gott sei Dank, Gesundheit geht wieder bergauf, fange an, im Garten zu malen.

Maus radelt mit auf der Straße, und ich bin namenlos stolz auf das kleine Geschöpf, wenn es neben mir fährt. Reitstunden angefangen.

Das Reiten arbeitet mich körperlich gründlich durch und ist mir eine große Wonne. Beim Malen viel Verzweiflung über die Unfähigkeit, aber ich bin jeden Tag dabei. Seitdem ist mir um zehn Jahre jünger zumut, trotzdem ich mit allen Menschen mehr und mehr den Zusammenhang verliere. Eins über das andere ist diesen Winter zerbrochen und auch das Allernächste schwankt mir jetzt, woran ich so sehr geglaubt und mich gehalten habe, mehr als es überhaupt in meiner Natur liegt. Habe mich selten so fest an einen Menschen gelehnt, aber es zerreißt mich zu sehr, ich kann es auf die Länge nicht ertragen — vieles andere noch — alle Haltlosigkeit, endlose Kleinigkeiten, die mich froissieren. Mein Gott, wie bin ich allein, selbst wenn ich einen Menschen noch so heiß liebe und nicht weiß, wie ich von ihm los soll. Hätt' ich doch nur ein dickeres Fell, aber es ist schlimm bestellt mit dem meinen, zuviel verletzbare Stellen. Wie hat das alles an mir gezerrt und gerissen, jetzt bin ich still im Innern und apathisch, tief apathisch, Scheuklappen nach links und rechts. Aber dann ist's doch immer wieder wie ein Strom von Leben, ich habe mein Kind. Und das will ich so fest an mir halten, ganz dicht muß es mir bleiben. Wir beide und tiefste Einsamkeit um uns her. Bei allen noch bekomme ich immer schließlich das Gefühl, ihr seid mir doch ganz fremd.

---

* Eine nur in vier Folgen erschienene anonyme Zeitschrift, die interne Vorgänge und Auseinandersetzungen in den Kreisen um Stefan George, Wolfskehl und Klages ironisch glossierte. Die ersten drei Nummern hat mit Hilfe von Franz Hessel höchstwahrscheinlich Franziska Reventlow geschrieben, die vierte Nummer Roderich Huch.

Ganz allein heute. Küche gemalt, Bubi malt auch an seinem Tischchen und wir sind so still glücklich miteinander.
Abends in der Küche Tuschzeichnung, so still-zufrieden in mir. Plötzlich vom Gruseln überfallen und dann ins Bett gerettet. Jetzt öfters die Einbildung, daß Such auf einmal vor mir stehen wird und mir den Hals umdreht oder mit einem Rasiermesser zur Tür hereinkommt. –
Reiten alle Morgen und kindische Freude daran. Nachmittags malen, habe mir ein inneres System gemacht. Aber es gelingt noch nicht ganz. Die beste Stunde ist, wenn ich nach dem Malen der Maus Griechentum erzähle, die kleine Pfote in meiner und die süßen Augen sehe.
Brief von Koch, ob ich Samstag käme. Ärgere mich darüber, daß er mich die ganze Zeit geschnitten und öfters hier war, und werde nun aus Eigensinn nicht hingehen. Dabei wäre es gerade jetzt ein Aufatmen, mit ihm zusammen zu sein, weil er mich am besten von allen versteht. Dann über Such und Adam geärgert; d. h. eigentlich über Such wegen ganz minimaler so überflüssiger Biertischbemerkung gegen Adam – das Gefühl von krankhaftem Ekel, das ich nur zu gut kenne und zu oft erlebe. – Ich könnte weinen, wenn jemand wie S. in mir dies Gefühl hervorruft und mag ihn dann eine ganze Zeit lang nicht. Von ihm will ich immer vornehme Reserve, die ihm so gut steht und die ich anfangs bei ihm so sicher glaubte. Er würde das nie begreifen und mich nur albern finden. – Es mag ja auch albern sein, aber ich kann mich daran nicht gewöhnen. Mir ist bei jeder solchen Gelegenheit, als würde zwischen uns dadurch etwas entweiht. Darin Koch der einzige Mensch, aber auch der einzige, mit dem ich mich verstehen kann.
Also wegen dem Schmarrn verstimmt gegen Such und den ganzen Abend daran herumgewürgt. Lieber Gott, warum hast du mir kein dickes Fell gegeben; mir fehlt gerade in diesem Punkt jede Robustizität. Da bin ich wie ein Mensch ohne Haut, der bei jedem Anrühren aufschreit. Und muß doch immer alles herunterfressen. Such ging dann fort und wieder einen Augenblick traurig, daß er fort und ich nicht mit. Dann gedacht, es ist ja doch nicht mehr wie früher, wo unsere Unzertrennlichkeit mir Bedürfnis war. – Und warum ist es nicht mehr wie früher? – Die D.-Geschichte hat mir

wohl einen Stoß gegeben, der noch lange dauern wird. So ein Hüllenherunterreißen, eine Art Empörung, daß mich mein Leben nicht ganz allein angeht. – Die Geschichte an sich kommt mir so gleichgültig und unwesentlich vor. Aber in mir ist seitdem etwas anders geworden, ich ziehe meine Fühlhörner mehr ein und krieche wieder in mich selbst zurück. – So auch heute abend. – Als sie fort waren, am Fenster gemalt, noch einmal zur Maus hinein, sie geküßt und dann wieder Ruhe in mir und mich selber dumme Gans gefunden, alles, alles, meine Überempfindlichkeit, das ewige Reagieren auf alles Unangenehme, das alberne Ideale suchen in andern Menschen, die gar nicht daran denken, etwas davon in sich zu haben. Und zuletzt immer der alte Schluß: die Maus und ich, Weltflucht.

Dieses ganze Zusammenleben ist ein langsames Gift, mag aber auch seinen pädagogischen Nutzen haben, weil ich immer unumstößlicher begreife, daß ich es auf die Länge nicht kann. Besonders, wenn ich Monsieur einmal von fern sehe, durchzuckt es mich: wäre ich doch allein wie in alten Zeiten, nur allein, allein. Aber auf der andern Seite: ich brauche sie so notwendig, die Ruhe vor äußeren Sorgen, das Atemholen. –

Reptilwoche – habe alle Menschen satt bis da hinaus.

Einen Tag in Ammerland mit Maus, morgens an der Waldwiese gelegen, dann Bad – nachher in der Sonne gesessen und plötzlich über meinen wachsenden Umfang erschrocken. Es muß doch etwas sein. Spät abends zurück, mit Maus durch die dunklen Straßen geradelt und mit ihm zu Bett.

Beim Arzt – also doch – trotz aller Unwahrscheinlichkeit – ein dumpfer Schrecken und dazwischen doch heimliche Sehnsucht danach.

Nächsten Tag auf einmal Gewitter und sonderbare schwüle, süße Stimmung, wie das alles werden wird.

Noch ein Kind? – Es lockt und schreckt mich abwechselnd, mein ganzes Leben wird verändert. Nicht mehr allein mit meiner Maus, und wird es auch ebenso zu mir gehören wie er? Gewünscht hab' ich mir's ja oft und denk's mir auch wieder so schön, wenn Bubi und ich es so zusammen haben und aufziehn. Aber haben wir zu dreien überhaupt Platz auf der Welt? Hätt' ich nur soviel Geld, daß ich mit den zwei Kindern in irgendeinem abgelegenen Winkel leben könnte. –

Bubi nach Solln gebracht, um morgen mit Such nach Ingolstadt zu fahren. Allein zurück durch die Kornfelder und gedacht, alles hin- und hergewälzt – und plötzlich innerlich dazu ja gesagt. Es wird eben dies wohl auch in meinem Schicksal geschrieben stehn, sonst wäre es nicht so gekommen. – Um elf Uhr niedergelegt und bis drei Uhr geschlafen, namenlose Sehnsucht nach Bubi, eigentlich bin ich in seiner Seele eifersüchtig auf das neue und eine Art Angst, ob ich es wohl ebenso lieb haben kann. Um halb drei fortgeradelt, beinah mit schlechtem Gewissen, daß es schaden könnte. –

Wenn ich vom Schlafen aufwache, immer den ganzen Kopf voll Gedanken, wie soll's gehn, wie soll's werden. Und vor allem das altgewohnte Gefühl von Obdachlosigkeit. Es sieht sich ganz ruhig von außen an, wie ich lebe und ist doch immer nur ein Zelt oder grüner Wagen. Und jetzt hab' ich es nicht einmal mehr alleine und ziehe mit andern herum. Das ist doch wie ein Bleigewicht. Träume von einem abgelegenen Häuschen mit den zwei Kindern, fortwährend.

Bubi wächst mir in Gedanken zum gleichstehenden Freund, mit dem man schon alles teilt. Sprechen oft von dem Baby, was wir vielleicht einmal kriegen werden. Er will es hüten, daß ich fort kann, wann ich will.

Nur bald von München fort. Keine Menschen mehr, und keine wiederaufwachenden Sentiments – Klages – Monsieur. – Die beiden steigen so gewissermaßen aus ihren Gräbern auf und verfolgen mich.

Aber auch wieder gute Stimmungen, wenn das entsetzliche Kopfweh einmal etwas nachläßt.

Ich bin nicht außer mir vor Seligkeit wie damals, als ich Bubi erwartete, ich mache mir unendliche Hin- und Wiedergedanken – und weiß im Grunde doch ganz gut, daß das Leben noch dies eine Kind von mir will. –

Aber reichen auch die Kräfte? Ich brauche schon für mich allein arg viel Platz und hab' ihn nicht. Was gäb' ich nicht jetzt um einen Abend mit Klages – so wie früher.

Kochabend, auf meinem Dach bei beginnendem Regen. Waren

beide ein wenig bewegt; er schlief im Atelier, uns vom Bett aus unterhalten. In der Früh ihm Kaffee und Zigarette ans Bett gebracht, dann mit ihm in die Stadt. Nachher der Professor »teilnehmend« und sehr nett — — — etc. Franzl Mitteilung gemacht. Doch etwas beschütztes Familiengefühl zwischen den beiden. Muß oft daran denken, wie gottverlassen zur Bubizeit. In der Erinnerung ist mir die Zeit so lieb — und das jetzige ist mir auch lieb. Das damals kommt mir vor wie dunkle, schmerzlich süße Frühlingsnächte, das jetzt wie reifer und sonniger Sommertag. Es ist halt immer nur der kleine Kram, der es trübt und stört — alles frühere Zuviel. Und ich meine doch zu fühlen, wie ich wieder zusammenwachse, immer mehr, allmählich. Vor ein, zwei, drei Jahren hielt ich mich nur mit Mühe aufrecht, jetzt, wenn nichts Besonderes dazwischen kommt, zu allem Gefühle von Kraft und Freude. Vielleicht werde ich alle Nerven durch das Kind los. —
Such so gut mit mir, muß nur noch viel mehr lernen, ihn zu nehmen, wie er ist. Will ihn fortwährend anders haben, und plage ihn auch damit. Zudem zerrt es zuviel an mir, das fortwährende Froissieren. Im Grunde liegt es daran, daß zu große Nähe mit Menschen immer kleinlicher macht, ganz sicher, daß das zu viele Sichausgeben eine elende Gefahr, gegen die es viel Selbstbetrachtung braucht.

Es macht ein wenig wehmütig, in diesem Sommer mit dem ewig schönen Wetter wieder gebrechlich zu sein, morgens matt dazuliegen und gar keine Energie, früh aufzustehen. Und die vielen Sachen, die ich machen wollte. — Wenn ich nicht den ganz unerschütterlichen Glauben hätte: es kommt doch alles noch, nur dem Leben nicht zuviel dreinreden, wie es sich erfüllen will. — —
Eigentlich hab' ich verdammt viel innere Ruhe zum Zuschaun.

In ein paar Tagen geht es nach Italien — in dem Moment kriege ich natürlich Heimweh und geh' wehmütig umher — wann seh' ich das alles wieder?

Schritte getan, Bubi von der Schule loszukriegen — muß ihn ganz frei und für mich haben, daß mir das schöne grade Bäumchen nicht verkrümmt wird. Und das würde es so leicht — das Kind ist so sehr von Wachs — und ob das, was ich bis jetzt daraus geformt habe, halten würde? —

Augen verdrehn sich vor Kopfweh. Mein Gott, wann wird das aufhören. Manchmal nicht mehr auszuhalten, dann wieder lichte Momente. Manchmal ganz wundervolles Schlafen, dann wieder ganz schweres und angstvolles. Aber es ist doch schön und ein großer Zauber in allem.

Beim Packen – mein Leben besteht seit vielen Jahren, seit Samos etwa, aus fortwährendem Ein- und Auspacken oder Umziehen. Ich wollte, es hätte einmal ein Ende.

Freitag. Stadt abgerast mit Besorgungen. Nachmittags Bey Adieu gesagt, Übersetzung von Langen erst mit Schauder abgewiesen, dann doch genommen. O weh, mein armer Kopf, wollte, ich könnte ruhig hier bleiben und auf meinem Bett liegen. Meinte nachts, daß es sich schon bewegte – aber nicht sicher. Manchmal Angst, daß es nicht lebt.

Ärgere mich über die entsetzliche Verstimmbarkeit durch Bagatellen – oder sind's keine Bagatellen – Nadelstiche von Unbehagen über kleine Äußerlichkeiten.

Samstag abend mit Monsieur. Auf einmal kommt mir alles fremd und unwahrscheinlich vor, dann Abschiedskuß an der Straßenecke. Heimweh, Heimweh. Nur wieder meine Wohnung allein, mich selbst wieder allein. Muß los und kann nicht los. Wieder alle Liebe hergeben. –

Letzter Münchnertag, Fädchen Nacht bei uns. Morgens endlose Besuche etc. Monsieur noch einmal von ferne gesehen. Bat mich unten zu warten, blieb aber so lange oben, daß keine Zeit mehr und dachte: Wozu auch?

Nachmittags Rodi, wir beiden arg sentimental, abends uns an die Bahn gebracht. Fremde bedrückt mich, die Unsicherheit – alles. Möchte Ruhe, Ruhe.

Reise ziemlich böse. Verona. Such und ich, beide wahnsinnig Kopfweh, auf dem Hotelbett bei der Hitze herumgelegen, dann in die Stadt hinein. Er etwas grantig und nervös. Nächsten Morgen früh nach Modena. S. ärgert sich, daß er nichts von Modena zu sehen bekommt – mir alles so gleichgültig. Dann Parma. Drei Stunden lang Stadt angeschaut, schön, südlich verödet. Abends Spaziergang. Noch spät zum Hafen und durch die Stadt gebummelt. Er interessiert sich für alles, ich kaum, obgleich es zum Anschaun ganz hübsch ist, aber Menschen, Volk etc. bedrückend, fühle mich

so weit weg – was hat das mit dem Leben zu tun? Am nächsten Tag mit dem Bootsmann Amabile per Segelboot nach Bocca di Magra, Albergo »Sans Façon«.
Hesselfranz uns am Ufer erwartet. Sitzen herum und schaun uns alles an. Echt südlich, was wieder ganz schön ist, aber auf mich unangenehmer Eindruck. Das widerwärtige Pack rings um einen herum, ein wahres Gewimmel aus dem Albergo, auf Bänken, Tischen und auch am Strand. Das in Aussicht genommene Haus ganz greulich. Kurz, bin in unangenehmer Stimmung und ärgere mich wieder darüber. Nacht mit Wanzen und unruhigem Bubi noch ärger. In dieser Nacht die ersten Babybewegungen. Das doch wenigstens etwas Schönes und Weichheit in allem Ablehnungsgefühl.
Sonntag früh mit Hessel auf Suche nach unserm weiteren Unterkommen. Mit Rad nach Carrara, alles voll weißer Marmorblöcke und dahinter blaues Meer. Dann von Massa zu Fuß nach Forte dei Marmi, aber nichts gefunden. Wieder nach Massa zurück. Hessels Rad geplatzt und ich allein zurück gefahren, Dunkelheit, Weg nicht gewußt, greuliche Angst. Schon entschlossen, im Wald zu schlafen, als endlich ein Haus gefunden, wo ein Kerl mitging. Todmüde, mich geärgert und schlecht geschlafen. Montag mit Such los. Von Pietra Santa zu Fuß an den Strand. Endloser Weg. In schmieriger Bodega gegessen, alle beide arg matt. Lange im Wald geschlafen. Später gebadet und so allmählich bei arger Hitze nach Viareggio geduselt. Suchs Tourenstimmung ist immer etwas besonders Schönes, alles so genossen. Könnte so mein halbes Leben mit ihm in der Welt herumstreichen. Abends in Viareggio. Kitschiger Modeort, wir beide ganz verstrolcht dazwischen herum. Wollten eigentlich weiter nach Pisa, aber das aufgegeben und von Viareggio, wo wir noch Wein, Obst und Brot einkauften, zurück den Strand entlang. Schon im Dunkel endlos durch den Sand gewatet, bis wir eine Badehütte zum Schlafen gefunden. Aus der Portiere unser Lager. Etwas zerbrochen aufgewacht, in der Morgenfrühe weiter, Wohnung gefunden. Zu Fuß bis Massa. Dort drei Stunden herumgesessen, einigermaßen müde, bis Trambahn zur Station abging. Zu spät zum Zug, ich wollte zu Fuß heim, er nicht. In große Wut geraten, auf eine Wiese gelegt und bis zum Abendzug geschlafen. Dann noch von Luni nach Bocca, an der

Überfahrt um Mitternacht lange vergeblich gepfiffen und schon auf Nachtlager im Freien gefaßt, als zufällig ein Fischerboot gekommen und uns übergesetzt. Maus in tiefem Schlaf, aber bald darauf aufgewacht und sich gefreut, daß ich wieder da. Am andern Vormittag an den andern Strand zum Baden, mich mit Maus absentiert, ihm aufgetragen, aufzupassen, während ich nackt im Sand geschlafen. Aber die Maus baut statt dessen eine schöne Burg, und auf einmal stehen vier bis fünf Leute dicht bei uns, und ich entweiche wieder ins Wasser. Tag darauf Such und Franzl nach Spezia, wollte mir einen recht schönen Tag mit Bubi machen, aber Gewitterluft und Kopfweh und den ganzen Tag herumgelegen. Nachmittags großes Gewitter, die gute Maus fürchtet sich und fragt alle fünf Minuten, ob es nahe wäre. Wie gut ist es immer, mit dem Herzkind allein zu sein, und wie fluche ich oft gegen mich, wenn die andern Leute mir auf die Nerven fallen und ich es ganz gegen meinen Willen an Bubi auslasse. Mit einem Kind sollte man immer allein sein, es gehört nicht unter mehrere große Menschen. Abends nach dem Gewitter erlaube ich ihm, ausnahmsweise aufzubleiben und mit mir noch einen Spaziergang zu machen. Ganz selig und begeistert darüber und so vergnügt zusammen. Am nächsten Morgen Bubi mit Franzl per Ochsenwagen und Bahn nach Forte dei Marmi, Such und ich per Rad. Von Massa an geschoben, kommen um fünf bei unserer neuen Wirtin an, dann mit Rad nach Serravezza, und von da nach Pietra Santa. Aber nichts von den beiden andern zu finden. Halbschlafend in Serravezza auf den Abendzug gewartet. Maus steigt glückselig und geschäftig aus mit seinem roten Hut und phantasiert von der Marmorstadt Carrara, die er heute gesehen hat. Die beiden fahren, wir radeln, ich mit dem Rad umgesegelt, argen Stoß, schreie im ersten Schrecken auf, Such schimpft und übermüde, Schmerzen, gehe nachher langsam hinter Such her, fühle mich todunglücklich und denke: Wär' ich nur allein. Dann Maus ins Bett gebracht und unten bei der Madame Maggi soupiert, die aussieht, wie eine alte englische Illustration. Können Bubis und mein Bett nicht nebeneinanderstellen, was sehr traurig ist, aber in der Früh kommt gleich das Köpfchen über die Bettlehne.

Viel Herumräumerei und Einrichten, Such grantig, von Serravezza mit Maus geradelt. Maus fällt auf dem schlechten Weg und schlägt sich die Schulter, und ich schelte ihn noch, weil er wie ein kleines Kind schreit. Ist so arg wehleidig, man darf ihn nicht bedauern, braucht aber auch nicht ungeduldig zu werden.

Nachher verzieh' ich ihn aber auch dafür. Bin überhaupt über alle Maßen nervös, es ist schlimm, schlimm. Wälze mich nachts herum und denke, wie es jetzt gerade einmal alles hätte gut sein können, aufatmen, mich wieder mit Bubi von der Kaulbachstraße emanzipieren und wie an allen Seiten gefangen. Es hätte noch zwei Jahre warten sollen, – aber es war doch wohl so in den Sternen geschrieben, sonst wäre es eben nicht so gekommen. Maus und ich werden doch sehr selig mit unserm neuen Baby sein. Aber warum ich wohl immer mit soviel Angst und Bangen meinen Kindern entgegensehen muß, statt wie andre mit Freude. –

Man kann sich jetzt selbst gar nicht beurteilen, es ist alles physische Stimmung, die ist so entsetzlich bleischwer und düster. So war es freilich bei Bubi auch, wo doch für mich alles dran hing.

Es regt sich jetzt von Tag zu Tag mehr und mir wird immer düstrer. Wenn ich die Maus nicht hätte, würde ich ganz darin versinken.

Einen Tag mit argen Schmerzen gelegen, dachte schon, daß alles vorbei, unruhige Nacht, dann schließlich Morphium und wundervoll geschlafen.

Heute der 24. August, weiß endlich wieder einmal das Datum. Etwas wohler, aber noch ziemliche Schmerzen. Vormittags geschlafen, nachmittags mit Maus zwei Stunden am Strand. Abends noch allein drunten im Dunkeln, mich sehr gegruselt, wenn manchmal eine breite weiße Welle wie ein Netz nach einem griff und hinter mir herlief. Heute aber zum erstenmal das Meer wieder ganz empfunden. –

25. August

Traum! Sollte Ludwigs II. Schatz werden, erinnerte etwas an Carlo. War sehr glücklich und sah alles schön vor mir – dann und wann fiel mir das Baby ein und daß ich nun keine Sorgen mehr haben brauchte. Bekam ein Jacketkostüm mit weißen zylinderartigen Hornknöpfen, das war Hoftracht. Dann auf einmal Frieda Strindberg, die einen Buchladen hatte und viel von Geld sprach. Schrenk-Notzing, der mir helfen wollte. Dann war es plötzlich der König Otto, und ich wußte, daß er irrsinnig war oder nächstens werden würde – und die Illusionen vergingen wieder.

— Neulich einmal von Klages geträumt, der mir sagte, nach dem zweiten Baby würde er mir wieder gut sein. —
Sehr gut geschlafen, früh wieder über Suchbagatellen nervös, mit der Maus in Regen und Wind am Strand. Heimweh nach Mausieinsamkeit. Entschluß, die wieder zu haben, wächst immer mehr. Übersetzung, fad zumut, kann Franzl nicht vertragen. Ach, diese Misere. —
Träume von riesengroßen Wasserleichen, die vom Boot aus herausgezogen wurden.
Zwei Tage in Florenz, mich einsam ohne Bubi und Such gefühlt. Wieder die Lust, davonzulaufen. Meinetwegen nach München zurück in Altgewohntes, in Ruhe und eigne vier Wände. Aber nein. Wohnungen angesehn, froh, als am Sonntagabend wieder in der Bahn. Von Pietra Santa um Mitternacht bei Mondschein zurück.

1. September

Mausgeburtstag. Möglichst gefreut, mit ihm gespielt, Arbeit liegengelassen. Abends an den Strand gezogen und ihm das Geheimnis der Menschwerdung unseres Babys erzählt, daß die Götter es in die Mamais hineinzaubern und es dann noch weiterwächst, bis es auf die Welt kommt. Maus halb gerührt, halb neugierig mit großen Augen, aber sehr selbstverständlich.
Einen Abend: »Mamai, ich hab geträumt, daß ein Tod das Baby aus dir holte.« —
Mir ganz unheimlich.
Baden zweimal am Tag, Fußball, mit der Maus an den Strand gehen und sonst Übersetzung. Soll ich denn niemals malen? — —
Lutz und Fädchen am 4. und 5. September. Freue mich sehr, sie zu sehen, aber dann in etwas überwältigendes Durcheinander. Palmié am Nachmittag dazu und großer Betrieb. Nur alles bodenlos zuwider — alles Menschen zusammen ist greulich widerwärtig — schlechte Atmosphäre, sowie zwei oder drei zusammen sind. Fädchen doch so lieb, aber das ändert nichts daran, man müßte sie auch nur allein sehen. Schwarzer Käfer immer schrecklicher. Nun noch einmal an die Arbeit für ein paar Wochen, dann will ich nicht mehr. —
Ärgere mich über die beiden großen Kerle, die da herumsitzen und zuschaun, wie ich bei meinem jetzigen Zustand mich mit dieser

Arbeit elend mache. Ich kriege eigentlich immer alles, was ich will, aber immer so, daß ich dann doch nichts davon habe, so diese Reise — Italien. Strand, Meer, wie hat mich das gelockt und wieviel Unangenehmes in meiner Idee überwogen, und nun ist's wieder so, daß ich nur das Fade daran wirklich habe — kein Für-mich-sein und auch keinen Menschen, der mir grade jetzt gibt, was ich brauche, so um mich ist, wie ich mich sehne — sondern ein lästiges Zusammenhocken und die abscheuliche Arbeit, die mir jeden Tag verdirbt. Versuche einmal, unten bei der Strandhütte zu schreiben, aber einmal ist's zu windig und überhaupt unbequem. Wache früh zwischen Nervosität und Wohlgefühl auf, schau' aufs Meer im Morgenglanz hinaus, alles so frisch draußen, neben mir mein Bubi, in mir das neue kleine Wesen, das mein Aufwachen mit seinen leisen Bewegungen begrüßt, wie wenn's mir guten Morgen sagen wollte, und ich denke, wie wohl würde mir sein, wenn ich jetzt beim Frühstück nicht den schwarzen Käfer sehen müßte, wenn der Such nicht so grantig wäre und ich nicht den ganzen schönen Tag an der Schreiberei sitzen müßte, sondern mit Bubi herumgehn könnte, malen, am Strand liegen, an mein Baby denken und mir den Reichtum des Lebens durch die Finger gleiten lassen. Mir ist jetzt wieder im Grunde so heiter, mein Körper kommt mir heiter und blühend vor, fühle mich jung und alles hat seinen besonderen Schimmer. Aber nun müßte es auch schön und wohlig um mich sein, unendliche Ruhe, jede Kleinigkeit an ihrem guten erfreulichen Platz, sehr viel Liebe und Sorge um mich — oder gar keinen Menschen. Mir ist wie ein blauer Himmel, über den fortwährend Wolken gehn.

Sehne mich danach, daß Such gut mit mir wäre, aber er ist grantig oder läuft fort, und ich möchte, er sollte mich mitnehmen. — Nur die Maus ist von unendlicher Weichheit und Liebheit, aber auch nur, wenn wir allein zusammen sind, sonst unausstehlich ungezogen mit den Großen. Sprechen immer von unserm Babychen und unserm späteren Leben, wie wir diesen Winter in Italien bleiben und im Frühjahr nach München zurückgehn. Er ist so glücklich, daß er ein Geschwisterchen bekommt. Gott, und ich bin auch so glücklich, wenn auch unter Wolken. Bis Mittag an der Arbeit, alles ist unbequem, das lange Sitzen macht mir Schmerzen, der Kopf wird mir benommen, und alles reißt an den Nerven. Dann mit der Maus baden, das ist wieder etwas Schönes, wenn sich das kleine Tier vergnügt in den Wellen wälzt, zu schwimmen versucht oder sein Schiffchen vom Geburtstag schwimmen läßt. Bis die Maus mich zum Essen weckt, lieg' ich im Sand und schlafe. Nach Tisch gleich wieder an die Arbeit, dann wieder Strand, meistens Fußball mit den andern, bin froh, wenn ich mit Such allein und die gräßlichen Käfersprünge nicht ansehn muß. Baden und dann mit der Maus bis zum Abendbrot spazieren, Muscheln sammeln und zusammen schwätzen. Dabei ist mir so gut. Nur letzte Zeit körperlich nicht so wohl mehr, ein sonderbares Gefühl von Schwere im Bauch, als ob das Kind ganz ganz unten läge und wie ein Stein mich hinunterzieht. Und in einem Oberbein eine Stelle, die entsetzlich wehtut, bei längerem Gehen aber eiskalt und ganz ohne Gefühl ist. Mir kommt manchmal eine bange Angst. Kann eigentlich von Tag zu Tag weniger gehen und werde immer schlaffer. Leg' mich meist nur in den Sand. –

Heut abend fällt mir wieder ein, wie wir mit Fädchen und Palmié gingen, Bubi weit zurückblieb und mir nachher erzählte, es wäre so schön gewesen, wie er »ganz einsam« am Strand gegangen sei und die Sonne untergehen sah. – –

Wenn wir dann abends nach unserm Gang heraufkommen, ist es auch ganz gemütlich, die beiden andern fort – ich mache Maus Futter und liege auf dem Such-Bett, während sie ißt, bringe sie dann zu Bett, geh' später manchmal noch allein hinunter oder nach dem Essen mit Hessel – aber es ist eine harte Nuß jeden Abend, diese ein bis zwei Stunden mit ihm allein, aber Such ist jetzt immer fort – weiß nicht, wie ich mich sehne, er möchte um mich sein.

– Kann's aber auch wieder begreifen, daß er so verstimmt, der ganze Aufenthalt ist einmal überhaupt verfehlt und für ihn erst recht nichts. Armer Such, mit der Küchenplagerei, die ihm den halben Tag nimmt, kann er keine Touren machen, auf keinem Rad ordentlich herumfahren, und ich bin oft so zuwider über Kleinigkeiten, die er nun einmal nicht empfindet. –

Gestern abend so ganz unglücklich und zernervt. Maus zu Bett gebracht und wollte an den Strand, Such unten mit einem Haufen Leuten Possen gerissen, nach langem Warten mich endlich entschlossen, an ihnen vorbei an den Strand zu gehn. Und dann glotzt mich alles so an, und ich fühle mich todallein. In die Cabane, auf

der Bank gesessen und geweint, geweint. Wenn er doch nur einen Augenblick zu mir käme und mir ein freundliches Wort sagte. — Grad abends ist mir manchmal so zum Sterben melancholisch, wenn ich Bubi nicht bei mir habe — eine Kleinigkeit, so wäre ich heiter und ruhig und glückselig.
So neulich auch einen Abend, wußte nicht mehr, was anfangen vor Trübsinn und nach Forte im Dunkeln gegangen. Fürchte mich jetzt so und geh' nicht gern allein. Dort lange umhergelaufen, auf die lange Brücke hinaus und in die Wellen gesehen: wenn jetzt nur jemand käme und ein Wort mir mir redete, nur einmal sagte: Wie ist dir? Dann wär's schon besser. — Und wieder diese drückende Bleischwere im Innern. —
Erster Hauptteil der Übersetzung fertig, nun kann ich die Tage doch genießen. Gleich den ersten mit Maus nach Pietra Santa geradelt, das war ein solches Vergnügen für uns beide und so lustig zusammen. Mir ist so frei und leicht, wenn ich mich nicht mehr mit Sitzen und Kopfarbeit plagen muß. Ein paar Besorgungen gemacht, uns Feigen gekauft, sie nachher auf dem Weg gegessen. Bubi die alten Häuser gezeigt und er sehr befriedigt. Ein paar so vollkommen schöne Tage, trotz Such, den ich kaum sehe. Noch einmal mit Bubi auf Massa zu geradelt. Aber es wird mir immer weniger gut, dachte anfangs, es wäre nur Trägheit, und ich müßte es etwas forcieren, um beweglich und gesund zu bleiben. Aber die Ruhe zwingt sich mir auf, Mattigkeit zu groß, bade nur täglich zweimal und gehe eine halbe bis eine Stunde, dann wird mir's schon zu schwer.
Und nun ganz bös mit Such, machte eine abfällige Bemerkung über die Negligéwirtschaft morgens in der Küche. Ich war vielleicht auch sehr scharf, aber es lief mir eben über. —
Nun sprechen wir kaum mehr zusammen, nur ganz geschäftsmäßig, und ich habe alle Sentimentalität verbannt. Ich bin ja doch allein, warum mich immer danach sehnen, daß man etwas mit mir fühlt. Er fühlt's halt nicht, läuft da verstimmt herum, weil ihm die ganze Sache ungemütlich ist, denkt aber nicht daran, wie erst mir zumut sein muß und ist, und nicht daran, mir etwas zu helfen. Mir ist so verlassen, einen langen Brief an Carlo und von ihm. Das war die erste freundliche Menschenfühlung seit langer Zeit. — Mein Gott, was für ein Unsinn, aber ich bilde mir wirklich ein,

seit endloser Zeit wäre niemand gut mit mir gewesen und auf mich eingegangen.
Hab' immer Tränen in der Kehle, wenn Such kommt und geht, lieber, wenn ich ihn gar nicht sehe – und denke oft, wie mancher andere froh gewesen wäre, hätte ich ihn nur so nahe sein lassen. So verläuft diese Zeit, die so schön hätte sein können, wo es mir möglich war, das einmal im Leben mit einem andern Menschen zu erleben – nun stoßen wir uns gegenseitig voneinander fort und berauben uns darum.
Rest von der Übersetzung angekommen. Gott sei Dank nur 50 Seiten, also für ein paar Tage und dann frei. Richte mir meine Malsachen her, Pappen geleimt, nun soll alles Schöne erst kommen. Jetzt will ich mich durch nichts mehr kränken und traurig machen lassen, nur in schönen Gedanken und Tun leben, ganz für mich. – Endlich wieder gut mit Such, konnten's doch beide nicht mehr so aushalten.
Abends mit ihm zu den Schweden. Es so genossen, einmal den Abend mit ihm zu sein und voll eitel Friede und Freude. Nun ist mir ganz glücklich, froh und leicht – nur im Körper nicht, Kopfweh und Schwere und unerträgliche Mattigkeit.
Unten gearbeitet, erst mit Maus nach der Brücke gegangen, wo sie Marmor verladen und dies zu sehen immer sein sehnlichster Wunsch ist. Dann nachmittags geschrieben, während die Maus im Sand spielt. Gegangen, aber nicht weit gekommen, mich halbtot in den Sand gelegt und eingeschlafen. Als ich aufwache, geht die Sonne unter, und die Maus hat mir eine Überraschung von allerlei Strandzeug aufgebaut, das ich dann im Hut heimtragen muß. Liege nachts wach, sehe auf das Meer hinaus und denke an mein Baby. Nur noch drei Monate oder weniger. Mich für Rom entschlossen. Mit einem gewaltigen Zusammenraffen noch einen Tag gearbeitet und zu Ende gemacht. Nun hab' ich Ruh und will's genießen.
Mit Such ist's auch wieder schön. Endlich wieder, Gott, ich möchte ja innerlich schmelzen vor Verlangen nach Liebe, nach Wärme und Wohltun, alles umfangen und an mich ziehen. Mir ist so weich und glücklich und wehmütig wie an einem hellen Sommerabend mit blassen Gewitterwolken und diesem seltsamen Leuchten, was es dann gibt. Ich möchte so viel hinträumen, daß ich noch ein-

mal die allerhöchste Seligkeit erleben soll. Manchmal ist mir schon wie in einer andern Welt. Und wie oft muß ich an die Vor-Bubizeit denken, wo mir auch so war, aber damals so unendlich schmerzvoll, mehr noch ein Frühlingssturm mit schmerzlichem Rütteln. Jetzt ist es mehr Sommergefühl, goldne Reife des Lebens. Und doch schwere Regenschauer dazwischen. So heut nachmittag, als wir Such an der Brücke trafen und er dann nach Forte ging. – Warum bleibt er nicht bei mir, sollte jetzt bei jedem Schritt um mich sein, mich nicht allein lassen. – Versprach mir früh zu kommen, aber nein. – Und ich mochte nicht noch einmal laufen, um den Koch vom Stabilemente Tarantella tanzen zu sehen. Wie wir darin verschieden sind. – Ich glaube, er könnte es nicht lassen, wenn ihm irgend jemand sagt: Komm, da ist etwas los, und wir sind auch da. Und ich denke nur: Ach, um Gottes willen, wozu?

Was geht mich die Tarantella an und der Koch und alle Leute miteinander. Ich hätte mehr Freude daran, mit meinem Such eine Stunde zu schwätzen. – Aber ich hab' mich doch getröstet und sitze ganz friedlich bei meiner Lampe.

Dabei heute abend endlich einmal wieder das Datum entdeckt, 22. September, am 26. fängt der siebente Monat an. Vielleicht ist es wieder die Wende, daß mir so elend ist.

23. September

Herrgott, ich muß mir das Tränenweidentum abgewöhnen und die ewige Gekränktheit. Als Such gestern nacht um halb ein Uhr kam und mir noch gute Nacht sagte, mochte ich wieder innerlich nichts von ihm wissen und war unfreundlich, gekränkt in meiner dummen Eitelkeit, oder wie man's nennen soll, daß er sich nicht darum reißt, immer bei mir zu sein und lieber unter anderen Leuten ist. Ob mir's im gleichen Fall nicht auch so gehn würde? Der Gesunde und Normale hat eben andres Verlangen – dieser wenigstens. Was mich freut, sind überhaupt so ganz andre Dinge, viel vegetativer, wenigstens momentan. Still am Strand liegen oder in meinem Bett und aufs Meer schaun und denken, wie mein Leben sein soll und gewesen ist, und was ich alles tun will. Für ihn, der eigentlich nichts will, ist der Moment alles, und er hat viel mehr Unrast in sich, gerade, weil er nichts will und keine Ziele hat. –

Ich denke oft, ob es nicht etwas für ihn sein wird, das Gefühl, ein Kind zu haben. Und das freut mich so. –

Gestern abend Morphium genommen, die letzte Zeit so miserabel geschlafen. Blödsinnige Träume: will nachmittags um vier Uhr in den Urwald gehn mit einem Buch unterm Arm und sage zu jemand: jetzt ist die Affenstunde, jetzt kann man träumen. Dachte dabei, daß in dieser Stunde Mensch und Affe sich einander näherten.

24. September, Samstag

Aus dem Fenster gesehen, wie die andern mit den Schweden Fußball spielen – das kann ich jetzt alles nicht mehr mitmachen, und es beunruhigt mich etwas, daß es nicht mehr gehen will, wo ich vor kurzem noch so gar keine Last spürte. Und wieder das vernachlässigte Gefühl: da spielen sie, und niemand fragt danach, was ich mache und wie mir ist. Dabei fühlt man sich selbst, wenn man in der Hoffnung ist, als ob man der Mittelpunkt der Welt wäre und alles sich um einen drehn müßte. – Bei manchen tut man das ja auch – ich finde es immer so sehr schön.

Ging dann doch hinunter, als alle fort waren, nicht gebadet, nur im Sand gelegen und geschlafen, so schwer und so schlecht. Nach Tisch plötzlich rasendes Kopfweh und hingelegt. Nachmittags und abends Such bei mir, war so gut und friedlich trotz aller Schmerzen. Heute wieder dasselbe und immer Schmerzen. Den ganzen Tag gelegen. Nach Tisch etwas Blut und so traurig, so voll Angst, daß es ein Unglück gibt. Mein Gott, nur das nicht, nur jetzt nicht. In einem Monat könnte es schon leben, wenn es dann käme, aber jetzt –

Nachmittags den Doktor geholt, einen widerwärtigen, schmierigen Kerl, der ohne weiteres sagt, es würde jetzt eintreten, und er würde die Hebamme schicken. Mir war wie vor den Kopf geschlagen, ich will es nicht, will es nicht, will ganz ruhig liegen, damit es vorübergeht. Es ist vielleicht nur die Monatswende, wo es etwas schwankt und muß sich noch einen Monat hinhalten lassen. Such bringt dann noch einen andern Doktor, der viel sympathischer und es nicht für so gefährlich hält.

Nun ist es Abend, bin ganz zerschlagen von der Angst und Aufregung, die noch mehr auf einen wirkt, wenn man nach außen ruhig sein will. Mein Such ist so gut mit mir und jetzt immer bei mir. Das tut mir so wohl.

25. September, Sonntag

Da lieg' ich nun, beklemmt, Schmerzen, Kopfweh. Und die Angst, die Angst um mein süßes, kleines Baby.

26. September

Es scheint doch besser zu werden, nur nachts stärkere Schmerzen, nehme Morphium, um schlafen zu können. Bei Tage geht es, nicht mehr so viel Kopfweh. Will ganz ruhig liegen bleiben, bis es wieder gut ist, dann nach Rom, da es mir jetzt sehr wahrscheinlich scheint, daß es mit sieben Monaten kommt, Arzt meint auch, es würde gut gehn. Das Kind bewegt sich sehr stark. Blutung hört auf, kein Fieber, lauter gute Zeichen. Gewöhne mich schon ganz an mein Krankenlager hier in diesem Zimmer, das mit dem Balkon und Fenster zu ebener Erde ausschaut wie eine Kajüte im Segelschiff.

Schwarzer Käfer heut und gestern in Florenz, dann ist's so schön gemütlich und ruhig mit Such und Bubi, ohne Nervenstörung und jetzt mit der Hoffnung auf besser werden und alle frohen Sachen, die dann kommen sollen.

Im Morphiumschlaf kommen mir so viele sonderbare Träume und Bilder, was ich malen möchte. Zwischendurch lieg' ich in dem ganz besonderen Morphiumwohlgefühl oft wach. Der Tag hat soviel Stimmungen, Sonnenschein, graues Wetter, immer das Meer, Bubi, der kommt und geht, Sachen vom Strand mit hineinschleppt, und wir vom Baby sprechen.

Im Winter werden Such und ich allein sein, dann kommt das Frühjahr, wo wir mit dem Baby wieder heimkommen.

1. Oktober

Nun ist alles vorbei und meine zwei kleinen Kinder. – Es verfolgt mich wie fortwährende Visionen, wenn sie gelebt hätten und jetzt an meiner Brust lägen, der Bubi dabei und wir alle so glückselig. So überreich erfüllt, was ich mir wünschte, zwei kleine Mädchen auf einmal und nur die kurze Zeit, die es noch gebraucht hätte. Und nun nichts geblieben; ausgeraubt, mit leeren Händen, in denen man eben noch so viel gehalten. –

Die Gedanken lassen keinen Augenblick Ruhe, man ist so gänzlich aufgewühlt und innerlich zerrüttelt. Der letzte Tag, wo ich gerade meinte, nun würde es wieder gut, mich morgens etwas leichter fühlte, dalag und Pläne machte, wie wir in einigen Wochen in

Rom sein würden, in einer großen, hellen, sonnigen Stadt mit einer schönen Wohnung, Such und Bubi um mich herum, alles vorbereiten in schöner Erwartung.

Und dann nach Mittag plötzlich die argen Schmerzen, immer ärger, so daß ich schon beinah wußte, jetzt geht es zu Ende, der Doktor, der mir die letzte Hoffnung nahm und dabei die physische Qual, die schließlich nur nach Erleichterung und Befreiung fragt. Ein paar schreckliche Nachtstunden, Such und Franz, die mein Bett anders stellten, Such immer bei mir und mich gehalten. In der Erinnerung scheint es mir so unendlich lang und unerträglich. Als ich dann fragte, ob es lebte – nein. Dann hörte ich plötzlich ein ganz schwaches Stimmchen, und Such sagte mir, daß es zwei wären – ich wollte es nicht glauben. Die ganze Nacht saßen sie abwechselnd bei mir. Auf Bubis Bett lag das arme kleine Wesen wie eine abgerissene Pflanze – und die schwache Stimme, der unsinnige Gedanke, es könnte doch am Leben bleiben, weil ein klein wenig Leben da war. Am Morgen in der Dämmerung kam Bubi in seinem weißen Hemdchen herein, ganz verwirrt, daß das alles geschehen war und über das kleine Schwesterchen, wie es dalag. Sagte mir, er hätte mich schreien hören und in seinem Bett drüben in der Küche mitgeweint. Da kam wieder das Gefühl, Gott, ich hab' ihn ja und seine ganze Liebe. Als es Morgen wurde, Such die Fenster aufmachte und so allmählich der überwachte Tag herankam, war es so, als ob dieser Tag noch ganz eins wäre mit der Nacht, so aufgewühlt und erschüttert. Neben mir das Kleine in Watte, Such, der aus- und einging und ihm Flaschen wärmte, es anhauchte, so zärtlich und gut und Bubi so aufgeregt, daß es in ihm zitterte. Man sieht es, wenn er so ist, nur an seinen verstörten Augen. Ich hatte ihm gesagt, daß sein armes Schwesterchen wohl nicht leben könnte, und das andere schon tot wäre. Er stand immer daneben und schenkte ihm ein Stück Silberpapier. Aber so ganz Kind in seinen fortwährenden Fragen, ob es schon tot wäre. Mir so heiß und matt und doch so ganz wach, unmöglich zu schlafen, immer das Gefühl, wenn ich jetzt einschlafe und wieder aufwache, ist das Kind fort. –

Es war so überklein, aber so zierliche Händchen und Füßchen und Gesichtchen, man konnte sich so denken, wie niedlich es geworden wäre. Da lag es nun wie ein ganz schwaches Flämmchen, das aus-

löschen wollte, die Stimme immer matter und das Köpfchen immer kälter. Nachmittags nahm ich es heraus und drückte ihm aus der Brust ein paar Tropfen Milch in den kleinen offnen Mund hinein. Es war mir wie ein Aberglauben, daß, wenn es Milch von mir nehmen könnte, auch leben bliebe. – Denn es bewegte sich doch, die Hände, alles. Einmal ballte es die Hand und verzerrte das Gesicht, so daß mir ganz unheimlich wurde. –
Bubi einmal laut angefangen zu weinen: »Nun stirbt es.« Aber es lebte immer noch. Als er abends im Bett lag, sang er ganz leise: »Sybillchen, bleib' am Leben, Sybillchen, bleib' am Leben.«
Am Abend dann noch all die entsetzlichen Leute um das Totenzeugnis und Begraben. Das war wie mitten aus einer grotesken, halb unheimlichen Geschichte, so daß man schließlich in nervöses Lachen geriet. Wir waren alle so müde, als ob wir nächtelang wach gewesen wären.
Die Nacht dann tief und fest geschlafen, wache gerade auf, als Such das Kind hinausträgt.

2. Oktober

Alle diese Tage hier immer noch in demselben Gefühl von einer ganz andern Wirklichkeit, die halb unwirklich und halb wieder dem Gewohnten ähnlich sieht. Nichts von Krankliegen, nur so ein Daliegen in fortwährenden Gedanken, die ganz willkürlich kommen und gehn. Alles so wunderlich wehmütig, weich und aufgelöst in Dämmerung und ein endloses Zeiterinnern – –
Der Winter in der Kaulbachstraße und der Frühling, als ich anfing, es zu fühlen und mich erst dagegen sträubte und dann die spätere Zeit, als ich glaubte, es wäre doch nichts und dann plötzlich sah, daß es war – – Ammerland beim Baden – der heiße Sommernachmittag, wie wir eine Tour machen wollten und ich Bubi nach Solln brachte, allein zurückfuhr durch die Felder und mir sagte: Ja, ich will – wie mir alles so sommerlich vorkam, mein Körper und ich Erwartung, die Tour nach Reichartshausen, wie wir beide mit furchtbarem Kopfweh abends nach Solln fuhren, Such sich hinlegte und ich mich mit Mühe aufrecht hielt. Die vielen Sommermorgen, wenn ich im Atelier unter der blauen Decke aufwachte, immer mit Kopfweh und dachte: Wenn ich jetzt wohl und frisch wäre, würde ich ganz früh aufstehn und hinaus und malen. Wie es dann immer mehr wuchs und das Verbergen vor den Bekannten

und immer das Sommergefühl – so wirklich ein Gefühl von Fruchttragen und Entgegenreifen. –

Die Nachmittage im Hof, wo ich Bubi Odyssee erzählte, das Radeln mit ihm. Und die Abende immer mit Such die Landstraße hinaus oder in den Englischen Garten und nachher in unserer Küche so unendlich viele gute schöne Stunden. Und die Frage: soll ich reisen oder nicht? Zuletzt wäre ich lieber geblieben und mit Such aufs Land bei München. –
Hätt' ich's doch getan – es wäre so schön gewesen, mit ihm allein zu sein statt all der Reiseunruhe. Der Abschiedsabend mit Rodi, wo Rodi und ich vor meinem Koffer knieten und unsere geschwisterliche Sentimentalität auf einmal überfloß und mir so schrecklich bange war fort von München ins Ungewisse und ich so gern gesagt hätte, nein, ich bleibe. Die Reise, die heißen Tage in Verona und Parma, die schrecklich unbehaglichen in »Sans Façon« – dazwischen die schöne Tour mit Such und nachher hier immer zwischen Freude und Quälerei.
Immer ein Bild nach dem andern.

Dann Bubibabyzeit und Suchzeit – mein Leben kommt mir so reich vor, warum hat es mir nur jetzt Überreichtum versagt, mir die schönen zarten Knospen abgeschlagen? Dann sehe ich wieder die beiden Babies in Rom in einem hellen Zimmer mit Sonne draußen, so rosig und blühend, wie Bubi als Kleines war – und mein großes geliebtes Kind dabei, der sie mit mir pflegt und so weich und lieb dabei ist. Gott sei Dank, Gott sei Dank, daß ich ihn habe und er immer so dicht an meinem Herzen ist
Und meinen Such, mir ist, als hätte ich ihn jetzt noch lieber, ich kann mir mein Leben nicht mehr ohne ihn denken. In diesen Tagen möchte ich ihn immer um mich haben. Wir sind uns so nahe, und ich bin ihm so dankbar, daß es ihn auch schmerzt, das fühle ich sehr wohl. Er versteht mich so gut, wie mir jetzt alles weh tut.
Ach, mein kleines Sybillchen, es kommt mir vor, als ob zum erstenmal der Tod mir etwas genommen hätte. Vernünftige Menschen würden das wohl kaum Leben nennen, aber für mich hat es doch den einen Tag gelebt, und ich habe sein Stimmchen gehört, es geküßt und ihm ein paar Tröpfchen Milch gegeben. Es ist mir

ein Trost, daß dieser eine Tag war und dies Gefühl in mir zurückgeblieben ist. –

Dann wieder denke ich, wie das Leben jetzt weiter geht, daß ich nun endlich einmal mit voller Energie ans Malen gehen kann und mit Bubi viel zu tun habe. Und daß mein Leben doch noch im Sommer steht, im vollen Sommer. Herbstgefühle sind ganz anders. Es fängt noch nichts an zu welken. –

Und daß ich noch ein Kind haben will, haben muß. Und es muß auch Such seins sein. Ich möchte so gewissermaßen in sein Leben etwas Frisches, Junges hineinpflanzen. Und Bubi muß sein Geschwisterchen haben. Wie hat er sich drauf gefreut. Wir sprechen jetzt auch viel davon, von den beiden toten Babychen. Er meint: »Sie sind jetzt in der Unterwelt, da finden wir sie wieder.« Er ist so weich und lieb, ich fühle so stark, was ich an ihm habe – mag sein Wesen und das alles sein, wie es will. Es ist so töricht, ein Kind oder einen Menschen so oder so haben zu wollen, damit sie so sind, wie es einem als Ideal vorschwebt. –

Und gerade mein großer Fehler ist es, das immer zu wollen, auch bei Bubi, so daß ich oft ungeduldig über seine Langsamkeit und anderes bin. Bei Such geht es mir auch so, aber da hab' ich schon viel gelernt, mir abzugewöhnen.

Ich suche so viel an alles andere zu denken, besonders an alles, was mir Freude macht und was Schönes kommen kann, an den Winter in München mit Eis und Ski und Reiten und Malen, Kaulbachstraße mit Such. Dabei beinah schneidendes Heimweh nach dem ganzen letzten Jahr, wo wir es so unendlich schön zusammen hatten. Zwischendurch hab' ich mir ja oft gesagt, ich muß wieder allein sein – aber davon wird jetzt vieles wegfallen, ich sehe es jetzt mehr im ganzen, und das Ganze war doch schön und gut. Mir ist gerade jetzt, als ob ich so unendliche Kraft zu lieben in mir hätte, als ob durch alles jetzt Erlebte manches Harte in mir geschmolzen wäre und die eigentliche Weichheit wieder mehr durchkäme. Mein Gott, im Grunde bin ich ja lauter Weichheit – von jeher, eher allzuviel. Das andere, die Härten sind alle angewöhnt, schön künstlich darüber gezüchtet, bis sie auch von selbst funktionieren. Jetzt ist mir so aufgetaut bis auf den letzten Grund, ich möchte nie wieder hart werden. Das ist immer nur ein Gegenmittel, um nicht zu leiden – aber es ist besser, sich dem Leiden

offen zu halten und es in sich eingehn zu lassen. Jetzt lasse ich es so ganz durch mich gehn, es tut mir tief wohl, mich ganz wehrlos aller Wehmut und allen Schmerzen hinzugeben.
Es ist doch eigentlich der Hauptinhalt im Leben, Sehnsucht und wieder Sehnsucht. Ich habe nur eine erfüllte Sehnsucht: Bubi. Die andern nagen alle noch an mir und sollen auch nicht erfüllt werden — ich möchte ewig den Heißhunger nach allem Leben behalten. Ich glaube, erst dann hört man auf jung zu sein, wenn ein Verlangen nach dem andern Abschied nimmt oder totgemacht wird.
Und wenn mir ein Schmerz widerfahren ist, faßt mich immer ein doppeltes Verlangen nach Leben — nie eigentlich Resignation.
Ich könnte jetzt auch nicht resigniert sein, lieber soll der Schmerz an mir reißen und nach neuem Leben verlangen, weil mir so viel blühendes weggenommen ist.

3. Oktober

Die Tage gehen langsam, aber es ist kein Krankenlager — das ich so wohl kenne von früher her — nur ein stilles wehmütiges Daliegen. Und auch keine quälende, nagende Wehmut, sondern eine, in der noch viel Reichtum liegt und viel Erleben in dem, was hätte sein können. Mir ist eigentlich noch nie so zumut gewesen, am ehesten noch damals im Josephinum. Als ob alles, was noch wehe tut, nur stille Wellen schlägt und darüber ein stilles Leuchten. Ich muß oft weinen, wenn ich an meine beiden Kinder denke, aber es tut mir milde und wohl.
Sonderbar ist es, wenn man über seinen eignen Körper weinen muß — wenn jetzt die Milch ausfließt, die für meine beiden Babychen da war, und ich denke, daß das alles nun umsonst und doch noch ein etwas, was von ihnen geblieben ist, als ob sie noch nicht ganz fort wären — und alles andere wieder so wie sonst, nicht mehr die immer wachsende Fülle, die man so stolz und glücklich fühlt. — So beraubt immer wieder an die Tage des Sommers denken, wo das alles wuchs und wir uns beide daran freuten.
Wir beiden — wie habe ich früher umhergeworfen mit denen, die mich liebten und die ich liebte. Jetzt habe ich doch gelernt, zu halten, was mich reich machte, möchte es so dicht an mir, so fest und so warm halten. —
Diese Liebe ist auch Sommer, heißer, heißer Sommer, und es ist noch nichts daran welk geworden. Ich empfinde sie gerade jetzt so

unendlich tief in mir, wirklich wie »mit tausend Fasern hängen« wir zusammen, und wenn das zerrissen würde, würde vielleicht alles Liebenkönnen in mir verbluten. Ich möchte nur immer die Arme ausstrecken und sagen: Komm zu mir, bleib bei mir, laß mich nicht allein. – Wir sind ja sowieso zwei Einsame, und das bindet vielleicht mehr als alles andere. –

Draußen ist's schön und schon etwas herbstlich. Ich möchte bald heim, von Italien möchte ich nichts mehr wissen, auch nicht mehr von dem Winter in Rom, der mir bisher immer so etwas Wundervolles in Gedanken war. Ich wollte auch allein sein das Frühjahr durch, aber jetzt kann ich's nicht. Jetzt muß ich alles um mich haben, was ich liebe, irgendein Fleckchen Heimatgewohntes und einen Gefährten um mich. Er ist soviel Gefährte für mich, mehr als irgendein anderer vorher. Das kommt so selten zusammen – ich fühle immer eine Hand, die für mich bereit ist.

Gestern und heut abend sitzt Such in meinem Zimmer am Tisch bei der Lampe. Das ist eine Krankenzimmerstimmung, die ich sehr liebe – wenn man so nach und nach immer müder wird, den andern nur noch durch Schleier sieht und hier und da ein Wort redet. Im Nebenzimmer den schwarzen Käfer als fremdes, beinah feindliches, zum mindesten störendes Element, was den Reiz des Beisammenseins noch erhöht. –

Das, was man liebt, mag man doch nie zusammen sehen oder wissen mit dem, was einem abstoßend ist. So ist es mir schrecklich, wenn die beiden in der Küche sitzen, und wenn ich nicht da bin, hockt er stundenlang dort.

Such spricht sehr ernstlich davon, daß er im Frühjahr aus der Kaulbachstraße heraus will und wieder in ein eigenes Atelier – dann bleibe ich auch nicht. Ein wundervoller Gedanke, wieder eine eigene Höhle zu haben, und doch ist es mir auch dann wieder wehmütig. Das Zusammensein mit ihm, es war doch so schön, so viel Wärme, so viel wunderbare Stunden, ein solches umgeben und umsorgt und beschützt sein. Und das Haus ist mir auch sehr ans Herz gewachsen – wenn der Käfer nicht drin wäre, ein Paradies, auch für Bubi: Wann werde ich ihm wieder etwas Ähnliches schaffen können? –

Maus sagt von den beiden Babychen: »Die armen Eintagsfliegen« – wie kommt er dazu? Und zudem: »Gute Nacht, purpurnes

Mamai?« Ich sage: Was sprichst denn du, Maus? — »Ja, wenn ich jemand sehr lieb hab', sag' ich so.« —
Ihm in diesen Tagen wieder Odysseus erzählt — gestern abend, als die Sonne unterging, ließ er mir keine Ruh: »Du mußt die Sonne ansehn« — bis ich aus dem Bett und mitschaute. »Sieh mal die Wolken, wie gefärbte Erde.« —
So ein Kind ist doch wie ein Stück Erde, das man unendlich anbauen kann. Da hab' ich noch viel zu tun.

4. Oktober

Unruhige Träume. Lag im Bett im großen Eßzimmer in Husum, im Nebenzimmer Such und Hessel, Klages setzt sich an mein Bett, ich werde ganz glücklich, ihn wieder zu haben und lege den Kopf auf seinen Schoß. Er: nein, so war's nicht gemeint — faßt meine Handgelenke und will mir Gott weiß was Böses tun. Ich greife mit den Armen rückwärts nach der Bettlehne wie neulich bei den Wehen, da steht noch jemand nackt, der mir auch übel will. Nun versuch' ich zu schreien: Such, Franz — es geht nicht, bis ich einen entsetzlichen Schrei herausbringe und aufwache.
Wenn nur die Wehmut nicht auch wiederkommt.

5. Oktober

Jean Pauls Flegeljahre dieser Tage gelesen, es geht gerade so in meine Stimmung hinein. Ich mußte auch oft dabei an Klages denken, beim Walt. Oft, oft hab' ich doch Sehnsucht nach dem, was er mir war und wie er damals war, nicht nach dem jetzigen. — Die Menschen in dem Buch kommen mir sehr glücklich vor — wo hat unsereins jemals einen Menschen, mit dem man weinen kann. Wir weinen immer allein.
— Sonst ein stiller Tag, morgens im Bett Odysseus erzählt; Such und Bubi gehn dann hinunter zu den Fischern und bringen alle möglichen Seeungeheuer und Tintenfische mit. Mir wird etwas unruhig, daß ich nicht auch an den Strand hinunter kann. Fürchte die Abende, da wird mir traurig, und ich muß um meine Babychen weinen, bei Tage geht's leichter, ans Leben zu denken.
Ein weites weißes Meer mit starren Küstenbergen und mitten drin ein Boot mit großem schwarzem Segel, meine zwei kleinen Kinder sitzen drin mit geschlossenen Augen. — Vielleicht könnte ich's einmal malen. Ich muß jetzt wie wahnsinnig arbeiten, mich ganz hineinwerfen. Und dann wieder ein Kind, ich muß noch einmal

ein Kind haben – zwei kleine Mädel – das wird wohl nie wiederkommen. –
Geh' mit Bubi in die Küche und geb' ihm ein Brötchen mit Apfelmus, weil er mir heimlich klagt, daß H. eins kriegt, er aber nicht. Und er war ganz glücklich über das Mus und die Heimlichkeit – »nicht wahr, du verschaffst mir heimlich eins?« – O süßes Herz, und meins, ganz meins. –
Tränen in den Augen, als die Freier erschlagen wurden. Dann rennt er spät noch einmal mit Such an den Strand. Mit Such habe ich so gerne, wenn er zusammen ist.

*

Schlecht geschlafen und Kopfweh. Immer noch fließt Milch für meine kleinen Babychen, und sie sind nicht mehr da. Such hat dem Sybillchen auch das Silberpapier, das Bubi ihm geschenkt hatte, mit in den kleinen Sarg gelegt. Mir hat's noch in den Tagen bei dem bloßen Wort Totengräber geschaudert.

*

Gehe etwas in Küche und Zimmer herum, sehne mich danach, wieder ganz auf zu sein, leg' mich aber doch gern wieder ins Bett. Die Brustschmerzen, die mich arg quälten, lassen nach, ich kann wieder besser liegen. –
Bubi kommt vom Strand mit einem Aal und Tintenfisch wieder, fragt, ob es wohl ein Götteraal wäre und unsterblich, weil er so schwer umzubringen – und nachher: »Ja, wenn eine Göttin gebraten wird, ist sie auch tot.«

*

Reisepläne: mit Such und Bubi zu Rad nach München. Wenn Such nur Geduld behielte, könnte es wundervoll sein.

7. Oktober

Maus bei mir in der Dämmerung, mir Märchen erzählt. Ich dazwischen geschlafen, höre nur immer wieder: »Wenn du das und das nicht tust, stech ich das Prinzchen mit der Nadel tot.« –
Und denke an das Sybillchen.
Abends dann Such und Franz zum Tee bei mir gesessen, und nachher Such allein.

Sollte mich eigentlich etwas zusammennehmen und richtig aufstehn, aber ich kann mich noch nicht ins gewohnte Leben wieder hineingewöhnen.
Bubi redet in allen Sprachen si, oui, yes und hat sich eine eigne Sprache erfunden, mit der er uns alle unglücklich macht. Redet von seinem Land, ist mir nicht ganz klar, ob es eigne Erfindung oder Hesselsche Inspirationen sind. Darin soll's kein Geld und keine Schulen geben – und keine menschlichen Bedürfnisse – – –
Nachmittags geht er allein spazieren mit selbstgemachtem Bogen und Pfeilen und hat einen Hunde-Affenfrosch gefunden, den er Herr Rotfleck nennt. Ich erzähle ihm die Odyssee zu Ende und will ihm jetzt Homer vorlesen.

8. Oktober

Nachts Sturm und Regen, heute bewegtes Meer und Schaum. Lese Herodot, und es macht mir Spaß. Richtig aufgestanden und angezogen, viel frischer. Nachmittags S. auf dem Bubibett und ich im Stuhl am Fenster. Aber wenn ich so dasitze und nichts tue, überkommt's mich immer wieder, und ich kann nur an die Babies denken. Heute vor vierzehn Tagen legte ich mich. Erst kam der Doktor, der sagte, es würde kommen, und abends der zweite, der mich wieder beruhigte. Am nächsten Tag war ich so froh und glaubte an alles. –
Abends angefangen, der Maus Ilias vorzulesen.
Lieber Gott, behüte mich vor dem ewigen Degoût über Kleinigkeiten. Bleibe allein, dann spuckt dir niemand ins Zimmer. –
Etwas dickfelliger bin ich ja schon geworden, aber noch lange nicht genug. Es ist überhaupt ein Unglück, wenn man kein Plaisir an jeder Sorte von Ekligkeiten und Gehenlassen etc. pp. hat, was hätte man sonst für Freude an den Menschen. Mir gruselt's hier auf Schritt und Tritt, wenn ich unter Menschen bin. Meine ganze Menschenscheu kommt nur aus dem Degoût. Wenn mir einer von oben bis unten appetitlich ist, mag er sonst ein Kamel sein.

9. Oktober

Bubi beim Waschen: »Ich glaube, in dir ist noch eine kleine Seele zurückgeblieben, und die kann wieder ein Baby werden.« – Ich ihm, ich glaubte, in den Mamais wäre immer eine kleine Seele, und wenn die Götter wollen, wird ein Baby draus.
Vormittags am Strand. Hohe Wellen. Alles blendet so, dabei

kalter Wind, Kopfweh und traurig. Als ich zuletzt hier unten war, war alles noch anders. Heute ganz überwältigt von Traurigkeit und viel bitterer als auf dem Krankenlager. Möchte nur immerfort weinen, als ob ich einen Stein in der Kehle hätte, den ich wegweinen müßte. — —

Abends ein Aquarell am Fenster.

10. Oktober

Geträumt, daß ich mein Baby bekäme, aber es war nur eins. Überall Meer, große Überschwemmung, graue Wellen bis in die Straßen und Zimmer. Ich wollte die Geburt erleichtern und turnte am Trapez. Dann saß plötzlich ein Baby auf meinem Bett mit einer Kapuze und einem Jäckchen wie Bauernkinder — gefiel mir nicht besonders, es war so groß wie ein Einjähriges und glich etwas dem Bubi. —

Dann von Monsieur geträumt. Ich ging in allen möglichen phantastischen goldgestickten Reformkleidern ins Theater, eins war blutrot und Seide, das andere blau mit Gold, und alle saßen schlecht. Wir trafen und verfehlten uns fortwährend, er war sehr rot im Gesicht, hatte einen Operngucker in der Hand und war mit der C. liiert.

Beim Aufwachen denke ich, ich muß ihm doch einmal schreiben und bin ganz froh, daß er doch noch existiert.

11. Oktober

Ganzen Tag gezeichnet und froher dabei geworden, kann nur, wenn ich mich schlafen lege und wieder aufwache, die Gedanken nicht ertragen.

Gestern nachmittag mit Bubi gegangen, alles verändert, so herbstlich geworden und traurig.

Brief von Fädchen, der mich unangenehm berührt. Hätte nicht davon schreiben sollen, denn ich kann es nicht vertragen, wenn man mir davon spricht. Für mich sind mir zwei Kinder gestorben. Maus so besonders lieb und vergnügt, radelt mit Such nach Pietra Santa, strahlend zurück. Abends sinnlos traurig — nur einen Menschen haben, der mit mir traurig wäre und weinte und endlos mit mir darüber spräche, wie es hätte sein können. Ich bin so allein, und alles tut so weh.

13. Oktober

Wundervolles, warmes Wetter, vormittags am Strand und Bubi

gezeichnet, nachmittags Skizze von meiner Stube, die ich doch als wehmütige Erinnerung mitnehmen möchte.

Traum, daß ich ein ganz großes Mädel bekam und Bubi sagte, jetzt habe ich es doch. Es hatte ein blaues Kleid an. – In dem Moment aufgewacht und zuerst noch ganz glücklich.

14. Oktober

Gestern abend Hessel packen geholfen und in der Küche abgespült. Dann völlig kaputt und traurig, daß Such morgen seine Tour auf ein paar Tage machen will. Ganz früh zu Bett, gegen elf einen schauderhaften Traum. Ich hatte heftige Schmerzen und war ganz krumm gebogen, wollte mich grad strecken und schreien und konnte es nicht. Dann sagte jemand, daß ich jetzt noch ein drittes Kind bekäme, und ich fand Knochen von den beiden andern im Bett. Wieder Schmerzen und verzweifelte Anstrengung, wachte in Schweiß gebadet auf. Hessel kam fragen, was mir wäre, weil ich so geschrien hätte. Licht gemacht, um wach zu werden, sehnte mich so, daß Such kommen sollte. Unruhig und schlecht weitergeschlafen, die beiden andern in aller Früh aufgestanden, mir schrecklich melancholisch zumut, daß er fort will, hoffte immer noch, er ginge nicht. Es ist mir jetzt so schlimm, allein zu sein, besonders abends und nachts.

Dann kam Hessel und küßte mir zum Abschied sehr gerührt und mehrmals die Hand, und ich dachte daran, daß wir nun auch so bald fortgehn – an die ganze Zeit hier, wie weh mir hier gewesen ist, erst über Such und dann über die Babychen, an die Krankheitszeit, die doch so viel Schönes hatte, so still und viel Liebe um mich. –

Als Such mir Adieu sagte, dachte ich in dem Moment, er möchte eigentlich ebenso gern dableiben und hätte es vielleicht getan, wenn ich etwas gesagt hätte. Das tröstete mich wieder, sah zum Fenster hinaus, wie er in den Morgen hineinlief. Im Bett gelegen und viele sentimentale Gedanken gehabt. H. sagte neulich, wenn man jemand liebte, wäre man selbst auf die Luft, die ihn umgibt, eifersüchtig. Das bin ich auch, zum erstenmal so sehr und denke, es ist schlimm, sich so an jemand zu gewöhnen, daß man unglücklich ist, wenn er zwei Tage fortgeht ohne mich – wo ich doch jetzt nicht kann.

Bubi genießt es derartig, mit mir allein zu sein, sagt es immer wieder, so daß ich ganz froh werde wie immer, wenn ich tiefere Empfindungen in ihm entdecke. Ach, Mausikind, hätten wir doch wie früher unser Leben ganz für uns, es ist doch schlimm so, aber was soll ich tun? Wie soll ich es dir schaffen? Wo würdest du wieder ein sorgenfreies Mamai, wo ein solches Haus und Garten haben? Wir hätten nur die frühere Misere, für die ich kaum mehr stark genug bin. Sobald ich's kann, dann mit einem Kopfsprung wieder hinein. –

Wir sitzen den ganzen Morgen am Strand und malen Aquarell. Er bewundert und tadelt, was ich mache, sagt viele richtige Bemerkungen. Dann badet er, und das süße braune Körperchen hüpft um mich im Sand herum. Dann spreche ich mit ihm vom Sybillchen. –

Haben keine Uhr und kommen erst um halb drei wieder hinauf, möglichst rasch gekocht, spätes Mittagessen im Herbstnachmittag. Ich auf dem Bett gelegen – so geht der Abend hin. Kochen wieder zusammen und kommen uns wie zwei Kinder vor, die ohne Eltern zu Hause sind. Alles viele Bewegen fällt mir aber noch schwer, ich bin zuletzt ganz kaputt und fiebrig.

15. Oktober

Maus geht mit Rucksack nach Forte, holt Post, Fleisch und Butter und kauft für 40 Centesimi Kuchen für uns beide. Sehe ihn vom Fenster aus kommen, wie er fortwährend Geld aufsammelt, das ihm aus dem Portemonnaie herausfällt. Rennt dann strahlend zurück und will gelobt werden, daß er alles so schön besorgt hat und wird es auch. Strandspaziergang in der schönen Wärme, dann kochen. Mache ihm einen großen Pfannkuchen, und wir sind vergnügt beisammen.

Gelesen, während Maus am Tisch malt, dann noch einmal an den Strand. Wir treffen eine Frau mit zwei Hunden, mit denen Bubi im Wasser herumjagt, von oben bis unten naß und seelenvergnügt, tauft die Wasserpfützen »Mießen«- und »Sybillchensee«, sagt, der eine wäre ausgetrocknet, weil Sybillchen gestorben.

Hilft mir Abendessen zurechtmachen und abspülen. Brief von Carlo, Rodi und Gruhle*, der nur ein paar Worte, aber sie gehen

---

* Der Psychiater Professor Dr. Hans Gruhle von der Universität Heidelberg.

mir nah und tun mir tief wohl, und der Gedanke, daß er und Koch zusammengesessen und von mir gesprochen, zwei Menschen, die mir oft über den Ekel an der Menschheit im allgemeinen hinweghelfen.

Sitze noch allein, als Maus zu Bett und schreibe einen langen Brief an ihn. – Erwarte Such, aber er kommt nicht, wache verstimmt und enttäuscht auf – dumme Empfindlichkeit darüber, daß er so lange fort ist und doch weiß, daß es mir schrecklich und quälend ist, allein zu sein. Maus tröstet mich und ist etwas eifersüchtig: »Wenn du wählen solltest, ob du ein Kind oder einen Menschen kriegtest, welches Kind würdest du dann nehmen?« – Ach, Maus, dich, nur dich, und ich habe auch genug an dir. Aber dann sollten die andern lieber gar nicht in meinem Leben sein, dann hätte ich keine Sehnsucht und auch keine Empfindlichkeit.

Aufgestanden und froher geworden. Sonntag morgen, helles Sommerwetter, fühlte mich wohler mit dem geliebten lustigen Mäusekind, das so froh ist, noch einen Tag mit mir allein zu sein. Denke an vieles, an zu Hause in Husum, daß ich jetzt hier bin, ein großes Kind habe, so viel erlebt und noch jung bin und noch Unendliches vor mir habe. – An Fridolin gedacht – überhaupt denke ich gerade am Sonntag morgen oft an ihn – an München und an malen. Wie ich jetzt malen will! Dieser Sommer ist doch sehr bedeutungsvoll für mich gewesen, er hat mich wieder in mich selbst und mein eignes Leben zurückgebracht, jetzt bin ich wieder drin und fühle alle seine Intensität – ich darf mich nicht an einen andern Menschen verlieren, auch wenn ich ihn noch so sehr liebe. Diese Sehnsucht, wenn er nicht da ist, ist eine schlimme Schwäche, auch die arge Eifersucht, wenn ich ihn ohne mich weiß: selbst auf sein Alleinsein. –

Dann denke ich wieder bessere Gedanken, was hat er denn bisher in diesem Sommer gehabt? Nichts als Plage, Nervosität, Gebundensein und nicht die innere Freude, die mir selbst für alles Ersatz war. Wäre ich gesund gewesen, hätte ich mich auch schwer getan, still zu sitzen und für Hessels Wohlbefinden zu sorgen. Er hat nicht die Freuden, die ich habe am Meer, an Stimmungen, an Bubi und malen. Was muß es ihm für eine Wohltat sein, sich einmal auszulaufen und Neues zu sehn – sein Verlangen danach ist viel stärker als meins, weil ich noch vieles andere habe. Wir sollten

nicht so viel beisammen sein, mich macht es zu weich, ich möchte dann immer zusammenschmelzen mit dem, den ich liebe. Ich selbst würde zum Beispiel nicht fortgehn, wenn ich ihn traurig und halbkrank wüßte. Adam hätte es auch nicht getan, er ging keinen Schritt von mir, wenn ich es nicht selbst wollte. – Aber ich schäme mich dann wieder über meinen Egoismus.
Dann sind wir am Strand, gemalt. Ein so stiller, schöner, sonniger Sonntag wie manchmal, als Bubi noch klein war. Nachmittags nach der Brücke gegangen und dort gesessen. Als wir zurückkommen, sitzt Such bei der Lampe in der Küche.

17. Oktober

Alles froh und schön gestern und heute. Fühle mich von Tag zu Tag gesünder und Such ist so gut, den ganzen Tag verduselt und verschwätzt in dreifacher Eintracht.

18. Oktober

Gestern abend wieder ganz entsetzlich traurig – es kommt so plötzlich über mich, daß ich nicht weiß, wohin mit mir selbst. Und auf die Traurigkeit eine Verstimmung und ich sitze nun Mittwoch allein in dieser Küche bei Mondschein, möchte mich halbtot weinen. Und schreie wieder nach Alleinsein.

19. Oktober

Früh alles gut, nur traurig. Such und Bubi nach Viareggio. Wieder abends und nachts wieder die schwarzen Gedanken und noch vieles andere.

21. Oktober

Sehr glücklich in der Mondnacht aufgewacht und ganz frisch auf. Silbergrauer Herbstmorgen, keine Sonne. Such nach Carrara, ich herumgeduselt, mittags Maus Märchen erzählt, zweimal nach Forte. Uhr stehngeblieben, so wußten wir den ganzen Tag nicht, wieviel es sei; einmal war's viel später, dann viel früher, als ich gedacht. – Träumte, daß ich hochschwanger und Hebamme kam, wollte ihr als Lohn alte wollene Winterhandschuhe geben und suchte überall in der Kaulbachstraße nach einem braunen und schwarzen Paar, schließlich gefunden und ihr gegeben. Da war es plötzlich ein anderes Weib und die Handschuhe Wadlstrümpfe. – Dann plötzlich in Husum in Papas Zimmer, er war auch da und war Altertumshändler geworden und hatte Telefon in seinem Zimmer, und ich dachte, daß ich nun immer an Monsieur telephonieren könnte, aber wie ich das in Papas Gegenwart machen sollte. Dann war auch Such da, sehr ernst und korrekt, man räumte sein Zimmer auf, und seine alten Kleider lagen im Garten vor dem Haus. — —

Abends Such mit großem Kuchenpaket zurück, Maus kam wieder aus dem Bett, geblendet und verwundert, und aß mit Seligkeit Kuchen. —

22. Oktober

Traum, große Gesellschaft bei Wolfskehls, ich sollte durchaus hin und zog mich fortwährend in ganz unbekannten Räumen an, die andern kamen in Kostümen mehrmals am Fenster vorbei, um mich zu holen. Dann war meine Mutter in irgendeinem Zimmer, in einem andern Bubi krank, aber ich pflegte ihn nicht, sondern ließ ihn selbst alles tun. Fand in einem Teich meinen Vater, der Selbstmord verübt hatte und mit einem steifen Arm ein Plakat vor sich streckte, worauf es stand. Die Brüder auch da, alle. Ich ging zu den andern herein und wollte es ihnen erzählen, vergaß es aber, dazwischen verwischte sich wieder alles in Wolfskehlgesellschaft, aber nur ihn sah ich deutlich. Ging noch einmal zu dem Teich und beim Zurückkommen erzählte ich, daß Papa im Wasser läge, es wurde dann darüber gesprochen.

Zweiter Traum: Ich saß im Wartezimmer von Dr. H. und wollte ihm von den Babies erzählen, war aber trotzdem noch in der Hoffnung, las riesengroße Bilderbücher.

H.'s Frau hatte Jour, den ich sonst immer besuchte, aber diesmal war irgendein Hindernis da. Endlich kam der Doktor, und wie ich anfangen will zu erzählen, ist's auf einmal eine Art halb Atelier, halb Wartesaal, in dem ein Herr und eine Dame nach Vorlagen zeichneten, große Köpfe. Sie unterhielten sich über ihre Zeichnungen — dann war Such da und fragte die Dame: Zeichnen Sie die Nietzsche von Botticelli? Ich sah auf ihrem Blatt einen alten Frauenkopf und dachte, wer die Nietzsche von Botticelli wohl sein möchte. —

Neulich ging Maus abends zum Wasserholen hinunter, dabei fiel sein roter Hut in den Brunnen — solches Geschrei, daß ich glaubte, er selbst läge drin und in Angst hinunterstürzte. Zwei Weiber trösteten ihn, am nächsten Tag war das Wasser ganz rot, und der Wirt voller Furcht, ob es giftig wäre.

23. Oktober

Unsere Tage sind jetzt so still, schön und froh, daß ich bleiben möchte und meine stille Wehmut auch behalten. – Alles ist mir hier voll Erinnerung, innerem Erleben – ich mag in keine andere Stimmung wieder herein.

Such so gut und vergnügt und das Bubiherz so lieb, ich fühle mich so umhüllt von Liebe und Wärme und trinke das förmlich in mich hinein, jeden Abend, jeden Tag und jeden Morgen. Die Morgen sind draußen so hell und frisch, manchmal ganz früh auf, sehe den Himmel rot werden und nachts durch die Fenster Meer und Mond.

Gemalt, gemalt, es will jetzt werden, und mir ist ganz heiß dabei, aber ich merke, daß es kommen wird. Lang genug hat's auch gedauert. –

Stiller, etwas grauer und milde melancholischer Tag. Such nach Carrara. Maus Märchen erzählt. Abends am Strand im Dunkeln, Bubi spielt Meertier, das mit mir nach Haus kommt. –

Nein, Such war ja gar nicht in Carrara, ich bin schon so verduselt, daß ich heute mit gestern oder vorgestern verwechsle. Muß wohl wieder etwas klarer werden, aber eigentlich möchte ich noch lange so still und verwirrt hinleben, es ist sehr gut.

24. Oktober

Such, mein Herz, Bubi, mein Herz, ich habe euch so lieb und bin so glücklich mit euch. –

Sonntag morgen die Pietra-Santa-Brücke gemalt, aber ganz schlecht. Glocken läuten, Sonntagsjäger und anderes Volk kommt und geht an uns vorbei. Bubi spielt im Wasser, ist beglückt über die Wasserspinnen und will sie fangen. Steht auf der Brücke: »Ach, wenn man doch die Fische kriegen könnte!« – Maus, so steht man oft im Leben auf der Brücke und möchte die Fische kriegen. –

Zweite Skizze angefangen, dann kommt Such mit Kaffee und Brötchen. Heim, etwas Zank mit Bubi, der radeln möchte, und ich will schieben, weil zu viel Gepäck – ich werf' ihm seinen Egoismus vor. Versöhnung und Liebe. Nachmittags in Suchs Zimmer genäht und er gepackt. Maus kommt, die Hände voll kleiner Fische, die ihm ein Fischer geschenkt und will sie einsalzen. Mache ihm schonend klar, daß man nichts damit machen kann. Tut mir

so leid in seiner Seligkeit über die blanken Fischchen, mit denen man nichts anfangen kann – brate ihm die größten, die er selbst ausweidet. Erklärt mir dann von sich aus, es wäre doch nichts Rechtes. –
Neulich einen Tintenfisch hereingeschleppt. Er wollte Tinte daraus »gewinnen«, sezierte ihn am Fenster unter vielen Selbstgesprächen, während ich unten malte. Du Kinderherz – ich seh' ihn so gern, wenn er Schnecken aufsammelt, mit Liebe herschleppt und sie wieder zu ihren Mamais bringen will – bei einem ganz kleinen: »Ich glaube, daß sein Mamai gestorben ist, weil es zu früh ein Baby bekommen hat.« – Verendete Taschenkrebse schleppt er wieder ins Meer zurück. –
Heute nacht geträumt, daß ein Matrose meine beiden Babies in einem Boot nach einem Schiff brachte und dann ohne sie zurückkam. –
Vormittags mit Such in Pietra Santa – kleine überflüssige Gereiztheit und traurig heim. Gott, es wäre schlimm, wenn alle so sentimental wären wie ich – mich quält's den ganzen Tag, daß wir uns unfreundlich getrennt haben, und es kränkt mich wieder, daß er allein fort ist und es ihm ohne mich Vergnügen macht. –
Tiefsinnige Gespräche mit Bubi am Strand über Heiden- und Christentum. – »Mamai, ich bleibe immer ein Heide.« –
Planetensystem – meint, daß die Sterne die Welt der Götter seien. – Noch lange gesprochen, erzähle ihm von meiner Jugend, meinem Zuhause und meiner Mutter. Da hat er Tränen in den Augen, ist so weich und liebevoll, versichert mir immer wieder seine Liebe, daß ich doch ihn hätte, und niemand anderes brauchte. Wenn er so ein Mamai gehabt hätte wie ich, so wäre er ins Wasser gesprungen!
Sprechen auch von Göttern, davon, was heilig ist. Suche ihm begreiflich zu machen, daß das Leben selbst heilig und die Leute das früher begriffen haben, so zu den Göttern kamen, daß dagegen bei den jetzigen all das nicht heilig sei. – Versteht merkwürdig viel davon. –

26. Oktober

Gestern abend saß ich in der Küche und schrieb – plötzlich schrie unten die Wirtin so unheimlich im Schlaf, daß mir kalt vor Gruseln wurde. Der Gedanke: wir sind hier ganz allein im Hause,

wo die alte Frau des Nachts laut schreit! Suche nach dem Revolver, finde ihn aber nicht und schließe mich im Schlafzimmer ein, nehme Bubi zu mir ins Bett, das Meer rauscht laut, und ich denke immer, jetzt kommen Leute die Treppe herauf, unten liegt sie mit abgeschnittenem Hals – bis ich mich besonnen und mir Vernunft eingeredet habe. Aber bei jedem Geräusch wieder Herzklopfen.
Morgens ganz früh auf, mit Maus per Rad nach Serravezza, von Serravezza nach Massa. In Massa in Kuchen geschwelgt, dann zu Fuß nach Carrara, heiß, sonnig, südlich. Vor Carrara auf der Straßenmauer gesessen und gefuttert. Dann durch die Stadt, suchen den Weg zu den Marmorbrüchen, kommen aber immer weiter an einen Bach mit Steinsägen etc., durch schmierige Straßen, hinter uns eine johlende Bande von Kindern. Zurück durch die Stadt ebenso. Hauen hier und da dazwischen. Mit Bauernwagen nach Massa. Maus selig, daß er nicht mehr zu laufen braucht. Hinten auf dem Wagen alte Hexe, die uns mit Liebeserklärungen überschüttet, o che bella, che sympatica, che robusto etc. pp. und uns mit Kastanien favoriert. In Massa noch einmal Kuchenseligkeit und zurück. Am Wege den Mann mit den sechsundzwanzig Sprachen kennengelernt und eine Zigarette mit ihm geraucht. Bubi findet o yes wunderschön, viel schöner als oui und si.

27. Oktober. Mittwoch

Die Babies lassen mir keine Ruh, heute sind's vier Wochen – wenn sie jetzt gekommen wären –. Abends mit Bubi am Strand, viel zu ihm davon gesprochen. Der Schmerz will mich nicht loslassen, aber ich möchte ihn auch nicht loslassen, möchte nicht vergessen.
Geträumt, daß Stern verheiratet nach München kam und ich ihm weinend um den Hals fiel und von den Babies erzählte und nicht allein sein will, aber alle anderen haben etwas vor und niemand will mit mir ins Café gehn. –

28. Oktober

Bubi weckt mich mit: »du niedliches Mamaichen, die Sonne geht auf« – muß mit ihm in die Küche und es anschauen. Die Sonne kommt gerade hinter den Bergen vor.
Wir gehn am Strand auf Massa zu. Denke an den Gang mit Hessel, damals diesen Weg mit allen Mutterfreuden vor mir.

Such in Forte getroffen. Schöner Nachmittag – Abreise noch bis Montag verschoben; will Abschiedsskizzen machen und möchte die letzten Tage hier noch austrinken. Jetzt ist mir alles so lieb und schwer, davonzugehen – bin seit Schäftlarn und Dietlindenstraße nie so sehr in mir selbst zu Hause gewesen.

29. Oktober

Nach Forte. Vier Stunden in der Sonne gesessen und mich vergeblich mit dem weißen Marmor und dem blauen Himmel geplagt. Eine Masse Zuschauer hinter mir, was mich arg nervös machte. Das Bild, von dem ich träumte, wollte es absolut nicht werden. In der Idee ist mir immer, als ob ich alles könnte und kann niemals etwas, nicht viel Stimmung hineinbekommen.

Nachmittags nach Pietra Santa Kupfersachen kaufen. Rad geplatzt und zu Fuß zurück. Zank mit Maus, ist jetzt so bockig oder bin ich's? Abends im Bett großer Spinnanfall über meine Ungeduld und Zufahrigkeit, wo man besser ruhig und überlegt sein sollte.

Streite mich mit Bubi, als ob er meinesgleichen. In solchen Momenten, wo mir das auffällt, wird mir alles zur Verstimmung, war vor allem arg übermüde vom Malen und Radeln. Dann Gott sei Dank mit einer inneren Kraftanstrengung alles wieder aufgelöst.

Die alte Wirtin wieder unten im Schlaf geschrien, als ob sie gemordet würde – Gruseln. Ging zur Maus, die rief. Mondschein. In Absätzen allmählich in den Morgen hineingeschlafen. Das Wirtshaus zum Andenken gemalt, aber nachher gemerkt, daß ich statt Terpentin Rizinusöl genommen, nachdem ich mich die ganze Zeit beim Malen gewundert, warum es heute so pappig ist. – Bubi spielt bei mir und erzählt mir aus seinem Reich Fraksika, erfindet neue fraksikanische Redewendungen und Gebräuche.

Todmüde und malmatt. Eine Stunde auf dem Bett gelegen. Briefe von Koch, mich so darüber gefreut. Gehe lieber nach München zurück, wenn er wieder hinkommt.

Gestern abend plötzlich gedacht, soll ich nicht hier bleiben? Vielleicht würde es ein zweites Schäftlarn oder Samos. – Aber das war es eigentlich schon; eine ganz lange Zeit die zwei Monate, unendlich viel der ganze Sommer. Am Nachmittag gepackt, und alles redet mit mir.

31. Oktober

Auf einmal ist schon der 31. Oktober, ich bin immer einen Tag zurückgewesen. Gott ja, es wird vielleicht auch schön sein, heimzureisen, aber ich kann mich so schwer losreißen, so schwer, ach so schwer, als ob alles nachher viel leerer sein müßte, wenn ich nicht mehr hier unten bei meinen Babyerinnerungen. Und doch habe ich eine ganz neue Lebensfülle bekommen durch all dies, das ist sonderbar.

Auch körperlich, sehe mich oft im Spiegel und gefalle mir, habe seit langer Zeit mehr Farben und Rundungen.

Abends mit Maus auf die Brücke, der Himmel ganz grau mit dem Meer in lauter Nebel zusammengegangen, darin Leuchtturmlichte. Lange dagesessen und gedacht, Bubi still betrachtend neben mir. Dann von seinem Reich gesprochen, wie die Menschen sein sollen, er will nur Frauen drin haben und ein paar Männer zum Bewachen. Die matriachalische Maus! Auf dem Heimweg noch viel mit ihm über Menschen geredet und seinen Verkehr mit Kindern. Finde soviel bei ihm, was direkt aus ihm herauskommt und in meinem Sinn ist, dann bin ich immer so glücklich.

Dies Aufwachen im Morgenrot über Bergen und Meer, das wird mir fehlen. Die nächsten Male wird es nur in faden Hotels sein. Mir liegt überhaupt nichts daran, Städte abzuklappern – Florenz, ja, aber unterwegs. Ich freue mich mehr auf die Fahrten als auf den Aufenthalt, eigentlich nur, weil in den Städten wieder Menschen sind. Diese verdammte widerwärtige Menschheit, die einen wenigstens zwingt, sie anzusehn, weil sie einem vor den Augen herumläuft. –

Heute ist nun unwiderruflich der letzte Tag, noch einmal hier schlafen gehn, noch einmal hier aufwachen.

Dienstag, den 1. November

Morgens mit Rad fort über Pietra Santa, Viareggio nach Pisa. Mittags in einem kleinen Beisel, dann Dom und Turm. Allerheiligen, blauer Himmel und dieser wundervolle Platz. Bubi ganz verzückt. Nachmittags nach Lucca – der Albergo dell'Angolo wie in einem Kolportageroman mit seinem wüsten Eingang, den Riesenbetten, geblümten Tapeten und der Kneipe unten. Abends mit Such herumgegangen. Heimweh nach Forte. Sonderbarer Traum in vier Kategorien. Koch und Hessel in der Ainmüllerstraße, dann Monsieur, schließlich Husum und Eltern, die mich feierlich verstießen. –

Bis Mittag Lucca angeschaut und nach Pistoja weitergefahren. Maus manchmal müde und gnaunzig, aber arg lieb, weint viel über den verdammten Wind. Abends Pistoja, Bubi schlafen gelegt und noch etwas gebummelt. Geträumt, daß ich zähle: jetzt schlafe ich 10 Stunden, jetzt sinds 13, jetzt 18. – Früh Stadt angeschaut, die Luccareliefs. Mittags nach Florenz weiter, nachmittags Ankunft.

Bin ich froh, daß ich hier nicht bleiben muß – könnte hier nicht leben – Menschen – Stadtmenschen überall zum Übelwerden, die wundervollen alten Sachen dazwischen so deplaciert, man kommt zu keiner Stimmung. Allein und mit viel Zeit wär's vielleicht besser. Erste Nacht nicht geschlafen und arg kaputt, der Tag ohne allen Genuß. Mir wird erst wohl, wenn ich abends mit Bubi eine Stunde auf dem Bett liege und mit ihm spreche. – Such auch grantig. Am zweiten Tag verspricht Bubi mir, artiger zu sein und ist so lieb, daß ich ihn fortwährend umarmen möchte – seine Fragen, das Mühe geben, brav zu sein, die Aufregung, daß das Florenz ist und er alles zu sehen bekommt. –

Wir gehen in den Kirchen herum, und ich erkläre ihm alles. Er wundert sich über die Zentauren in den Wandgemälden, weil die doch griechisch sind und hat ein gewaltiges Durcheinander im Kopf. Hab' ihm ein »Wackelköpfchen« und ein paar rote Pfötchen versprochen, wenn er brav ist. Nun fragt er jeden Augenblick: »Bin ich artig?«

Heute in den Uffizien, das Kind neben mir, das alles mit seinen Augen und Sinnen verschlingt. Und doch, wenn man anfängt zu schauen, weiß man nicht mehr aus noch ein vor Mattigkeit. Michelangelo und Rembrandt heute in San Marco.

Maus im Weltgenuß: »Nicht wahr, Mamai, jetzt bist du froh, daß du nicht fromm bist.« –

Abendgang, bella Signora, Unterhaltung über amore. Dann allein durch die Straßen.

Mit Such allein nach Siena. Wache ganz verstört auf, geträumt, daß ich Adam mit einem ganz kleinen Mädel in der Leopoldstraße begegne und frage, ob es seins. Es vor Seligkeit und Liebe umarmt, als ob es mein eignes wäre. War so klein, daß Adam halb bitter, halb scherzhaft sagt: »Ja, such es nur.« Dann schwand es mir unter den Händen zusammen und wurde ein kleines Tier mit zottigen Ohren. Ich denke, sollte Somi? — — — Sage zu Adam: »Ich habe aber ja meine beiden auch verloren.« Da legt er sich der Länge nach hin und weint — der Traum läßt mich die erste Stunde nicht mehr los.

15. November

Ab von Florenz, über den Apennin, spät in Marradi. Maus übermüde und weint. Im Albergo Kaminfeuer und Krüppel. Morgens weiter nach Piacenza und abends Ravenna. Spät in der Stadt herum, Pfaff in der dunklen Gasse. Vormittags die Mosaiken angeschaut. Um drei Uhr weiter. Abends Argenta. Albergo. Küche mit Lebemännern. Nächsten Morgen nach Ferrara, nachmittags Rovigo. Dann Padua bis Mesa. Mit der Bahn nach Venedig. Nachdem Bubi schlafen gelegt, auf den Markusplatz gegangen.

Sonntag, den 20. November

Mit Maus nach dem Platz gegondelt. Dort Such getroffen und im Sonnenschein dagesessen. Nächsten Tag schwer erkältet im Bett. Die Tage bei schlechtem, trüben Wetter so verbummelt, bedrückt und Heimweh. Möchte statt Säue wieder Menschen um mich sehn und mag, was mir lieb ist, auch nicht in dieser Umgebung. Meine törichte Schockier, aber was dagegen machen, Das kleinste Froissement stört mir die schönste Stimmung, macht sie unmöglich.

Mittwoch, 23. November

Bubi Festtag mit Diner, Austern und Puppentheater. Außer sich vor Seligkeit. Am nächsten und den übrigen Tagen bin ich nicht wohl. Nach Geld telegraphiert, immer noch trübes Wetter. Ich ungeduldig, fortzukommen, liege noch einen Tag im Bett und Maus immer bei mir. Abends mit Such durch die Straßen.
Endlich der letzte Abend. Noch einmal Sonntag früh mit Maus nach Markusplatz gegondelt. Mittags fort, nachmittags Verona, müde und glücklich und halb sentimental. Bubi unterwegs recht elend, Fieber und klagt manchmal. Such mit Kopfweh auf der andern Bank. Ich lange am Fenster gestanden und den Brenner im Schnee gesehn. Traurige Gedanken, unermeßliches Heimweh.

Früh München, Bad im Bahnhof. Maus ganz krank, trugen ihn nach Solln. Mittags mit Sendt zusammen, Such mir gesagt, er käme erst um vier in die Kaulbachstraße, so kam ich auch erst dann und Sendt mit. Such mit Pelz in der warmen Küche, mir so leid, daß wir nicht den Nachmittag allein sind. Nach Solln, Bubi holen, finde ihn besser, ich selbst ganz verwüstet vor Müdigkeit. –

Abends Suchverstimmung, und ich spüre über das Heimkommen, das anders ist, als ich dachte, nur Forte, die Babies und alles. Die ersten Tage nicht froh.

Such und ich gehn umeinander herum, und jeder läuft seiner Wege. Mein Bubikind nicht wohl, er muß zu Hause sitzen oder im Bett liegen, hat die Gelbsucht gekriegt. Aber wir sind doch daheim, und es wird einem allmählich wohler.

Donnerstag, den 8. Dezember

Nun ist doch alles wieder gut, beinah Forte. Stille, dunkle Tage, man tut nichts Rechtes, noch nicht, freut sich darauf, was man alles tun will, sieht die gewohnten Menschen, aber sehr mit Maßen, pflegt sein Krankes und liebt sein Gesundes, hier und da sehr viel Sommerwehmut. Ich will das Leben jetzt sehr gründlich nehmen, mir viel Ruhe lassen und viel arbeiten. Bin während des letzten Jahres innerlich sehr viel ruhiger geworden, habe vieles abgeschüttelt und vieles über Menschen gelernt.

11. Dezember

Maus gemalt, jeden Tag eine Skizze, aber ohne rechten Elan. Panizza in der Irrenanstalt besucht. Unheimlicher Eindruck, all die verschlossenen Türen und er mit seinen Augen und Reden. Ging mir den ganzen Tag im Kopf herum. Der unglückliche Mensch, es ist mir doch eine innere große Freude, daß ich ihm etwas sein kann, trotzdem ich ihn wenig kenne und er mich kaum etwas angeht. Nur das Gefühl, einem etwas Freude bringen zu können, der niemand hat. Man fühlt, wie reich man selbst ist und wie glücklich. Mein Leben hat doch immer von irgendeiner Seite Sonne gehabt.

12. Dezember

Adam, der liebe, gute.

Angst. Was für Angst. Aber heimliche Sehnsucht dabei. Nur jetzt noch nicht. Wenn dann wieder alles fehlschlüge. Ich möchte gesund und stark sein und allmählich auf immer sonnigere Höhen hinauf. Dann noch ein Kind. –

Die Erlebnisse des Sommers haben irgend etwas in mir auf- und ausgelöst, ich weiß selbst nicht was. Ich werde immer gesünder und froher. Wie kommt das? Weil ein Vorgeschmack von einem ganz unermeßlichen Glücksreichtum an mir vorbeigegangen ist? Das Sybillchen kommt mir vor wie eine wundervolle Vision, die mich reifer und mein Leben intensiver gemacht hat. Alle Eisrinden, die mir im vorigen Jahr angewachsen waren, sind aufgetaut und alte Schmerzen weggefegt. Klages – auch davon ist mir jetzt nur eine Sehnsucht geblieben, die mich nicht mehr quält, auch nur die Vision. Und sonderbar, daß ich endlich begriffen habe, was er mir oft sagte, daß gerade das nicht positiv Erlebte das allerwirklichste ist. Daß wir jetzt weit auseinander sind, wo ich verstehen gelernt habe und ihm in Wahrheit viel näher gekommen bin. Damals war ich noch in tausend Kreuz- und Quersachen verfangen.

15. Dezember

Bubi wieder auf, läuft selig und geschwätzig im roten Kittel herum, und ich bin von meiner Angst erlöst.

Graues Wetter, tiefer Frieden, ganz tiefes Glück.

Viel Träume in letzter Zeit. Große, schräg abfallende Wiese mit riesenhaften Stieren, Such und ich sehen sie – dann steigt eine Insel aus dem Meere auf mit einer Menge geharnischter Riesen. – Überschwemmung, ich mich auf ein Dach gerettet, bin nackt und will schwimmen. Plötzlich steht Gruhle neben mir und erzählt mir, daß Koch geheiratet.

Bubi erzählt mir, daß ich im Schlaf gesagt: Such, laß die Krone liegen, sie ist doch zerbrochen. Erzählt mir auch seine Träume, daß er in Venedig war und die Wasserfrauen ihn über die Lagune zu sich zogen.

Träume noch oft von den zwei Kindern, aber verworren und undeutlich. Jetzt gerade die Tage, wo sie hätten kommen sollen.

Denke viel daran und an mein späteres Kind, als ob ich es schon in mir trüge. In meinem Gedanken verwächst es ganz mit dem Sybillchen. Das Gefühl von Glück und Fülle ist ganz unabhängig von wirklichem Erleben . . .? . . . Aber in welcher Sphäre liegt es dann und warum ist sie manchmal in uns und manchmal wieder unerreichbar?

16. Dezember

Traum: Ich wollte schlittschuhlaufen, plötzlich war's der Husumer Schloßgarten, jemand eingebrochen und darin eingefroren. Mir fiel ein, daß ich ihn schon lange hätte herausziehn wollen und rief Such zur Hilfe. Wir zogen ihn zusammen heraus, er war noch lebendig, riß aber in der Mitte durch. Dann betteten wir ihn im Schlafzimmer meiner Eltern, mein Vater und Bubi waren auch da. Die Haare fielen ihm aus, und die Beine liefen selbständig im Zimmer herum. Wir bemühten uns, sie einzufangen – endlich war er wieder beisammen und lebendig, zog seinen Mantel an, um essen zu gehen, und ich dachte mit Schrecken daran, daß ich mit dieser Wasserleiche im Lokal zusammensitzen müßte. Dabei sah er Düllberg ähnlich. –

Von Monsieur geträumt. –

17. Dezember

Panizzabesuche, manchmal unheimlich, wenn er mit seinen scharfen Augen mir seine Halluzinationen erzählt. – Such räumt seine Gläser einmal hierhin, einmal dorthin und tut auch nichts. Die ganze Atmosphäre ist Bummelei und taugt mir nichts.

26. Dezember

Weihnachten große Hetzerei. Such Migräne und ich den ganzen Tag auf dem Rad in der Stadt herum. Aber dann schöner Mausabend mit sehr viel Freude. Gestern am ersten Weihnachtstag zu Rad mit Such und Bubi nach Solln.

30. Dezember

Monsieur besucht, war sichtlich gerührt, mich wiederzusehn. Mir macht's nicht mehr viel aus, aber ich seh' ihn doch ganz gern einmal.

Silvesternachmittag auch bei ihm. Unser einstiger Silvesterabend, sieben Jahre lang.

Maus nennt es Südwester.

Nachmittags eine Skizze am Küchenfenster. Nachts hör' ich die Glocken läuten – früh mit der Maus durch den Englischen Garten bei rasender Kälte.

1. Januar 1905

Mit Maus angefangen, lesen zu lernen, und zwei Skizzen von ihm

gemacht. Stellt sich beim Lesen erst furchtbar dumm, und ich werde manchmal ungeduldig. Jetzt geht's schon viel besser.
Nachmittags zu Panizza. So kalt, daß mir die Lippen frieren. Maus zu Omar al Raschid. Abends zu Marchlewski.

2. Januar

und die nächsten Tage Schlittschuh gelaufen. Maus lernt jetzt sehr nett, und es macht uns beiden Spaß.
Such krank, Adam und Baschl zur griechischen Gans geladen.

6. Januar

Abends bei den Füchsen: Nachts gewaltiger Sturm. Maus legt mit Buchstaben: Eine Gans weint. Warum weint eine Gans? – In der psychiatrischen Klinik behauptet er, es röche nach Hirn, läßt es sich nicht ausreden.
Franzl zurück, nun fängt das Kreuz wieder an. Hole ihn sogar heroisch von der Bahn ab.
Herrgott, jetzt muß ich wirklich arbeiten und in die Malschule gehn, immer kam wieder etwas dazwischen, Zähne plombieren etc. pp. Bummeln und Maus ist so schön, aber die Zeit, die Zeit. –

8. Januar

Geträumt von einem riesengroßen Pferd, auf dem jemand saß. Dann erhob es sich mit großen gläsernen Flügeln in die Luft, die Flügel zersplitterten und ich stand hinter dem Fenster und sah zu, wie der Mann sich droben hielt. – Dann wieder Kugeln am Weihnachtsbaum, und ich wußte, was Kugeln in der Traumsprache bedeuteten. Mit Maus gelernt, jetzt ist es sehr vergnüglich. Jetzt endlich Malschule, wache jeden Morgen mit dem Gefühl auf, wie reich das Leben ist. Alle Katzenjammerverstimmung der letzten Zeit vergangen.
Such immer noch leidend, aber schön, ihn zu pflegen.
Maus erzählt, daß ich morgens im Schlaf gesagt: wenn ich etwas viereckig haben will, ist es immer rund, und wenn ich's rund haben will, ist es immer viereckig, immer viereckig.
Panizzavernehmung. –
Abends Presseball mit Monsieur.

18. Januar

Gauklerball. Die Maja*.

---

* Die Kunstgewerblerin Maja Klett.

Traum, daß ich ein Pferd hätte. Immer abwechselnd Rad und Pferd. Wollte es im Atelier einstellen. Dann großes Fest bei Böhlaus. Zum Schluß eine Art Umzug von hexenartigen Wesen, die Arbareten genannt wurden und irgendwelche Zeremonie, eine Einweihung oder dergleichen begingen. Maus mit einem langen, blauen Gewand, unten mit einem spitzen Goldrand.
Maus läuft auf meinen Pferdetraum hin ins Atelier und schaut nach, ob es nicht wirklich drin wäre.
Vormittags Eis, nachmittags die Maja.
Halbakt gemalt, die große Wollust kommt wieder immer mehr über mich, damit auch für das übrige Leben. Maus lernt jetzt sehr schön, die übrige Zeit verbringt er mit sehr dösigen Spielen, fängt alles mögliche an und läßt es wieder liegen. Es ist noch sehr wenig in ihm zu entdecken, worauf er hinaus will. Holt mich mittags von der Malschule ab.
Träume, daß ich jemand malen wollte und herausfand, die Augen müßte man mit schwarzen Spiralen darin malen, um einen bestimmten Ausdruck heraus zu bekommen. – Dann war in Pisa neben dem Domplatz ein hoher Turm schmal wie ein Fabrikschornstein mit einem Bronzenlöwen darauf. Such nimmt den Turm und schiebt ihn in sich selbst zusammen, um den Löwen herunterzunehmen. Ich maßlos gelacht. Beim Aufwachen Tränen in den Augen.
– Einen Tag in Solln, beide fort nach Großhesselohe, um zu rodeln und Skis probiert. Maus mit großem Selbstbewußtsein unter sechs Backfischen. Abends, als wir zurück, Adam.

Sonntag, den 29. Januar

Mit Maja nach Schäftlarn. Heimweh nach alten Zeiten. Nachmittags mit Gruhle gerodelt. Mit der Maus die schwierigsten Abhänge, was ihm unendliches Vergnügen macht. Die Hildebrandmädel. Abends zu Hause noch an Hildebrand* geschrieben, daß ich ihn einmal wiedersehen möchte.

30. Januar

Früh auf, Malschule. Dann mit Maus gelernt, anfangs mit Tränen, dann ging's sehr schön. Abends Such Akt gezeichnet und sehr glücklich.

---

* Der Bildhauer Adolf von Hildebrand.

Malen und reiten. Maus geht mit und darf auch manchmal reiten. Das erstemal ein sonderbares Erinnerungsgefühl an den Sommer, dann helles Vergnügen daran.
Spitzwegfest, Kirch- und Nachkirchweih. Halb mit Genugtuung und halb mit Schmerz konstatiert, daß ich keine Karnevalsseligkeit wie früher mehr habe. Man hat sich noch viel weiter von den Menschen entfremdet und entfernt. Vor allem der Degoût, der bei mir schon bald pathologisch wird oder schon ist, at home and abroad.
Maus spielt den Weltlöwen, der seine Inseln in der Gummiwanne putzte.
Mäusetraum von Feuerkleeindien. Kriegt Bogen und Pfeile. Kommt, wenn ich vormittags noch im Bett liege und erzählt mir fraksikanische Heldentaten, wie die Bitaner ihm seine Königstochter geraubt und er sie jetzt besiegt. Spannt den Hund Bobby an den Schlitten und erforscht den Nordpol.
Werdenfelser Fest. Schwips und ganz lustig, aber doch kein eigentliches Pläsir. Mag jetzt nicht mehr, seit Spitzwegfest elendes Halsweh und Husten. Kathi bleibt aus, muß zu Hause bleiben und kann nicht malen. Schlechte Laune. – Juxer zu Tisch. An einem Abend bis ein Uhr geschwätzt. Sympathischer Standpunkt, aber es wird wohl schließlich auch wieder nichts helfen. Es gibt seit Klages keinen Menschen mehr für mich, und meine Idiosynkrasien nachher schrecklich. Abends mit Gruhle manchmal etwas Trost. Die übrige Welt ist ja immer noch voll schöner Sachen, aber momentan habe ich nichts davon und bin matt und schlecht gestimmt.
Abends einmal Monsieur, auch wieder akute und schreckliche Desillusionen. Bisher war's immer noch ein bissel etwas – Erinnerungsduselei und Konversation.
Such Geburtstag, mit Maus Einkäufe gemacht und Torte bestellt. Maus in froher Aufregung, rast morgens anderthalb Stunden früher los, um die Torte zu erwarten und heimlich heraufzutragen. Kriegt Erlaubnis, davon zu essen, wenn er mag, verhält sich aber sehr unegoistisch und fragt jedesmal erst an ... »Der Such soll doch auch etwas von seinem Törtchen haben.«
Abends mit Juxer, Gruhle, den Däninnen und Stern ins russische

Konzert. Immer noch ganz verkatert und elend. Habe Angst um meine Lunge. Einmal Gewitter, dann ging's wieder nicht.
Auch nicht Malschule, bin vormittags zu tot und bleibe im Bett. Der liebe Adam. Nun soll ich meinen Freund wirklich hergeben, bin unendlich traurig darüber.

5. März, Faschingssonntag

Bubi hat seine Freunde zum bal paré mit Tiermasken eingeladen. Wäre gern mit ihm herumgetobt, aber so schlechte Laune und die miserable Frau R. den ganzen Nachmittag dagehockt. Überhaupt ein zuwidrer Tag. Such mit den Adams nachmittags nach Partenkirchen und ich mich gekränkt, daß ich nicht mitkann – so fad allein. Ach Gott, so miserabel, erst ging's noch mit den Mäusen – meins und der Metzgerbub kamen hilfesuchend zu mir, weil sie zu zweien nichts anzufangen wußten und wurden so lange mit Schokolade getränkt und Kuchen gefüttert, bis die andern Kinder kamen. Dann die R. bei mir in der Küche, später auch noch der R., dazwischen Marchlewski etc. Das Feuer wollte nicht brennen, das Essen nicht kochen, mir war schlecht etc. Der einzige Genuß, daß Bubi selig war mit seinen Bamsen und seinem bal paré. Noch eine schöne, einsame Stunde mit ihm, als alle weg waren und er mir immer wieder gerührt versicherte, es wäre wunderschön gewesen. Ich ging dann eine halbe Stunde zu Gruhle, der ist immer ein wohltuender Ruhepunkt für mich.
Dann der Schmitz Polterabend bei Fuchsens, nachher plötzlich Lust, noch auf Wolfskehls Fest zu gehen, die aber allmählich verging.
Heute wieder so ein zuwidrer Tag. Vorherrschend Unlust zu allem und Kribbligkeit. Als Morgenpost drei Polizeistrafmandate und die verdammte Katarrhelendigkeit. Möchte wieder malen, reiten, fühle mich aber völlig unfähig. Nachmittags geschlafen, darüber wieder das Feuer aus, und nichts wollte mehr kochen. Statt die andern im Café zu treffen, daheimgeblieben, den Herd geheizt, die unvollendete Suppe gekocht und einen langen Ergußbrief an Koch geschrieben.
Maus vor Kants Bild: »Was ist das für ein halb Mensch, halb Fuchs?« –

7. März, Faschingsdienstag

Der Morgen grau und desperat, das ganze Haus leer. Wandre aus zu Stern und mit ihm zur Stadt. Maus nervös und ungezogen, alles zuwider, bis schließlich mit Bubi allein in der Maximilianstraße auf John Jacks Möbelwagen. Sehr lustigen Abend mit den beiden Adams und allen andern im Luitpold. Einmal wieder Schwips und Seligkeit. Klagestisch, Such-Napoleon. Aber ich mag die Adams nicht — Junggesellen oder Ehemänner auf eine Nacht in der Großstadt. Später Stephanie und zuletzt Simplicissimus, plötzlich aus aller Seligkeit in den Degoût und mich mit Such daraus gerettet. Küchensitzung bis fünf Uhr, auch Franzl erscheint noch in eine Decke gehüllt.

Mittags Such mit Migräne unten gelegen, erst in der Küche mit Maja und Hessel herumgesessen. Alles will nicht gehn, Frau kommt nicht, Essen kocht nicht wie immer, wenn ich dösig bin und Such nicht da. Endlich abends alles miteinander abgeschoben, später mit den Adams im Luitpold. —

Dusele die nächsten Tage in Erinnerungen. Schrecklicher Katarrh, zum Doktor, der ihn etwas besorgniserregend findet. Nachricht, daß wir zu Haus bleiben. Gott sei Dank. Juxer zu Tisch, abends viel geschwätzt, ist lieb und wohltuend. Sehne mich wieder nach Gesundheit und Arbeit und gute innere Regelmäßigkeit.

Samstag früh Juxer abgeholt, zog sich so sympathisch in meiner Gegenwart an, daß ich ihm für den ästhetischen Beweis förmlich dankbar war.

Abends bei Cherry Brandy lange Unterhaltung mit ihm.

12. März. Sonntag

Mit Gruhle im Isartal. Frühling geschwelgt — alle meine Isartalerinnerungen — an mein jetziges Leben gedacht, das weich ist und ruhig, aber doch voll Dissonanzen. Brauche längere Zeit Einsamkeit und muß sehn, sie gegen mich selbst zu erzwingen. Ich möchte nur lieben und mich lieben und pflegen lassen. Nun tut etwas Härte not und viel Besinnen. Ich bin sicher kein unharmonischer Mensch, ich hätte so sehr das Zeug zur Harmonie, aber es kommt zu viel anders von außen über mich her, und da bin ich wieder zu weich und wehrlos. Ach, ich brauche einen Klages. Aber ich muß mich vergewaltigen, um selbst fortzugehn und Such zu Adams dickem Bruder zuzureden.

Gingen nach Grünwald, Pullach und Solln. Als ich zurückkam,

Such verstimmt, Bubi nicht da. Wußte, daß er zu Otto hatte gehen wollen, aber plötzlich kam es mir so schlimm vor, daß ich einen Tag weg war und niemand sich um ihn gekümmert. Suchte ihn bei Otto und erfuhr, daß beide zu Omar. Kamen zusammen abends selig an.

Er streift in seiner Ritterrüstung auf dem Hofe herum mit einer alten Karnevalsmaske von mir, Mütze als Helm, Hut als Schild, unzählige Stöcke als Messer umgebunden. Otto bringt sich seine Rüstung aus vergoldetem Linoleum mit. Ich muß Zeit finden, um ihm sein Theater zu richten, eine neue Rüstung zu machen und Kittel zu nähen. Ich muß malen und Gott weiß was tun und hüte mich ängstlich vor allem Zuviel, um keine Nerven zu bekommen. –

Abends wieder viel mit Juxer geschwätzt.

Montag, 13. März

Trotz großer Faulheit auf und zur Malschule, drei Studien gemalt. Zum Doktor, dann reiten. Gaul ging schlecht, ich ritt schlecht und etwas überanstrengt. Bei Tisch wieder große Assemblée. Stern. Kätchen. Hol's der Teufel – abends zu Monsieur, nicht getroffen, ins Café. Juxer und Such nicht getroffen und eigentlich ganz froh heim, einmal einen Abend allein zu haben.

Freitag, 17. März

Zwei Stunden Schule, aber es geht nicht. Doktor befiehlt Eis für den Hals. Abends Solln.

Samstag, den 18. März

Im Bett gelegen und zwischen dem Schlafen darüber nachgedacht, daß ich nie zu etwas komme, immer wieder meine Lust verliere oder verdusele; die vielen Hemmungen. Dann aufgestanden, sitze mit Eisumschlag zu Hause. Bubi und sein Freund sitzen nebeneinander in einer Gartenecke, daneben der Hund Bobby. Auf einmal kommt es mir wie in einem Traum so seltsam vor, daß ich ein so großes wirkliches Kind habe.

20. März

Ohne besonderes Mittel eingeschlafen und wieder aufgewacht, eine förmliche Erlösung. Dabei geträumt, daß im dunklen Zimmer auf den Koffern zwei Ärzte saßen und erklärten, ich wäre schwindsüchtig »bis tief hinein«. War mit Such in einer Art Gartenzimmer, dahinter ein großer dunkler Garten. Panizza kam, sah genau aus wie damals, als er mich hier im Sommer zuerst besuchte, sagte, er ginge in den Garten und möchte mit mir sprechen. Ich wußte, daß er sich aufhängen wollte, aus seiner Anstalt ausgerissen sei und ich eilen müßte, ihn zu finden. Dachte dazwischen, es wäre vielleicht besser, ihn dabei zu lassen. Fing dann an, meine Sachen zu suchen und verschwätzte mich mit Such immer in dem Gefühl, es wird zu spät, wenn ich mich nicht eile. Etwas Angst vor dem dunklen Garten – daß er mir etwas tun könnte. Als ich dann endlich in den Garten ging, wußte ich, daß es schon zu spät wäre. –

Mit Maus im Englischen Garten geritten, roter Sonnenuntergang. Gespräch über die »Entchen«, ihm dann Agamemnon weiter erzählt.

21. März

Als ich gerade weggehn wollte, kam Adam, unten herumgesessen. Dann endlich mit Maus in die Stadt, die alten Engländer bei Heinemann angesehen, mit Bubi anschaun ist immer großer Genuß. Nachmittags zum Reiten. Maus schwankt, ob er nicht hierbleiben sollte, seinen Otto erwarten, lief dann aber sehr vergnügt mit. Spät einsamer Spaziergang. Hessel mit Salvatorrausch. Pfui Teufel.

22. März

Maus weckt mich früh und erbietet sich, Feuer zu machen etc. Ich schlafe weiter, dazwischen kommt er gelaufen, blank und morgenfrisch mit rotem Kittel und roter Mütze und meldet, daß er Wasser heißgemacht hat, Milch geholt, kocht sie und bringt sie mir. O Gott, o Gott, mein einziges Kind. Ich lechze jetzt danach, wieder eine Zeit mit ihm allein zu sein, nur mit ihm zu leben, mich wieder einzurenken.

Darin ist das Leben rasend schwer – es hat mir nicht genug Kraft gelassen, um ohne Diät zu leben, und sie zu halten wird mir immer so schwer gemacht. Wenig mit Menschen zusammenkommen, wenig sprechen, unangenehme Eindrücke vermeiden, fortwährend in mich selbst zurückgekrochen sein, viel nachdenken, viel mit mir selbst ins Gericht gehn. Ich brauche ein ganz strenges System, sowie ich das nicht einhalte, klappt es an allen Ecken und Enden nicht. Ich habe jetzt zu viel Liebe in mir und von ihm, er macht mich zu weich und nachgebend. Ich will ihn immer haben, auch wo ich allein sein sollte. Aber wir waren beide ausgehungert nach Liebe, nach unendlichem Hingeben, beide so froh, unsere Panzer fallen lassen zu können. –

Es ist doch nicht ganz wahr, wenn ich meine Energielosigkeit immer daraufschiebe. Es ist Mattigkeit nach allem rauhen Zuviel, ich kann nicht mehr so hart gegen mich sein, mich einfach zwingen, zum Beispiel früh aufzustehn und zu tun, was ich selbst vom Tage will. Immer die Tendenz der Willensmattigkeit: ach, laß nur bleiben, es geht auch so. Dadurch ein ewiges Verschieben und dann wieder Überhasten, das mich ungeduldig macht. Die Unmöglichkeit, meine Verstimmungen allein zu verschlucken. Ich kann nur halbwegs mit mir zufrieden sein, wenn ich straff und sicher bin – muß, muß es wiederfinden, auch ohne Einsamkeit.

So heute wieder nicht zur Schule, Entschuldigung, daß es mir mit dem Hals wieder schlechter geht. Aber wenigstens geritten, mit Maus gelernt und ihm Orestes zu Ende erzählt. Abendspaziergang und törichte Deprimiertheit, daß Such nicht da ist. Überhaupt in den Straßen abends allein gehn macht mich immer tieftraurig. Die Abendmenschheit ist mir noch zuwidrer als die des Tages, da man in der Tageshelle selbst viel widerstandsfähiger ist. Dann suche ich förmlich nach einem Menschen, der mich entlasten soll, sehe zu Gruhle hinauf, aber das Zimmer ist dunkel, gehe noch einmal die Leopoldstraße hinunter, vielleicht treffe ich Such und Adam – (die ich zusammen nicht mag) – bis ich wieder dran denke, zu Hause liegt mein Bübchen im Bett, braucht mich, liebt mich, ist mein Kaiserreich und meine ganze Welt. Und nun kommt eine so gute, einsame Abendstunde in der Küche. Schon wenn ich mein Buch schreibe, ist mir soviel besser, dann lebe ich wieder mit mir. Dies verdammte Vorhandenseinwollen und Durchdringenwollen, es hilft ja doch nichts, gar nichts, das viele Gerede erschöpft, und man gibt sich zuviel aus, wogegen das Maulhalten so erholend ist. Wozu dies mit Angst jede Bewegung verfolgen, weil doch immer wieder etwas kommt, was einen stört – und dann wieder sich winden, bis man's hinuntergefressen hat, ein ewiger circulus vitiosus, in Selbstquälerein anstatt Scheuklappen links und rechts. Ich werde nie und nie den Vollkommenheitsgrad bei andern finden, den ich suche, nie jemand finden, der mir alle Froissements erspart – in sich selbst nur. Also zurück in dich selbst und die Fühlhörner einziehn. O Klages, Klages. Es gab doch eine Serie von Dingen, wo er mir vollkommen war, in seiner ungeheuren Scham vor allem allzu Menschlichen. Und in allem anderen bei ihm, womit ich damals nicht fertig werden konnte, könnte ich es jetzt.

23. März

Angefangen, Mutterrecht zu lesen. Traum: Gesellschaft, bei der auch mein Vater und Such waren, kamen zu Fuß von einem Bahnhof zum anderen. Zuletzt in der Husumer Marschbahn – aber ehe der Zug abging, rannte ich durch unser ganzes Haus treppauf treppab, um etwas zu suchen. Die Leute waren mißtrauisch und unliebenswürdig, mußte immer durch Türen, die immer kleiner wurden, bis zuletzt so winzig, daß ich nicht mehr durchkonnte. Wußte, daß der Zug inzwischen fort war.

Zweiter Traum: Eine große Fläche mit unregelmäßigen Kreisen, ausgefüllt mit goldenen Tupfen auf schwarzem Grund, die allmählich rot und dann bunt wurden. Jemand, ich glaube Stefan George, sagte mir, das bedeute die Syrochen.

Er hatte noch irgend etwas anderes gesagt, worauf ich mich nicht mehr besinnen konnte, wachte mit dem Gefühl auf, daß ich etwas Großes entdeckt. –

Nicht mehr Traum: Maus erzählt mir, bei seinem Morgengang hätten ihm die Hände so gefroren, daß er sie an einem Pferdemaul gewärmt hätte. Nachher, als wir zur Stadt gehn, behauptet er, ein Gefühl zu haben, als ob eine Schere ihm den Rücken hinunterschnitte – »jetzt schneidet sie wieder, jetzt ist sie wieder zugeklappt«. –

Geträumt, Bubi hatte Schulprüfung. Großer Saal von Menschen und Masken mit Goldflittern und Indianerfederschmuck. In der Mitte Stern als Zauberer in schwarzem langem Kostüm, der Bubi prüfen soll. Bubi rast aufgeregt und selbstbewußt herum und führt ihn ad absurdum. Ich kam dazu und dachte, Bubi ist doch reichlich arrogant. Später ein Tisch wie im Karneval, wo geknutscht wurde, und Adam sagt, Bubi wäre sein Sohn aus Danzig. – Dann amüsierten sich die Masken im Garten, der unser Husumer Garten war. Kinder dazwischen. Ein korallenartiger Gang. Ich legte ihnen faules Holz hin, was in blauen Flammen brannte, um sie zu amüsieren und lief heimlich fort. –

24. März

Wieder Malschule, dann reiten. Such und Wiemerchen zugeschaut. Nachmittags mit Bubi im Englischen Garten 2 Stunden. Ihm vom Perseus erzählt. Such böse mit mir, ahne nicht, warum – ach du lieber Gott, abends Sprung zu Gruhle.

25. März

Träume von Koch, sehe ihn vergnügt ankommen und freue mich, daß er wieder da ist. Er bleibt stehen und hat plötzlich als Kopf die Mondscheibe mit einem Gesicht wie in Kinderbüchern und eine Schnur daran, an der man zieht – dann wackelt er. –

Da kam der gute Viktor*, und sein Besuch schleuderte mich wieder einmal aus allen Geleisen. Ich rette mir nur die Vormittage, der Rest vergeht mit Herumziehen, alle Abende bis ein, zwei Uhr. Sehr hübsch, wie er dann mit Maja nach Wien abzieht, das blonde, junge, anmutige Mädel wie ein Kind, das auf einen Ausflug mitgenommen wird.

Adams Abschiedsabend, dann ein paar schwere verstimmte Tage, war sehr kaputt und hatte über Kleinigkeiten das gewohnte Seelenerbrechen. Geritten, Pferd schmeißt mich ab und ich fürchte mich. Abends mit Gulbransson**. Wieder gemalt: dabei sehr glücklich.

4. April

Juxer zurück, früh morgens – ein dunkler Morgen. Solche Sehnsucht nach Such, daß ich hinunterging und ihn wieder versöhnte. Dann mit Freude gemalt. Maus begleitet mich mit dem Bobby, das Mützchen tief im Gesicht.

5. April

Gemalt. Abends die dramatische Madeleine.

Unruhige Zeit, viel Juxergespräche am Abend, will um neun zu Bett gehn, um frischer zu sein, aber es wird zwölf und eins. Und neben malen und reiten verdammt für die Abreise zu tun.

Abreisewehmut, ich bring's nicht recht fertig, fortzugehn und will doch durchaus, muß allein sein und ernstlich mit allem in Ordnung kommen, besonders mit mir selber. Sonntag morgen bei Molton, die Hausaffäre erledigt. Wie bin ich froh, daß wir bleiben.

---

* Der Vetter Victor von Levetzow.

** Der Zeichner und Maler Olaf Gulbransson, ständiger Mitarbeiter des »Simplicissimus«.

Such putzt Räder — alles auseinandergenommen und wir müssen mit polieren. Fühle bei allem wieder seine Fürsorge. Jetzt fortzugehn, so entsetzlich schwer. Ihn nicht alle Tage sehn! Aber ebenso heftig fühl' ich, daß es sein muß. Ich bin schon zu lange nicht in die Wüste gegangen, mir tut tiefe lange Einsamkeit not. Seit Dietlindenstraße vor zwei Jahren hatte ich keine Ruhe um mich her, nur Solln und Kaulbachstraße. — Hab' ich sie wieder beisammen, so kann ich auch im Kaulbach schwimmen.

Abends bei Stern, bei Gruhle und in Solln.

Letztes Mal in der Schule und beim Reiten. Die Hose des Prinzen Franz gekauft.

Häusliche Abende mit Vorbereitungen, die kein Ende nehmen. Wollte Samstag reisen und kam nicht dazu, Montag wieder nicht: Gestern abend erst Rüttner, dann Baschl, das da blieb mit Juxer und Franzl.

Höllenlärm in der Küche, ich beim Packen mit aller Sehnsucht nach einem letzten ruhigen Abend mit Such. Gehe aus und ein und jedesmal in der Küche wieder der Lärm. Schließlich beinah zersprungen vor Nervosität. Such Szene gemacht, weil er nicht begreifen wollte, daß es mich reizte, und dann war es ganz aus. Lange dann im Hof auf den Brettern gesessen, das Haus angesehen, die Stimmen von den andern gehört und geweint. Dann wie immer der erlösende Gedanke, da droben im Bett liegt mein Bübchen, was kümmert mich alles andere. —

Mit Such wieder versöhnt, konnte aber die halbe Nacht nicht schlafen vor Herzklopfen und Nerven. Ja, das kommt davon, wenn man mit Menschen zusammenlebt. So etwas war sonst nie in meinem Leben und gehört nicht herein. Fremdkörper. Ach Gott, es war doch besser früher, und es gehört jetzt ein gewaltiger Ruck dazu, sich wieder herauszuziehn, lernen, trotzdem allein zu bleiben. Das kommt aber nie, nur die dumme Sehnsucht nach Liebe, und man streckt die Arme danach aus, alles an sich zu ziehn. Aber dann hat man für das Eigentliche die Arme nicht frei.

Wehe, aber heilsame Erkenntnis. —

Noch einen Tag dageblieben, um nicht in dieser gräßlichen Stimmung abzureisen, nur nicht fortgehn mit einem Rest von Verbitterung. Nun dieser wirklich allerletzte Tag nach vielen letzten

Tagen so blutig schmerzlich und wehmütig. Ich hab' wohl nie gedacht, daß ich noch so lieben könnte wie in diesen letzten zwei Jahren. Darin waren sie unendlich reich. Aber ich hab' mich auch ungeheuer ausgegeben und erschöpft mit allem, was noch nebenher ging, und nicht die Kraft gehabt, allem gerecht zu werden. In mir ist alles nur ein einziges Tränenbad.

Als ich abends heimkomme, die Sollner. Erst fast verstimmt, daß nun schon wieder nicht der ruhige Letzte sein sollte. Packe meinen Rucksack auf und radle noch zu den alten Maurers, aber die schlafen schon. Dann war der Abend doch recht gut, dachte an voriges Jahr, als sie auch am letzten Abend vor Italien da waren und ich das rote Kleid anhatte und mein Baby.

Dann die letzte Nacht, fuhr aus Müdigkeit erst nachmittags, wollte mit Such allein sein und war greulich gegen den guten Juxer. Wie sie da am Bahnhof standen, die zehrende Sehnsucht nach ihm, ihn noch einmal zu umarmen.

Die erste Stunde tut es mir so weh, daß ich kaum sprechen konnte. Sag' zur Maus nur Such, und da fängt der Gute an, laut zu weinen, und wir weinen lange zusammen. Tröste ihn dann mit schönen Versprechungen, wie wir vergnügt zusammen sein wollen. In Würzburg der Maxl, führt uns in sein altes Kleinstadthaus, und wir soupieren mit einer großen Suppenterrine auf dem Tisch. Der Abend ging noch, aber es war nicht der Mühe wert. Am nächsten Tag bin ich ganz kribblig und treibe zum Aufbruch. Selig, als Bubi und ich zum Tor hinausradeln und hinter Würzburg den großen Berg hinaufschieben, in lauter freundliche kleine Orte kommen mit netten Leuten, die uns bewundern. Abends in Mondfeld übernachtet, ganz kleines Wirtshaus und der Wirt, der uns für Seiltänzer hält.

Am zweiten Tag nach Miltenberg, Odenburg und Babenhausen, wo uns der Radlklub »Adler« umringt und huldigt. Alles ist schön, Wetter, Land und das Zusammensein mit dem geliebten Tier – wir genießen es aus vollem Herzen. Der dritte Tag etwas schwierig, starker Wind, Hagel, Regen, mühsam winden wir uns bis Diburg. Von da aus etwas besser, aber beide müde und etwas unglücklich, daß es immer noch weiter geht. Rast an der Straße im Wald und noch einmal Mut gefaßt. Endlich abends in das Tal hinein und Alsbach gefunden. Maus bei Kaffee mit Kuchen und

Mandelcreme mit froh erstaunten Augen: »Mamai, es ist ganz, als ob wir Prinzen wären.« –
Die weiche Luft drückt mich und macht mich müde und unlustig. Angefangen, Maus vormittags im Hemd vor grüner Wand zu malen. Na Gott sei Dank, nun wird's schon kommen. Auch mit unserm Unterricht angefangen. Ganz entsetzliches Heimweh, die ersten Tage manchmal am Weinen, wenn ich an Such und mein Zimmer denke. Ach, ich sehe ihn immer, wie wir in unserm Zimmer am Nachmittag waren, beide Tränen hatten und nicht sprechen konnten, um nicht zu weinen. –
Maus fährt mit der Frau Doktor aus und allein zurück. »Ich glaub', die Leute haben gemeint, ich wär' ein Königssohn.«

Alsbach, 1. Mai

Gestern tödlicher Sonntag, mit aller Unlust morgens gemalt, wollte nachmittags zu dem alten Schloß und es für uns in Besitz nehmen – lauter fade Sonntagsleute um uns her. Stecke das Kind mit meiner Nervosität an und halte ihm eine große Rede, daß ich nie Ruhe habe. Er wird ganz nachdenklich und traurig, und dann wieder war's so wundervoll, wie wir uns scheu und ablehnend zusammen durch die Leute nach Hause drücken und er bei mir saß, während ich auf dem Sofa eine Art Todesschlaf hielt. Er geht allein zum Essen hinauf, und als ich eben vor sieben aufwache, höre ich das süße Getrappel den Gang hinunter.

2. Mai

Morgens bei trübem Wetter geradelt, nachmittags mit Maus gelernt, er faul, gelangweilt, und ich schelte. Dann große Aussprache, Versöhnung und Versprechen, daß er jetzt besser lernen will, abends mit großem Vergnügen zusammen den Berg hinuntergaloppiert.
Brief von Such, bin ganz ausgehungert danach, sehr traurig und sehnsüchtig. Träume so oft von ihm, aber immer sind andere Leute dazwischen, und wir können nicht zusammenkommen.

3. Mai, Donnerstag

Jetzt beginnt die Einrenkung, ich kann wieder allein sein, hatte gestern abend ein so schlechtes Gewissen, daß ich nicht freundlich genug mit dem Bübchen – ich weckte es und unterhielt mich lange mit ihm über Soldaten und Uniformen, ein Thema, das ich sonst mit Nervosität abgelehnt hatte.

4. Mai

Geträumt, daß ich in Husum war und Wohnung suchte, fragte erst, ob in den Häusern am Deich nichts wäre, dann in einem kleinen Haus am Ende der Stadt. Der Mann sprach plötzlich von Koch, und ich: Ach so, hat der hier gewohnt. Dann war Koch selbst da; ich mußte nach seinem Diktat in Bubis Heft schreiben. Ich wollte nicht mehr und er wurde unliebenswürdig, sah auf einmal aus wie Klages. Dann ging ich allein durch die Straßen und genoß all die alten Plätze mit großer Intensität, schließlich den Deich hinauf, wo alles moorig und sumpfig war. Koch hatte mir ein Figürchen, einen ganz kleinen Akt in Papier gewickelt. Der fiel mir ins Wasser, ich bückte mich danach und fühlte ihn in der Hand. Beide Füße im Wasser. Dann aufgewacht. –

11. Mai

Mit Doktor und Bubi geradelt, gestern Balkstadt, Thal, heute Fürstenlager. Jeden Tag eine Skizze gemacht, weniger geraucht, also im ganzen Anfang zu innerer Umkehr. Die Nachmittage mit Bubi gelernt, heut kriegt das arme Tierle Nasenbluten und jammert über Kopfweh. Da draußen heißer Tag, hab' ich ihn aufs Sofa gelegt, und er spielt mit seinem Osterhasen.

Gestern kriegt er ein Stück Land, um Blumen zu säen, die alte Frau hat heimlich welche drauf gepflanzt, nun glaubt er heut' voll Seligkeit, daß sie über Nacht schon aufgegangen.

Heute kam die alte Baum und hat ihr und ihres Mannes Porträt bei mir bestellt.

Jeden Tag wird's schöner, hab' sie jetzt gern, diese Landschaft mit all ihren weichen Stimmungen, sie hat etwas unendlich Ruhiges.

Bubi in Blau auf blauem Sofa gemalt, erst ganz selig, weil ich glaubte, es würde etwas Fabelhaftes, meinte, endlich einmal die Gesichtstöne erwischt zu haben. Nachher sieht's doch wieder schmierig aus.

Sonntag, den 14. nach Bensheim, Gruhle getroffen in Fürstenlager. War am Morgen vorher mit dem Doktor da und fand im Park schöne Stimmung. Diesmal nicht. Sonntagsmenschen. Liege am Abhang, Bubi spielt, wir sind zwei Riesen, er der Mensch.

Montag noch einmal über dem blauen Bubi.

Mittwoch, 17. Mai

Bubi fängt an, meinen Geburtstag zu feiern. Bringt erst einen

Rucksack voll Blumen vom Schuster mit und versteckt ihn, marschiert dann mit seinen 47 Pf. zum Gärtner und holt Flieder. Ich muß ins Nebenzimmer gehen, und er macht mir einen weißgedeckten Tisch mit all den Blumen und einem geschriebenen Glückwunsch. Dann auf Fraksikarisch: »Ich schenke Dir sechzig Kriegsschiffe, vierunddreißig Jahre altes Mamai, junges Mamai.« –
Am Abend den Abschiedstee für Frau v. Kehler mit Mondscheinspaziergang auf der Elfenwiese. Komme um eins zu meinem Häuschen zurück, Maus noch wach, hören zusammen die Nachtigallen und die Käuzchen.

18. Mai

Bubi ganz früh aufgestanden und malt im andern Zimmer. Dann baut er mir seine Geschenke wieder auf einem Stuhl vor dem Bett auf einem weißen Tuch auf, ein Bildchen aus Silberpapier und ein bemaltes Holzklötzchen, weint, weil Such mich vergessen hat. Dann kriegt er seinen Zauberkasten. Nachmittags auf die Burg mit seiner silbernen Rüstung, aber Leute da, so konnten wir nicht ordentlich spielen. Gewitter. Wieder heim. Da war das Paket von Such da mit wundervollen Schätzen. –
Mit Petrichs nach Holland, von einem Tag auf den andern beschlossen und getan. Von Mainz an den Rhein. Hinter Köln die Abendlandschaft, zum erstenmal seit zwölf Jahren etwas, was mich an den Norden erinnert. Nachts in der Kajüte böse Tiere. Drei Engländerinnen kommen herein, sprechen und gehn wieder hinaus. Ich schließlich verzweifelt barfuß auf Deck, finde dort die eine, mit ihr die ganze Nacht draußen gesessen. Irländerin, Geigenspielerin, schwarz und hübsch. Geraten in Nachtekstase und unterhalten uns über das Leben. Hier und da erscheinen Petrichs in Decken gehüllt und verschwinden wieder. Wir versuchen vergebens, etwas zum Trinken zu bekommen, nur der Kapitän hat ein Fläschchen Kognak und Verbandsstoff, trauen uns aber nicht, ihn zu wecken. Die Fabrikstädte wie brennende Märchenschlösser. Dachte an die Nachtschiffahrten mit Adam im Süden.
Sonnenaufgang. Landschaft schon ganz nordisch. Mühlen, Marschen und Kühe – mir ist, als ob ich heimkäme, möchte am liebsten jetzt gradewegs nach Husum.
Nachmittags Ankunft in Rotterdam. Abends mit Rad nach Delft. Wundervolle Marsch. Bei einer Rast mit Bubi in die Wiesen hinein,

und es war ganz, als ob man in Husum wäre. Nacht und Vormittag in Delft. Blumentische am Kanal. Nachmittags Leiden und Harlem. Abends Amsterdam. Sonntag und großes Gewimmel, aber es ist doch überall das gleiche Kroppzeug, was da herumläuft. Nächsten Tag im Zoologischen Garten. Maus ganz außer sich über die Tiere. Judenviertel – brrr. Insel Marken. Petrichs ab, wir nach Haag und Scheveningen. Den Abend allein gebummelt. Andern Tags nach Köln, Abend bei Fuldas. Auf dem Rückweg Hotel vergessen und lange gesucht. Der Mann mit der Rose. War aber fad, hab' ihn mir abgewimmelt. Früher hätte er mich begeistert. Schlimm, daß man immer wählerischer wird, das Unkraut am Weg stehn läßt. Frühmorgens in maßlosem Regen herumgelaufen, endlich Geld, Billet und Radschwierigkeiten. Der Mann mit der Rose taucht wieder auf, pumpe ihn um 20 M. an und bestelle ihn auf abends. Dann Geldtelegramm von Laudenheimer. Zu Fuldas und nachmittags nach Darmstadt ab. Alsbach ganz nett heimatlich, aber jetzt, wo das üble Weib da ist, hat's nicht mehr so viel ruhigen Reiz. – Petrichs zurück, viel bei ihnen, mag die Frau sehr gern. Am meisten von allem lieb' ich mein kleines, helles, luftiges Schlafzimmer. Im ganzen war es eine hübsche Zeit, vor allem mit der Maus, und ich bleib' ganz gern noch. –

Muß aber jetzt alle Abende droben hocken, und mittags auch nicht mehr die nette Schwätzstunde mit dem Dr. Das Weib ist schlimm, überschwemmt mich mit Taktlosigkeiten, hebt ihre Vorurteilslosigkeit bei jeder Gelegenheit hervor, daß sie mich trotz meines Rufes eingeladen hat, hält mir einen langen Vortrag über meine Kleidung, daß ich mich schlecht, auffallend und bohême anzöge. Ich lasse sie 2 Stunden reden und sage dann, daß ich hier am Land meine alten Sachen auftrage, in München ginge ich niemals so. Tableau. Dann fällt sie mir wiederum um den Hals und erklärt mir, daß ich entzückend wäre – pfui Teufel. Will mir durchaus Kleidungsstücke schenken. Schickt sie mir in meine Wohnung, wenn ich sie drunten liegenlasse. Dann läßt sie Kostüme aus Darmstadt kommen, ich schicke sie zurück. Erklärt mir, sie müsse mir absolut etwas schenken und ich soll sagen, was. Sage, sie soll mir 50 M. pumpen und die Rückreise und kriege sie auch. Wirklich eine gräßliche Nummer, bin fast nie oder ewig lange nicht mit sowas in Berührung gekommen. Wird hier doch für später nicht

meines Bleibens sein, wenn sie da ist. Höre durch Frau Petrich, wie über mein Kommen verhandelt worden ist etc. und hab' genug von der Geschichte.
Mit Petrichs bei Vollmond aufs Auerbacher Schloß. Wundervoller Abend, Bubi durfte aufbleiben, ganz selig.
Letzte Tage, schon beim Packen. Großer Katzenjammer, daß ich hier wieder nichts getan habe, etwas ja schließlich doch, aber die Hauptzeit verbummelt.
War aber auch die ganze Zeit nicht wohl, immer der verdammte Druck in Kopf und Bauch. Und die Zeit wird mir so zerrissen durch das Lernen mit Bubi und das zweimalige Hinauflaufen zum Essen. Allein müßte ich sein, allein. Aber wann wird mir das einmal blühn. Manchmal hab' ich hier gefühlt, daß meine Energie wiederkommt, vielleicht tut sie's einmal wirklich. Wenn ich nur einmal richtig gesund wäre, vor allem die Nerven.
Wollte z. B. die alte Frau aus dem Armenhaus malen und war jedesmal erleichtert, wenn sie nicht zu kriegen war. Wenn nur die Zeit nicht so verginge, aber sie vergeht so wahnsinnig. Der Doktor sagte, ich müßte mindestens zwei Jahre gar nichts tun und absolut ruhn. –
Finde zufällig die Namen, die Such mir schickte. Ob er eine Ahnung hat? Warum sonst es mir schicken? Nur weil Fr. drin steht? – Im Winter hab' ich einmal im Halbschlaf davon gesprochen, und da hat er mich gefragt, von was für einem alten Weib ich gesprochen habe. Dann ich glücklicherweise aufgewacht, weiß aber nicht, was ich alles gesagt haben kann.
Gott sei Dank, daß dieser Kelch an mir vorübergegangen ist. Mir wäre nichts geblieben als das Ausland, und ich kann doch nicht ohne München leben. Eigentlich bin ich eine gute Komödiantin. Oder auch nicht, es liegt in meiner Natur, solche Sachen tun zu können, ohne daß sie mir schaden und so, daß sie mich weiter nicht berühren. Es war ja auch eiserne Notwendigkeit, manchmal auch das Pläsir an dunklen Situationen und Sachen. Manchmal ist es mir ein komisches Gefühl, daß doch eigentlich kein Mensch auf der weiten Welt mich wirklich kennt. Vor allem erraten sie mich nie, wo ich durchaus nicht erraten sein will. Meine »dunkelsten Punkte« errät niemand. Nur dem Bubi will ich's einmal alles erzählen, wenn seine Seele so an mich angewachsen bleibt wie

jetzt. Aber grad hier muß ich so dran denken, wenn man sich mit dem Doktorpaar über Lebensfragen unterhält und sie bewundern, wie ich erhobenen Hauptes durchs Leben gegangen bin.
Wieder München. Am 24. Juni von Alsbach fort. Doktor und Frau begleiten mich per Rad nach Bensheim, dann traf ich Petrichs, und wir radelten zusammen nach Heidelberg. Nächsten Tag abends mit Gruhle nach Rastatt, ins erste schäbige Gasthaus hinein, Bubi zu Bett gebracht. Dann hieß es, ich könnte keinen Schlüssel bekommen und müßte um elf Uhr daheim sein. Bubi wieder aus dem Bett geholt und ein anderes gesucht, wo ich nach einigen Schwierigkeiten den Schlüssel bekomme. Mit Gruhle im Dunkeln um das Schloß herum und im Wiener Café bis eins. Ganz sentimental Abschied am Parterrefenster, er wußte, daß ich ihn in München sehr entbehren würde. Am nächsten Morgen weiter bis Beiersbrunn. Nächsten Morgen, am Sonntag, auf dem Kniebis verlaufen und vier Stunden in dem fabelhaften Tannenwald herumgestiegen, ohne einen Menschen zu treffen, es war wie verzaubert. Hinunter nach Rippoldsau und von da bis Hornberg. Zweimal Gewitter, in Bauernhäusern untergekrochen, wo wir mit großem Erstaunen betrachtet wurden. Wollten noch bis Triberg, abends in Homburg rasendes Gewitter mit Platzregen. Darüber ins erste Hotel hineingefallen und fast kein Geld mehr. Uns um sieben ins Bett gelegt und wie wahnsinnig geschlafen. Früh ausgerissen, um kein Trinkgeld zu geben. Nach Triberg hinaufgeschoben, wieder ein wundervoller Weg. 20 Pf. gefunden und mit Dank eingesteckt. Vor Triberg ein Stück gefahren, dann bis Donaueschingen. In Villingen wieder strömender Regen, komisches Wirtshaus mit netten Leuten. Kaum losgefahren, wieder unterkriechen müssen, ich noch auf der Bank geschlafen; alte Weiber, die uns jedenfalls für sehr heruntergekommen hielten und uns schauderhafte Wurstbrote dedizierten. Bis Donaueschingen immer ganz schlechtes Wetter, ich ganz ab. Auf der Post dann glücklich Geld aus München – man verlangte einen Wandergewerbeschein als Ausweis – kriegte es aber schließlich doch. Dann im Bahnhof gefressen, waren total ausgehungert. Auf dem Jahrmarkt, stehn beim Karussell, als ein Wagen vorbeikommt. Pferd scheut und springt, zwei Kinder drunter, eins läuft weg, das andre zwischen Pferdebeinen und Rad. Allgemeine Panik, alles schreit: »O Gott, das Kind.« Ich »beherzt zuge-

sprungen«, d. h. etwas rascher als die andern und das Kind noch eben erwischt. Rad auf ein Haar mir über den Fuß. Das Wurm brüllt, faßt mich vertrauensvoll an der Hand und galoppiert neben mir, bis eine Frau es in Empfang nimmt. Große Sensation über die edle Tat. Mir zu meinem Ärger die Knie geschlottert, daß ich kaum stehen konnte. Rette mich mit Bubi auf das Karussell und sechzig Mal gefahren. Dann in die Stadt hinauf. Sechs Gassenbuben hinter uns. Unsere Räder von allen Leuten angefaßt. Statt mich zu ärgern, probier ich's diesmal mit Liebenswürdigkeit und laß sie mitlaufen, was entschieden eine bessere Methode war. Zum Schluß die ganze Bande Karussell fahren lassen, und die Kerle waren sehr vergnügt. Dann allgemein gefeiert und bewundert abgefahren.

Abends in Konstanz. Nach gutem altem Brauch im »Schlüssel« übernachtet. Morgens nach Bregenz, Rolf Brockdorff getroffen, drei Tage geblieben. Wütendes Telegramm von Such: »Fahre Montag nach Posen.« – Einen Nachmittag über den See nach Meersburg und Friedrichshafen. Mußte immer an den armen Müller denken und hätte so gern etwas über ihn erfahren. Am andern Tag mit der Arlbergbahn gefahren und über den Flechsenpaß gegangen. Wundervolle Blumen, alles so schön und glühende Hitze. Maus tapfer mitgetrappelt. Den Heimwegzug verfehlt, noch paar Stunden gelaufen, dann in irgendeinem Nest bis elf gewartet. Um drei Uhr nachts nach Bregenz zurück. Am andern Tag mittags nach München. Franzl und Maja an der Bahn. Ludwig schon angekommen und wieder entschwunden. Mich sehr darüber geärgert, daß er solch einen Empfang gehabt hat. – Sonst das Heimkommen so schön, der gute Such hat mein Schlafzimmer in einen Feenpalast verwandelt, alles weiß und gold, große weiße Vorhänge, vor dem Bett wundervolle chinesische Pantoffeln. Aber er selbst nicht da. Maja und Lisa, spät Such. Sitzen den ganzen Abend vergnügt zusammen, bis spät Ludwig kommt. Wir beide noch bis zwei auf. Der arme Bruder schrecklich elend und so gut.

Nächsten Tag mit Ludwig. Reist sehr elend wieder ab. Ist schön, jetzt in München zu sein, es kommt mir immer vor wie die richtige Sommerstadt. Einige Tage später Rolf. Acht Tage geblieben und ungeheure Sauferei. Anfangs nichts getan. Keine Lust und Augenentzündung, dann doch mit hinein. Barabende erst mit

Petrichs und Adam, dann Kaulbachstraße. Großer Spektakel, prügeln zu dreien den Adam. Am Hauptabend ich mit Rolf, Lisl und Martha. Auf dem Heimweg ich den Wagen gefahren. Kaulbachstraße Lisl wie eine Tigerin in der Küche auf und ab, schreit: Adam, Adam, ich will den Adam haben. Dann mit mir Ringkampf. Such erscheint plötzlich wütend, begießt uns mit großen Wasserkübeln. Martha und ich in namenloser Wut mit Kübeln hinunter und ihn begossen. Schreien uns furchtbar an, die andern wieder hinauf, Such mich an der Kehle gepackt, dann ab in sein Zimmer. Ich hinauf, tut mir dann wieder leid, und ich hole ihn zum Tee. Am nächsten Tag Kommissar, warnt wegen argem Spektakel und jungen Mädchen. Abends Magdalenenorgie. Um zwölf Uhr zehn leere Fiaker vor und wieder abgefahren. Wir alle an den Fenstern. Such im steifen Hut zur Abfahrt gepfiffen. Nachsten Tag ein andrer Polizist: »Ich glaube, wir kennen uns schon, Frau Gräfin.« Jetzt wieder alles still — o, Gott, ist der ganze »Betrieb« eigentlich gegen den Geschmack, langweilig, etwas krampfhaft, geht alles nicht aus Lust hervor, sondern bringt sich mühsam hinein. Ich habe genug davon.

Vom letzten Abend einen Grusel behalten, nahm Franzl mitleidig und gerührt in die Arme. — Viel später liege ich im Bett noch bei Licht, denke, Suchs Schritte sind es — und Franzl im Chinesengewand schleicht an mein Bett. Rührte mich entsetzlich, aber was tun als ihn liebenswürdig weiterschicken. Am nächsten Abend dann noch sentimentale Aussprache. Ich war auch wirklich gerührt, wer weiß, was aus dieser Rührung für Unheil hätte entstehen können. Gott sei Dank ist es nicht entstanden. Franzl fällt mir jetzt doppelt auf die Nerven, komisch mit dem Menschen, seine Seele ist manchmal nicht unsympathisch, aber dann wieder kann man ihn direkt nicht ertragen. Zudem empört mich seine Knauserei — könnte er mich nicht in Seide wickeln und mir ein Pferd schenken? Und dann abwarten, ob ich geneigt werde? Das würde mir wenigstens imponieren. —

Jetzt stilles Leben in dem grünen Häuschen mit dem guten verträglichen Such und den vielen netten Mädeln, die oft kommen. Radle früh mit Maus. Tagsüber mit Martha Bergmann genäht — immer hab' ich wieder etwas fortzuräumen anstatt zu malen und immer wegen Geld. Verdammter Franzl. Dazwischen Übersetzung um elende hundert Mark mit rasender Geschwindigkeit gemacht. Einen Tag zur Anita Augspurg nach Irschenhausen. Dann Koch. Merke jetzt erst wieder, wie nah er mir steht oder ich ihm, und wie er mir hier fehlt.

Ach, die schöne alte Zeit, wo ich mein Asyl bei ihm hatte vor aller Nervenraserei. Abends zusammen in der Bar. Wollte am nächsten Tag aufs Land, kam aber nicht, nur abends um halb elf sein Rad holen – wir saßen eine halbe Stunde in der Küche. – kam dann nicht mehr, bei Koch macht mir's nichts aus. Er soll nur kommen und gehen, wie's gerade trifft. –

Hab' eigentlich gar keine Lust fortzufahren, es waren so schöne Wochen. Da war auch noch Dr. Zimmermann aus Lübeck, mit dem ich einen Abend zusammensaß und der mir die schönsten Sachen über mein liebes Ich sagte: daß er es nicht erwartet hätte, mich so wiederzufinden etc. »Sie sind doch ein tolles Geniekind« – ach Gott, ich bin ein ziemlich abgeklapptes – – – mich weiblichen Siegfried genannt und was weiß ich noch. Aber er war sehr nett und beinah etwas verliebt wie dazumal im Seminar.

Endlich naht die verdammte Näherei sich dem Ende. Schon am Packen. Und wie immer gräßlich schwer fortzufahren.

Marchlewski mit Gericht gedroht, bis der 200 Mark herausgibt – aber im Handumdrehen ist's wieder zum Teufel. Da ist nichts zu wollen, der Stein ist zu heiß. Treffe Schnotzing auf der Straße und denke daran, ob's nicht doch am besten wäre. – Wenn meine Seele los und ledig wäre, auf der Stelle ohne Besinnen. Ich hab' viel zugelernt seit damals, wo ich noch manchmal Ideale in der Beziehung hatte. Hätt' er mir gleich damals gründlich herausgeholfen, so wär's auch gegangen. Jetzt bin ich nicht mehr in Not, aber ich habe tausendmal mehr Wünsche. Er hat's damals richtig erfaßt, daß ich ein Faß ohne Boden bin – und war zu vorsichtig. In letzter Zeit das Buch der Verlorenen gelesen, wie vieles davon ähnlich.

Bregenz, August

Mir ist fad. Möchte Ruhe, immer dasselbe, krieg' keine. All diese Menschen, mit denen ich jetzt zusammen komme, verzetteln die Zeit und da komme ich dann mit hinein.

Ich hätte am See in einer Fischerhütte sitzen wollen und malen. Im Hotel ist's viel bequemer und besser und hat auch viel Reiz, aber zum Malen alles so umständlich. Und wieder matt und müde und schwindsüchtig. Das schauderhafte Schnarren in der Brust und manchmal halbe Erstickungsanfälle. Zahnweh, Bauch und Kopf. Herr, es ist genug.

Am Nachmittag abgefahren. Such war mit an der Bahn, wehmütig. – Unterwegs Kitschroman gelesen, um nicht sentimental zu werden. In Lindau der große Rolf an der Bahn, mit Wagen im strömenden Regen hin. Spät noch alles herausgetrommelt um Fütterung.

Am Samstag Abend im Regen zum Werk hinaus. Die unheimlichen Riesenmaschinen. Nachher im Zollhaus. Montag auf dem Wasser herumgetrieben. Abends lange in Rolfs Zimmer geschwätzt.

Dienstag kommt Martha an. – Die Tage so herumgebummelt, an Wasser und Land, abends meist laufen und spät zu Bett.

In Schaffhausen, spät zum Rheinfall. Mondnacht. Zimmer zu eng mit Bubi, also zu Rolf übergesiedelt. Komisch, daß niemals Fluidum zwischen uns beiden (in der Sollner Zeit ein wenig und früher einmal).

Morgens noch einmal Rheinfall, mit Boot zum Felsen. Maus Angst, jämmerlich »Mamai« geschrien.

Schrecken und Entsetzen – Onkel Kêf. Glücklich nach einem Tag wieder abgewimmelt.

Dann Zürich, alle in ein Zimmer gesteckt. Abends Weinstube, Martha fröhlichen Schwips, ich nervös. Früh mit Maus durch die Stadt, dann mit den andern. Nachmittags Museum, abends nach Basel.

Endlich finden sich die beiden, nur scheint mir, sie werden nervös auf mich. Hätte mich mit Vergnügen eliminiert, aber wie? Früh wieder mit der Maus schönen Gang am Rhein, dann mit den anderen Kirche. Nachmittags Museum, die Böcklins. Abends in Laufenburg, entzückendes altes Nest und Hotel alt und gemütlich. Gott sei Dank, wieder allein im Zimmer mit Maus. Hab' schändliche Nerven auf unsere Vielheit, besonders, weil Maus ungezogen und maulig – andere amüsieren sich, und ich soll Ordnung halten. Früh auf, dann gelaufen und Skizzen gemacht. Rest des Tages zurückgefahren. Die beiden wünschen mich zum Teufel, hab' ein unangenehmes Gefühl dabei. Werde mich von jetzt ab drücken. Kann mich des Gedankens nicht ganz erwehren: »Was soll ich hier?«

Bin »überflüssig wie ein Kropf« und kann anderswo besser arbeiten.

Sonntag, 27. August

Früh mit Maus auf dem Pfänder, erst schwül, dann aber eisiger dichter Nebel und Regen. Abwärts im Trab über Stock und Stein gelaufen. Ganz frisch zurückgekommen und ersten Brief von Such vorgefunden, dreihundert Markt von Marchlewski. Ich war ganz beseligt und froh. Rolf und Martha den ganzen Tag in Lindau. Mittagsruhe, dann mit Bubi im Zirkus. Abends mich gedrückt und an Such geschrieben. Montag wieder die beiden wegen der Yacht fort.

Donnerstag, 31. August

All diese Tage so gut wie allein mit Bubi und das tut mir wohl. – Dabei ein leises Gefühl, daß ich den anderen im Wege bin, was mir unangenehm ist und ob's nicht besser wäre, ganz solo in Schäftlarn zu sitzen.

Vielleicht ganz ehrlich fühl' ich mich auch etwas zurückgesetzt, hatte so schöne Ideen, Rolf hier aufzuheitern, mit ihm Berge zu steigen etc. Und nun ist es ganz überflüssig, daß ich herkam. Mit den Unternehmungen ist' auch nichts, aber dafür hab' ich eben schöne Maus-Zeit.

Vorgestern die beiden zusammen im Sturm gesegelt, beinahe wär's schief gegangen. Mich nachher blödsinnig erschrocken, aber Lust bekommen, auch mitzusegeln. –

Kinderei – eigentlich ist es sehr stumpfsinnig, im Boot zu sitzen, wenn man nichts damit zu tun hat. Trau der Sache auch nicht recht, ob Rolf wirklich so arg sicher ist, und ich hab' das Bübchen. Ist auch keine Lebensfrage.

Wieder ein Suchbrief, möchte dort sein und mitreiten. Alles möchte ich immer –

Mit Maus im Affentheater. Große Wonne über »die guten Tiere«.

Vorbereitungen zum Mausgeburtstag.

Rolf und Martha nachmittags zusammen nach München. –

1. September

Mausgeburtstag. Große Torte mit Rolf 1897–1905 und Lichtern, Tiere, Bilderbücher, Futtersachen. Sehr glücklich, das Kleine und ich auch. Vormittags nach Lindau geradelt. Am Bahndamm will man gerade die Barriere herunterlassen, rufe Bubi zu: »Schneller fahren« – da ich schon durch die erste bin – er fährt natürlich ganz langsam, und Eisenbahn kommt heran. Rufe: »Ab«, er steigt aber nicht ab – packe ihn am Arm, daß er hinfliegt, welcher Vorfall eine kleine Mißstimmung hervorruft, aber bald wieder vergessen. Ich nach Tisch geschlafen, Bubi mit Automobil und Pikkolo im Frühstücksaal. Dann drei Stunden im Boot, um seine Boote schwimmen zu lassen, will aber alles nicht recht gehn. Abends im Zimmer ihm Ali Baba und die vierzig Räuber erzählt, dann Turnübungen. Muß mich wieder einmal dran machen, bin im letzten Jahr ganz eingerostet, und es ist mir notwendig. Ganz schwindsüchtig, schwitze bei der kleinsten Bewegung. Nach dem Rudern blödsinniger Husten und Heiserkeit.

2. September

Früh baden, Wasser kalt, kann nichts mehr im Schwimmen und möchte es wieder lernen. Auch wieder mit Maus geturnt, merke aber bei alledem, daß ich im letzten Jahr viel Kräfte verloren. Das stimmt mich nachdenklich. Krieg' ich sie wieder? Etwas skizziert; Freude darüber. Gott, wie man sich gegen den Ruin auf der ganzen Linie bäumt. Und doch jeden Tag das Gefühl: »Könntest du nur so liegenbleiben.« Das ist der Herbst. Im Sommer war ich frischer.

3. September

Geträumt, daß ich nach Hause zurückgekehrt wäre. Erst ein namenloses Wonnegefühl, mein Husum, Schloß und Garten, wie immer in solchen Träumen alles in einer Art überirdischer Beleuchtung, die etwas besonders Beseligendes hat.

Dann wurde es umgeworfen, die Leute unfreundlich, sagten mir, ich wäre schon neunundreißig Jahre und sehr alt geworden. Irgendeine sonderbare orientalische Szenerie, man sah durch runde Bogen auf Wasser, in dem Blumen schwammen. Ich plötzlich wahnsinniges Heimweh nach München, stelle es mir in Gedanken vor, alles so sonnig und bekannt und sage mir, in München bin ich wieder viel jünger. Entschließe mich, fortzufahren. Bin dann plötzlich in München, aber ohne Bubi. Den mußte ich da lassen und überlege nun immer, wie ich ihn jetzt wiederbekommen soll. – In den Zirkus, komisch, ich habe doch jedesmal das Gefühl, das wäre eigentlich mein Beruf und mein Leben gewesen und zwar so stark, daß ich ganz von der Überzeugung durchdrungen bin. Ich hatte auch Talent gehabt, bis Gottes Hand mich traf.

Drei Bregenzer Lebemänner mir nachgestiegen bis vors Hotel.

Herrgott, ich muß ein Pferd haben, und ich muß meine Nerven kleinkriegen. Abends wieder Turnübungen. Maus sehr stolz auf einen besonderen Purzelbaum, den er herausgekriegt hat.

4. September

Vormittags Zirkusprobe und Zirkuswehmut. Nachmittags nach Lindau, um ein Paket von Such zu holen – Honig. Froh, daß ich nicht zu Rad war und den Gummimantel um hatte. Nachher mit Bubi zweirudrig Boot gefahren, er macht es ganz geschickt, und ich freue mich über mein Junges.

Abends im Bett in Ellen Olestjerne gelesen. Axel Juncker schrieb, daß er es nehmen will.

5. September

Nach Markdorf gefahren. Konnte es doch nicht lassen, mich noch einmal in diesen wehen Punkt hineinzutauchen. Im Wirtshaus nach M.* gefragt, wußten alle von ihm – er ist in Bruchsal. Dann in dem wundervollen sommerlichen Wetter durch den Ort und hinauf zur Anstalt. Dachte an den Wintermorgen, wo ich da mit vielen Sorgen hinaufging und wie er nachher mit einer Flasche Wein an die Post gestürzt kam. Das schöne alte Haus lag so still, als ob man's in Frieden stehn gelassen hätte, die Jalousien nur zum Teil herunter, der Garten im Nebengebäude ganz verwachsen in Grün. Mir war entsetzlich zumut – da hat man ihn also herausgeschleppt, den lebenslustigen und leichtherzigsten Menschen, den es überhaupt gab, den Kavalier und eleganten Salonschurken, und zu Sträflingen, ruppigen, gesteckt. Armer, armer Rudi, grad der wundervolle Leichtsinn soll durchaus kaputt gemacht werden, so oder so. Könnt' ich doch nur einmal zu ihm hin, ihm Sekt bringen und ihn für eine Stunde froh machen. Nachher an einem Abhang unter Obstbäumen gelegen und immer an ihn gedacht. Dann zum Bahnhof. Hier ist er überall gegangen, jahrelang, all diese Menschen sind ihm begegnet. Wie mag ihm nur jetzt sein, verzweifelt oder lustig geblieben? Ob er es merkt, daß heute jemand da war und so intensiv an ihn gedacht hat? –

Ob er überhaupt jemals an mich denkt? Ich muß ihn doch einmal

---

* Ein mit F. R. befreundeter Arzt aus früheren Zeiten, der mit dem Strafgesetz in Konflikt gekommen war.

besuchen. Armer Rudi, vielleicht würde es ihn freuen, daß ich ihn nicht vergessen hab'. –

6. September

Geträumt, daß ich mich mit zwei Zollbeamten verabredet hatte und halb einen Moralischen kriegte, weil es solch eine subalterne Geschichte, dachte aber, sie sind doch auch ganz nett.

Vormittags mit Rad nach Romanshorn, Lulu Linnekogels Schwestern besucht, die sehr nett. Und eine Gegend, Herrgott, da könnte man malen! Schad, daß ich's nicht früher entdeckt. Abends in strömendem Regen zurück, zum Auswinden naß.

7. September

Nach Tisch die Räder geputzt, die in wahnsinnigem Zustand. Dann Gebhardsberg, aber zuwidre Leute. Schöner stiller Rückweg, Kühe auf den Weiden. Maus entzückt: »Sieh nur die friedlichen Kühe!« – Weiß Gott, mir sind sie auch lieber als die Menschen. Wahnsinniges Heimweh, zapplig auf Rückfahrt und Schäftlarn. Hab' die Raserei satt. Alsbach, Schwarzwald war noch das beste, aber dies hier etwas verfehlt. Schadet schließlich nichts. Heute abend schon Koffer gepackt. Maus hüpft mit all seinen Tieren ins Bett, die Gummitiere quieksen laut dabei. Bei gutem Wetter will ich morgen nach Nonnenhorn und malen, aber natürlich wird Rolf dann gerade zurückkommen, und ich muß noch bleiben. Möchte ihn ja auch gern noch ein bissel in Ruhe sehn.

9. September

Nach Nonnenhorn. Mit Sack und Pack. Natürlich wird's Wetter sofort trüb und mit dem Malen ist's nichts. Großer Zwist mit Maus, die mich dann heulend ihrer Liebe versichert. Beide furchtbar gerührt, wollen uns nie mehr zanken. Abends mit der Luluschwester gesessen, erzählt mir ihre Krankheitsgeschichte. Kriege plötzlich solches Gruseln, fürchte mich so vor ihr, daß ich einen Augenblick meinte, ich würde verrückt.

Sonntag, 10. September

In den Bregenzer Wald gefahren. Leider Gottes unterwegs faden Kerl aufgesammelt, der uns nicht mehr verließ. Zu Fuß über Bödeln nach Dornbirn.

Montag, 11. September

Mit Brettauer in den Bregenzer Wald nach Bezau, Andelsbach

etc. Zu Bubis Entzücken in den Tunnel hinein und Bohrer zugeschaut.
Todmüde zurück und immer noch kein Rolf. Weiß nicht, was für eine blödsinnige Unruhe in mir steckt und mich durchaus von hier wegtreibt: Möchte sie bezwingen und wenigstens noch ein paar Tage auf Rolf warten, aber es zerreißt mich förmlich, nach München zu fahren.

München, 12. September

So und jetzt bin ich schon wieder da. Eben sind Rolf und Martha fort, und ich hab' mich ins Atelier gerettet, um Franzl nicht in die Hände zu fallen. Heute früh waren Wolken am Himmel, da konnte ich's absolut nicht mehr, im Galopp gepackt. Brettauer um 50 M. angepumpt und dann in rasender Ungeduld davon. Rolf in München am Bahnhof, hatte auch heute fahren wollen. Jetzt tut's mir natürlich leid, daß ich nicht noch etwas gewartet. Ach, ich bin ein Schaf. Ankunft etwas trübselig bei strömendem Regen, nasses Wiedereinrenken, kein Such. Aber jetzt bin ich sehr froh, gehe überall herum und bin wieder zu Hause und drinnen schläft das Bübchen. –

16. September

All die Tage viel Gebrause und Räumen. Überall große Wüstenei, greulich. Sehe Franzl wenig und hasse ihn. Hat doch der freche Bengel der Kathi meinen Schlüssel abverlangt und fremde Weiber in mein Zimmer gesteckt. Fresse aber meine Wut in mich hinein und sage nichts. Müßte sonst zu sehr explodieren. Der Hund, es ist eine unglaubliche Unverschämtheit.
Sonntag vormittags bei dem armen Carlo, der im Dunklen sitzt. – Wieder viel wohler, seit ich hier bin, nur jeden Morgen Kopfweh.

19. September

Lisa, Petrichs und ich gestern abend mit Rolfs, aber jedesmal fades, dumpfes Gefühl, denke, ich säße lieber daheim bei meiner Maus.
Geträumt, ich hätte fünf Buben, blond und in blauen Matrosenanzügen.
Morgens beim Doktor. Ohrengeschichte, immer was Neues. Vielleicht hängt das Kopfweh damit zusammen, hab' auch Fieber. Sakrament.
Rolf mir gestern mein Geld zurückgegeben, abzüglich der 50 M.

für Brettauer. Hatte eigentlich auf eine Vergrößerung gehofft, weil er und Br. einmal sagten, er wolle meine Schulden zahlen. O weh, das jetzige ist schon alles disponiert und der Rest Grausen. Mir überlegt, daß ich meine Finanzen unbedingt aufbessern muß und zu Schnotzing geradelt, die alte Freundschaft aufzufrischen. – Prosit, wieder verreist, und es ist so selten, daß ich genug Initiative zu dem blöden Kerl hab'. Schicksal, was willst du von mir? Ewige Misere? Oder hast du irgendeinen tröstlichen Hauptcoup in petto? Nun ist's nichts mit dem grauen Sammetmantel und rotem Jackett etc. pp. Vorerst muß der Bubi einmal ordentlich ausgestattet werden.

Aber ich glaube, ich kriege wieder Energie und Lust auf alles Mögliche. Will jetzt streng sein mit mir und allein. Nicht mehr herumflitzen bei fremden Leuten. Das zersplittert einen völlig. Festsitzen und arbeiten. Schöner Herbstnachmittag. Bubi und Otto spielen unten, die guten kleinen Tiere.

29. September 1905

Fange mein neues Buch in miserabler Stimmung an. Wahrscheinlich ein schlechtes Omen. Ich spinne ganz entsetzlich, o Gott, o Gott. Die Zeit geht mir seit ein paar Jahren unter den Händen weg und ich kann nicht zugreifen. Seit dem Roman – zwei Jahre. Nichts getan, einmal angefangen und wieder angefangen, aber im ganzen – nichts. Wie ein zäher Teig, mit dem man herumarbeitet und bringt ihn nicht zusammen. Was habe ich für Zeit verloren, und es hilft nichts, ich muß doch noch malen. Ich muß noch tausend Sachen tun und komme zu nichts. Immer sind es andere Dinge, die mich abbringen, mir die Zeit fressen. Ewige Unruhe, ewiges Hin und Her. Wo ist meine schöne eiserne Energie geblieben? Eigentlich weiß ich's ja ganz genau: ich bin immer und immer krank, einmal hier und einmal da. Vor zwei Jahren Dietlindenstraße, alles wundervoll. Nun konnte ich anfangen – da Stomatitis, die mich für den ganzen Sommer ruiniert. Solln, Winkl, müde, elend. Winter Operation. Frühling und Sommer, Baby und Italien. Winter Bronchitis. Wieviele Itisse haben schon an meinem Leben gefressen. Das Gemeine dabei ist, daß ich im Grund solche Kerngesundheit habe. Und kann sie nie genießen, weil dann wieder irgendein Itis kommt. Jetzt wieder ein Katarrh, daß man vor Husten platzt, Schmerzen, Fieber, Kehlkopf entzündet, kurz die ganze Janitscharenmusik. Teufel, Teufel. Es ist geradezu und immer mehr so, als ob sich etwas mit aller Macht gegen alles stemmt, was ich will, von jeher. Und ich möchte Ruhe, Sonne, Arbeit, meine Arbeit! Ich war wohl auch all die letzten Jahre entsetzlich matt und müde – die innere Müdigkeit vergeht mehr und mehr, ich habe mich ausgeruht. Aber dann kommen die wahnsinnigen Bagatellen, eine Übersetzung, die Zeit Bregenz – Luft, die ich nicht vertrage. Ich möchte mich totfluchen über den Kram. Denke über mich nach, viel, sehr viel. Bin ich es denn überhaupt noch? Ich glaube, die letzten Jahre war ich's nicht. Und im Grunde doch ein wahnsinniges Zutraun zu mir selbst, daß ich noch alles zwingen werde, was für Ungetüme hab' ich nicht schon bezwungen.

Heute vormittag nach Schäftlarn – mich schon Wochen darauf gefreut – schönster Sonnenschein, alles so lockend und heimatlich. Aber ich matt und fiebrig und schwer zu Mut.

Ein rasendes Gefühl von Heimweh, und weiß nicht wonach. Klages – ein Mensch. Mußte dran denken, wie ich mir damals oft gedacht habe: wieder ohne ihn leben – unmöglich, und nun leb' ich doch schon Jahre ohne ihn, aber eigentlich kann ich's nicht. Ich warte immer noch, daß er wiederkommt. Für meine »Seele« war er die einzige Heimat, die sie jemals gefunden hat. Hat er mich gebrochen? Ich kann nicht brechen – das ist eben das Schlimme. Ich zerbreche nie, bin der prädestinierte Phönix. Aber es ist Zeit, es ist Zeit, ich bin schon verdammt alt. Äußerlich ja Gott sei Dank noch nicht, aber innen spür ich's manchmal doch. Ich sehe anders, fühle anders. Ach, es ist alles verrückt. Denn andrerseits bin ich noch so greulich jung, will noch so viel, wünsche, begehre fortwährend. Und gerade diese Melancholien sind manchmal wie die meiner ersten Jugend. Es ist wie mit dem Brechen – ich kann auch nicht alt werden, es geht einfach nicht. – Summa, ich könnte alles, wenn ich nicht immerfort körperlich zu leiden hätte. Ach, ich winde mich innerlich – und bin auch wieder rasend glücklich. Wenn ich nur den Bubi anschau' im Bett abends und frühmorgens. Oder denke, daß ich noch Zeit und alles vor mir habe.

Ich muß und muß und muß mich zusammenraffen aus all dem Gedusel und Herumhocken und Herumlieben, und was weiß noch alles. Ich möchte ja, daß ich was zusammenbringe, weiß es seit zwanzig Jahren. Und wenn alles sich dagegen gestemmt hat und versucht, es mir auszuprügeln, jetzt erst recht. Mir war, als ob ich mich auch einmal wieder selbst erfühlt. Wie Hexerei, denn das Gefühl hab' ich ewig lange nicht gehabt. Nur manchmal ein Vorahnen. Nein, die Götter können es nicht wollen, daß ich doch am Wege liegen bleibe. Manchmal hab' ich's schon gemeint, ich bleib' nun liegen. Aber ich will nicht und will nicht. Ich stehe wieder auf, wenn der liebe Gott mich tausendmal in die Kniekehlen schlägt. –

Dann gleich mit Wut zu malen angefangen. Abends bei Licht und nach langer Zeit froh zu Bett. Es liegt nur da, nur da. Wenn ich male, bin ich froh, und das Leben ist gut. Mein Gott, ich darf mich nicht jetzt noch mit dem Leben zerkriegen aus bloßer Mattigkeit. –

30. September

Na, endlich ein guter Tag. Komisch, ich bin schon so oft abgeklappt und habe doch, wenn ich wieder anfange, immer das bombenfeste Zutraun: diesmal wird's. Dabei ist auch zu meinen Gunsten zu erinnern, durch was für Wirrwarr ich mich bis jetzt durchgearbeitet habe, um wenigstens soweit zu kommen.

Sonntag, 1. Oktober

Früh Bubi gemalt, mir scheint mit Glück angefangen. Nachmittags Interieur in meinem Schlafzimmer, das bodenlos schwer und eigentlich ganz sinnlos ist. Die weißen Vorhänge am blauen Bette mit angezündeter roter Lampe. Aber mit solcher Wollust – dann begreife ich wieder nicht, wie ich sonst so herumdösen kann, ohne etwas zu tun. Möchte mich in die Arbeit ganz hineinwälzen. Nachmittags Lisa, mit Bubi am Boden Domino gespielt, wir sprechen von Brockdorff und ich ärgere mich noch einmal gründlich über Bregenz. Verfehlte Zeit, die ich so gut hätte brauchen können. Hätte ich Schaf ruhig hier gesessen und gearbeitet, wie gut wäre mir gewesen. Aber wenigstens hat's mir die Erfahrung eingebracht, so etwas nicht wieder zu tun. Und das Ärgern hab' ich eigentlich aus meinem Programm gestrichen, ebenso das Verwundern über meine Mitmenschen. Daß Rolf und Martha unliebenswürdig von mir gesprochen und sich jetzt sichtlich abwenden – – im ersten Moment erstaunt es mich etwas, dann ist es mir ganz wurscht. Fühl' mich nur in diesem Fall absolut mißverstanden, aber vielleicht war ich eben sehr mißverständlich. Ach, all der Kram ist ja so gleichgültig, ich habe im letzten Jahr mit so viel Menschlichem aufgeräumt. Lisa wenigstens ist ein klarer, ehrlicher Kerl.

5. Oktober

Gemalt und gemalt, alle verfügbare Zeit und ein ganz neues Gefühl von Energie, was mir lange abging. Es scheint wirklich wiederzukommen, trotzdem mir körperlich ziemlich miserabel ist — Husten — Hals- — Rücken- — Brustweh etc. Morgens bin ich wie tot, liege von acht bis acht im Bett und schlafe wie ein Stein. — Der liebe Gott sieht, daß ich mich nicht an ihn kehre, und dafür rächt er sich. Ich wollte nach Schäftlarn, er läßt schlechtes Wetter kommen. Und ich hab' nicht genug Geld.

Die Damen aus Schlesien nachts um ein Uhr von der Leopoldstraße über Gitter und Bauplätze in unser Haus geführt, konnten sich nicht beruhigen, und wir lachten wie die Wahnsinnigen.

Nächsten Tag verjammert, Vormittag verduselt, ich ärgere mich, daß ich nicht gemalt. Nach Tisch aufs Bett gelegt. Maus liest mir aus seinem Struwelpeter vor, ich schlafe zwischendurch und höre wie im Traum die süße Kinderstimme. Dann plötzlich mich wild emporgerafft und gemalt. Seit ich wieder dran bin, habe ich keine Nerven mehr, fühle mich jung, quäle mich nicht mit Gedanken, es muß also durch sein.

Zweimal von spitzen Schuhen mit hohen Absätzen geträumt — heute nacht, daß ich mit mir selbst ins Restaurant ging und nicht wußte, wie ich mich andern gegenüber bezeichnen sollte. Dachte ganz verwirrt: »Soll ich sagen meine Frau oder er?« Dann von meinen Eltern. Papa ganz anders, dick und sonderbar, etwas gewöhnlich. Mama ging in den Wald und jemand kam und sagte, sie wäre tot und läge da. Wieder einen Augenblick gerührt, dachte dann, nein ich gehe doch nicht hin und reiste nach Süden in eine wundervolle Landschaft mit Husumzauber.

6. Oktober

Vormittags endlos im Rathaus wegen Bubis Religion. Hoffnung, daß man's durchdrückt. Nach Tisch am Schlafzimmerinterieur gemalt, dann neues, Skizze gemacht. Alles nichts Rechtes geworden, aber dies wundervolle Gefühl wieder zu malen, bin ganz dabei. Mein Gott, hab' ich all die Jahre geschlafen. Mir ist jetzt so, als ob ich eben wieder aufwachte – und wieder die kleine Komtesse mit dem eisernen Willen wäre. Könnte man nur noch zwanzig Jahre jung sein. Das Leben geht so unerhört vorbei. Man wird verrückt, wenn man darüber nachdenkt.

Nun, wo alles im besten Zug ist, scheint mir, daß wirklich meine Lunge oder der Hals wenigstens etwas bedroht ist. Bei bloßer Erkältung hat man doch nicht überall Schmerzen und Hitze. Na, lassen wir's erst mal auf sich beruhen. Es wäre der infamste Streich des lieben Gottes, und er dürfte seine Rache an mir doch schon gekühlt haben. – Alle Tage gearbeitet und sehr glücklich. Erhalte meinen Leib durch lange Schläfe, allabendlich zwischen acht und neun zu Bett und früh auf. Fühle wieder Kraft, seit ich sie anspanne. Aber der Hals und das Husten – und die verdammten Rückenstiche – und die Ohren.

Samstag, 14. Oktober

Mit Such und Braunsfeld Dult. Bubi bei Petrichs. Winterberg mit Regen und Schnee. Zurück. Lisa Zahnschmerzen, im Atelier auf den Kissen. Ich habe doch wieder mal einen Menschen gern.

Montag, 16. Oktober

Hollesy Schule. Auch Abendakt. Seit zehn Jahren zum erstenmal. War direkt in weihevoller Stimmung. –

Fange an, mit mir etwas zufrieden zu sein, stehe um sechs auf, mit Bubi gehn oder radeln, halb neun Schule, dazwischen alle möglichen Häuslichkeiten. Mittag kochen und von fünf bis sieben Akt. Seit Jahren wieder ein festes Regime und das hebt meinen Lebensmut sehr.

Ohrenarzt – einen Tag lang deprimiert, stellt mir in Aussicht, daß ich allmählich taub werde. Gehörnerven erkrankt, gehe herum und male mir aus, daß ich Bubi nicht mehr hören kann. –

Wieder Hals und die Ohren sehr schlecht. Morgens höre ich mit großer Mühe, beim Radeln Schmerzen – na, wie Gott will.

Herrgott, ich habe nie mehr einen Moment Zeit. In den »Freistunden« Bubi unterrichten, spazierengehn und mit ihm schwätzen, schicke ihn nachmittags zu Petrichs und hole ihn um sieben ab. Fall dann schon beinah um. Aber es ist so schön.

Schlecht gemalt, langweiliges Modell und schlechtes Atelier, aber doch meine Malerei. Das Majakind auch in der Schule. Traum vom »Erlösungspeter«. Abend bei Lulu mit Gulbransson, bringt mich heim, bindet die Skis, bewundert das Haus und gefällt mir. Überhaupt, hab' das Gefühl, daß ein »Quartal« heranrückt. O mein Gott, wie oft haben mich die Quartale verschlungen.

Carlo mit Lechter*. Gruhle Sonntag nachmittags nach Schleißheim, Dienstag nachmittag bei Wolfskehls. L. mich wieder etwas über die Malerei aufgerührt. Ach, das tut wohl – war deprimiert, daß Maja mehr Talent im kleinen Finger hat als ich in der ganzen Hand. –

Es geht nicht mehr – a domani. – Abends kaum eingeschlafen, klopft es an der Tür des Ateliers, Männerstimmen. Kann nicht recht hören, steh auf, frage, wer da ist – dachte G. und war ganz benommen von dem Abenteuer. – Mein Such in solch einem sonderbaren Gewirr und Stimmungen, daß ganz umnebelt. Und diese sonderbare Fremdheit, die ich manchmal habe, wenn ich jemand Geliebtes lange nicht gesehn. Aber eine schöne weihnachtliche Stimmung, ich nur ganz still und benommen und er ganz anders. Wieder all mein Liebes um mich. Eine schmerzliche Angst, daß er enttäuscht von meinem Empfang. Kann niemand leiden sehn – und glaube doch, es ist anders geworden. In mir ist wieder einmal der universelle Lebenssturm mit dem Untergrund von verstärkter Daseinsberechtigung und der Qual, daß wir uns zu sehr lieben, was bei mir immer ein Unglück ist – für mich und den andern. – Und er fühlt alles. –

Der Morgen schön und frisch, Maja, allgemeine Suchfreude. Mir wurden die Ohrenschmerzen qualvoll, ich gehe zur Schule, plage mich mit dem Akt und meiner Ohnmacht, bin aber gleich wieder ruhig von allem Toben in mir.

Da sitzt mein Such in der Küche, und ich gehe den ersten Abend gleich von ihm fort zu der dummen Vorlesung und weiß alles, was geschehen wird. – Und bin unglaublich ausgelassen wie ein Pferd, das im Stall gestanden. –

Cruel énigme – das Zeichen, unter dem mein ganzes Leben steht. – Warum gerade jetzt? – Wenn ich das eine halten möchte, braust tausend anderes über mich her, und ich wirble mit. – Was ist jetzt mit mir los? – als ob ich zwanzig Jahre wäre. Und es war

* Der Maler Melchior Lechter aus dem Kreis um Stefan George.

lange nicht so. Wenn ich liebe, ist es immer ein Unglück für alle beide, immer, immer, unweigerlich. –
Ich liebe einen und begehre sechs andere, einen nach dem andern. Mich reizt nur gerade der Wechsel und der »fremde Herr«.
Geh' lachend mit ihm hinaus und fühle mich so strahlend und siegend unter all den andern Menschen. Und nicht deswegen, weil es mich reizt, sondern weil irgend etwas sich in mir begibt. Mich hat der liebe Gott aus allen Widersprüchen geschaffen, die er übrig hatte, das ist sicher. Fühle mich ganz als ich selbst, wenn alles durcheinandergeht, Wehmut, Sehnsucht, tiefe Liebe und frivole Oberflächlichkeiten. – –
Früh zur Kirche und den Austritt erklärt. Das war auch wieder verrückt, als der Pfaff mir mit tragischer Gebärde das Papier reicht – und ich, innerlich sentimental, denke an meine Jugend. Aber das flog vorbei wie eine Fledermaus.
Bubi liest meinen Roman und erzählt mir draus, bittet, ich soll ihm einen schenken.
J. J. begegnet. Warum nun auch gerade der »Seltsame«? Abschied verabredet.
Ach, ich lebe doch wieder, ich lebe wieder einmal ganz intensiv. Das hab ich so lang nicht gehabt. Dies Gefühl, dem Leben nah zu sein – und doch sind's lauter unwesentliche Dinge. Abends zum Baschl, nachts mit der großen Palette herumgeradelt. Alles freut mich, amüsiert mich, und dabei quält mich unablässig das Gefühl: Wie ist ihm? Fühlt er's? Oder nicht, und versteht er mich? –
Endlich der Mensch, der mich wirklich versteht. –

Sonntag, 22. Oktober

Lange geschlafen, Morgenstunde mit Such und herzensfroh. Mit Maus bei wundervollem Wetter im Englischen Garten. Nachmittags Jour mit Lisa und Maja. Carlo mit Anspielungen, ich gelacht, du lieber Gott, geht das vorüber, oder bin ich wirklich aufgewacht und lebe wieder?

November

Komisch. Hals etc. besser, aber eine Schlappheit und Müdigkeit, die schwer zu überwinden ist. Aber immer an der Arbeit, denke, ich komme vorwärts. Mag nicht wie sonst viel gehn, sondern lieber herumliegen und dösen außer der Arbeit. Denke morgens im Bett, wie fabelhaft ich malen will und nachher – aber glücklich

dabei. Bubi: »Nein, ich mag keinen Papa, das ist für mich ein unbeliebtes Volk.«
Durch eine Zahnwehwoche aus allem Training geworfen. 3 Tage fast geplatzt, Morphium und dann wundervolle Krankheitsstimmung – man ist so selig und stumpf und phantasiert von großen Taten.
Erfahren, daß Franzl Ostern fort will und etwas gesponnen – was nun? Denselben Morgen Nachricht von Mamas Tod. Einen Tag doch etwas Heimweh und melancholisch. Nachher mehrmals von ihr geträumt, und da war sie immer so gut und sanft, wie ich sie fast nie gesehn habe.
Überhaupt wirres Zeug geträumt von einem Faschingsfestspiel, wo Tiere sich gegenseitig auffraßen, immer die größeren die kleineren und schrecklich aneinander würgten. Und immer von Mama.
Mir ist so himmlisch leicht im Gemüt, für ein paar Jahre vielleicht kann ich jetzt leben und malen, malen. Niemand merkt's mir an, wie rabiat ich jetzt darauf bin.
Das Malen – ich male schauderhaft und meine immer, es müßte wundervoll werden und bin fest überzeugt, daß es doch noch einmal wird.
Dieser unvergleichlich ruhegebende Gedanke, daß ich nun für ein paar Jahre sicher dabei bleiben kann. Als ob Bergeslasten fort wären. Und doch hat's mich nie so sehr bedrückt, ich habe immer geglaubt, es wird so kommen, wie ich will. Es muß aber doch gedrückt haben, sonst wäre mir nicht so traumhaft leicht.
Nun soll ich nach Berlin fahren, um Ludwig zu treffen. Das möcht' ich ja gern, hab' aber sonst gar keine Lust, vor allem mich in der Arbeit zu unterbrechen und ohne Bubi zu fahren. Aber es wäre nichts für ihn, nur eine große Zappelei.

11. Dezember

Ja, morgen muß ich nun da hin. Hanna Wolfskehl hat mir noch ein schwarzes Kleid gegeben, aber das hat etwas so Deprimierendes. Gräßlich, mag mich selbst nicht in Schwarz sehen.

20. Dezember

Ich wollte erst gar nicht recht ran an die Fahrt, mit Schmerzen meine angefangenen Akte stehen gelassen und abends das Bübchen zu Bett gebracht. Stern und Maja waren da und das schwarze

Kleid deprimierte mich so, daß ich beinahe dageblieben wäre. Und dann war alles so schön und ich so heiter und seelenvergnügt, daß alle sich wunderten.
Am ersten Tag mit Ludwig im Reichstag. Alles macht mir törichten Spaß, die Bücklinge der Portiers, die Zigarette angesichts der greisen Parlamentarier und das Staunen von Rheinbaben*. Nur als er von Catty sprach, wurde mir ein wenig schlimm. Wie hübsch, in einem guten Hotel zu wohnen unter einer schönen roten Decke und fortwährend Fiaker zu fahren. Als ich ins Hotel kam, gleich umgezogen – ich fühlte mich viel wohler in meinem Samtkleid. Zu Bruhns**, ihre Freude und Nettigkeit rührten mich, wie Ina schrie: »O Gott, Fanny!« und die Alte mich umarmte, als ob man nach Hause käme. Ina konnte sich gar nicht beruhigen, daß ich soviel hübscher geworden wäre.
Am nächsten Morgen Förster in seinem Bau aufgestöbert. Als ich zurückkam, war Ludwig schon dagewesen. Ganz deprimiert, daß er wieder weggelaufen. Dann lange allein gebummelt und an alte Zeiten gedacht, wo wir wie die Tollen da herumliefen. Und das letztemal mit Walter, als wir abends an einem Kanal standen und ich auf einmal sagte: »Wirf mich da hinein. Dann hat's ein Ende.« – Was hab' ich in dieser fremden Stadt früher alles erlebt, es war sonderbar, daran zu denken.
Abends holte mich Ludwig zu Limans ab. Unterwegs sprach er davon, daß Ernst*** mich gebeten hat, ich soll kommen, aber Catty wollte nicht. Beides gab mir einen merkwürdigen Ruck. – Der Abend bei Limans fad. Nachher Ludwig und ich noch zu Dalbelli. Es war rührend, wie er mich amüsieren wollte, und ich freute mich doch am meisten, mit ihm zusammenzusitzen. Er meint immer, ich müßte irgend etwas extra zum Pläsier haben.
Freitag morgen zu Hessels. Mich ganz ungern getrennt. Und nachher zu Ernst. Dachte, es wäre nur ein Katzensprung, aber es

---

* Der Politiker und Diplomat Werner von Rheinbaben, Reichstagsabgeordneter 1920–28.

** Freunde aus der Lübecker Jugendzeit.

*** Der Bruder Ernst Graf zu Reventlow, politischer Schriftsteller, Reichstagsabgeordneter 1924–43.

dauerte ewig, bis ich hinkam und ich wurde entsetzlich aufgeregt. –

Ernst – so wahnsinnig verändert – es dauerte eine Zeitlang, bis ich begriff, daß er es wäre, und gerührt wurde ich erst, als ich die alten Husumer Sachen und die alten Ahnenbilder von Papas Schreibtisch sah. Ein Bild von Mama aus den letzten Jahren. Da konnte ich mich auf einmal wieder an alles erinnern, und mich quälte der Gedanke an die alte Mama, daß ich nicht doch noch einmal zu ihr gekommen bin. Ich konnte sie mir wieder denken, und das tat weh.

Abends einen süßen Mäusebrief gekriegt, »Kohme bald, liebes Mamai, und sei recht fleisig.« Ach Gott, das Kinderherz. Es war so schön, ihm alle Tage zu schreiben, ein Kind zu haben, an das man schreiben kann.

Den Förster abgeholt. Komisch, wir kennen uns doch fast gar nicht und sind wie ein paar alte Freunde. Trafen später Ludwig und saßen dann noch lange allein, erzählte mir von seiner Liebe, seinen Wirren und wir redeten vieles. Samstag mittag mit Ludwig, Förster und Rheinbaben in großer Heiterkeit diniert. Dann noch einmal zu Ernst. Wollte eigentlich den Abend fort. Ludwig kam noch um halb neun ins Hotel, um mir Adieu zu sagen. Fragte: »Fährst du auch wirklich heute abend?«

Zu Förster, ein Glas Portwein getrunken. Dann lag ich auf dem Sofa und erklärte, eher würden Himmel und Erde untergehn, als daß ich wieder aufstände. Und er so lieb und fürsorglich, holte meine Sachen aus dem Hotel, ging dann aus, und ich schlief auf dem Sofa in seliger Müdigkeit und begeistert, daß ich nicht fahren brauchte. Um halb drei kam er wieder, brachte mir Futter mit, und wir tranken ein Glas Sekt, weil nichts anderes da war. Ich dann ins Bett, er auf dem Sofa und uns allmählich in den Schlaf unterhalten. Um acht Uhr früh auf, ich wollte abreisen, aber noch einmal charakterlos dageblieben. Bis ein Uhr mittags weitergeschlafen – er spielte mir vor, während ich noch im Bett lag – allmähliches Aufstehn mit vieler Fröhlichkeit. Ich war so namenlos gut aufgelegt wie bei einem kindischen Streich, er übrigens auch und die Situation so erheiternd. Wie manchmal Kleinigkeiten einen so mit Vergnügen durchtränken können. –

Ich war eigentlich etwas verliebt – aber Eros aus der Ferne, etwas

Ähnliches wie seinerzeit mit Koch. Dann mußte er fort zu seinen Leuten, ich herumgebummelt, um fünf wieder zurück. Noch ein paar schöne gemütliche Stunden – um zehn mußte ich fort. Beinahe wäre ich doch dageblieben, aber ich wollte noch nach Witschenske und nicht länger von meinem Bübchen fort sein. –
Vielleicht war es ebenso gut. Oder auch nicht. Ich war in Stimmung, der fremde Mann, der für mich sorgte wie für ein kleines Kind. Wirklich wehmütig, daß die Idylle so kurz war.
Beim Abschied mich total verliebt und noch lange Tage nachher.
Kam dann in der Früh bei eisiger Kälte in Lissa an. Nach Witschenske. Niemand da, das war unglaublich schmerzlich. Am liebsten wäre ich sofort nach Berlin zurückgefahren und mußte den ganzen Tag dort aushalten, mich mit Scipio unterhalten. Nur mit den Kindern war es nett. Abends mit dem melancholischen Scipio nach Lissa und in Lissa geschlafen. Nächsten Tag von sechs Uhr früh bis abends durchgefahren und immer noch mit Wehmut heimgekommen. Mein Bübchen guckte, große Seligkeit, es wieder zu haben. Aber sonst war mir etwas fremd und fad, wirklich, als ob ein bissel Herz in Berlin geblieben wäre.

31. Dezember. Silvesterabend

Ja, mein Kind, dein Herz ist noch entsetzlich jung, danke dem lieben Gott, daß dein Gesicht es auch noch ist und du selbst überhaupt. Warum muß nun dieser Mann wieder eine unglückliche Liebe haben und so arg monogam geartet sein. Aber cela ne fait rien, schön war's doch und so vielleicht um so schöner. Ich möchte wieder einmal hinfahren und einen Tag im Atelier oben liegen, Klavier spielen hören und ihn damit necken, ob er sich nicht ganz verheiratet vorkomme, sein Lachen hören. –
In den Rheinbaben war ich ja auch etwas verliebt, das war nur so ganz unmöglich.
Klages hat doch recht gehabt mit den Erlebnissen, die keine wirklichen zu sein brauchen. Tausendmal recht. Für mich ist dies Erlebnis, das keins war, voll schöner und heimlicher Reize gewesen. –
So bin ich wieder daheim in meiner Kaulbachstraße, bin so glücklich, innerlich froh und leicht, als ob das ganze Leben von vorn anfänge. Immer wieder von neuem werde ich jung und froh, wenn

es mir nur ein wenig gut geht. Herrgott, und wie ist es mir meistens gegangen! Wenn ich daran denke – wer hat soviel durchgemacht wie ich in großen und tausend kleinen Sachen und ist überhaupt noch fähig froh zu sein?
Weihnachten so schön – Rolf so sehr lieb und kinderselig. Das Kind allein und alles um ihn herum ist unendlicher Sonnenschein. Auch, daß ich nun malen kann, Jahre vor mir habe statt tausend und tausend Hindernisse. Ich danke ja dem Himmel auf den Knien, daß es noch einmal gekommen ist. Bin ganz voll innerer Glückseligkeit.
Trotzdem, da ist schon wieder ein trotzdem – ich bin beim großen Müller* gewesen, und er sagte, meine rechte Lunge wäre angegriffen, wenn ich mich nicht schonte, könnte es recht ernst werden. Ich wußte es ja schon lange und war nicht so sehr überrascht. Habe auch keine Angst und finde es ganz stilvoll. Ich kann mich ja jetzt schonen und brauche nicht zu rasen und zu hetzen. Wenn ich vier Jahre malen kann, soll alles gut sein. Nein, das Leben ist gut und wundervoll und immer wieder neu.

1. Januar 1906

Neujahrstag. Helles, klares Winterwetter. Fröhlich herumgeduselt. Such nachmittags nach Solln. Ich mit Bubi Weihnachtsbaum umgeräumt, mich dabei etwas überanstrengt und nachher recht schlecht. Immer wieder solche Dummheiten.
Nächsten Tage ziemlich elend und immer noch nicht gearbeitet und allmählich dumpfen schwarzen Katzenjammer, daß ich mich nicht entschließen kann und ich auch den Rest der Woche verschlampt habe. Aber wozu die Tyrannei, es war eine so schöne Zeit mit dem Bubischatz und wir waren immer vergnügt.

4. Januar

Endlich einmal wieder früh auf, Malsachen zusammengepackt, um in die Schule zu gehen. Dann aber doch verbummelt und schlechte Laune.
Nachmittags mit Otto und Bubi aufs Eis bei fabelhafter Beleuchtung, Abendrot und schwarze Bäume, dichter weißer Nebel und Mond.
Abends Mz. und Such und darüber wieder nervös geworden. Als

* Professor Dr. med. Friedrich Müller von der Universität München.

sie weg waren, mich so danach gesehnt, einmal wieder ganz mutterseelenallein zu hausen.

5. Januar

Die Sehnsucht dauert heute noch fort. Ich möchte fortfahren, irgendeine ganz andere Umgebung um mich. Dies Getobe von andern Leuten um mich her, so monoton, so immer dasselbe.

Was soll ich tun? Soll ich fort von München? Vielleicht wär es gut und gerade das, was ich brauche. Aber auch die andere Seite: es wäre besser, noch ein bis zwei Jahre zu warten, bis ich etwas mehr kann, und es kommt mir vor, als ob ich den letzten Rest und die letzte Möglichkeit von Heimat aufgäbe, vor allem für Rolf. Ob es nicht besser ist, er wäre erst etwas größer? Einmal wird es ja doch sein müssen, ich wollte, der Himmel gäbe mir einen Wink, wann.

In die Klagesbriefe hineingeschaut – dann weiß ich immer, wo mich eigentlich der Schuh drückt. Der einzige Mensch von allen – allen. Daß ich doch ohne ihn leben kann, ist mir stärkster Lebensbeweis, aber was hat es mich gekostet, und kostet's mich immer noch.

10. Januar

Seit Montag in der Jarlewskyschule. Sonntag Rodi. Nachmittags mit ihm bei Rüttners zusammen. Wieder einmal so richtig geredet. Erzählte mir von Riccarda, das hatte für mich etwas direkt Ergreifendes, wie ein Ursleukapitel.

Bubi und Otto derweil bei uns die Krönung der Königin Kaninchen gefeiert. Die guten lieben Tiere. Hab' leichtsinnig gelobt, daß ich den Otto drei Wochen nehmen will, nun drückt's mich wieder wie eine arge Unbequemlichkeit. Ach, diese dumme Gefälligkeit, sobald jemand was will, sagt man ja. Sinne hin und her, es wieder rückgängig zu machen, aber kein Vorwand, der anständig wäre.

Drei Nachmittage bei Ceconi, Rechnungen geschrieben, halb blödsinnig.

11. Januar. Donnerstag

Jarlewsky mich gelobt, daß ich ganz starr war, fand es selber ziemlich schlecht und fühlte mich gräßlich verlegen, da die andern alle herumstanden und mein Werk andächtig betrachteten. Oh, wenn ich doch etwas könnte! Eine kindische Freude darüber gehabt und etwas mehr Mut.

Neulich eine Spiritistenversammlung, zirka fünfzehn Russen in einer Dachstube. – Fürchterlicher Blödsinn. Außer den drei oder vier Agierenden lagen wir auf dem Riesensofa und lachten bis zu Tränen.

Ende Januar

Immer gearbeitet. Diesen Winter mit meinem Selbsttraining etwas weiter gekommen. Kriege bessere, eigentlich ganz gute Nerven und bin immer gut aufgelgt. Nur fehlt da auch nichts zur Glückseligkeit wie hier und da die Gesundheit, und damit geht's auch besser, trotz der angegriffenen Lunge.

Februar

Schlittschuhlaufen. Schöne, lange Nachmittage beim Tee, vormittags malen, gesund und sehr froh. Alles geht vorwärts, vor allem quält mich die schreckliche Nervosität der letzten Jahre nicht mehr. Oft war ich am Umklappen. Sehe besser und jünger aus, Schultern und Gesicht runder, schließe daraus, daß die Lunge wieder ganz werden wird. Auch die Ohrenplage gibt sich. Die andern haben angefangen zu karnevalen, ich soll nicht, will nicht, hab' aber die ärgste Lust. Manchmal fühl' ich mich überlegen und tugendstolz, wenn sie heimkommen und verjammert aussehn, im letzten Grunde aber wäre ich doch lieber dabei. Tugendstolz ist immer nur frisierter Neid oder böse Lust.

16. Februar

Gott sei Dank von meinem Sockel heruntergefallen und auf den zweiten Bauernball. C'était plus fort que moi. Meine alte Parole, bei der mir doch immer am wohlsten ist. Konnte doch nicht mehr ordentlich arbeiten, weil die Gedanken mich zupften: Soll ich, oder soll ich nicht? –

Ach dies alte Karnevalsheimatsgefühl, wenn man den Bauernball gesehn und mitgetan. Und das Bübchen so lieb »ach Mamai, geh doch, amüsier dich!« Die Sollner gingen mit uns hin, Bubi ruft Fädchen an sein Bett: »Fädchen, du mußt Mamai gut amüsieren.« – Streichelt meine Arme, ist verliebt in mich: »Mit der Haube bist du noch verjüngter als sonst.«

Die Zwischentage in der Schule, ein Werdenfelsfest heroisch versäumt, schwindle mir selbst vor, daß ich keine Lust mehr habe. Zwei Tage in Solln, auf dem Rückweg plötzlich bodenlose Lust. Such hat andere Leute abzuholen, ärgere mich darüber und will doch nicht. Herrgott, ich glaube, im Grunde will der gute Such

mich unmerklich hindern, weil er für meine Gesundheit Angst hat. H. und Franzl, ich immer noch unentschlossen im Kostüm, bewege dann die beiden andern, mitzugehn, stürze mich gleich ins Tanzen und siehe, der Abend wurde wundervoll. Früh nehmen wir Lampert und Blei* mit zum Frühstück. Plötzlich erscheint die Maus verschlafen und vergnügt in der Küche mit einem Mäntelchen über dem Nachthemd. Der Gute hat gestern abend arg geweint, als ich doch nicht gehn wollte, hat immer diese rührende Selbstlosigkeit, wenn es um mein Vergnügen geht. Ich glaube, die meisten Kinder quäksen, wenn man fortgeht. Als die andern eben zu Such hinüber, der Gerichtsvollzieher, ihn noch im Holländerkostüm empfangen.
Wieder einen Tag in der Schule mit alter Wut gemalt; jetzt feiere ich und genieße sie mächtig, die Frühlingsmorgen mit Bubiherz im Bett, und draußen piepsen die Vögel. – Bubis Betrachtungen über ein zweites Leben: »Da würden du und ich vielleicht zusammen ein Hofrat.« Wie das wäre, wenn man eben Schreiben und Lesen gelernt hätte und stürbe, ob man's dann in der nächsten Welt noch einmal lernen müßte.
Samstag Römerfest, mit Gaupp und Lampert hin, eigentlich nur, um den alten Hildebrand zu sehen und ihn zu fragen, ob er noch der schönen Maientage von damals gedenkt? Hatte mein schäbiges Griechenhemd mit dem Kranz von 1903 an, fand mich aber sehr schön dabei, die andern auch. Ist das doch immer ein angenehmes Gefühl, denke manchmal, wie soll man leben, wenn das aufhört.
Das Fest von einem horrenden Stumpfsinn, so sehr, daß man sich wieder darüber amüsieren konnte. Die alte Hildebrandin wie ein Drache die ihren bewacht, daß sich keiner getraut, mit mir zu sprechen. Gegen zwei Uhr, als ich schon eine Gesellschaft zum Weggehn zusammenzutrommeln versuchte, erzählte Lisa mir, daß die Alte von ihren Kindern verlangt hätte, heimzugehn, weil ich da wäre. Mordsfreude darüber.
Rücke dann mit Gaupp, Stern, Knudsen, Lampert ab ins Luitpold, machen dort mit unseren Kostümen große Sensation zwischen all den Redoutenleuten. Alles war sehr lustig. Zuletzt Adam. Tags drauf nach Solln. Alles schön schläfrig und verkatert.

* Der Schriftsteller Franz Blei.

Mich in dem dummen Kostüm elend erkältet und kriege Bedenken, halb Lust, halb nicht, noch neue Feste mitzumachen. Frau C. sagt, sie hätte mich immer schwindsüchtig aussehend gefunden. Zur Arbeit keine Lust.

Freitag zum Anwalt um anzugeben, daß mit Ceconi die Ehe gebrochen, wegen der verschiedenen Zeitangabe einige Komik.
Abends noch zur Näherin und Domino probiert. Und dann ging's los. G. mich brav abgeholt und zu zweien mit ganz ernsten Gesprächen zwischen den bal paré-Leuten. Mit stillem Schwips ins Getöse, und es wurde bald laut. Baltentisch, wo es drunter und drüber ging und ich mit. Auf der andern Seite jemand, der mir von Catty spricht. Ich werde nie lustiger, nie, wenn mich etwas sentimental anrührt. Strich*, der in allem abgewechselte Zärtlichkeitsclou dieses Karnevals. Nachher Luitpold, der Walzer auf Str.'s Knieen, wo S. mich herausholt und ernste Worte redet. Danach ein schön blöder Sonntag mit Frühlingswetter. Abends nach Solln zu neuem Fest. Früh um halb acht heim und heroisch an die Hauswirtschaft mit keiner Kathi. Zwei Stunden geschlafen, dann Bubis bal paré. Er hat sich eine Affenmaske und wahnsinnig gelben Stoff dazu gekauft, Martha und ich gestalten ein fabelhaftes Ungeheuer aus ihm mit Roßschwanz. Statt all seinen auf der Straße eingeladenen Freunden und Freundinnen kommen nur Otto und der Metzgerbub. Aber es macht nichts, und sie sind selig. Ich auf Franzls Sofa geduselt, erscheine schließlich als Clou, weil ich das »Schafparé« mit Halbmaske und Boa als Schwanz. Die Seligkeit war enorm. Mit Mähgeschrei zu einer Tür heraus und zur andern herein. Das war von mächtiger Wirkung. Bubi ganz aufgelöst, leise mit mir getuschelt: »Du gutes Schäfchen«, erklärt mir, es wäre herrlich, daß ich mitspielte. Zum Schluß mit Franzl, der auch eine Tiermaske aufsetzt, eine Française mit Otto und Bubi unter wahnsinnigem Geschrei.
Die Anstrengung war der Mühe wert, Maus erklärt, einen solchen Ball hätte er noch nie gehabt.
Dann wieder mit den Sollnern zum bal paré. Großes Caressement mit Lola, Strich und Nöck zum allgemeinen Skandal, bis unser

---

* Dr. Walter Strich, jüngerer Bruder des Literarhistorikers Fritz Strich.

Tisch sich in sich selbst auflöste. Dann noch einmal gehopst. War in einer unglaubhaft seligen Stimmung.
Nachher Luitpold, mit P. im roten Kleid getanzt. Das flog, und Klages sah zu. Ich sah ihn erst, als wir aufhörten und wußte, daß er mich wieder enorm fand. Fühlte mich auch in allen diesen Tagen enorm.
Faschingsdienstag nachmittag mit der Maus auf der Maximilianstraße. Abends sagt Such mir, er wolle nichts mehr vor mir wissen, mir war so versteinert zumut, als ob man mir das Herz herausreißt mitten in der größten Seligkeit. Aber noch viel zu sehr im allgemeinen Rausch, um mit Bewußtsein traurig zu werden. Das sind so ganz wahnsinnige Momente im Leben, wo alles nach beiden Seiten hin gesteigert wird, ganz tief hinein und ganz nach außen. Ging dann mit Franzl ins Luitpold – da waren Strich – und die Juxer und der Reitknecht und der alte Hildebrand und Gott weiß wer. Dazwischen manchmal wieder das versteinerte Gefühl – Such – und dann wirft man sich wieder ganz hinein. Alles möchte ich haben und alle umschlingen. Zuletzt mit Str. endlos am Fenster am Juxertisch gesessen – der Bub hat entschieden eine kosmische Zärtlichkeit ganz ohne Direktheit – bis Carlo uns trennte. Im Wagen und der Geheimrat zärtlich und zu Hause in der Küche steht Such plötzlich vor mir, und ich schreie auf, weil ich glaube, er will mich umbringen. Dann Franzl – will mich in seine Arme schließen.
Nächsten Morgen gegen Mittag aufgewacht, ganz ohne Stimme und mit sehr wehem Hals. Such bringt mir alles mögliche und ist wieder so maßlos lieb, alles in einer unsagbaren Süßigkeit und Schwermut. Ach Leben, Leben, Leben, es ist doch göttlich. Schlafe den ganzen Tag durch, manchmal Such, höre halb im Schlaf wie er sagt: »Noch ein paarmal, und dann haben Sie plötzlich Kehlkopfschwindsucht und sind in ein paar Tagen weg.« – Lache, aber es kommt mir auch so vor, als ob es schon sein könnte. Nacht durchgeschlafen bis Donnerstag mittag. Nachmittag auf der Küchenbank gelegen, mit Gaupp und Franzl geblödet. Alles ist noch voll Konfetti und ich selbst voll stumpfer Seligkeit, möchte am liebsten das rote Kleid anziehn und wieder tanzen gehn. Wieder geschlafen bis zum nächsten Mittag, so wahnsinnig schwer geschlafen, immer dabei gefühlt: Ich schlafe, ich schlafe.

Freitag früh aufgerappelt, ins Heck, wo auch Lola und ein paar andere und alles voll von Erinnerungen an diese Taumeltage. Dann zum Doktor, der eine mächtige Lache anschlägt, daß ich wieder nach dem Karneval so ankomme.
Samstag früh aufs Gericht wegen Ceconi. Immer noch in der Duselstimmung, die kann bei mir manchmal endlos dauern, wenn sie stark genug war. Nachher bei Ceconi Glühwein getrunken.
Sonntag alle zum Jour, abends zu Bassewis, wieder erst um vier Uhr zu Bett. Hab' manchmal in diesen Tagen gedacht: Wenn ich mein Leben lang gesund gewesen wäre, um Gotteswillen, ich hätte mich in Fetzen getobt. Aber wie hab' ich manchmal glauben können, es sei schon ziemlich aus. Noch ist so entsetzlich viel Toberei in mir.
Und dann ganz von selber in stille Vergnügtheit übergegangen, herrliches Frühlingswetter, halbe Tage mit Bubi herumgelaufen im Englischen Garten.
Dazwischen kommen immer die Nachrichten von Ludwig, die quälend sind, aber ich fühle mich selbst zu stark im Leben, als daß ich glauben könnte, es könnte schlimm gehn. Möchte aber hinfahren, manchmal so unruhig, daß ich mich gleich auf die Bahn stürzen könnte. Dann warte ich wieder ab und denke, es kann nicht schlimm werden, es wäre ja unmöglich. –
Mitunter schauderhafte Träume: Bubi hat ganz fürchterliches Nasenbluten, wir stehen beide am Meer, das ganz schwarz ist und gegen den Strand schäumt. Ich nehme sein Köpfchen und sage, was ist denn mit meinem Bübchen? Dann liegen wir plötzlich beide da, er kratzt mit beiden Händen über mein Gesicht und sagt, du bist ein böses Mamai – und das Meer kommt heran, als ob es über uns beide wegwollte. Wache mit furchtbarem Geschrei auf.
Beim Nachmittagsschlaf einen Vers, den ich ganz genau behalten: »Recken und blecken ist starr und stamm. Ich bin der König von Carlikam.« – Ganz Schwabing mußte furchtbar lachen. –
Traum: Wir sind in Solln, die andern wollen auf ein Fest, ich soll nicht mit, soll schlafen. Bin halb bereit, aber in meinem Zimmer liegt ein riesiges Schwein mit einem steifen Hut. Ich sage zu Such: »Wie kann Fädchen mir solch ein Zimmer geben?« und er: »Wenn Fädchen es tut, wird es sehr gut sein, ich solle stillschweigen.« –
Möchte wieder arbeiten, habe einen ganzen Monat verbummelt,

aber komme immer noch nicht dazu, eigentlich vor lauter Vergnügtheit. Finde es momentan schön, ziellos zu bummeln, fühle mich so recht sinnlos wohl.

Freitag, den 9. März

Jetzt wird einmal angefangen, regelmäßig über jeden Tag Buch zu führen. Es erhöht mir immer das Wohlbefinden, wenn ich es tu', ein Gefühl von Ordnung und Sammeln, ob man das Leben besser festhielte, während es einem sonst so rasch durch die Finger läuft. In der Nacht gegen Morgen gab es einen wilden Frühlingssturm, alle Fenster und Türen flogen auf, und irgendeine Tür oder sonst was brummte wie ein Tier. Bubis Freude und Gelächter über das brummende Frühlingstier.

— An Klages und Wildenroth gedacht. —

Lieg' dann im Bett und schau' zu, wie mein Bübchen seine Gymnastik macht und sich unendlich langsam anzieht. Und das Frühlingstier brummt noch ein paarmal.

Einen ersten Versuch zur Ordnung und Regelmäßigkeit gemacht und den Bubi etwas schreiben lassen und selber aufräumen.

10. März

Gestern abend nach Solln. Bei blödsinnigem Wind auf dem Marienplatz, fühlte die Lunge und dachte: O weh. Ein bucklige Frau gesehn. Bassewis dort getroffen. Die Frau anschaun ist ein Vergnügen. Aber sonst sitzt man eben da, trinkt Rotwein und ist müde. Heute früh Ceconi und Schneesturm. Nachmittags Petrichs, die ein Baby gekriegt haben.

Sonntag, 11. März

Wundervoll ausgeschlafen und schönes Wetter. Briefe geschrieben und alles mögliche gerichtet, damit ich die nächsten Tage arbeiten kann. Bubi im Garten spielen lassen. Er träumt von herrlichen Palästen für seine Minister.

Such beim »Kaffeeklatsch« unten, und man hört Blei lachen.

Als ich grad mit Bubi ausgehn will, kommt Knudsen, der nicht wieder loszukriegen ist. Gehn die Landstraße hinaus. Roter Sonnenuntergang über der Vorstadtlandschaft und zuwidre Sonntagsleute. Ich wäre so gern allein mit dem Bubikind gewesen, das in seinen Wasserstiefeln auf die Wiesen und Sandhaufen rennt. Ach, das verdammte Stadtleben. Abends noch an Koch geschrieben. Das ist immer ein besonderes Vergnügen. Koch ist mir das Reine und

Angenehme vom Menschen und bei allem so schön fern. Schluß der Sonntagsbetrachtungen, mit Bubi zu Bett.

12. März

Bubis Tierreich: Der Palast, den ich ihm Weihnachten gemacht hab', König und Königin Kaninchen, die beiden »Struwels«, die er auf allen Reisen mitschleppt, als Minister auf einem Sofa, die Katze aus Bregenz als Intrigant, der Affe als Priester und der Eisbär sein Kind, das er zärtlich auf den Armen trägt. Manchmal ist große Tierhochzeit, Elephanten und Katzen werden vermählt und ein Hähnchen wird ihnen als Kind beigegeben. –

Catty und ich haben ganz ähnlich mit Tieren gespielt.

Dienstag, 13. März

Nachmittags Luitpold, um den Balten zu treffen, der meinen Haarkamm weggenommen hat.

Kaum zu Hause, klingeln Strich und Götz, wollen mich zur Abschiedsfeier für Str. abholen. Die andern kamen alle nicht, nur Schwarz. Dann in höchster Eile den Knaben an die Bahn gebracht. Er hat doch viel Charme, auch außerhalb des Karnevals ist er eigentlich genau so, etwas von Gazellenaugen und viel Weichheit und Schmelz. Schaut einen so lieb an. Warum soll man nicht gern haben, was sich an einen anschmiegt, und gerade das universelle Anschmiegen an jede Frau hab' ich gern an dem Jungen. Dabei ist er sehr wohlerzogen.

Aber zu Hause sagt mir Such bitterböse Sachen, daß niemals, niemals ein Mensch mit mir bleiben wird und kann, und ich bekomme wieder das versteinerte Gefühl. Ich weiß es ja, aber warum? Weil alle, die mich einmal haben, mich ganz für sich haben und auffressen wollen. Aber ich bin viel zu expansiv und geh' nach allen Seiten, möchte hier das und da das, aber gerade Such, hab' ich überhaupt an einen Menschen so viel Wärme, so viel Dauerndes, Fortwährendes weggegeben? Und ich kann ihn so absolut nicht lassen, kann freilich auch den vielen Blödsinn pour tout le monde nicht lassen.

Nun aber ist wieder die ganz entsetzliche Spannung zwischen uns, die mich lähmt und krank macht. Kann nicht schlafen, Mondnacht und Stürme, meine immer, daß Such hinter der Tür steht und mich totschlägt. Das wird ja doch einmal das Ende sein. Und sehne mich nach einem lieben Wort, wir waren die letzte Zeit so glücklich und einig, und alles war so schön. Denke, daß er unten liegt und sich ebenso quält. Was soll das alles? Man kann mich nicht ändern, ich auch nicht und würde es nicht einmal wollen. Und doch wollen sie mich lieben und wollen mich haben.

15. März

So haben wir uns nun durch drei Tage gewunden, sprechen offiziell miteinander. Diesmal kann ich nicht das erste Wort anfangen. Alles, was ihr wollt, Vorwürfe etc., aber zunahetreten lasse ich mir nicht. Empfinde darin wie ein Korpsstudent. Und Ludwig, Ludwig. Jeden Augenblick fällt es mir ein, daß er so verändert und schwer krank liegt und mit dem Tod kämpft, und ich kann ihn doch nicht hergeben. Bin in einer schrecklich zerrissenen Stimmung, und ein Nichts genügte, daß ich wieder lustig und glücklich wäre, und ich möchte es so gerne.

Heute wenigstens mit Bubi sehr vergnügt gewesen, er will mich über Such trösten, weiß und begreift alles. »Versöhn' doch Such« und weint darüber.

Wir gingen in die Katzenausstellung, voll von Glück und Seligkeit über die vielen Kätzchen. Nachher Konditorei und nachmittags um mich herumgespielt. Götterkind.

Und dann löst sich wieder alles zwischen uns wie ein Gewitter.

Warum komme ich nie in die volle Sonne? Mein Leben geht zwischen Stürmen und Gewitter, Frühlingsregen und einzelnen sengend heißen Tagen.

21. März

Gestern Hessel fort. Ich hab' dem Greuel zum Abschied einen Kuß gegeben, und er zerschmolz vollständig. Ob vielleicht doch etwas Wahres hinter all dieser zusammengelogenen und posierten Fratzenhaftigkeit steckt? Aber ich bin viel zu leicht gerührt.

27. März

Nach Berlin. Erster Gang zu Förster, der aber diesmal okkupiert ist. Es hätte auch nicht getaugt, unsern Eros der Ferne noch einmal auf die Probe zu stellen. Schickt mich zu Engelhardt. Soll ihn fragen, ob ich bei ihm wohnen kann. Der, furchtbar erstaunt, räumt mir sein Zimmer ein. »Aber meiner Braut muß ich's doch sagen.«

Dann zu Ernst hinaus. Viel Trauriges über Ludwig. Spät heim, durch den dunklen Garten getappt. Im Atelier all die weißen Gestalten, die mir plötzlich entgegenspringen. Ofen im Schlafzimmer raucht zum Verzweifeln. Ihn mit Wasser ausgegossen. Vor Kälte mich in Engelhardts Gehrock gewickelt. Vormittags zu Ludwig. Nur Benedikte* gesprochen, daß ich ihn vielleicht morgen sehen kann. Dann zu Ernst. Nachmittags Franzl im Romanischen Café. Später Stern. Abends Strich mich abgeholt, erst mit Stern, dann wir zwei weiter bis früh im Roland, Auto durch den Tiergarten im Schneetreiben.

Donnerstag Ludwig. Beide so lieb, aber er zum Erschrecken elend. Doch beruhigend, ihn wirklich zu sehen, das Gefühl, daß er da ist, spricht. Mit Franzl in die Ausstellung, dann zu Ernst. Am Freitag abend mit Strich und dem Engelhardtschen Brautpaar. Nachher wir zwei aus. Um halb sieben, bei schönster Morgensonne, zurück. An einer Mauer steht »ja« mit Kreide angeschrieben. –

Alles zwischen Schlafen und Wachen, Lachen und ganz stummem Ernst. Wie ein Zaubertrank, daß es so sein mußte. Mein Gott, wie allererster Frühling. Und der Tag wie ein Traum. Mit der Braut Mittag gegessen, wußte nicht, was ich redete, ob ich schlief oder wachte. Bei Ernst schon Tag vorher Abschied genommen. Nachmittags für Bubi Häschen gekauft, dann unweigerlich der letzte Tag. Bis gegen sechs auf dem Sofa gelegen, Greve gelesen und geschlafen. Später Förster, dann Strich. – Beim Heimkommen Engelhardt noch da, entzückt, mit uns zusammenzusitzen. Cherry Brandy mitgebracht und den Polyphem berauscht, bis er einäugig und schlaftrunken hinunterwankt. –

München

Das alles ist nun vierzehn Tage her, und ich gehe immer wieder in Gedanken dieselben Wege. Was war das? Woher kam das? Es folgt mir nach und ist immer um mich mit einer namenlosen Süße, überirdisch anders als alles andere.

Ach und die Qualen, die Such mir macht. Ich kann doch nicht den Mund auftun und reden, wo keiner von allen mich verstehen würde. Gott weiß, woher er sich alles zusammengedacht und geahnt hat. Es gibt immer Erlebnisse, von denen man nie und nimmer reden kann und doch jemand wünschte, der es schweigend verstünde, ohne daran zu rühren. Ich glaubte schon alles zu

---

* Ludwig Reventlows Frau Benedikte.

kennen und zu wissen, und doch schenken mir die Götter noch neue Momente von so unendlichem Reichtum.

Ach, lauter dumme Worte. –

Muß ich dafür nun den besten, treuesten, einzigen Menschen, den ich hab', hergeben?

Der Sturm hat sich einstweilen wieder gelegt, aber ich warte wieder auf die Stürme, die immer wieder kommen, weil sie nicht von mir ausgehen, immer von außen her. Ich selbst möchte nur immer dem Leben die Arme ausbreiten, alles empfangen, alles an mich drücken.

Such sagt, wenn man so ist wie ich, darf man keine Menschen für sich haben wollen – aber warum nicht, ich habe soviel Liebe zu geben, warum will nur jeder sie für sich allein haben?

Ostersonntag

Es ist wieder Ruhe, komm' ich über die Klippen hinüber oder geht mein Hab und Gut daran entzwei? Ich weiß es nicht. Es handelt sich ja nicht um den oder den Menschen, ob ich ihn »habe« oder nicht. Ich will ihn ja um Gotteswillen nicht »haben«. Es geht um mein ganzes Lebensgeäst, das ich mir nicht selbst gemacht habe. – Das Mausikind schon in aller Frühe wach, schaut mich mit seinen großen Augen an, ob ich bald ganz aufwache und der Osterhase kommt.

All die volle ungetrübte Seligkeit um ein paar bunte Sachen. Warum versteht die jeder bei einem Kind und niemand bei einem großen Menschen. – Dann setzt es sich hin und bemalt für mich zwei Eier und ein Löschblatt mit den herrlichsten Motiven. Und ich muß danach suchen.

Zwei Aquarelle gemacht, aber schlecht. Doch bin ich froh, wenn ich wieder einmal etwas tu. –

Achte Epoche

Die Schwester

Schloß Winkl, 26. Mai

Da sitze ich nun wieder in der Landstille draußen und kann es immer noch nicht ganz begreifen, daß mein Ludwig tot ist und für immer fort. Daß er nicht wieder an irgendeinem Sommertag nach München kommt. Wie soll ich mich denn auch damit abfinden und warum? Das Leben ist göttlich und der Tod entsetzlich.

Zum erstenmal hab' ich ihn so nahe gesehen, und mir ist, als ob man sich nie von dem Entsetzen erholen könnte. Wie soll man da den Gedanken lernen, selber einmal zu sterben!

All die überflüssige Grausamkeit dabei, die monatelange Qual, die Besserung und dann plötzlich, nein, es soll doch nicht sein.

Und warum hat er uns nicht noch einmal ansehn können und wissen, daß wir alle um ihn waren mit all unsrer Liebe. Es war fast das Schrecklichste, dieser halberkennende Blick, und dann das Zurücksinken und Weitermurmeln.

Und doch, wie hat mir immer vor dem Gedanken gegraut, jemand sterben zu sehn. Und doch war es mir lieb, in diesen letzten Tagen, wo er nichts mehr wußte, neben ihm zu sitzen und dies Letzte von ihm in mir festzuhalten; seinen halb erkennenden Blick, als ich kam, und dann wieder die Bewußtlosigkeit, o Gott, o Gott.

Mir war der Frühling herum so hell und freudig erschienen wie lange nicht, als wir hier hinkamen. Ich hätte immerfort jubeln können, daß alles so schön vor mir lag. An meinem Geburtstag hatten mir Such und Maus alles so festlich gemacht und den Mittag darauf das schreckliche Telegramm, die lange Hinreise — ich habe immer gezittert, er lebt nicht mehr. Nun lebte er noch zwei Tage, aber für uns schlimmer, als wenn er tot gewesen wäre.

Da waren wir vier Geschwister zum erstenmal wieder zusammen. — Catty, wie hätte ich mich sonst gefreut, ihn wiederzusehn, jetzt hätte ich ihn gern für immer fahren lassen, wenn ich nur Ludwig behalten konnte. Den kann mir niemals irgend jemand ersetzen. — Wenn ich denke, wie gern er uns alle wieder zusammengebracht hätte, und nun kamen wir an seinem Totenbett zusammen.

Der endlose Sonntag im Krankenhaus, Ernst war noch nicht da, nur Catty und Hartwig. Ich blieb die Nacht dort auf dem Sofa, um bei ihm zu sein, während sich Benedikte etwas hinlegte. Wir beide wagten uns kaum anzusehn, wie sie so dalag und schlief und jeden Augenblick in die Höhe fuhr. Am Montag früh zur Bahn und Ernst geholt, alles so wie in alten Zeiten, als er sich im Hotel umzog. Dann die schreckliche Tante Fanny, die bei Ernsts Anblick zusammenfuhr, als ob er weniger Recht hätte da zu sein als sie. Mittags Ernst, Catty und ich zusammen zwei Stunden irgendwo drunten in Wiesbaden; das war sonderbar und doch, als ob es ganz selbstverständlich wäre – man konnte kaum darüber nachdenken, nur immer: Da oben liegt Ludwig und muß sterben.

An diesem Tag war es ihm etwas leichter und trotz allem – ich wenigstens hab' einen Augenblick gedacht: ob es nicht möglich wäre, daß er leben bleibt.

Am Nachmittag fing das letzte Ende an. Sie holten uns alle herein: Es war unsagbar schrecklich, wie wir da alle herumstanden und dieser Qual zusahen. Bei jedem dritten Atemzug ein tiefes Stöhnen, das so klang, als ob er sagte: »O Gott.« Ich habe mich hinter Ernst versteckt, und er hielt mich ganz fest. Sie haben alle so schrecklich viel Selbstbeherrschung und ich in solchen Momenten gar keine. Darin waren Ludwig und ich uns auch ähnlich, er hätte nie so gefaßt dastehn können. Ernst hat in allem am meisten mit mir gefühlt, wir waren ganz zusammen in diesen Augenblicken.

Bis Mitternacht sind wir alle dageblieben. Dann haben Ernst und Catty mich fortgeschleppt, wir gingen irgendwo Wein trinken und saßen noch lange zusammen mit diesem schrecklichen dumpfen Gefühl: »Was sollen wir da noch?« Die arme Bene sitzt da wie eine Statue neben ihm, und man muß ihr diese Stunden allein lassen. Ich wäre am liebsten auch noch mitten in der Nacht hingegangen, und heute reut's mich, daß ich's nicht getan hab'. Die beiden brachten mich nach meiner Wohnung, ich legte mich in Kleidern aufs Bett und schlief bis früh um sechs. Dann kam die Nachricht, daß er in der Nacht gestorben wäre. Und ein Gefühl, beinah wie Reue, daß man geschlafen hatte und nicht dort war.

Ich ging erst zu Ernst und Catty ins Hotel, dann wir alle hinauf. Da hab ich auch eine Stunde neben seinem Bett gesessen, allein und ihn angesehn. Er sah schön und friedlich aus, ein großer Busch Rosen lag auf dem Bett.
Es kam mir vor, als sprächen wir noch einmal miteinander, und ich konnte ihm noch einmal danken für alles und ihn mir zulächeln sehn. Das war wohl die beste Stunde.
Manchmal ist's mir jetzt noch so, mitten in all der furchtbaren Traurigkeit, als ob er mit mir spräche und sagte, ich solle doch nicht so traurig sein. Er konnte es ja nie sehn, wenn man traurig war.

Nun sind es schon vierzehn Tage, grad heute. Ich hab' so sehr an ihm gehangen und er an uns, wir waren so sehr Geschwister. Ich hab' seine Liebe immer gefühlt, aber ich hab' mir kaum vorausgedacht, daß es mich so zerreißen würde. Zerreißen ist das einzige Wort. Nie hab' ich mir vorgestellt oder vorstellen können, daß er wirklich sterben würde, in seiner ganzen langen Krankheit nicht. Ich dachte immer, das kann doch nicht geschehen. Er hatte ja so spät angefangen, zu seinem eigentlichen Leben zu kommen nach allem Jammer und all seiner Zerfahrenheit in der Jugend. Auch darin hatten wir soviel Gemeinsames. Nur, daß er wohl nie so das Leben geliebt hat wie ich – Benedikte sagte es neulich noch.
Ludwig sagte immer: Das Leben ist traurig.
Vielleicht war's für ihn der Frieden, er war immer ruhelos. Er ist fort, und ich weiß immer noch nicht, wie ich ihn hergeben soll! Träume jede Nacht, daß er noch da ist, oder schon tot und doch wieder da.
Es ist schrecklich. –
Zuerst hat die Zeit förmlich stillgestanden. Die Tage wollten nicht hingehn, und man war so froh, wenn es wieder Abend war. Jetzt rennt die Zeit wieder. Nun sind's schon beinahe drei Wochen. Ich fange an zu begreifen, daß es wirklich geschehen ist. Wie ein schwarzer Schatten fiel es mitten in den Frühling hinein, in den frohsten, schönsten Frühling, den ich seit langem hatte! Es war mir in diesem Jahr so, als ob alles neu und froh mit vielen schönen Verheißungen und Befreiung von vielen Qualen anfinge. Nun ist alles dunkel geworden, ich kann tun, was ich will – un-

möglich, sich der Gedanken zu erwehren, die sich alle um Ludwig und ums Sterben drehn. Es ist, als ob man selber sich nicht mehr zum Leben stellen könnte. Und dann immer wieder dieser bohrende Schmerz und die Sehnsucht.

Ich sah ihn vor mir in allen Momenten – früher zu Hause, als Halberwachsenen, wenn er mir gegen die andern Geschwister half, ich weiß noch, wie er mit mir zusammen meinen kleinen Garten herrichtete, er hat immer schon viel Liebe für mich gehabt. Und dann, wenn er als Student heimkam und mich an den Haaren in die Höhe hob, das war unsere beliebte Begrüßung und ein merkwürdiges Phänomen, weil es mir nicht weh tat. Ich weiß noch die Briefe, die er mir aus München schrieb, als ich noch ein halbes Kind war – wie er mir einmal meinen Spaten aus dem Wasser holte und dabei beinah hineinfiel, der Schrecken der Eltern, als er beim Duell halb tot geschlagen war, und wie Papa hinreiste. Später, wenn er als Referendar in Husum war, wie oft nahm er mich in sein Zimmer, um mich zu trösten, oder gab mir seine Hunde in Pflege, vorüber ich mich dann so geehrt fühlte. Und noch später, bei Papas Tod, wie wir uns wieder versöhnten und er zwei Jahre darauf nach München kam und plötzlich vor meiner Haustür stand. Nur hingekommen war, um mich zu suchen – wie er mit mir in den Ratskeller ging und wir uns dann vor meiner Tür umarmten und furchtbar zusammen weinten. Ich rief ihn her, als ich Bubi erwartete, weil ich dachte, ich würde sterben, und er versprach mir, für das Kind zu sorgen. Und dann all die andern Jahre, er kam stets im Sommer, mir scheint immer bei schönem Wetter und war mit mir wie mit einem Kind, das man amüsieren will und ihm lauter kleine Extrafreuden machen. Noch zuletzt diesen Winter, wie hat er sich da über meine Fortschritte gefreut, und wir waren so vergnügt zusammen. Von seiner Krankheit sprachen wir wohl, aber immer, als ob es nichts besonders wäre. Ich hab' mir nie denken können, daß ich ihn verlieren könnte, drum hab' ich auch nie dran geglaubt, wenn ich mich auch wohl manchmal ängstigte. Aber wenigstens ist etwas Mildes darin, daß wir immer gut und lieb zusammen waren, kein Mißton jemals, und daß er meine Liebe auch gefühlt hat. Ich hab's ihm ja im Winter noch mal geschrieben, wie sehr ich ihn lieb hätte und er mir, daß er mich von den Geschwistern immer am meisten geliebt hätte. Das ist mir jetzt so gutes Gefühl, denn das hab' ich jetzt erst gesehn – wenn jemand auch tot ist, es ist, als bliebe ein Zusammenhang. Manchmal kommt es mir ja vor, als hörte ich ihn zu mir sprechen und denke: Das muß ich doch Ludwig erzählen. –

Vier Wochen jetzt, meine Seele ist völlig verstimmt, und alles will nichts helfen gegen die trüben Gedanken. Ich arbeite, soviel ich kann, denke viel ans Malen und die Zukunft. Ach Gott, alles könnte so blühen, aber mit mir ist nichts, wenn ich nicht froh bin. Dazu bin ich geschaffen, aber mein Leben ist immer voller Schatten. Ich bin so innerlich apathisch – wie hätte ich mich sonst an dem jetzigen Zustand gefreut, den ich endlich einmal erreicht hab'.

Schloß Winkl, 21. Juni

Es muß endlich wieder aufwärts gehen und ich brauche fast Gewalt gegen mich selbst, um aufwärts zu kommen. Doch manchmal überfallen mich noch ganz entsetzlich schwarze Stunden – wenn ich nicht fortwährend etwas tue. Aber wenigstens fange ich wieder an, Leben zu fühlen, nicht nur Tod und Todesgedanken. Eine wundervolle Stelle in Jean Paul über den Tod gefunden. Wenn man doch so empfinden könnte. Mir fehlt es, daß Ludwig an meinem Leben nicht mehr Freude hat. Es hat ihn so viel gekümmert, und ich war noch nie auf so guter Bahn wie jetzt. Dies Winkl ist ja ein Paradies für mich, um einmal zur Ruhe und Arbeit zu kommen, mich zu sammeln.

Der kleine Frühlingsroman ist zu Ende, oder wenigstens über den Höhepunkt und ein leises Verklingen. Ich bin wirklich sehr weise geworden, daß ich das selbst gut finde. Aber ich habe ja das gehabt, was ich haben konnte. Mehr wäre es doch nicht geworden, und Dauer vertrage ich ja überhaupt nicht gut.

Es war ein »holdes poetisches Kapitel«.

Wie kommt es mir lange her vor, die Rückkehr des Knaben nach München, das Treffen und Herumsitzen in Cafés mit der Angst vor Such; der Abend bei Götz mit dem Unglücksfall. Den Tag drauf am Krankenlager, während Götz Spaghetti kochte. Der Transport in Lolas Wohnung und dann die täglichen Krankenbesuche zwischen der Umzugsarbeit, immer in Eile. Der Auszug aus der Kaulbachstraße, der alten, geliebten und gehaßten. Die Abende, wo ich spät und in Todesangst heimkam, die eine Nacht, wo Such an meinem Bett stand und sich auf meine Kehle stürzte.

Herr, mein Gott, ich habe wahrhaftig geglaubt, nun ist's aus mit mir, und das Grauen hat mich geschüttelt. Wie Maus sich dann in meinen Arm stürzte – wer weiß, wie weit es gekommen wäre, wär' er nicht aufgewacht. Wie er dann noch lange dastand, ich nach dem Revolver tastete und dachte, wenn ich mich nun bewege, ist's aus, und er stürzt sich auf mich.

Das war am Freitag vor dem Auszug. Die Abschiedsstimmung vom Haus war mir etwas gestört, ich habe nur gedacht, jetzt so schnell wie möglich heraus. Sonntag mit Knudsen und Such gepackt bis Abend, nur vormittags einen Sprung zu dem Kranken, der immer zärtlich und erfreut wartet. Um elf stellen wir fest, daß an Fertigwerden nicht zu denken sei und Möbelwagen abbestellt.

Die letzte Nacht in meinem lieben weißen großen Zimmer, wenn ich jetzt dran denke, wird mir noch ganz weh, daß ich es nie mehr haben werde. Wieviel Zeit und unendliche Stimmungen hab' ich dort erlebt. Doch war es Heimat, viel Ruhe, einmal Liebes und Gutes. Auch Bübchens Heimat in langer Zeit. Nun treiben wir wieder, noch nicht, aber bald.

Am Montag die letzte Arbeit, ich bin schon zu Martha übergesiedelt in das kleine Badezimmer, wo nur ein schmales Bett steht. In dem Augenblick, wo ich Bubi hineinlegte, hätte ich wieder umkehren mögen und noch diese letzte Nacht im alten Haus bleiben. Aber ich war zu kaputt und elend. Dann ins Leopold, Wiesel, Martha, Lampert – waren alle sentimental. Such wieder gut. Ich schließlich Sekt geschmissen, um die Stimmung etwas zu heben.

Nachher tat es mir so weh, daß der einsame Such wieder in die Kaulbachstraße ging und ich mich schon ausquartiert hatte. War's mir leid – aber ich war zu elend und lechzte nach einem Bett und ein paar Stunden Schlaf. Um fünf auf, mit Maus in die Kaulbachstraße geradelt, wundervoller Morgen, und das alte Haus schimmerte vor Frühling. Alles zum letztenmal – Frühstück zum letztenmal. Dann kamen die Möbelkerle, und alles zertrümmerte. Als Such mit ihnen fort war, bin ich noch eine Stunde im leeren Haus herumgegangen und gesessen, und es war schrecklich wehmütig, Bubi auch so, spielte in Hessels Zimmer und hing eine weiße Fahne hinaus. Ach wir Heimatlosen. –

Diesen Tag noch einmal viel Arbeit und ich wirklich am Umfallen,

mit Martha und Such in der Brauerei gesessen. Dann zu Strich. Ich bin beinah im Sessel eingeschlafen. Abends früh zu Bett.
Mittwoch in Solln, nachher mit Such zu Rolfs. Frühlingsmorgen, weißes Kleid und alles mögliche. Mir war wie zwanzigjährig. Das Gefühl: nun sind wir bald fort. Die schwere Süßigkeit soll man nicht ganz austrinken, nicht bis auf den Grund kommen. Also Freitag fort. Gegen Abend, als wir heimkamen, trübes Wetter, richten Zimmer ein – wie sonderbar kam einem das alles vor, dachte an damals vor drei Jahren. Es waren doch gute Jahre, alles Vorzeichen eines neuen Anfangs. Ruhe, Pflege, alles. Wie war ich damals kaputt und müde. Jetzt nicht mehr.
Die Zeit wird mir lang nach dem Coeurbuben*.
Gleich am ersten Tag angefangen zu malen. Abends eine Skizze am Fenster mit großer Wollust. Die nächsten Tage froh, unglaublich froh, alles Schöne mir so hell, so ganz Frühling drinnen und draußen. Den ganzen Sonntag im Garten in der Sonne gesessen, so friedlich beisammen. Es waren so leuchtende und stille Tage. Am 16. und 17. in die Stadt, Ceconi etc. und abends mit dem Coeurbuben und Lisa im Leopold. Götz als Landwehrmann. Nachher der Wagen, der halb voll Brot war. Et encore. –
Lolas Heimkehr. Vormittag wieder hinaus. Am 18. Mai mein Geburtstag. In der Früh Maus und Such mich aus dem Bett geholt mit roten Gürteln und Hemden. In der Kapelle ihre Geschenke, ein Schränkchen von Such mit vielen Herzen, und von der Maus ihre süßen Malereien auf Pappe. Eine lange Allee von Herzen. Such bläst Mundharmonika und singt Hinkelbeins Hündchen in ergreifenden Tönen. Die Lieben, die Guten. Mir war so heimatlich zwischen den beiden.
Und doch schreib' ich an dem Tag den dummen Brief an den Buben. Als ich von Wiesbaden zurückkam, sagte mir Such, daß er ihn konfisziert hätte. Das war so abscheulich in all der Traurigkeit, in der ich zurückkam. Auch noch dies Reißen, Bohren und Wühlen in unser beider Herzen. Das hat noch mehr Licht in mir ausgelöscht, ich kann's nicht ertragen, wenn man so in die intimsten Sachen hineinfaßt, sie auseinanderzerrt und vor mich hinlegt. Ihm gegenüber fange ich erst allmählich an, es zu überwinden, und es hat

* Walter Strich.

mich viel gekostet. Da ist es mir noch lieber, wenn er mich an die Kehle packt. –
Mein armer Coeurbub, was zwischen uns war, war ein sehr zartes Blümchen, ich fürchte, es bekommt ihm nicht gut, wenn es aus seiner Verborgenheit gezerrt wird an das Licht, das jetzt von allen Seiten auf uns scheint. Der letzte Tag noch sehr gut, wie ich so todmüde und todtraurig bei ihm saß – es war schon wie ein leises Verklingen, auch zuletzt am Bahnhof.
Ich fühlte, daß ich jetzt lange nicht mehr so froh wie im Frühling würde wiederkommen können. Das nächstemal, als ich in München, Gewitterluft – nichts war vorgefallen, kein Wort, nichts, aber wir fühlten es beide. Vielleicht mögen für uns zusammen noch andere schöne Stunden kommen. Was im Frühling war, kann ja auch keinen Sommer erleben und braucht es auch nicht.
Aber damals kam ich doch sehr verstimmt zurück. Alles zusammen, das Schöne und das Furchtbare hatte meine Nerven furchtbar erschüttert, und ich kämpfte schwer mit ihnen. Jetzt wird's etwas besser. Malen und malen und wieder malen, und Bubi und Bubi und immer wieder Bubi. Das Herz wird wohl immer seine Stürme haben. –
Manchmal gibt's arges Elend mit Bubis Lernen, es macht mich dann so unglücklich, daß ich nicht mehr Geduld habe und es nicht so gestalten kann, wie ich möchte. Es geht mir gegen die Natur, ihn zu drillen, und doch ist's mir lieber, ich tu's, als wenn's andre tun. Aber wenn ich dann aus der Rolle falle und bös werde, könnte ich mich durchprügeln. –
Heute ist der erste Tag, wo mir etwas leichter ist, ich weiß nicht, warum. Gestern war ein ganz schlimmer und trüber. Aber manchmal hilft das zum Zusammenreißen. Schön früh aufgestanden, da draußen goldener Morgen. Bubi gezeichnet. Such freundlich. Bubi gut gelernt. Dann Kühe gezeichnet. Nachmittags zur Geigenstunde nach Grabenstätt. Such nach München und mir ist die Zeit lang nach ihm. Wie schwer würde ich ohne ihn leben können. Bubis Geigenstunde und heimlich üb' ich mit. Das ist auch ein Traum, selbst etwas Musik machen zu können. Versuchen muß ich's nun doch noch einmal trotz meines Alters, ich bin ja in allem verspätet. Zu tausend Dingen bin ich ja nicht gekommen bei meinem sonderbaren Leben und hätte doch zu tausend Dingen Talent gehabt. –

Es schadet nichts, ich werde noch allerhand draus machen. Gestern abend ein wundervoller Spaziergang mit Bübchen. Ich hatte den Stein aus meinem Carloring verloren, und wir suchten den ganzen Weg ab. Bubi in großer Aufregung, weil ich ihm gesagt hatte, daß es ein Zauberring sei. Ich glaub' ja auch selbst, daß der Ring ein Leben hat, es ist schon so oft etwas mit ihm passiert. Das Kerlchen war zu süß in seiner Liebe und Angst, daß mir etwas geschehen könnte.
Und heute morgen ist der Stein wiedergefunden, siehe Polykrates.

22. Juni

Wieder von Ludwig geträumt, so oft jetzt. Er war krank und sollte nicht ausgehen. Meine Mutter war da und sagte: Zieh doch den Wasserrock an, das war ein Mantel von meinem Vater. Dann packte er all seine Sachen in eine große schwarze Kommode mit vier Schubladen und sagte mir heimlich, nun wolle er doch reisen. –
Jedesmal habe ich im Traum ein so freudiges Gefühl: Er ist doch wieder da. Dann weiter geträumt, ich ging in einer rotledernen Autojacke ohne etwas auf dem Kopf durch Straßen und in ein Lokal, ganz bestimmtes Traumlokal, das ich schon lange kenne, im Traum immer wiederkenne, zuletzt aber in den Simplicissimus. Da erheben sich aus einer Ecke Bertha Keck und ihre Schwestern und sagen mir guten Tag und ich schämte mich etwas, weil ich mich über sie mokiert hatte. Dann kam die kleine Pritzel* und zeigte mir einen Strumpf, den sie mit dem zweiten an der Spitze zusammengestrickt hatte. Dann plötzlich die Kaulbachküche mit rasender Wehmut, Hessel war da und lachte laut mit einer ganz fremden Stimme. –
Ein böser Tag heute und melancholisch. Erst voller Freuden aufgestanden, weil endlich einmal herrliches Wetter. Dann aber beim Rechnen mit Bubi großer Zank, ich werde ganz wütend, schmeiße alles hin und sage ihm, ich lernte überhaupt nicht mehr mit ihm, gehe weg und heule. Ich muß jetzt wirklich arg nervös sein, sonst bin ich doch nicht so hysterisch. Er ganz betroffen, will mir seinen guten Mauswillen zeigen und setzt sich zum Schreiben. Ich igno-

* Die Kunstgewerblerin Lotte Pritzel, bekannt durch ihre bizarren Wachspuppen.

riere ihn, auch als er mich trösten kommt wie beim Essen. Leg' mich nachher im andern Zimmer schlafen. Dann Versöhnung mit beiderseitigem Geheul. – Es ist ein so gutes Tierchen, warum muß ich ihn und mich mit der verdammten Lernerei plagen. Es ist Unsinn, daß man es spielend betreiben kann, für ein normales Kind ist es immer Quälerei. Und ich bin auch ein großer Esel und sollte selbst zu allererst Prügel haben, d. h. ich hab' ihm keine gegeben, nur moralische. Aber ich sollte schon welche haben, daß ich selber wie eine eklige Gouvernante werde und es zu ernst nehme. Ein Kamel bin ich auf der ganzen Linie.

Ich bin nicht mehr ich, wenigstens nicht immer, und weiß wohl, warum: Allein hätte ich bleiben sollen, Klages hat tausendmal recht gehabt, wenn auch in einem Sinne, den er selbst nicht durchschauen konnte.

Es war nicht Hessel, der an mir gezehrt hat. Ich darf nur lieben, aber niemals jemandem gehören, nur mir und der Maus, dagegen hab' ich mich verfehlt. Wann hab' ich denn die Ruhe in mir selbst gehabt wie früher, wo ich so sicher darin war. Aber Geduld, es kommt wieder, ich komme immer wieder zu mir selbst, und ich kenne die Symptome, es dauert nicht mehr lange.

Doch es bringt viel Schmerzen mit, die jetzt schon um mich gewittern. Mit darum bin ich auch so trüb gestimmt, und es liegt schwer auf mir. Viel Weiches und Liebes war da. Ich muß es aber wieder fort haben.

Klages, er ist doch mein heimlicher Traum, ihn wieder zu haben, nicht als Liebe, aber als Klages.

Nachmittags gemalt, nervös. Doch ich weiß, daß nach allen Gemütsexzessen immer ein Aufschwung kommt, ein Zusammenreißen. Hab' mir fest vorgenommen, mein Bübchen nicht mehr beim Lernen zu quälen, sondern zu versuchen, ihm damit Spaß zu machen und mich nicht zu ärgern, wenn's schlecht geht. Es ist nur die Angst, daß man mir den Privatunterricht nehmen könnte, wenn er zu wenig lernt.

30. Juni

Vor einem Jahre kam ich von der Schwarzwaldtour und Bregenz zurück. Ludwig kam nach München, grad vor mir, hatte in seiner Ungeduld nicht gewartet, war fortgelaufen, ich wußte nicht wohin und hab' mich so elend gekränkt, daß wir dadurch um einen Teil des Abends kamen. Um zehn war er dann in der Kaulbachstraße, wir sprachen lange. Nachher im Atelier, wo er schlafen sollte, er nahm mich in die Arme, und wir waren sehr gerührt. Sprach von seiner Krankheit und daß er vielleicht vor mir sterben könnte. Damals aber war von den Nieren noch keine Rede. Am nächsten Morgen fuhren wir zuerst zum Hofbräu, dann zu Français, Diner in der Kaulbachstraße und nachmittags zu Quenstedt. Er war sehr elend und konnte manchmal kaum gehn. Am Abend fuhr er wieder ab, wir saßen noch im Bahnhof. Dann ging ich um Mitternacht heim und hatte das Heimatgefühl wie immer, wenn Ludwig dagewesen war.

Nur nicht denken, nicht immerfort dran denken. Nicht an Tod und Sterben denken, es wird ja schon besser, aber ich kann's immer noch nicht lassen.

Neulich ein wahnsinniges Gewitter. Das Haus dröhnte und klirrte bei jedem Schlag – Maus und ich krochen unter die Bettdecken und zitterten, und ich bildete mir fest ein, im nächsten Augenblick wird uns der Blitz treffen. Nachher Such triefend angekommen. Bubi: »Es ist hier ganz wie in des Teufels Stube.« –

Viel gearbeitet, doch immer noch nicht hab' ich mich selbst beisammen. Mit Bubischule geht's besser, ich halte meinen Schwur, ärgere mich nicht mehr und lasse es con amore gehn. Und wir sind sehr vergnügt dabei.

3. Juli

Bassewi's für mehrere Tage da. Arbeit adieu, zappelig, aber es ist nicht zu schlimm, d. h. es ist doch schlimm, man zerfuselt und zerfaselt sich ein paar Tage und fühlt sich öde. Drücke mich mit Bubi recht viel beiseite, aber arbeiten kann ich dabei nicht.

13. Juli

Am neunten mit Bubi nach München zur Prüfung. Das arme Tierchen hatte Angst und machte es nicht sehr glänzend und war nachher bedrückt, hab' ihn aber dann durch die versprochenen Geschenke beruhigt. –

Nacht mit Adam und Lisa in Suchs Höhle, ich etwas sentimental, weil meine eigne Sommerblüte heuer verregnet war. Stern hatte mir am Abend erzählt, daß Strich weg ist nach Berlin – ich hatte gedacht, ihn zu besuchen, und der unaufgelöste Rest hätte sich

gelöst. Aber ich bin schon längst drüber weg. Es war ein recht schönes Blatt in meinem Buch und damit gut.
In Suchs kleiner Höhle fühlte ich mich so wohl, als ob sie mein wäre, im Genre von vor zehn Jahren. Abends Bübchen und ich uns Futter mit heimgeschleppt und zusammen soupiert.
Friess einen Abend – Herrgott, nein, ich mag ihn nicht mehr. Und Carlo – ich hab' nur das Gefühl, laßt mir meine Ruh'. Die Frühlingsromantik hat mich einstweilen für alles verdorben, und die dreifachen Anfechtungen in den drei Tagen ließen mich nur kalt. Bei der Rückkehr noch die ganzen Bassewi's und die zwei Misses hier. Dann war's endlich einmal Schluß, wieder ruhig und gearbeitet. Bubi hat sich als Belohnung einen Kimono ausgebeten und ist jetzt selig damit.
Maja will herkommen, mich zuerst sehr geärgert und quasi abgeschrieben – sie bat dann noch einmal, nein, ich bring's doch nicht übers Herz und hab' ja geschrieben. Aber lieber wär' ich allein, es ist so gut, allein zu sein. Mit Menschen ist's mir, als ob man innerlich zusammengeschnürt würde und allein weitet sich's wieder.

20. Juli

Von Klages geträumt, daß wir zusammen wie früher. Es ging mir ein paar Tage nach – was hab' ich verloren, mein Gott – und keinen Ersatz dafür gefunden.

– Wenn nicht das Schandwetter wäre, gute Tage jetzt. Alles ist mir froher, wenn die Sonne scheint, aber fast immer draußen trüb und grau, man muß sich förmlich wappnen dagegen und alle inneren Sonnen mobil machen gegen die inneren noirs. Übe mit Bubis Geige. Das ist etwas, was mir so schrecklich fehlt. Daß ich keine Musik machen kann – warum kann man mit 35 Jahren nicht so gut anfangen wie mit 10. Heimlich bin ich immer so überzeugt von meinem Können, wenn ich nur die Möglichkeiten dafür habe. Nur stört mich Hohn von andern, darum versteck' ich's ängstlich.

27. Juli

Oxerinkind gemalt, nachmittags am See, Wellen, und ich wieder ängstlich. Ich habe so Angst, mein Leben durch irgendeinen dummen Zufall einzubüßen, ehe ich will. Dabei ärgert's mich, feig zu erscheinen.

30. Juli

Draußen ein göttlicher Morgen. Nebel und Tau. Mich im Spiegelakt gemalt. Dann nach Oberwinkl, die zwei Kinder von der Oxerin im Freien gemalt, verdammt schwer. Mit Jean Paul geschlafen. Geige geübt. Frösche gemalt, in dem See gebadet. Geträumt, daß ich wundervolle blonde Haare, hatte sie versengt. Dann war Agnes* da und hielt die abgebrannten in der Hand und machte sie mir wieder am Kopf fest. –

Brief von Agnes mit Photographie der Wulfshagener Grabkapelle.

31. Juli

Geträumt, daß Gruhle mit einer Soldatenmütze kam, sagte, er könne es in München nicht mehr aushalten und das Leben wäre traurig – dabei ganz zärtlich. –

Früh Frösche gemalt, die Maus gestern in Oberwinkl gefangen hat. Dann zur Oxerin und die Kinder weitergemalt, die abscheulich werden. Ich weiß nicht – die kleinste Störung bringt mich um, und ich kann nichts mehr machen. Nach Tisch an den See, mit der Maus gebadet, an unserem Platz. In der Sonne gelegen, an Husum und die Hallig gedacht. O Gott, ich möchte hin, so bald wie möglich.

Ein Brief von Strich, mich so gefreut. Ich benehme mich innerlich manchmal wie ein Backfisch, aber was soll man dagegen tun. – Der arme Junge.

1. August

Morgens Oxerinkinder zu Ende gemalt. Nach Tisch mit Bubi ins Moor, um den oft geträumten Weg zum See zu finden. Aber umsonst, am letzten Schilf gescheitert, wo man zu tief einsank. Und eine Hitze – wir kamen nach zwei Stunden glühend und schmutzbedeckt heim. Dann Bubiakt gemalt, er sitzt in der Laube und liest den Glückspeter.

Ich fang' an, mir jeden Tag zu notieren, damit die Zeit nicht so rennt, ich habe immer gefunden, daß es dagegen hilft, wenn man abends die Summe zieht.

2. August

Abend, noch halb hell und der Vollmond scheint. Wie bin ich

---

* Die älteste der fünf Geschwister, die Stiftsdame Gräfin Agnes zu Reventlow.

allein, hätt' ich einen Menschen, mit dem ich jetzt reden könnte von aller Sehnsucht, allem Wollen. Such ist so anders, er will nicht mit mir im Mondschein radeln oder gehen, nur radeln, wenn er irgend wohin will. Maus ist zu Bett. Das ist mein Trost, das kleine Herz, das immer größer wächst und einmal alles mit mir teilen wird, es tut's ja jetzt schon mit seinem Kinderverstand.

Bubiakt in der Laube. Dazwischen klettert er hinter mir auf die Fensterbank, und es gibt ein großes Religions- und ethisches Gespräch. Muß ihm die Grundlagen des Christentums erzählen, die Schöpfungsgeschichte findet er sehr komisch. Dann holen wir uns ein Fischerboot, aber solche Scharen von Bremsen, daß wir verzweifelt umkehren.

3. August

Immer noch die herrliche Hitze, wie ein starker Wein, aber es ziehen sich schon Wolken zusammen – nur nicht wieder Regenzeit, wo die ganze Gegend unter einem grauen Tuch sitzt – brrr.

4. August

Gestern abend großes Gewitter mit entsetzlicher Schwüle. Mir selbst war, als ob man explodieren müßte. Heute wieder das verdammt graue Wetter, mit Bubi in den Wald Schwammerl suchen.

Samstag, 5. August

Früh nach Jachenau, den kleinen Seppei gemalt – unter staunender Bewunderung der ganzen Familie. Nachmittags Bubiakt und Wald.

6. August

Jachenau. Die beiden Mädeln angefangen. Dann Bad, hatte nur das kleine Boot mit Schlagruder, greuliche Arbeit. Bubi wirft den Bobbyhund zum Boot hinaus, schelte ihn dafür, und er watet an Land, um ihn wieder zu holen. Hält ihn an sich gedrückt, und Bobby zerkratzt ihn aus Angst von oben bis unten. Das arme Bübchen schreit jämmerlich: »Du unartiges Böbbchen, du abscheuliches Böbbchen«, schleppt ihn aber weinend und jammernd bis ans Boot. Nahm ihn dann auf den Schoß und tröstete ihn, und er schmiegte sich so süß an mich, ganz kalt und verwundet. Dann heim und ich nach Übersee, Maja abzuholen. Sie kam schön, anmutig und lieb wie immer.

7. August

Stern. – Maja, Stern, Bubi und ich in den Wald und abends Souper bei uns.

8. August

Nach Herrn- und Frauenchiemsee. Das Schloß angesehn, eine Wonne, Bubi zu betrachten, der ganz entgeistert und vertieft mit weit offenen Augen alles anschaut: »Das viele Gold.« – Was für Märchengedanken mögen in dem Köpfchen herumgehn, wenn es so etwas sieht. Mir auch, d. h. über den schönen, einsamen König mit dem Verlangen nach wahnsinniger Pracht, und doch ist sie nicht geraten.

Der Spiegelsaal, in dem er für sich allein alle Lichter anstecken ließ und das goldne Bett, wo er dreiundzwanzigmal geschlafen hat.

Male der Maus nachher aus, wenn er hier König wäre, mit dem Tischlein deck dich und mit der Krone auf dem Haupt durch den Park ginge. Und seine Augen leuchten. Muß ihm nachher noch endlos vom König Ludwig erzählen.

9. August

Stern und Such ab nach München. Ich in der Früh grantig gegen ihn, nachher reut's mich so. Ich bin manchmal schlecht, ungerecht und gräßlich kleinlich gegen ihn. Wenn er dann weg ist, wird mir so weich und wehmütig und ich wollte tausendmal lieber sein. Nachmittags mit Maja. Bübchen gemalt. Abends zur Oxerin. Gewitter, eine sonderbar drachenartige Wolke, die sich quer durch den Himmel wälzt. Mit Maus heimgerast.

10. August

Vormittags Maus gemalt. Nachmittags Grashüpfer in Blumen gezeichnet. Will jetzt mit Maja Kunstgewerbe lernen mit Lisa dazu.

11. August

Regentag. Maja über Nacht geblieben und mit ihren offenen goldenen Haaren morgens beim Frühstück Maus gemalt. Nachmittags Blätter gezeichnet.

12. August

Viel Sonne. Nachmittags mit Maja gesessen im Garten. Das Leben ist jetzt so gut und ungeheuer voll, in Gegenwart und Zukunft. Abends Such.

Geträumt, daß ich nach Wulfshagen kam, immer weinte. Benedikte aus der Tür mit einem angezogenen Äffchen in der Hand, ich greife immer danach und denke, sie will es mir schenken. Aber sie gibt's nicht her. Auf einmal geht Ludwig vorbei. Ich weiß im Grunde, er sieht doch nichts, selbst wenn er jetzt auch da ist: Dann arbeitet Bene im Garten mit einem Kind auf dem Arm, ich weiß, daß es nicht ihres ist, denke aber, nun hat sie doch einen Trost.

Dann sehe ich auf Suchs Bett mein blaues Nachthemd so ausgestopft, als ob ich's selber wäre und denke, das sieht so aus, als ob ich da tot läge. Und bin gerührt, daß Such sich so etwas zurecht macht.

13., 14., 15. August

Montag und Dienstag geduselt, Mittwoch Bassewis. Alles recht nett, aber man kommt nicht so recht zum arbeiten, d. h. diesmal lasse ich mich wenig sehen, habe dazu recht viel Kopfweh.

Montag, 20. August

Nach München, Lisa, Ceconi, Stern, Rolfi. Geburtstagsbesorgungen für Bubi. Beide nervös. Des armen Bübchens Zahn plombiert. Es ist greulich, wenn solch einem Tierchen etwas wehtut.

Mittwoch, 22. August

Zurück mit Maus, werde auf die Länge sehr zapplig, hier niemand vorhanden, gehn an den See und baden. Mit den andern zurück und abends Grabenstätt. Todmüde.

Freitag, 24. August

Alle zusammen gebadet. Endlich fange ich an, meine Zwangsvorstellungen zu überwinden und schwimme ohne Grund, was ich seit drei Jahren nicht mehr gewagt habe. Die arme Maus hat so miserable Angst. Vergebens versucht, ihn bis an den Hals ins Wasser zu bringen. Nachmittags Bassewi's fort. In Winkl aufgeräumt, zu müde zum malen. Eine ganze Woche verbummelt, ach, ist das greulich. Abends aufgerafft und Igel gezeichnet.

Samstag, 25. August

Könnte doch jetzt ein paar Monate alles bleiben, wie es ist! So selten, daß man die Gegenwart erstrebenswert findet. Alles in Harmonie. Ich bin in guter Verfassung, jeden Tag ganz als ein Stück Leben zu empfinden. Aber dann kommt gleich wieder der Neid der Götter.

Sonntag, den 26. August, abends

Brief von Lutz an Such, daß er ans Marionettentheater mit guter Gage engagiert wird, aber er muß gleich kommen. – Nun ist wieder alles Schöne hin, denn hier ohne ihn, nachdem wir eine so gute, schöne Zeit zusammen hatten – ach, ich mag nicht daran denken, und doch steht es schon so nah vor mir – vielleicht schon übermorgen.

27. August

Gestern abend der Brief. Ich zuerst zapplig, aber natürlich muß er's tun, das seh' ich ja ein. Wie reut's mich, daß ich manchmal geschimpft habe des Alleinseins wegen. Nun tät ich lieber alles fliegen lassen, um Such zu behalten. Er seit früh mit Güttner auf dem See gesegelt. Unwetter und Todesangst, daß es schief gegangen. Dann kommt er ganz durchnäßt heim und erzählt von der Bootsfahrt, und ich möchte mit dabeigewesen sein. Hat an Lutz telegraphiert, jetzt kann's jeden Tag sein, und mir ist so sehr wehmütig. Warum wird mir denn in diesem Sommer alles weggenommen, alle Liebe.

28. August, Dienstag

Zähl' jetzt die Tage und Stunden, wo ich ihn noch habe. Innerlich zittert alles in mir.

29. August, Mittwoch

Ich hab' Such im weißen Anzug im Garten mit solcher Wollust gemalt. Dachte erst, es würde »fein«, aber nachher im Zimmer, ach Gott, wie schaut's dann aus. –

31. August

Auf der Fraueninsel mit Such und Maja. Ein schöner, langer Tag auf dem blauen Wasser.

1. September

Mausgeburtstag. Früh Feier in der Kapelle. Such hatte alles mit Kerzen geschmückt, blies auf der Handharmonika und tanzte für die Maus einen Festtanz. Maja mit ihren goldenen Haaren war da und Mausi, das Herz, sehr glückselig. Nach Tisch war er verschwunden. Suchs letzter Tag, melancholisch, nicht zum Aushalten, ausgegangen, um Bubi zu suchen. Immer über die heißen Felder an den Heuleuten vorbei und immer gedacht, nun ist dieser Sommer zu Ende, was hat er mir alles genommen und was alles gegeben. Ludwig ist tot, und nun mein Such fortgeht, hab' ich keinen Menschen mehr außer meinem kleinen Bübchen. Als ich nach Oberwinkl kam, lag es am Froschteich und hatte drei Frösche in einem Kübel gefangen. Auf vieles Zureden ließ er sie wieder springen, und sie hüpften mit Riesensätzen in ihren Teich zurück. Zum See zur letzten Bootsfahrt mit Such. Uns dabei noch gezankt. Warum zanken wir dummen Menschen uns, warum sich von dem kurzen Leben auch nur eine Minute verderben? Abends so traurig zurückgefahren. Dann kam er ewig lange nicht. Maja und ich Bübchens Feuerwerk abgebrannt – wie es sich freute! Sagte ihm, ein großer Frosch hätte es für ihn abgegeben, das glaubt er alles.

2. September

Such abgefahren. Sonderbar, am Morgen ganz früh lag ich im Bett und dachte, oft hat er doch wie ein Alp auf mir gelegen, was hab' ich alles unter ihm gelitten, dann aber fing der Abschied an zu brennen. Als er eben fort war, fuhren Maus und ich mit Rad noch schnell nach Übersee, um ihm noch einmal Adieu zu sagen, aber grad fuhr der Zug ab. – Dieser erste Tag allein schrecklich. Aufgeräumt, Maja und ich. Auch sein Zimmer, alles verödet und leer. Nachmittags auf dem See, gebadet, immer das Gefühl, wo ist denn Such, gestern um die Zeit war er noch da. Und nun der Abend im Mondschein, ich kann's nicht aushalten vor Weh. Wann kommen wir wieder zusammen – so vielleicht nie wieder. Trinke ein Bier, um mich dumm zu machen, schließe die Läden, damit ich den Mond nicht sehe.

3. September, Sonntag

Sonnentag, aber kein Sonntag mit ihm. Sonst holten wir ihn früh zum Kaffee, und Bubi sang: »Suchi, Suchi, Äffchen, willst du mit uns Käffchen?« – Zur Post, allerlei abgeholt. Maus geht aus, seine Ringelnatter-Fischchen fangen. Am See, die Schwerter ans Boot gemacht, weil wir morgen die große Tour um den See machen wollen.

6. September, Mittwoch

Gestern abend von unserer Tour zurück. Montag früh das Bötchen aufgetakelt und ausgefahren. Zuerst nach Seebruck, eine Hitze, mon Dieu. Unterwegs an einem steinigen Strand gebadet und gefuttert, wie Bübchen sagt: »Nackte Wasserrestauration.« Um drei wieder in Seebruck, bis acht Uhr in Gstadt. Zuletzt Fahrt im Mond, der ganz rot aufging. Nachtlager beim Huber. Früh den

Sonnenaufgang grad vom Bett aus. Steinmetz getroffen. Weiter nach Stock, Graueninsel und heim. So schön auf dem blauen Wasser unter dem blauen Himmel mit der brennenden Sonne. Verbrannt und tüchtig müde. Die letzte Stunde auf dem Rückweg so gerudert, daß ich beinah auseinanderlief, und dann fuhren wir fest und mußten aussteigen, um loszuschieben. Mordsangst, mich zu erkälten, aber es ging gut ab.

7. September

Ach, wie wir gestern ausstiegen und ganz Hagenau und Hirschau uns mit Gejuchze am Strand begrüßte, das war so wohltuend. Diese Leute wie die Hagenauer schwärmen einfach für uns, und das tut einem gut.

Wieder am Haus gemalt, jetzt mag ich's nimmer sehn. Hab' noch so viel andres hier, was ich malen möchte. Mäßige Skizze vom Garten. Hätte ich doch noch zwei Monate Zeit, aber gearbeitet hab' ich in diesem Sommer doch. Gestern nur ein kurzes Briefchen von Such, viel zu wenig für meine Traurigkeit.

8. September

Skizze von der Waldwiese mit dem Wasserhäuschen ganz mißraten. Eine Schwüle, daß man zerplatzen möchte. Nachmittags endlich erlösendes Gewitter.

10. September

Komische Träume in letzter Zeit: Bubis Geburtstag, er klagt über Zähne. Ich schau' ihm in den Mund und sehe hinter jedem Zahn ein winziges Froschköpfchen. Mir wird ganz kalt vor Schreck, und ich denke: Hab' ich ihn denn so vernachlässigt? Mit ihm zum Doktor, und der sagte: »Oh, das kommt schon vor, besonders bei Kindern, die Phantasie haben.« Dann zeigte er mir drei Wespen, die er eingesperrt hatte und ein kleines Stück grünes Tuch. Erzählte: »Sehn Sie, das haben die Wespen mir gefärbt und ich habe ihnen nicht einmal das Tuch gegeben.« Ich sollte draus sehn, daß Unmögliches möglich wäre, sah es auch ein und war ganz befriedigt.

Hat die Maus gelacht, als ich ihr am Geburtstagsmorgen den Traum erzählte.

Und vorgestern: Such saß im Nachthemd an meinem Bett, dann wird es dunkel, es kommt jemand, ich fühle sein Gesicht mit den Händen und sage: Wer ist denn das, der hat ja eine so lange

Nase, Such ist es nicht. Es wird wieder hell und da war es der Reitknecht, er war ebenfalls im Nachthemd und fabelhaft liebenswürdig, aber ich dachte immer, ich mag ihn ja nicht mehr, was soll es jetzt noch. Schließlich kamen auch Baschl und Stern, alle im Nachthemd. Ich lag in meinem alten Zimmer in Husum. Nachher fand ich den Such im Rittersaal wieder, wo er den Boden umgrub.

Donnerstag, 13. September

Gestern einen lieben Suchbrief. Heute wieder am Malen. Oxerin und Kind in der Stube. Brief von Baschl, daß ich ihr beim Umzug helfen soll – mag nicht fort, aber was hilft's, kann zugleich meine Sachen in Ordnung bringen.

Freitag, 14. September

Nach Jachenau, um Mast und Segel einzubringen. Sauwetter mit Sturm und Regen. Mußte zum Boot waten, werde grantig dabei. Im Dunkel heim.

Samstag, 15. September

Vormittags Oxerin fertig gemalt, nachmittags nach München.

Sonntag, 16. September

Beim Baschl gepackt, abends nach Solln, wo Bubi haust. Such und Lutz Landshoff. Das war eine solche Freude. Baschlumzug am 18. vollendet. Nächsten Tag Wohnung gesucht, Donnerstag ein Lokal in dem alten Atelierhaus, Theresienstraße 54, gefunden. Im Luitpold Juxer und Gaston, Lisa und Bams. Juxer und Gaston später mit mir nach der Schönfeldstraße und bis vier gesessen. Juxer rückt mit seiner Beichte heraus. Ernste Beratung.

Freitag Einzug, mit den alten Hausweibern Krakeel bekommen und gleich gekündigt. Darüber später mit Gaston in fröhliche Laune geraten und weiter gesucht. Sonntag Pause gemacht, in Ebenhausen bei Rütgers. Endlich am Montag Wohnung gefunden. Ich war die Geschichte auch gründlich müde.

Dienstag wieder Umzug – der dritte. Es hat wirklich gelangt. Todmüde nach Solln. Dort ein grantiger Brief von Such. Ganz niedergeschmettert. Dazu noch Schwindsuchtsgefühle und Fieber.

Schloß Winkl, Donnerstag, den 28. September

Endlich glücklich heimgefahren. Todmüde, aber recht froh.

Freitag, den 28. September

Noch einen richtigen langen Winklschlaf gemacht und den ganzen

Tag herumgeduselt, morgens nach Grabenstätt und nachmittags in den Wald. Maja kam abends.

30. September

Melancholisch, immer muß ich an Such und den Sommer denken und möchte ihn zurückrufen können. Und dann kommen die gewohnten Spinnereien dazu, Klages, Schäftlarn, Adam etc. Bin überhaupt schlecht aufgelegt, die Ermattung kommt nach, möchte immer schlafen und genieße auch nichts so sehr wie das ungeheure Geschlafe, das ich hier treibe.

Nun muß das Bübchen auch wieder lernen, schreibt einen Aufsatz über die Oktoberwiese.

1. Oktober

Montag Brief von Gaston und Adam. Daraufhin schleunigst nach München. Größte Lust, mit nach Mexiko zu gehn. Himmeldonnerwetter. Nachmittags Gerichtsvollzieher, wegen Fluchtverdacht gleich Pfändung. Mon Dieu, hört's denn niemals auf. Während ich mich für die Fahrt nach München umziehe, pfändet der Kerl mir die Räder, mein rotes Jackett etc. pp. München abends bei Baschl. Adam mit dem urgermanischen Unternehmen. Pläne geschmiedet, daß ich Adams Bruder kennen lernen und er mich eventuell mitnehmen soll. Mit der Maus in der Suchwohnung geschlafen.

Dienstag, 2. Oktober

Wieder Adam und noch einmal Adam. Nachmittags großen Jour im Leopold gehalten. Erst Lola und Nöck, dann Bams, Maja, Lisa, Gaston, Juxer etc.

Mit heißem Kopf wieder nach Winkl gefahren, mir war wirklich, als ob mein Gehirn und alle Gedanken in Flammen ständen. Soll ich, soll ich nicht? Ach Gott, fremde Länder, und gerade Mexiko, malen, Geld verdienen und dann wieder zurück zu Such. Das wäre ja das einzige, was mich zurückhalten könnte. Aber es können noch tausend Sachen dazwischen kommen, eigentlich alles. Ob der Urgermane überhaupt eingeschnappt, oder ich mein Geld rechtzeitig kriege. Adam sich dazwischen legt usw. Es ist verdammt unsicher. Aber in Gedanken sitze ich schon auf dem Schiff und erwarte ungeheure Wunder.

Ich soll ja sowieso fort und würde Such ein halbes Jahr nicht haben.

Mittwoch, den 3. Oktober

Ebenso begeistert aufgewacht. Geträumt, daß mit unserem Segelboot auf den See hinaus und lauter verkehrte Taue in der Hand. Sturm und das Boot rast gradaus, und ich dachte, so nun hilft alles nichts mehr, aber ganz ohne Aufregung. An Girard geschrieben, daß er alles tun soll, gestern schwankte ich noch etwas.

Dienstag, 9. Oktober

Schön, daß der Such wieder da ist, es ist wieder ganz wie im Sommer. Nachmittags in Hagenau der Professor. Bubi und Such derweil gesegelt.

Mittwoch, 10. Oktober

Geträumt, daß ich all meine Habe in Konservenbüchsen packte und nach Amerika schickte. Und von Klages, daß wir uns aussöhnten und er wehmütig am Fenster stand.

Donnerstag, 11. Oktober

Geträumt, daß Wolfskehl in einer Grotte herumraste und für eine Nymphe schwärmte. Zuletzt stand er da und schrieb Verse an sie an die Wand: »Kommst du zum Frühstück, quell ich ungespundet. Frühstückst du nicht, so bin ich tief verwundet.« –
Zwei Skizzen von Fenster aus gemalt. Alles, was ich jetzt mache, ist abscheulich, und ich bin nicht recht dabei, weiß nicht warum, bin aber sehr verstimmt.

Freitag, 12. Oktober

Vormittags in Suchs Auftrag das Haus für Orlowski* gemalt, er will's ganz genau und schön ausgeführt, das will und will und will nicht gehn. Ganz nervös darüber, nachmittags weiter dran.

Samstag, 13. Oktober

Mit Bubi ins Moor, wundervolle Farben, aber beschwerlich zu gehn, wühlen uns mit Mühe durch ein langes Dickicht, werden beide sehr müde und zanken uns etwas. Hagenau, noch einmal den Professor gemalt. Ihm ist das Modelltum zu Kopf gestiegen, außer sich vor Seligkeit.

Sonntag, 14. Oktober

Nachmittags am See, Boot mit Such drin gemalt. Müde und

---

* Der Pole Franz Xaver Graf von Orlowski, der Eigentümer des Gutes Winkl bei Übersee, Chiemgau.

stumpfsinnig. Was ist denn nur, das schönste Wetter und ich schlecht gelaunt.

Montag, 15. Oktober

Such nach München. Wir morgens nach Feldwies und mit 20 Pfund Pflaumen zurück.

Mittwoch, 17. Oktober

Gemalt. Haus für Orlowski und Kirchenaltar und alte Skizzen.

Samstag, 20. Oktober

All die Tage ein Götterwetter, aber ich bin nur noch halb hier, halb Wehmut und halb Reisesehnsucht. Überhaupt bin ich ganz durcheinander, auch körperlich so zerschlagen wie immer eine Zeit im Herbst.

Bobbys letzte Tage. Der arme Hund quält sich und wir können uns immer nicht entschließen, dem ein Ende zu machen. Bubi weint, daß er sterben soll, will ihm ein Bäumchen aufs Grab pflanzen, damit seine Seele in das Bäumchen geht.

Dienstag, 23. Oktober

In Hagenau, meine »Porträts« gefirnißt und über das abscheuliche, trostlose Geschmiere deprimiert geworden. Einzige Genugtuung, daß der Alte über sein Bild in der Feuerwehrmontur ganz verrückt ist und lange sinnend davorsteht. – Mit Such Boot photographiert, alles noch so schön sommerlich und warm. Dachte an die Sommernachmittage mit Hitze und baden, nachmittags gezeichnet.

24. Oktober

Nach Traunstein, um die Räder richten zu lassen. Sehr vergnügt. Aber alles macht mich jetzt kaputt und greift mich lächerlich an.

Ich bin neugierig, ob das nur vorübergehend ist und was der Doktor in München sagen wird.

Ach, mein Winkl, nun läutet es schon so in allen Ecken nach Abzug. Man malt nicht mehr und möchte eigentlich schon packen und räumen. Am wehmütigsten ist mir morgens, wenn ich vom Bett aus den roten Himmel sehe. Das Aufwachen und Aufstehn war hier immer so schön, den ganzen Sommer, so frisch und ausgeruht und vielen, vielen Plänen. Und ich habe zum ersten Mal besser standgehalten, bin nicht faul gewesen, wenn die Ernte auch wieder nichts mehr ist.

München, November 1906

Ein schwerer, schwerer Abschied von Winkl. In Hagenau von den guten Leuten am Abend vorher Abschied genommen. Wie man doch an all dem hängt. In München in Suchs kleinen Zimmern in der Osteria.

Mit dem Abreisen will's nicht vorwärts, der Zahndoktor hält mich immer wieder auf. Wieder ist's ganz gemütlich, wird mir schwer, fortzugehn, allein und weit. Wenn ich irgendwo hinfahren könnte, wo ich weiß, wie es ist, mich dort mit allem etablieren. Aber so ist's fad. Ich will ja nicht herumflitzen, sondern baldmöglichst festsitzen und malen. Das könnt ich hier alles viel besser haben. Na, es soll wohl sein.

*

Ragusa, 27. November

Nun sitz' ich hier und verfluche die Reiserei ein wenig, komme um vor Heimweh. Wär' die Blamage nicht so groß, so tät ich wieder umkehren. –

Ach, die letzten Tage, der letzte Abend mit Landshoffs und der letzte Morgen im Aufbruch. Und mein Such, mein Herz.

Die Seefahrt sehr schön, am ersten Abend gleich eine Bora und das arme Bübchen recht seekrank. Dann schöne Tage, immer an Deck. Aber Dalmatien war ein falscher Traum, lauter graue Steinhaufen mit grauen Häusern, die Nester selbst für mich zu primitiv. Unmöglicher Gedanke, da lange allein zu sitzen. Also weiter nach Ragusa gefahren und vom ersten Blick sehr entzückt. Doch wieder nichts zum Bleiben, keine Privatwohnungen, außer ganz teuren, und kein Strand, nichts Anheimelndes. Ein einfaches Häuschen am Strand, und ich wäre zufrieden, aber gerade da nichts zu finden. Eine dumme Geschichte, da wir soviel Geld verfahren. Aber trotzdem weiter nach Korfu. Wo sonst hin? Nach Italien kann man von hier aus nicht.

O Gott, ist mir fad, nur wenn ich draußen mit meinem Bübchen herumlaufe oder schlafen gehe, ist es erträglich, sonst frißt das Heimweh mich mit Haut und Haaren auf.

Sturm und Regen, im Herzen Nacht. Ach könnte ich heim, heim.

Zahnschmerzen, sehr angegriffen, möchte wenigstens Skizzen machen vom Fenster aus. Verdammtes Weib, verspricht mir ein

Zimmer nach dem Markt, krieg's aber nicht. Malsachen schon ausgepackt.
Ein Tag wie der andre. Jedes Eckchen in der Stadt angeschaut, gehn Kaffee trinken. Spaziergang nach Gravosa oder der andern Seite. Das Treiben vom Markt betrachtet mit den wirklich schönen Kostümen. Abends Futter eingekauft und im Zimmer Essen gerichtet. Ausflüge zu kostspielig, überhaupt etwas Angst, wie weit es mit dem Geld geht, der Aufenthalt hier eine dumme Ausgabe. –
In der Agentur. Schiff nach Korfu erst Sonntag. O Sakrament. Wie wird's dort sein? Ich merke schon, ich hab' den richtigen Unruhetatterich, der mich überall wieder weiterjagen wird.
– Freitag. Na, Gott sei Dank, morgen geht ein Schiff, besser wie das andre. Montag früh in Korfu. Himmelherrgott, wenn ich dort auch wieder einpacken muß. Dann geh' ich einfach nach Rom und basta.

Samstag

Erlösung naht. Bin ich froh, wenn ich aus dem Beisel hier heraus bin und das malerische Panorama nicht mehr sehe. Ich weiß es schon mehr wie auswendig. Vormittags nach Gravosa, Dampfer noch nicht gemeldet. Kann sich verspäten, weil brutto mare. Jetzt haben wir doch die Wege schon etwas liebgewonnen. Früh von Ragusa nach Gravosa hin- und zurückgebummelt, nirgends kann man an den Strand kommen. Ein paar schlechte kleine Skizzen gemacht. Nachmittags gepackt, telephoniert, Schiff noch nicht da. Geld gewechselt, die Wiener Leute im Imperial besucht. Als wir zurückkommen, ist das Schiff da. Im Galopp aufgepackt und nach Gravosa. Der schwarze Facchino, der uns seit der Ankunft umlauert, steigt mit auf den Wagen, um unsre Sachen aufs Schiff zu tun. – Also addio, schöner und täglicher Weg.
Auf dem Schiff gleich erleichterte Gefühle. Komisch, auf dem Schiff hab' ich immer ein gemütliches Zuhausgefühl, wir fahren erster Klasse und fühlen uns als reiche Leute. Gemütvolle alte Cameriere: Che comandi Contessa?
Essen zu Abend, Bübchen zu Bett und Abfahrt. Dann geht das Getobe los, trotz meiner Seefestigkeit nicht gut geschlafen.

Sonntag, 3. Dezember

Sehr unruhige Fahrt und glänzendes Essen. Bübchen im Klapp-

stuhl auf Deck gefuttert, ist blaß und vergnügt. Ganze Vormittage an Deck, mit dem Commandante italienisch geredet. Ein alter Türke an Bord, der seine Pantoffeln aus- und anzieht, sich Kaffee kocht und sein Gerümpel im Gänsekäfig etabliert hat, eine Jüdin aus Berlin nach Jaffa auf Zwischendeck, sitzen alle elend und stumpfsinnig neben ihren Koffern am Boden, auch nachts draußen. Nachmittags schwer geschlafen, Bubi im oberen Bett.
Um vier in Brindisi. Die andern Passagiere, die alle krank waren, kommen aus den Kabinen gekrochen, der Schiffsarzt, selber als Leiche, muß konstatieren, daß alles an Bord wohl. Gehe mit ihm und dem Ersten Offizier an Land. Den Hafen längs elende Hafenstraßen und schmutziges Pack, haufenweise Kinder vor den Türen. Denke an Adam und an den Morgen hier, wo wir zappelten, nach Hause zu kommen für Weihnachten.
Abfahrt, und wieder geht der Tanz los, noch vor dem Abendessen alle bis auf den Offizier verschwunden. Wir sitzen nachher an Deck im Mondschein. Ein wundervoller Abend – das bewegte Meer und Bubi, der ganz verzaubert ist. Nachts Sturm und Gewitter. Liege wach und stelle mir vor, daß wir untergehn.

4. Dezember

In Korfu. Hatte an Dhesyllas telegraphiert, aber niemand da. Ungemütliches Gefühl, daß man nun wieder halt machen muß. Wäre am liebsten weiter nach Ägypten gefahren. Der gestern hat mir so Lust gemacht und war sympathisch. –
Steigen im deutschen Hotel ab. Sofort einen großen Spaziergang in die Stadt bis Castrades. Gleich vergnügt geworden. Alles so viel schöner und sympathischer als das Vorherige. Frühlingsartig, Schafe, kleine Lämmer, Orangenbäume, Rosen. Die üppigsten Gärten und freundlichsten Häuser. Ja, da hat man schon Lust zu bleiben. Bübchen selig, entzückt, und wir sind so froh, so erlöst. Hier müssen wir etwas finden. Fassen den Plan, gleich nachmittags nach Gasturi zu fahren, um Wohnung zu suchen. Mittags erscheint Dhesyllas und fährt mit. Gott, ist das hier schön, wie ein Zauberland. Gleich hinter der Stadt zieht sich die lange Kaktushecke entlang, der weiße Weg, das Griechenvolk, das mir doch lieber ist wie jenes andere. Lauter Samoserinnerungen, Esel, Maultiere, Ziegen, ach, freut sich das Kind daran, ein fortwährendes Geschrei: »Schau Mamai, die guten Esel.« Ich begreife so

gut, daß sich die Götter Griechenland ausgesucht haben und bin vor Freude ganz weg, daß ich hier bin.
Benizze hab' ich mir so verlockend gedacht, direkt am Meer etc. In Wirklichkeit aber garstig. Der Strand ist zwar da, aber direkt daran eine abscheuliche Häuserreihe voll schmierigem Pack. Hinter dem Dorf Berge, das ganze wie eingeschlossen. Könnte dort ein ganzes Häuschen mit einem zauberhaften Orangengarten für uns bekommen. Nachher Gasturi angeschaut, der Ort viel schöner und die Umgebung auch. Aber nur ein Zimmer. Mache es gleich fest, um Schluß zu haben, todmüde und arg Kopfweh. Nächsten Morgen reut's mich ein bissel, denk' ans Orangenhäuschen. Nachmittags mit Sack und Pack hinausgefahren und eingeräumt, wobei ich halb wahnsinnig werde vor Engigkeit und die Wahl verfluche.

Gasturi, 6. Dezember

Morgenspaziergang mit der Maus, ärgere mich noch immer, daß ich nicht nach Benizze ging. Maus macht mir Vorwürfe, weil ich nicht das schöne Orangenhäuschen genommen hab'. Nach dem Spaziergang sind wir aber wieder mit unserm Platz versöhnt. Ist das eine Landschaft! Da sitz' ich mit Freude in jedem schäbigen Loch.
Wetter manchmal wundervoll, manchmal wieder schlecht, manchmal dunkler Himmel wie bei uns beim Gewitter und Sonne dazwischen.

12. Dezember

Gezeichnet, mit Bubi gelernt, zweimal nach der Stadt den langen, langen, aber schönen Weg. Die Tage gehn schnell. Abends den Weg nach Benizze herunter. Die Stimmung über dem Meer und den Zypressen ist so göttlich schön. Ein paarmal am Strand drunten und Mäusegejauchze über das Meer, wie ein kleiner Vogel breitet er die Arme aus.

13. Dezember

Einen neuen Weg entdeckt, wo ich viel malen werde, kleine verlassne Kapelle mit einer Riesenzypresse. Den ganzen Weg entlang kein Mensch zu sehn.
Verdusle viel Zeit und fühle mich nicht recht wohl, körperlich und auch sonst nicht ganz, noch nicht genug auf den jetzigen Zustand eingerenkt.
Am schönsten ist's, wenn Briefe kommen, aber auch traurig.

14. Dezember

Maßloses Sauwetter, Sturm, Regen in Güssen, schlechtes Vergnügen, immer treppauf und -ab in die Küche zu laufen, zwanzigmal am Tag. Regengüsse auf den Kopf, und alles schwimmt. Die Küche, unsre Räuberhöhle, ist manchmal sehr gemütlich. Heute den ganzen Tag im fürchterlichsten Rauch dort zugebracht. Briefe kamen von Such und Fädchen, und wir waren sehr vergnügt. Ganz früh noch mal zur Stadt auf dem Abkürzungsweg, der aber beinah gleich lang ist. Beide verdammt müde zurück. Unwetter und Küchennachmittag.

16. Dezember, Sonntag

Wundervoller Morgenspaziergang unter Felsen. Narzissen, Rosen.

Montag, 17. Dezember

Morgens am Strand, abends zur kleinen Kapelle. Eine Totenbahre, die genügt, um mich wieder ganz melancholisch zu machen. Überhaupt oft schrecklich deprimiert, schlafe schlecht, fürchte mich, träume greuliche Sachen. Einmal eine unterirdische Höhle voll abscheulich geschwollenen weißen Gestalten, und man sagt mir, das wäre der Himmel der Ungläubigen. Ich: »Dann will ich lieber wieder zum lieben Gott zurück.« – Denke immer, immer an Ludwig und hab' Angst, daß ich selbst sterbe.

Dienstag, 18. Dezember

Anderes Zimmer bekommen. Ist das angenehm, man kann sich wieder bewegen und gerät nicht über jeden Gegenstand in Verzweiflung.

Mittwoch, 19. Dezember

Hab' jetzt die Küche am selben Flur, also früh unser heißes Wasser statt dem Gfrett und Gefrier da oben. Warum bin ich so greulich verstimmt? Es muß der Luftwechsel sein und die fortwährende Gewitterluft. Damit tröste ich mich. Bubis Geige ausgepackt, jetzt mit allem anfangen und Energie zusammensammeln.

22. Dezember

Ach Gott, ich wollte, ich wäre friedlich in München. Sauwetter, Sauwetter und kein Ende. Schmachvolles Gewitter bei Nacht, durch das man nicht schlafen kann. Hab's schon satt und tät am liebsten weiterfahren. Nicht wohl, liege halben Tag im Bett. Überhaupt die ganze Zeit hier nichts Rechtes mit mir.

23. Dezember

Abendspaziergang mit Maus und große Weihnachtsmelancholie. Denke soviel an Ludwig. Und wollte, ich wäre in München und hätte eine Schule zum Malen.

24. Dezember

Zur Stadt. Wundervoller Morgen und schönes Griechenland. Bei dem kleinen Café gesessen und gewartet, bis ein Kerl uns einen Wagen holt. Bübchen macht seine Einkäufe für mich mit großer Geschäftigkeit und Aufregung. In der Stadt Festtag, St. Spiridiones. Kerzen, schmierige Priester, Wagen mit geschlachteten Schweinen – haben wir gelacht. Auf dem Rückweg stürzen die Gäule, aber der betrunkene Kutscher klaubt sie wieder auf. Zu Haus an dem Zypressenbäumchen gearbeitet, meine Gedanken immer Kaulbachstraße in meinem Atelier, wo ich den großen Baum schmückte. Aber dann Maus, große Seligkeit und rote Backen – seine selige Freude an allem, nicht zum wenigstens an dem, was er mir schenkt, einen wundervollen großen Schwamm und ein paar griechische Pantoffeln. Ich muß einfach mit froh werden und mich an dem süßen Geschöpfchen mit seinem Kinderherzen freuen.

Es wurde doch ein schöner Weihnachtsabend mit einem Festschmaus. Bei mir mit ungeheurem Kopfweh, mich zuletzt ins Bett gelegt, und das Bubiherz las mir vor. Konnte mich vor Schmerzen kaum mehr bewegen und denken, aber es war ein wohliges Gefühl, so wehrlos dazuliegen mit dem Weihnachtsbäumchen und dem Herzkind, das so froh war. Am Abend vorher kam Signor Buontempo, der Kastellan des Achilleion, um mitzuteilen, daß Geld für uns beim Konsul angekommen sei, und lud uns ein, morgen mit ihm in die Stadt zu fahren. Es war angenehm, wieder einmal ein freundliches Menschengesicht zu sehn.

25. Dezember

Mit Buontempo in die Stadt. Der alte Herr recht lieb. Im deutschen Logierhaus mit Maus Kaffee getrunken. Komische Bude, die, wie ihr Inhaber, einen etwas zweideutigen Eindruck macht.

26. Dezember

Gesponnen, ach wie sehr, bis nachmittags Post kam. Von Agnes Kuchen und lange Briefe von Such und Carlo.

27. Dezember

Wieder Weihnachtspaket von Fädchen und Such. Meine Handschuhe mit Bonbons drin. Ach die Guten alle. Uns wurde so sehnsüchtig, am liebsten wären wir gleich auf und davon. Aber sei still, mein Herze.

29. Dezember

Draußen Zypressen gezeichnet, die ich später malen will. Wenn ich's doch könnte, ein richtiges Bild. – Zwei Stunden am Meer, es war stark bewegt, gezeichnet, Bubi nennt die Skizze die Rosse des Poseidon. Rasendes Wetter. Abends bei Sturm und Vollmond nach Bella Vista. Die Zypressen biegen sich ganz tief, und die Wolken jagen.

30. Dezember

Arges Leibweh, Bübchen hat auch Schmerzen in den Gliedern, die Angst, daß er mir krank werden könnte, mein Himmel! Als er Geige übt: »Ach Mamai, das ist so heimatlich.«

31. Dezember

Melancholisches Sylvester. Bubi erklärt mir leidenschaftlich, wir sollten doch lieber heimfahren. Wir frieren gottsjämmerlich. Ich denke lieber nicht daran, daß es Neujahrsvorabend ist und betrüge die Maus auch darum, warum sich das Herz schwer machen? Nur arbeiten, arbeiten und froh sein und sich zusammensammeln.

Geträumt in letzter Zeit einen solchen Wahnsinn: Heute war ich mit Such am Strand, wir wohnten in einer Hütte zusammen, und er kochte Fische. Zu mir kommt plötzlich eine Art Schwertfisch gelaufen und steht mir Modell. Ich zu Such: »Schau nur, wie der stillhält.« – Such wäscht eine blaue Jacke aus, und ich fühle plötzlich, wie meine Zähne abbrechen, erst zwei und dann alle unten mit einem großen Stück Kinnlade und schreie ganz laut: «Such, Such.« Er: ich sollte nur ruhig sein, man könne nichts dabei machen, ich hätte dann doch keine Schmerzen mehr. Dann lag ich in einem Zimmer auf dem Sofa, im Nebenzimmer Adam, der aber Walter ähnlich sah und mich später amourös und ganz betrunken verfolgte, wie ich grade mit Schmitz nach Paris wollte.

So geht's alle Nächte, von allen Leuten, die ich jemals gekannt habe, von Geschwistern, und wen es nur gibt. Hab' manchmal Angst, ich werde verrückt und möchte lieber unter Menschen sein.

1. Januar 1907

Mondnacht und viel wachgelegen und nachgedacht, wie schön und reich das Leben doch ist. Man liebt es doch über alle Begriffe und hängt daran. Schrecklicher Gedanke, diese wundervolle Welt mit allen Schmerzen und Freuden einmal zu verlassen. Warum hat Ludwig fortmüssen?

Aber vielleicht, das denke ich jetzt manchmal, wird es noch viel wundervoller. Oft seh' ich im Traum Landschaften, ganz überirdisch schöne mit dem Gefühl, daß ich sie kenne, sehe Abendbeleuchtungen in Husum und weiß, nun werde ich gleich mit Catty zum Deich hinausgehen, und da wird es ganz herrlich sein. –

Früh aufgestanden und Feuer gemacht. Klarer Himmel, schon hell auch der volle Mondschein. Lege mich dann wieder ins Bett und halte mit Maus Neujahrsgespräche über Zukunft und Vergangenheit.

Will mich ein paar Tage noch ganz ruhig halten, trottle mit Bübchen vormitags im Garten herum im Sonnenschein und finde alles so schön, so schön, hier zu sein. Heitre Krankheitsstimmung mit Freude auf das Gesundsein. Bubi hopst mit seinem Lämmchen, endlich hat er eins gefunden, womit er spielen kann, singt ihm vor, wenn es schläft und ist ganz hingegeben und verliebt. Das alte Schaf sieht sich manchmal um, was er mit dem kleinen treibt und sagt: Mööh. Dann spricht Bubi mit ihm über das Junge, daß er ihm nichts tut etc.

Griechisch gelernt. Dhesyllas. An Such geschrieben, daß ich heim möchte – eigentlich ist's nicht ganz wahr, nur momentweise. Immer froh werd' ich, daß ich hier so tief allein mit Bubi bin, ihn einmal ganz genießen kann, und er ist so ungeteilt glücklich. Malt sich morgens im Bett aus, wenn wir jetzt in München wären, Eisblumen vor dem Fenster und draußen Schnee. Abends Schmalzküchel gebacken, fasten drei Stunden lang in der Küche, bis sie endlich fertig und gegessen waren, weil nicht alles klappen wollte. Aber es war wundervoll gemütlich, das Weihnachtsbäumchen noch einmal angezündet, und wir lesen beide zwischen der Bäckerei.

2. Januar

Wieder tobende Migräne, warte sehnsüchtig darauf, daß die

»Zimmersau« endlich aufgeräumt hat und ich mich wieder hinlegen kann. Zugeschaut, wie die Kerle das Haus anstreichen. Die Alte kriecht stöhnend herum, und alles geht seinen bummligen Arbeitsbetrieb. Bubi und ich malen uns aus, wenn wir einmal ein eigenes Häuschen haben werden mit lauter Tieren. Ach ja, das ist nur Traum. – Abends immer etwas Fieber. O Sakrament.

3. Januar

Geträumt, daß ich mit Lisa zum Henker ging, um uns köpfen zu lassen. Wiesel begleitete uns ganz tragisch. Stiegen einen fürchterlich hohen Turm mit einer schwindligen Luke hinauf. Der Henker war ein schwarzbärtiger Mann mit schwarzen Sicherheitsnadeln statt Zähnen. Wir faßten die Sache halb als Ulk auf, und zwar wollten wir die andern Leute damit irre machen und zugleich den Henker verulken. Er sagte, heute könnte er es nicht machen, weil wir noch Papiere dazu brauchten, und wir zogen wieder ab, stiegen den Turm von inwendig hinunter und fanden unten drin eine Restauration und eine Apotheke, worüber wir sehr lachten. Dann an einer Statue vorbei, die der »Ruß« hieß, eine wahnsinnige Rüstung anhatte und wie Wolfskehl aussah – etc. Noch viel des Wahnsinns. –

9. Januar

Zwei Tage an meinen Zypressen gemalt, dann ein Stückchen Meer probiert. Bauchweh, Bauchnerven – komme an nichts zu keiner rechten Freude. Wache ungemütlich auf, schlechtes Wetter, aufstehn und Feuer machen und den grauen Himmel anschaun und denken, wann mir einmal wieder wohl sein wird.

Lieber Gott, was willst du von mir? Zu welchem Besten soll es nun wieder dienen, daß ich hier so kaputt herumsitze, statt die helle Freude zu haben. Ich beklage mich nicht einmal über die vier Wochen Sauwetter, die du auch extra für mich so präpariert hast, denn alle andern Jahre soll's besser gewesen sein. Ich habe genug vor, um vier Wochen Zimmerhaft mit Regenspaziergängen auszuhalten. Aber mit diesem nagenden Wurm im Innern und der immer leise gärenden Stomatitis im Munde soll der Teufel mit Vergnügen leben und arbeiten. Ich wünsche mir nur, morgens frisch und wohl aufzuwachen und mein Tagewerk ohne allzuviel Zusammennehmen tun und mit meinem Bübchen vergnügt sein zu können. Ist das zuviel verlangt?

Wie gern wollt' ich dem Teufel meine Seele verschreiben, wenn ich dafür Gesundheit hätte. Nur das, nur feste Gesundheit ohne immer neue und alte Plagen, und ich läge täglich auf den Knien vor Freude an dem Leben. Aber an mir muß beständig gezwickt werden. –

Am Montag griechische Weihnachten. Alles Pack in der Kirche, wir auf die schöne Ölbaumwiese gegangen, schönes Wetter, es war, als ob man allein auf der Welt wäre.

Niemand zu sehn und zu hören. Bubi gespielt und geklettert, ich gezeichnet. Abends bei wundervollem Abendrot spazierengegangen, später ins Dorf hinunter, die Leute zu sehn, aber es war schon zu spät, nur noch Nachzügler aus der Kirche. Und dann weiter, hundeelend vom Gehen und ganz verzweifelt zu Bett. Träumte, daß ich krank, ein alter gemütlicher Doktor stieg mit vielen Kissen durchs Fenster zu mir ein, maß mich und sagte, ich hätte vierzig Grad Fieber. Ich lag da, war ganz vergnügt und dachte: Nun bin ich doch endlich wirklich krank, nun hört das Gfrett auf. Nebenan feierte Ceconi seine Hochzeit, er hatte zwei Särge kommen lassen, darin sollte die Hochzeit gefeiert werden, und alle fanden es sehr merkwürdig. Nach kurzer Zeit hörte ich die Schandleiche herauskommen und wehklagend die Treppe hinaufgehen. Sie klopfte an alle Türen und rief immer wieder: »Hätte ich mich doch besser vorgesehn, der tut einem ja gar zu weh.«

Resultat dieses Traumes war, daß ich mich nun endlich entschlossen hab', zum Doktor zu gehn, um meine Plage loszuwerden, doch keine Lust, in die Stadt zu fahren. Das ist ja immer das Gemeinste an allen Krankheiten, daß man zu nichts Lust und Entschluß hat, alle Mücken zu Elefanten werden und der ganze innere Mensch sich verkehrt. Aber das ist ja, was der liebe Gott bei mir will, ich soll partout hysterisch, schlechtlaunig, schwerfällig und mir selbst ein Greuel werden, weil die Natur mich gerne zum Liebling der Götter und Menschen gemacht hätte. – Nun habe ich in diesen Tagen wieder etwas an der Wollust des Malens geleckt und bin noch ungeduldiger wie vorher auf Wetter und Gesundheit.

O Erbarmen, laß mich nur malen, dann will ich im übrigen schweigen und verstummen. Mit dem aus dem Kopf malen hat es seine Schwierigkeiten, wenn man so viel kann wie ich, o du mein

Gott. Und wenn ich's gut angefangen habe, gehe ich in verliebter Verzweiflung immer wieder dran, bis es verpatzt ist. – Dann kommt die graue statt der verliebten Verzweiflung und die Sicherheit, daß man's das nächstemal wundervoll machen wird. Ich kann ja so fabelhaft malen, wenn ich morgens im Bett liege. – Gestern, also am zweiten Weihnachtsfeiertag, natürlich wieder Hundewetter. Nachmittags in der Küche uns aufgewärmt. Abends Schmalzkuchen fabriziert und dabei Bubi Homer vorgelesen. – Greulich unzufrieden bin ich mit mir, daß ich nervös, zapplig bin, rauche und spinne. Man kann aber nicht allen Sonnenschein aus sich selbst produzieren, etwas muß von außen kommen, etwas hell muß es um einen her sein, sonst kommen die zurückgedrängten Finsternisse aus allen Ecken.
Bubi spinnt auch, jammert, warum wir hier sitzen, wenn es doch nicht schön ist. Am vergnügtesten sind wir abends im Bett. Wie alle Abende nehme ich mir auch heute vor, morgen den Jammerbetrieb abzuschaffen und die Nebelstunden zu ignorieren, aber ich weiß schon, wenn mir morgen früh wieder so miserabel ist – ach Gott, ach Gott, wende das Blatt endlich einmal. –

10. Januar

Diesmal hat mein Gebet rasch geholfen, auf den grauen Jammertag folgte ein ganz wundervoller und fröhlicher. Das schönste Wetter, alles strahlte und leuchtete. Wie einem das gleich auch die Seele heller macht. Draußen gesessen und gezeichnet, das Bübchen läuft und hopst mit Rüstung und Helm zwischen Hirtinnen, Brunnenweibern, Schafen und Lämmern. Nach Tisch unter dem Ölbaum mit der runden Bank gesessen und Bubi Homer vorgelesen. Beide immer wieder gesagt: »Wie schön ist die Welt.« Bübchen noch abends im Bett: »Mamai, heute war ein wunderschöner, wunderschöner Tag.« – Erzählt mir dann lange Geschichten von Zauberern, ich solle ihm nur eine Schale geben, die wird mit Dampf geweiht und dann damit gezaubert. »Und dann fang' ich mir eine Katze und zaubre, daß sie eine glückliche Katze wird und nicht mehr hungert.«

11. Januar

Wieder ein so schöner leuchtender Tag mit Malen vormittags, Ölbaum, Homer nach Tisch. Dann kam der Doktor und verhieß mir nahe Erlösung. Bubi kommt – ein Herr Honigbaum oder so ähnlich wäre da. Ich gehe hin. Die ganze deutsche Gesellschaft, der Konsul aus Vallona und der dicke Kapitän. Mich stürmisch gedrängt, am andern Tag nach Kerkyra zu kommen. Etwas unglücklich darüber, aber ich kam nicht aus, werde dabei meine Besorgungen machen.

12. Januar

Nun ist's wieder überstanden, war ich froh, abends nach Haus zu fahren in meine göttliche Stille. Hab's dann erst gemerkt, wie gern ich schon hier bin und ein wenig festgewachsen. – Stumpfsinniges langes Gehocke auf dem Schiff, dann zum Entgelt feenhafte Abendbeleuchtung, dachte: Wie schön, nun bin ich im Süden und höre Griechengeschrei.

Ach, dies Deutschgesimpel, der Honigbohn ist ein Trost mit seiner Kölnerei, so ein bissel Allerweltsmensch, den man auch auf Korfu vertragen kann, die andern so eine richtige Wohnstubenecke mit Idealismus aus Deutschland. – Bei der Heimkunft das Magazin schon zu, Janie mit der Laterne und ein spätes Abendfutter in der Küche und Geschwätz im Bett.

13. Januar

Geträumt, daß man mich in ein Restaurant in Berlin schleifte, wo es »feine Menschen« gäbe. Da saß Stern mit einem Haufen Blätterteigkuchen auf seinem Teller, ein Plakat, hier gäbe es die »froscheste Suppe«, ein Prinz und ein paar Malweiber. Nachher war ich in den Prinzen verliebt und zog mit ihm herum, mochte ihn aber im Grunde gar nicht, kam in sein Haus in eine Art Eßsaal, wo seine Familie dinierte und machte Konversation. Dachte fortwährend: Ist das eine dumme Situation. Im Nebenzimmer beschloß ich mit ihm, ich sollte bei seiner Mutter Liftboy werden mit roter Jacke und weißen Hosen wie in der Pandora. – Den ganzen Tag im Bett vergnügt an den schönen griechischen Frühling gedacht.

14. Januar

Geträumt, daß Ernst gestorben und sehr traurig, daß alle immer weiter sterben, Husum und Blanche und alles durcheinander. Dann sollte ich ein Loch im Boden, das ganz mit Gold gefüllt war, im Auftrag Napoleons vor den Griechen behüten, die davor herumwimmelten. Er hatte lauter alte Handschuhe darübergelegt, ich

hob mir einen davon auf und dachte: Der ist von Napoleon, eine große Reliquie für mich. –
Wieder herumgefaulenzt, Homer gelesen, Besuch von dem dicken Kasinopaul.

17. Januar

Recht elend, aber ça ira. Zuerst Schöneboom, der doch recht niedlich ist, dann Kavadhes*, gar nicht wieder loszuwerden.
Alle Tage herrliches Wetter, aber natürlich grade, wenn ich nicht wohl bin und nicht malen kann. Sitze morgens im »Prater« in der Sonne, nachmittags unter dem Ölbaum, lese Bubi Homer vor.

18. Januar

Geträumt, daß ich Blut spucke und wußte, ich müßte sterben. So spät aufgestanden, daß den ganzen Tag verbummelt. Einen langen Brief von Agnes, das ist so heimatlich und macht mich so sehnsüchtig.

19. Januar

Zur Kirche und Brunnenweihe bei der Platane. Darüber Mittag und wieder den ganzen Tag verduselt. Na, von morgen an wird gearbeitet und wie. Mein Herzbübchen, wenn ich ihm Homer vorlese, tut er seine Rüstung an und nimmt den Schild mit unserm Wappen.

20. Januar

Geträumt, daß ich mit Achilles im Husumer Rittersaal tanzte und maßlos verliebt. Es war eine solche Wonne, wie ich sie selten wirklich gefühlt habe, ganz unsinnige, stille Verliebtheit. Um uns tanzten andre Leute, Maja ganz allein kam an uns vorbei mit still seligem Gesicht, wir tanzten ganz eng, meine Füße berührten kaum den Boden. Noch ganz beseligt aufgewacht.

21. Januar

Nachmittag der Schöneboom, nachher Doktor Kavadhes, eine Stunde im Zimmer gesessen und geraucht. Himmel, wurde ich ungeduldig. Dann muß ich noch mit ihm Kaffee trinken, und wir bilden eine derartige babylonische Sprachverwirrung, daß mir nachher ganz dumm war.

22. Januar

Wetter heute früh wie in München, Schneegestöber, lange gelegen

* Dr. Kapso Kavadhes, der Arzt auf Korfu.

und hinausgeschaut. Es kam einem so sonderbar vor, der erste Schnee, den ich heuer sehe. Gestern beim Gang am Meer im kalten Wind eine tote Chilona gefunden. Dieser Tage hab' ich Muscheln bekommen, die wie Träume sind, wie antikes Glas, diese schönen Formen. Wenn ich sie nur heil heimbringe. Zurück über den Felsenweg, ein Stück Felsland, wo es von Vögeln wimmelte.

23. Januar

Sturm. Eiskalt. Gemütlich in der Küche gehockt. Fische gezeichnet.

24. Januar

Mit wilder Wut an den unglücklichen Zypressen gemalt, glaubte, nun hab ich's, und als ich's nachher anschaute, solches Entsetzen, daß ich alles mit Erleichterung abkratzte. Diese Zypressen haben mich wie ein Gespenst verfolgt und mir alle Ruhe geraubt, bis ich sie nun endgültig begraben habe.

Nach Cyriaki zur kleinen Kapelle, ein zauberhafter Abend, die Berge rosa und da oben die Ruhe.

25. Januar

Wieder Cyriaki mit Homer und Zeichnen. Ein Feuer angemacht, und Bubi opfert den Göttern »würzige Kräuter«.

26. Januar

Endlich wird meine Seele einmal ruhig und kommt ins Gleichgewicht, ich freue mich an allem, an meinem ganzen Leben. Die Götter haben mir doch Unendliches gegeben, vielleicht geben sie mir noch einmal alles. Nur, daß ich jeden Tag von neuem all meine Kräfte zusammensammeln muß, ist der einzige dunkle Punkt. Ach, ich bin gelaufen, gelaufen, hingefallen, wieder aufgestanden, umgeworfen, wieder aufgesammelt, bis ich da angekommen bin, wo mein Ziel anfängt. Angst und Zweifel, Kräfte versagen und Müdigkeit. Aber immer dahinter das Gefühl, ich muß noch etwas Großes zusammenbringen, daß verläßt mich nie.

Allmählich kommt eine neue Zuversicht in mich hinein und dabei ein solches Genügen an meinem Leben, als ob das Pfund, mit dem ich wuchern könnte, doch noch da ist. Manchmal meinte ich, es wäre zu viel schon abgesplittert. Danken wir einstweilen den Göttern, daß sie uns die Jugend gelassen haben. Das ist unermeßlich viel, und ich hab sie noch. Wenn meine unruhige Seele einmal ruhig wird, so werde ich sie noch lange behalten, sonst möchte die Jugend rasch dahingehen. Und eine Liebe möcht ich jetzt, eine ganz jugendliche maigrüne, wie voriges Jahr. War das eine Zeit voll innerer Seligkeit, weit, weit über ihren Gegenstand hinaus. O Klages, Klages, wo bist du? Wann find ich dich wieder? – Neulich träumte ich von ihm, er war mit Lisa zusammen, beide so schön und er so jung, so, wie in seinen besten Stunden.

30. Januar

Bubi las mir neulich vor: Gott schlug Ägyptenland mit Plagen: Heuschrecken, »Pestilzen« etc. Dachte daran, wie Franzl mich oft mit Ägypten und seinen sieben Plagen verglich. – Ach ja, die Pestilzen, aber das Wort ist tröstlich.

Gestern brachte ein Fischer einen fliegenden Fisch, ein berückendes Tier. Den ganzen Tag mit vieler Wollust an ihm gezeichnet. Abends in Bella Vista Wein getrunken. Habe alle Abende Fieber und manchmal viel, dann plötzlich ein wütendes Verlangen nach Wein. Doch ich lerne Hiobsgeduld, bin ganz vergnügt. Die unseligen Zypressen noch einmal versucht und sie dann definitiv abgekratzt. Jetzt werden nur noch Fische gezeichnet, aber mir ist so elend, daß alles nicht geht.

31. Januar

Geträumt, daß in einer Gesellschaft in einem Zimmer nach dem Meer hinaus, meine Mutter war auch da. Ich warf vor ihr ein Sofakissen zum Fenster hinaus, wo es sich in einen großen Frosch verwandelte. Einer schwamm schon unten, und dann hatte ich plötzlich einen kleinen im Mund und warf ihn zurück, wo er gleich riesengroß wurde. – Dann erschien ein Fräulein Ibsen mit scharfem Gesicht und tiefen Falten und sah mich mutig und interessiert an, und ich wußte: die gibt es.

– Bübchen morgens im Bett ein Rätsel gemacht.

Auf dem ersten Feld wächst Schnee,
Auf dem zweiten Feld wächst Klee,
Auf dem dritten Mäh.

Auflösung: Auf dem ersten Gänseblümchen, die zweite Zeile ist nur des Reimes wegen da, und das dritte bedeutet Schafe. –

Unsere gemeinsamen Freunde sind die vielen Katzen, die alle verschieden miauen, die eine Mau–ru, die zweite Miau–au, die dritte Miau–rau–rrr und die vierte englisch o–mau. Morgens im Bett miauen wir mit ihnen um die Wette. Mittags und abends

kommt die eine dicke Schwarz-weiße ans Fenster, und wir füttern sie.
Immer Fieber des Abends, Sakrament, bis neunundreißig Grad und matt davon. Sehe mich schon mit Typhus oder Gott weiß was im Krankenhaus und hätte Lust, gleich abzufahren, um hier nicht liegen zu bleiben.

5. Februar

Endlich wieder wohler und voller Juchhe, denn ich machte mich schon auf ernste Sachen gefaßt. Aber Korfu ist unbedingt ein Unglücksort, will nicht mehr zu lange bleiben, lieber davon nach Rom. Es war eine zu böse Zeit, um sie schnell zu vergessen.

6. Februar

Geträumt, daß Ludwig noch lebte, ich wollte es nicht glauben und fragte immer wieder, besann mich dann, daß ich selbst ihn hatte sterben sehen. Dann schickte Bene ein Ölbild von sich in Diakonissinnentracht, und während ich es ansah, kam Papa mit ihr selbst und sagte, nun haben wir Benedikte bei uns. Wir waren alle sehr traurig und Papa so unbeschreiblich milde, wie er es manchmal sein konnte. — Den ganzen Tag haben die Gedanken mich nicht wieder losgelassen. Ludwig — ich kanns nicht, kanns nicht verwinden. Darum kann ich auch das Jahr der Einsamkeit so schwer ertragen. —
Heute mit Bubi draußen, und die wundervollen Wolken angesehen.
Solche Wolken wie hier sah ich noch nie, schwer und gewaltig und dann wieder soviel Anmut und leuchtende Farben. Über dem Meer waren sie ganz hellblaugrau und auf dem Wasser grüne Streifen, darüber am blauen Himmel riesenhafte Rosenwolken. Das Wetter ist frühlingshaft, manchmal ein ganz leiser stiller Regen, Knospen an den Bäumen. Auch wenn es tobt, sind es jetzt mehr Frühlingsstürme. Die Welt ohne Menschen ist überirdisch schön. Dieser Friede am Abend, wenn man aufs Meer und drüben die Stadt sieht, und die Leute heimziehen mit ihren Herden.

18. Februar

Aber ich muß fort, ich hab' zu sehr Angst, krank zu werden. Fieber und innere Schmerzen. Jetzt regnet es unablässig in langen Strömen.
Bubi will auch fort.

Meine Gelder nachgerechnet – wenn Such mich im Stich läßt, und das ist sehr wahrscheinlich, dann sitzen wir nach zwei Monaten hier fest – und ich verliere Rom. Und Rom muß ich auch noch haben!

Wenn ich an S. denke, hab ich manchmal solchen Groll. Warum hab' ich mir das aufgeladen, ihn mit durchzuschleppen und selbst dadurch alles mögliche Schöne einzubüßen? Und die große Liebe – wenn ich sehe, daß jemand nur an sich denkt – mich dabei aussaugt, ja wirklich aussaugt, mir ein fortwährender Hemmschuh ist. – –

Wäre er nicht gewesen, so hätte ich noch Geld genug, um den ganzen Sommer hierzubleiben. Lieber jetzt weg als in zwei Monaten, wenn alles schön ist.

Wir haben uns entschlossen, auf alle diese Gründe hin in acht Tagen zu fahren. Und nun geht das Weh los, nun kann ich mich nicht trennen, nicht losreißen.

Bubi fängt gerade an, sich mit den Kindern zu verstehn, mit seiner Maria – sie ist so hübsch und anmutig und das Göttertier, das unschuldige gute, ganz verliebt, geht halb schüchtern und halb mit seiner koketten Lebhaftigkeit hinter ihr her und um sie herum. Sie spielt mit ihm und reagiert halb auf das Kind, halb auf dies Verliebte. Ach Gott, wie ist das schön.

Abends im Betten sprechen wir vom Alleinsein und von Maria.

Rom, 28. Februar

Ach das Elend, das wir nicht geblieben sind, wieviel haben wir darüber zusammen geweint und gejammert, wenn Bubi abends sein Hellaslied singt: »O Hellas, schöne Fluren« – und dann unzählige Male »Kerkyra, Kerkyra – Maria, meine schöne Liebe.« – Wir malen uns aus, wenn wir Zaubern könnten und morgen statt in Rom in Gasturi aufwachten. Man kann sich so hineinreden, daß man's selber fast für möglich hält.

Und warum bin ich eigentlich fort, so ganz contre coeur.

Rom, ich pfeife jetzt auf Rom. Aber ich wollte es durchaus haben. Und vor allen Dingen hatte ich die quälende Angst, dort schwerkrank zu werden, so weit weg und allein. Aus Ironie geht's mir natürlich hier viel besser. Doch nun der Reihe nach.

Nicht genug Geld und kein Arzt. Bubis Abschiedsfest mit den Kindern, unser letztes Futter mit den Katzen in der Küche, die ruhsamen letzten Spaziergänge und die letzten Tage plötzliches Frühlingswetter von allen Seiten in unsere feuchte Winterstube hinein. Wirklich der letzte Tag, Angolina mit Resten, alten Kleidern und Küchengeschirr überhäuft. Geschenke für die kleinen Mädchen, ein Riesentuch mit Orangen und Zitronen als Regalo von Stanro und Frau. Monsieur Mouton mit seinem Matin. Der Abschied, wo Maria und Bubi laut weinten und wir Großen zuletzt mit anfingen, Abfahrt mit der Carotja, ganz Gasturi winkte und rief, alle unsere alten Hexen mit ihren Ziegen und Schafen. Auf dem Weg bei English beerhouse noch ein Kaffee mit Dr. Kapsokavadhes, den Abend bei Dobay, der dicke Paul mit Zylinder und Opernglas, der mich ins Theater schleppen wollte, der verliebte Athener, der mit mir bummeln und auf morgen noch zwanzig Rendezvous ausmachen wollte. Aber ich konnte mich zu nichts entschließen und blieb beim Bübchen. Wir heulten umschlungen. Am nächsten Morgen noch Paul im Kasino besucht, nach Canone gefahren und herübergeschaut nach Gasturi. Nachmittags bei Kunibert Kosalewski, seine Kinematographenpläne, die Abendstunde an Bord, Bubi kauft sich noch Stöckchen und Rosenkränze, Kunibert und ich bauen Luftschlösser, und dann geht's dahin. Nachts in der Kabine mit Bubi über den großen Plan gesprochen, beide in Ekstase. Wir müssen hierher zurück, sobald als möglich. ———

Neunte Epoche

Das Zeitalter der Päule

München

Schlimmer Sommer. Ende Juli, und ich liege wieder einmal ventre ouvert im Josephinum in München, habe Zeit und endlich auch einmal wieder Lust, alles nachzuholen.

Seit der Heimfahrt von Rom – ach Bubiherz, wie war es für uns trüb und schwer, aus Geldmangel viel früher als wir gewollt zu unsern Gezelten zurückzukehren. Von Korfu fort war ein Jammer, von Rom fort auch nicht leicht, und nach München zurück recht abscheulich. – Wir wären so gern, so gern noch zusammen allein in der Welt herumgefahren – was für ein Götterleben könnten wir zwei führen, wenn wir Geld hätten. Wenn man grad eins hat, ist's, als ob sich alle Tore der Welt auftäten – wie haben wir auf Korfu gesessen trotz ewigem Pech und wie von weiten Reisen phantasiert, nach Ägypten etc. Auf einmal dann wieder hier in dem verfluchten Gewohnten und nicht herauskönnen, so absolut festgeschmiedet an unsre kleine Wohnung über vier Stiegen. –

Mit der Gesundheit ging's natürlich gleich wieder los, ich hatte mich in Rom besser gefühlt und demgemäß gründlich überanstrengt. April bis Mitte Mai die Franzl-Roché-Zeit – dann die Roché*-Zeit, dazwischen große Krankheitsattacke, Operationsaussichten, wieder Besserung und rasch, als sollte ich noch nachträglich entschädigt werden, die schönen, frohen, warmen Frühlingstage, Abende, Nächte. Cher Grand, ach, wie hab' ich die Freude gebraucht, wie hör ich noch das »guérir, guérir Gräfin«.

Schließlich unsere Feier im Ratskeller mit dem roten Hut, dem Frühlingsmorgen mit Vogelstimmen und dem Gang am Englischen Garten entlang, das Suchen nach einem Café, wo es noch viel zu früh war und keins offen, am Sonntagmorgen heimgekommen. Die Tage dazwischen, die vielen Hindernisse, Lutz- und Fädchenabende und dann schließlich der nächtliche Hausfrauenbrief unter

* Der Schriftsteller Henri Pierre Roché.

der Tür durchgesteckt. Der letzte Abend im »Deutschen Kaiser« mit M. et Mme. Robert und wie der Ober sich wunderte, daß ich Deutsch konnte. Und zum letzten Mal das Heimkommen am Frühlingssonntagmorgen, der verschlafne Tag und dumpfe Regenabend, wo ich dachte, soll ich zur Bahn oder nicht, nicht ging, und immer spätere Stunden schlagen hörte — nun fährt er ab.

Das war dann eine recht vereinsamte Zeit mit vielen Versuchen zu arbeiten, viel Krankheit und stillen Abenden zu Haus. Mein Geburtstag diesmal so traurig, ohne Geld, ohne Festlichkeit, d. h. ein bissel Fest schlugen wir uns ja immer noch heraus. Der Juni ging auch noch so hin, jeden Morgen zur Heizkur und dann viel Mattigkeit, lernen mit Bubi — der hopste dann auf seine Wiesen zum Fußballspielen mit Kalupa, kam heiß und vergnügt zurück, das war noch immer das Beste. Doch wenn ich allein war, viel trübe Betrachtungen über dies nicht endenwollende Kranksein, viele Gedanken, ja, wird's überhaupt wieder besser, wo doch alles nicht zu helfen scheint.
Such war fort, ich sah fast niemand von Schwabing, nur Briefe von Roché, aber auch er schrieb, daß alle unsre schönen Sommerpläne nichts würden. Ein Geldgefrett sondergleichen, viele Wege, um immer wieder etwas zu bekommen, aber wieviel Zeit und Kräfte, die man eigentlich nicht hatte, darauf verwendet. Als Gutes dazu die Gaupptage, Fahrt durch den sommernächtlichen Englischen Garten, wo ich an solche vorjährigen Fahrten mit Strich dachte.
Die Korrespondenz mit Severin 5, von der ich soviel märchenhafte Geldmöglichkeiten erhoffte, die zwei Abende mit gutsituiertem Kavalier à 100 M., ganz lustig und sympathisch. Schad, daß er gleich wieder fortging, die andern waren recht übel und teils ziemlich erfolglos. Wenn schon, dann nicht in diesem kleinen Stil, um Gottes willen, das ist dann schließlich doch eine Schmach. — Aber passati. Gott sei Dank. Nicht mehr daran denken. Das Sommerfest mit dem Nachspiel im Café Panorama und Donisl, Herumziehn mit dem kleinen H. und Lisas häufiges nächtigen, inzwischen viel Gebummel und abendliches Leopold. Meine körperliche Misere war glücklich auf den Punkt gekommen, wo man sich »betäuben« muß und lieber als seine eigne Leiche herumläuft, als

die wenigen Kräfte zusammenzuhalten. Komplott mit Mühsam* für Ascona, noch eine Bummelwoche, dazwischen sentimentales Auftreten von Belami, der mit meinem Hausschlüssel durchgeht. Bekanntschaft mit Groß**, endlich das Interview mit Severin 5, eine Reinkultur von Abscheulichkeit und wie sich dann aufweist, auch schofel und praktisch. Gott war die Geschichte komisch, die große mise en scène und innere sadistische Toilette und dann im Weinkeller bei Neuner, die Stätte alter Erinnerungen — dieses Viech! das meine Augen dämonisch fand, als ob es Klages wäre und von Erotik und Psyche fabelt, dann beruflich winkt, meine pekuniären Ansprüche wären zu groß. Fahr' hin.

Tags drauf bei Professor Klein, es müßte doch operiert werden, jetzt oder im Herbst. Bei Schnotzing, der nun noch die letzte Hoffnung. Etwas kühl und reserviert — was ich ihm nach alten Zeiten meinerseits nicht verdenken konnte. Aber es wird sich doch wieder machen.

Samstag nachmittag im Café mit Groß, Lang etc., plötzlich entschlossen, doch nun gleich Operation. Dann ging alles Hals über Kopf. Dienstag schon hier eingezogen. Morgens mein Bübchen nach Solln zu Landshoffs gebracht, das traurig und melancholisch über die drei Wochen Trennung. Im Grunde bekam ich an dem Tag doch ein banges Gruseln, es könnte auch schief gehn oder recht schlimm werden.

Nun ist das auch wieder vorbei, gut vorbei, und ich weiß, daß ich mit etwas Vernunft gesund werde, während ich sonst elend geblieben und vielleicht sehr krank geworden wäre. Jetzt erst sehe ich die Weisheit der ganzen Sache, wäre ich z. B. den Sommer im Süden geblieben oder mit Franzl und Roché davon???

Vielleicht wär ich jetzt tot oder schwer krank.

Die grauslichen ersten Tage, wo man sich selber so zwischen Leben und Sterben fühlt, so unsicher und gar nicht weiß, was man mit seinem eignen schmerzenden und unbeweglichen Körper anfangen soll. Nachts wenigstens Morphium und ein halbes Versinken, dann wieder ein Qualtag.

---

* Erich Mühsam, revolutionärer Lyriker, Dramatiker und Essayist.

** Der österreichische Psychiater Dr. Otto Groß, Schüler Sigmund Freuds.

Einmal sagt der Doktor zu mir: »Armes Kind.« Da werd ich gerührt, und es geht mir nachher noch immer nah. –
Dies sonderbare Gefühl, ich könnte jetzt ohne weiteres sterben, fast gleichgültig und dazwischen wieder eine namenlose Angst: Und wenn – und Bubi, Bubi immer in meinen Gedanken, o wenn er da wäre. Vielleicht ist er traurig und sehnt sich nach mir, vielleicht sterbe ich, und er ist allein. Am vierten Morgen etwas leichter, den halben Tag halb geschlafen. Gefühl, jetzt geht's wieder. Such ist alle Tage gekommen. Heut kann ich ihn doch ordentlich ansehn und besser sprechen. Das Leben kommt wieder.
Montag Fädchen ohne Bubi, das war arg – weil er nicht gut gelernt hatte. Mit Weinen erzählt er's mir, als er am nächsten Tag allein kommt. Plötzlich geht die Tür auf und das braune Geschöpfchen im weißen Kittel, mit Rosen beladen, die es mir aufs Bett legt.
Ja und dann lag man so einige Tage, immer noch mit viel Schmerzen. Hier und da ein Schluck Tee – doch so froh über das Leben. Man erzählte mir nachträglich, daß es ziemlich arg war. Mein Gott, was hab ich doch eigentlich für Glück, immer wieder.
Bin sogar ganz stolz, als man einstimmig anerkennt, ich müßte schon lange gehörig drunter gelitten haben. Nun soll ich aber auch ungeheuer viel gesünder werden. Jetzt lieg ich schön stumpfsinnig da, bin manchmal angenehm mit meinen Gedanken beschäftigt und manchmal zerrt mich ein bissel die matte, zappelige Ungeduld. Sehne mich oft nach meinem früheren Zimmer im alten Josephinum, wo ich immer hinaussehn konnte. Nachmittags legt man mich aufs Sofa, dann kommen Besuche. Am liebsten ist mir's, wenn der gute Such kommt und freundlich und fett dasitzt.

Freitag, 28. Juli

Bubi ganz kurz mit Fädchen, hatte nichts von ihm wie Sehnsucht, lag dann den Rest des Tages fehr trübsinnig da und dachte, er entbehrt mich doch wohl nicht, ist ganz vergnügt, und ich bin doch lange, lange nicht das als Mutter, was ich wollte, sondern gerade in allem das Gegenteil. Aber dann am Samstag nach Tisch, als ich grade darüber spinne, kommt's getrappelt mit Fädchen und Lutz und darf ganz lange bei mir bleiben. Da kommt nun erst ein großes Herzausschütten, wie ungern er eigentlich draußen allein ist, weil man sich nur um seine Arbeiten kümmert und nicht um ihn. Und da sitzt das gute kleine Herz und weint und weint: »Wenn du nur erst wieder da bist und mich regierst.« Erzählt mir, daß abends nach sieben seine schönste Zeit ist, wo er allein in den Garten geht, sein Hellaslied singt und »seinen Gedanken nachhängt«. Zum erstenmal sehe ich, daß er sich mit einem gewissen Bewußtsein in sich selbst verschließt: »Ich kann's doch niemand sagen, wenn ich traurig bin.« –

Daran freu ich mich – ach Götterkind, nur möcht' ich nicht den kleinsten Schatten auf deinem Herzen und denke, daß ich manchmal selbst welche drauf geworfen hab mit meinen Launen und Nerven. Ich geb ihm Geld, um Süßigkeiten zu holen, und wir fangen ein richtiges Fest an, Schokolade, Bonbons etc. liegen auf dem Stuhl ausgebreitet, ich muß die Augen zumachen und krieg was in den Mund gesteckt. Aber grad wie's schön ist, kommt der Joseph ihn holen und hat Order, nicht zu warten. Ich war nur getröstet, daß er seine Futtereien mit hatte, sonst wär er gleich wieder traurig geworden.

Sonntag

Geträumt, daß ich eine wundervolle Wohnung fand, die ganz billig war, aber man sagte mir, bei jedem Gewitter schlüge es fünfzigmal ein. – Müder Tag heute und lange und soviel Trauriges gedacht.

Warum hab' ich soviel Talent zum frohesten und leichtesten Leben? Warum ist ein solches Füllhorn von Schwerem immer über mich ausgegossen? Und alles, alles wollt ich ja mit Freuden, nur gesund sein, endlich einmal gesund sein – wenigstens soviel, daß nicht mein Bübchen darunter leidet, daß es nur Sonnenschein von mir hätte.

Nach dieser Ruhezeit will ich noch einmal von vorn mit mir anfangen, mit mir selbst. Ich muß ja doch einmal siegen auf der ganzen Linie. Es gibt kein Zuspät, es gibt keine Müdigkeit, es soll keine mehr geben.

Es ist Abend, ich denk, wie das kleine Herz jetzt mit seinen zwei Häschen allein zu Bett geht, gut, daß er die hat, ich fühl' es so nach, wie ein Kinderherz selbst aus ausgestopften Tieren etwas zu lieben herauszieht. –

Allmähliches Aufstehn, Schwäche, immer noch ziemlich Schmerzen – apathisch.

Ein Gedanke zum Wahnsinnigwerden: Wenn ich jetzt gestorben wäre und das Herzkind allein mit seinem weichen Herzen –? Ich muß leben, bis er groß ist. –
Und ich weiß doch, daß das Leben manchmal wahnsinnige Widersinnigkeiten macht. Warum soll es mich damit verschonen? – Es muß.
Wieder fühl ich mich entsetzlich jung und finde mich hübsch. Dr. Groß sagt, ich hätte den Zug gewaltsamer Selbstbeherrschung verloren und sähe viel weicher aus.
Das ist ja immer meine Angst, etwas Hartes, Scharfes zu bekommen, was ich so hasse, weil es aufgezwungen ist, mein inneres Ich ist ja lauter Weichheit.
Jetzt ist das Leben wieder einmal so neu geschenkt und liegt so frisch und jung vor einem. Mein Gott, wie viele Jugenden hab' ich eigentlich? Es geht so sonderbar mit mir um, schlägt mich, wirft mich hin, reißt Wunden und gibt eine wundervolle Entschädigung nach der andern. Liebes Leben, man könnte es doch eigentlich einfacher machen, aber ich bin auch so einverstanden.
Jetzt hab ich ein Zimmer nach dem Garten, rote Geranien am Balkon vor einer dunklen Häuserwand, warme Sonntage – oh, nur erst wieder malen. –
Die verdammte Mattigkeit weicht langsam. Am schönsten ist's morgens, wenn ich aufwache und denke, nun werd' ich gesund. Das lange Kaffeetrinken im Bett, Aufstehn, ausführliche Toilette, seidne Wäsche, blaues Reformkleid, Nägel polieren – ich gefalle mir. Diese Seite ist im ganzen zu wenig auf ihre Rechnung gekommen.
Zeichen und Wunder – ein Mensch, der mich noch nicht kennt, erscheint und will mir helfen, weil es ihn freut, das Leben zu protegieren. Hofft, wir werden trotzdem gute Freunde werden. Noch nie hab' ich aus eines Mannes Mund solche Worte gehört. Am gleichen Tag ein Brief von Schnotzing und ein Geldtelegramm vom Coeurbub, Nachricht, daß er kommt. Wie im Traum, wie im Märchen, er schickt mir Geld und kommt. Ich hätte nie gedacht, daß auch Geld erotischen Zauber haben könnte und gedruckte Worte auf einem Telegramm. Es tat mir leid, wie der Mann das Telegramm wieder mitnahm. Was ist das nun: Mein ganzes Empfinden für ihn ist sechzehnjährig oder noch früher, ganz

anders wie alle andern ist er, ein wundervolles Geschenk des Lebens, wie aus lauter feinen, ganz feinen Fäden, nichts Festes, Greifbares. Er wurde nie ganz wirklich trotz aller Wirklichkeit – und ist immer noch da. Das ist vielleicht das Allermerkwürdigste. Damals, im vorigen Frühjahr, war er ganz wie ein Traum, bleib in mir zurück wie ein Traum und kommt nun wieder wie ein Traum. Ob er wohl etwas davon fühlt, was er für mich ist – das gehört ja auch zu dem Wundervollen, daß er selbst es mir nie zerreißt, andre Leute zerreißen einem immer die Träume in amore.

Montag der Professor. Warum ist der immer so zerstreut, wenn er noch so lieb zu einem redet? Ich möchte einmal den Menschen in ihm zu fassen kriegen – irgendeine Ahnung, wir sollten nicht ganz aneinander vorübergehen. –

Dienstag

Das Bubiherz kommt mit Such, sagt immer wieder, er müsse mit mir allein sprechen und klagt dann wieder sein Leid, ich müßte kommen, er wäre so traurig und allein. Weint und hat dann ganz schwere Falten auf der Stirn.

Jetzt hab' ich gar keine Ruhe mehr, stell mir immer vor, wenn ich tot wäre und das Kind unter anderen, und wie in seine Sonnenseele ein bittrer Tropfen nach dem andern kommen würde.

Einen Tag nur noch diese träumende, einsame Ruhe, nur Walter Strich noch sehn, dann komme ich. Fast quält es mich schon wie ein schlechtes Gewissen, daß ich einen Tag länger bleibe, um ihn noch zu sehn.

Im vergangenen Jahr glaubte ich, ich sähe ihn vielleicht nie wieder oder erst, wenn alles verflogen wäre. Nun kommt er selbst, er hat wohl auch gesehn, daß ich nicht ziehe und zerre und ihn haben will. Komisch, daß mich der Kräuterstrauß von Fädchen immer an seine Haare erinnert, so oft ich ihn anseh – und daß er nun wirklich auf einmal kommt.

Donnerstag

Maja und Klett saßen da, als er mit gelben Rosen kam. Es schien mir so, als ob wir auf einmal alle vier unsicher waren – oder war's nur ich? Dann allein. Später Such. Ich möchte wohl, daß er heute noch käme, aber es ist nicht nötig. In vierzehn Tagen kommt er wieder, bleibt irgendwo, und wir werden uns sehn.

Solln, 10. August

Den letzten Tag im Josephinum ganz allein. Such ist natürlich wieder wütend und kommt nicht. Ach, hab ich manchmal dieses wilde Barbarentum satt. Nachmittags kamen dann die Sollner mit Bubi mich im Auto abholen. Das arme Bübchen wurde gleich von Fädchen spartanisch zur Ruhe gewiesen, saß mir stumm gegenüber mit verschluckten Aufregungstränen und sprach mit den Augen mit mir. Ich fühlte, wie sein kleines Herz zum Überlaufen voll war.

Was dann die ersten Tage alles an unterdrücktem süßen Seelenleben herauskam, soviel Tränen und eine so hinreißende Weichheit. Und wie wir beide Komplotte machten gegen Fädchens Tyrannei. Nachtgespräche und Morgengespräche. Er erzählt mir, wie er manchmal allein geweint hat aus Einsamkeit und dann an Korfu gedacht. Und ich denke: Wie viele Kinder wachen so auf, gut gepflegt, gut versorgt und gefüttert, alles schön regelmäßig, nur keine Gefühle, nur keine Weichheit und kein Überschwang.

Ich kriege es gleich den ersten Abend, wie schlimm meine Erziehung ist, wie nervös das Kind etc. – Ja, während ich nicht da war. Ich kenn dies in sich zurückgezogne Geschöpfchen gar nicht wieder – sowie ich lieb mit ihm spreche, fängt es an zu weinen.

Oh, er gehört mir. Am ersten Abend wurde er nach der Apotheke geschickt, um etwas zu holen. Verliert unterwegs das Portemonnaie, ich schick ihn zurück suchen. Findet es auch und erzählt mir heimlich, wie er zu den Göttern gebetet hat und ihnen ein Fünferl geopfert und es dann gleich gefunden.

Sonntag

Ich bin doch miserabel defekt und die Umgebung macht mich arg nervös, aber aushalten. Im Grunde bin ich froh, daß ich selbst die Nervosität aushalte. Heute nachmittag Lisa. Sehnsucht nach München.

Bubi lauter Seligkeit, immer um mich, führt mich, zieht mich an, schleppt mir alles herbei. –

Ich glaube, sie sind hier sehr stolz, wie gut sie ihn erzogen haben. Sie sinken überhaupt immer tiefer in Philisterei und liebenswürdige Bissigkeit.

Dienstag

Jaffé* nachmittags in der Wirtschaft. Bis zum Abendessen dort gesessen, viel gesprochen; staune immer wieder über diesen Menschen, der wirklich gut, vornehm, sympathisch. Von Such nichts, kein Wort.

Donnerstag

Wieder ein Regennachmittag und Gespräche. Gestern Maja und Bams.

Samstag

Gute Tage mit Bübchen. Morgens Kaffee im Bett, spätes Aufstehn, Bubi lernt, zusammen allein unten im Garten, Tausendundeine Nacht vorgelesen. Sonst nervös. Ich möchte heim, werde auch immer mobiler.

Sonntag, 25. August

Die letzten Tage etwas spazieren gegangen, war das schön, wieder die Welt zu sehn. Böse Briefe mit Such. Aber dann er selbst am Freitag abend, zusammen drüben im Beisel gesessen. Will nach Mexiko, und ich denke, ich kann ihn nicht hergeben. Es wäre ein Schatten auf meinem Weg, der jetzt hell ist. –

Gestern Dr. Groß und die Cousinen, dann Lisa. Vieles geredet, bis es dunkel wurde.

Heute ist der letzte Tag, morgen wieder München und mein eigenes Haus, ich freue mich ganz dumm darauf, wie schön es werden soll.

München, 26. August, Montag

Nun wieder zu Hause. Sehr froh darüber, doch sentimental über Such – Mexiko. Liege auf dem Sofa, während Bubi und Such Besorgungen machen, und denke, wenn er erst ganz fehlen wird.

29. August

Ausgehn ganz aufgesteckt. Es hilft nichts, ich muß liegen und liegen und abwarten. Lerne und schwätze mit Bubi and try to make the best of it.

Sonderbar ist nun das Gefühl, wieder in demselben Geleise zu sein, an die Sommermonate zu denken und was nun wieder alles dazwischen liegt, die verbesserten Finanzen, überstandene Opera-

---

* Der Nationalökonom Professor Edgar Jaffé, 1918 Finanzminister der Eisnerschen Revolutionsregierung in Bayern.

tion etc. Ach Gott, aber ich merke, daß ich noch verteufelt weit von wirklicher Gesundheit entfernt bin, Teufel auch, in meiner Haut lernt man Selbstbeherrschung.

20. August

Heut sind's sechs Wochen seit der Operation. Nach der letzten vor sieben Jahren war ich um die Zeit schon gesund. Diese Tage ganz elende Schmerzen.

Vormittags Adam, lieb und nett wie früher, erzählt mir, daß Klages mein Bild wieder aufgehängt hat, weil er jetzt ganz mit mir fertig wäre.

Nachmittags Lisa, schwüle Hitze, gegen Abend Gewitter, Sturm, Regen, alles draußen in blindem Grau. Wir alle etwas nervös, hocken in der Küche. Abends mit Lisa allein bei Lampe und offenem Fenster.

Nachts unruhig geträumt, in der Früh steht Bubi vorm Bett, und ich erschrecke mich wahnsinnig, halte ihn für ein Gespenst und schlag' auf ihn los, er auch ganz erschrocken: »Aber Mamai, ich bin's doch.«

30. August

Bams und Lisa da, Such und Bubi zanken sich, kurz, wir werden wieder einmal nervös, und das geht doch nicht. Schmerzen trotz aller Ruhe nicht besser.

31. August

Gestern abend sogar sehr nervös, hab ich eine Angst gekriegt. Heute geht's. Such in der Stadt um Geburtstagssachen für Bubi. Eine Drossel im großen Käfig, die er sich gewünscht hat etc. Adam und Stern.

1. September

Bubigeburtstag, der zehnte. Das Leben geht viel zu schnell, möchte es manchmal stoppen.

Große Bübchenfreude. Sitzt auf der Erde und sagt: »Mein wunderschöner Geburtstag.« – Nachmittags mit Freundinnen gespielt, so vergnügt, das Gute.

Ich natürlich sauelend, weil gestern Opium, und Schmerzen, hätte so gern mit gespielt.

Abends kommt Lisa, wir sprechen von Klages, Nohl, Maja.

2. September

Endlich etwas besser. Bubi mit Such in der Stadt, ich im Schaukelstuhl, Briefe geschrieben. Sentimentale Mexikogefühle. Ganz hilflos werd' ich mir ohne ihn vorkommen.

7. September

Tage vergehen schnell und stumpfsinnig mit viel Lesen. Maßlose Sehnsucht, wieder zu malen, schöne Stimmungen, Sonnenwetter, silbrige Herbstnebel oder Regen, nachts Mondschein in unserm kleinen weißen Zimmer.

20. September

Eine kurze wüste Zeit mit ungeheuerlichen Schmerzen ist vorüber. Nun lieg ich auf dem Diwan, freu' mich mit Bubi, freu mich an der Sonne, daran, daß ich durch den guten Jaffé Geld hab, an Such, kurz an allem — und die schwarzen Gedanken vom Sterben oder Unheilbarkeit gehen allmählich flöten. Nein, ich lieb diese ganze Krankenzeit mit der tiefen Ruhe und dem vielen Sonnenschein vor meinen Fenstern. Lieber Gott, das Leben ist so wunderbar, daß man ewig leben möchte. Mein sommerliches Bübchen mit seinen hellblauen Kitteln, seinen frohen Augen und dem Kämpfen auf der Vorstadtwiese mit seinen Todfeinden. Such so freundlich, es ist alles recht hell — wenn nur Such nicht nach Mexiko ginge und ich nur wüßte, daß ich gesund werde. So viel an Sterben gedacht diese Zeit und hie und da eine entsetzliche Angst davor.

Nur noch eine Woche in der alten Höhle — Gedanken an den Sommer der Schmerzen, die vielen Sommerabende, die man heiß und halb angezogen hier oben hockte, die Abende und Nächte mit Lisa nach den Festen oder nach dem Leopold. Und jetzt leise Nachkrankheitszeit. Was soll ich machen, den Such hergeben — es ist schon so nah und doch fast undenkbar. Schon im voraus leb ich das ganze Weh durch, die Einsamkeit, das Gefühl, daß er nicht mehr kommt — ich war so gewohnt, ihn immer um mich zu fühlen, mit all seiner Liebe — trotz allen Kämpfen zwischen uns. Doch sein Mexiko ist etwas, was ich ihm nicht aus Egoismus nehmen möchte. Wenn ich gleich anfangs sehr gebeten hätte — — — Wenn er nicht mehr da ist, morgens, abends, mittags — immer — jede Tageszeit, jedes Erleben wird voll schmerzlicher Stiche sein. Und gerade jetzt, wo man so hilflos ist und ewig ans Lager gefesselt ist. Ich nehme jeden Tag so ganz in mich hinein — lerne griechisch, italienisch. Abends lese ich mit Bübchen Tausendundeine Nacht.

25. September

Such auf dem Speicher und malt Gläser, ich möcht's ihm so gern ablernen und probiere tausend Listen, denn er ist nicht sehr empfänglich dafür.

Ich will durchaus ein Glas malen, mache ihm aber schließlich grantig und gehe weg, worauf er sein angefangenes Glas aus Wut auf den Boden schleudert und zornig abzieht. Nach einer Stunde aber kommt er wieder, ist gut und lieb, so daß aller Ärger zerschmilzt, und ich soll nun wirklich probieren.

5. Oktober

Da kam der Umzug dazwischen. Unruhige Tätigkeit, und jetzt noch kommt's mir fremd vor, auf meinem Platz scheint mir die Sonne nicht mehr ins Gesicht, mit meinem Schlafzimmer bin ich noch nicht befreundet, und das Dach mit den Spatzen fehlt mir. Tröste mich aber damit, daß ich hier Platz zum Arbeiten habe. – Ich muß lernen, die Einsamkeit wieder zu lieben, sie ist doch meine alte Freundin.

Such hat noch acht Tage zugegeben, jeder Tag ist wie ein Geschenk. Schrecklicher Gedanke, der Abschied. Aber ich hab doch Klages Theorie zunichte gemacht, daß ich nie einen Menschen festhalten könnte – wenn wir uns auch zeitweise zerrissen haben wie wilde Tiere.

Beim Einzug in die neue Wohnung überkam mich eine förmliche Verzweiflung; da soll ich nun gottverlassen diesen Winter hocken. Lisa mußte zwei Nächte und Tage bei mir bleiben.

7. Oktober

Mit Bubi seit langem wieder einmal durch den Englischen Garten gefahren. Komm' nach Haus, und Such sitzt im Halbdunkel – – –

10. Oktober

Zähle jetzt immer: noch vier Tage, noch drei, jetzt sinds nur noch zwei und drei Nächte. Und dann die schreckliche Öde und die Sehnsucht.

Was helfen mir all die andern Leute. Nichts, gar nichts. Sie werden mich nur irritieren, weil sie da sind und er nicht.

Bei schönstem Wetter heut mit Lang durch den Englischen Garten gefahren, im Hofgarten treffen wir den Maxl. Mit Lang im alten Kaulbachhaus – mein Atelier und Suchs Zimmer waren versperrt.

15. Oktober

Er ist fort, ich geh ganz betäubt herum. Es ist entsetzlich einsam, überall suchen wir nach ihm.

Die letzte Nacht, o Gott. Ich habe gar keine Kraft mehr, bin immer wieder aufgestanden und gedacht, es kann nicht sein. Er stand um fünf auf. Ich lag noch in der Morgendämmerung und hörte ihn herumwirtschaften, dann selbst auf, jede Minute in sich aufgenommen. Um halb neun fuhr er weg, ich sah vom Fenster herunter und dachte, ob wir uns nochmal wiedersehen? Was kann alles geschehn, wenn man so weit getrennt ist. Und dann schnell aus dem Haus, konnte es nicht mehr aushalten. Mit Bübchen eine Stunde durch den Englischen Garten gefahren, mildes, schönes Herbstwetter. Unter der Tür begegnete mir die Zugeherin und erzählte mir, daß ihr Kind gestorben sei. Da kam mir doch das Gefühl: Und ich tue schon so, als ob ich von einer bloßen Trennung sterben und vergehn müßte.

20. Oktober

Langsam und traurig gehn die Tage hin. Schrecklich ist's früh beim Aufwachen und abends, wenn man vom Ausgehn kommt, und wenn man nachdenkt, an all die vergangene Zeit denkt. Wüßte ich, daß er wiederkäme lebend in einem Jahr, so wäre ich vergnügt. Aber man kann in diesem verrückten Leben, wo soviel Unbegreifliches geschieht, nie wissen.

Am zweiten Tag kam Telegramm und dann Brief, daß er die Reise aufgeschoben. Nun ist er in Worpswede. Erst war's mir unlieb, ich hätte gleich bis auf den Grund den Kelch ausgetrunken, aber jetzt ist es mir doch ein lieber Gedanke, daß er noch erreichbar ist. Wenn ich krank würde, ein Telegramm, und er wäre da.

21. Oktober

Und gestern diese dumme Geschichte von der Engländerin, die Bams mir kolportiert und die mich so traf. Bin ich eigentlich dumm? Aber nur grad jetzt hat's mich so getroffen.

Es hat mich auch innerlich so hingeworfen, dies noch einmal wieder alle Schrecknisse des Körpers durchmachen, die mir doch schon in ziemlich vollem Maß zugeteilt waren. – An Such geschrieben und ein Telegramm hinterher, er sollte den Brief nicht lesen.

Jeden Tag so liebe Briefe von ihm. Nachdem diese fürchterliche

Nervenwoche zu Ende ist, gehts ja auch wieder halb und halb. Wir haben ja doch immer unser wunderschönes Leben zusammen, das Bubiherz und ich, was auch sonst rüttelt und tobt und versagt. Ohne meinen Bubi würde ich nicht zu allem noch lächeln und vergnügt sein können, nur mich noch einmal ins Wildeste hineinwerfen und dann mich vielleicht mit einigem Aufwand zugrunde richten. Aber, so – immer ist doch eine Sonne um mich herum.

25. Oktober

Von Such liebe, liebe Briefe. Schreibt mir, daß alles nicht wahr. Mir fällt ein Stein vom Herzen. Ich fühle seine Liebe doch so sehr und es ist so schön, sich noch nahe zu sein.

Wie leb ich denn eigentlich jetzt – es ist mir diese Zeit so, als ob ich kaum von mir selber wüßte. Die Hauptsache ist wohl der stumme Kampf um die Gesundheit. Ich muß sie wiederhaben, und es geht ja auch vorwärts, nur so langsam, daß ich es kaum merke und immer mit zurück rechnen muß.

All meine Pläne, auf die Höhe zu kommen, all die niederträchtigen, schönen Pläne wieder über den Haufen, und nur durch die dumme Gesundheit. Nur dadurch! Es ist, als ob man König wäre und sein Land vom Bett aus regieren sollte. Man kann sich nicht selbst aufs Pferd stürzen und in den Krieg, man kann nicht siegen. Lieber Gott, möchtest du mir die Krankheiten, die mir noch zugedacht sind, doch für mein Alter aufheben, dann bin ich bereit. Nur jetzt noch zehn Jahre, und ich siege auf der ganzen Linie.

Hier inzwischen wieder Rudi aufgetaucht, nach seinen vier Jahren Zuchthaus derselbe. Das ist anerkennenswert und könnte einem wieder Mut geben. Nur seine Haare sind weiß geworden und er färbt sie – aber meinen kranken Bauch kann ich nicht färben. Sein Erscheinen war die einzige erfreuliche Sensation, sonst, was von andern Menschen mit mir umgeht, nur Stumpfsinn. Am liebsten wär ich mit Bübchen allein.

Wir malen beide Gläser, ich à la Such, er auf seine Weise mit fröhlichem Eifer. Er hat jetzt einen Lehrer, ich konnte nimmer, wollte nicht nervös mit ihm sein.

2. November

Letzter, allerletzter Suchbrief mit dem geliebten Medaillönchen mit Suchsilhouette, trags jetzt immer um den Hals und leg's nur beim Ausgehn weg aus Angst, es zu verlieren. Abends, wenn ich schreib, spiegelt es sich, und ich hab' den Schein vor mir auf meiner Hand.

5. November

Gesundheit geht langsam vorwärts, kann etwas mehr gehn. Bübchen hat nebenan seine Stunde, und ich höre mit Vergnügen seine süße Zwitscherstimme. Er behandelt seinen Lehrer mit äußerster Selbstverständlichkeit. Die hat er überhaupt in hohem Maß. Zu Klages Zeiten sagte man ja auch zu allem, was ich tat: mit königlicher Selbstverständlichkeit.

Oft bin ich traurig und im Grund furchtbar deprimiert, doch ich versuche, darüber hinwegzusehn, durchs Tägliche durch, bis wieder etwas Sonntägliches kommt. Arbeite wild an der Glasmalerei, um damit eine Erwerbsbasis zu bekommen. Hab ich die einmal auf angenehme Weise, so kann ich mit viel mehr Seelenruh' auf größere Gaunereien ausgehn.

Ich will doch noch einmal der jungen Welt auf den Buckel steigen.

Ja, nun kommen lange keine Briefe mehr, als letztes noch ein großes Schwarzbrot aus Worpswede. Nach vielen Nerventagen ein so guter, ruhiger Tag, ich wußte kaum mehr, was mit mir anfangen und spann dann einen schlimmen Stiefel zusammen. Zwing' mich alle Tage zum Ausgehn, sonst komm' ich dahin, daß ich mich ganz verkrieche.

Vormittags Gläser, während Bubi seinen Aufsatz macht. Nachmittags mit ihm in die Stadt, ihm Glacéhandschuhe gekauft. Das verklärte Gesichtchen, er war ganz selig. Es gibt nichts Schöneres, als einem Kind Vergnügen zu machen. Dann in die heißbegehrte Kakaostube und ihm eine Mütze gekauft.

Es geht mir noch schlecht. Werde ich gesund oder sterbe ich. Einen solchen Grad von körperlicher Schwäche hab ich noch nie gekannt, denke deshalb, vielleicht ist es definitiv, bin dann aber so hin, daß ich nur heulen könnte.

10. Dezember

Schmerzen, Morphium, Gläsermalen. Abends Bubi vorlesen, öfters Lisa. Franzoseninserat, Briefe unter »Cythere«. Hatte garnicht an Antwort gedacht, dann fiel mir ein, doch einmal nachzuschauen – es war richtig eine da. Einladung zum Tee, fiel grad auf den Tag, an dem ich den Brief abholte. Also schleunigst zu dem ami d'Harcourt, wo der Tee sein sollte, hingestiegen. Traf aber nur seinen Freund mit einer Dame, sehr erstaunt. Die Dame verschwindet, und die Sache klärt sich auf. Nächsten Tag Brief vom andern, er ist navré, mich verfehlt zu haben etc. pp. Rendezvous im Leopold. Verabredung auf Intimes Theater. Natürlich geht's mir an dem Tag nicht gut, und keine Möglichkeit zu gehn. Als wir uns dann glücklich treffen, kommt nachts um zwölf das Telegramm, und er muß am nächsten Morgen fahren. Himmlischer Gott, diesmal bin ich außer mir. Er war so gerade das, was mich entzückte.

Aber ich werd mir den zurückgebliebenen ami kaufen. Ach, was hab ich für ein Pech. Der Conte wollte eine femme, die nie bête, ni méchante wäre, und das grad bin ich doch.

Im übrigen war's ein rechter Wahnsinn, bei meinem jetzigen Zustand auf solche Scherze loszugehn. –

Nun geht's auf Berlin zu. Ein paar Gläser verkauft und sehr stolz.

22. Dezember. Berlin

Zuerst wollt' ich nicht recht ran, jetzt freut's mich aber doch, hier zu sein. Mit Bubi in Berlin herumlaufen, ist ganz komisch.

Wir kamen ziemlich Hals über Kopf fort, Maja und Lisa zum Schluß bei mir, am Abend noch bei P. Das ist eine etwas überraschende Affäre, aber pas mal, et assez drôle.

Mit Gaupp einmal im Café Josty und einmal in seiner Wohnung, wo auch Martinus Meier erschien.

Weihnachtsabend – etwas melancholisch, dachte an Kaulbachweihnachten und sehnte mich, mit Bubi allein zu sein wie im vorigen Jahr in Korfu.

O Korfu!

Fühle mich krank, schrecklicher Katarrh und heiser.

27. Dezember

Endlich Coeurbub gesehn, aber hier sind wir wieder obdachlos, sitzen in Cafés herum.

Mache Plakate für das Fest bei seiner Tante. Hatte zuerst nicht recht Courage, aber sie wurden sehr schön, und 100 M.

Bei Hessels. Einen Abend mit Roché, auch obdachlos, und wir waren beide etwas traurig. Mit Coeurbub alle Tage in unserm kleinen Café am Nollendorfplatz zusammen. Ich wäre so gern Silvester mit ihm tanzen gegangen, aber es ging nicht. Will bald

fort. Das Bubiherz mag nicht gern hier sein, und ich bin so wenig mit ihm zusammen. Im Museum Gläser gezeichnet, der berühmte Abend mit Schmitz, Meier und Stern.
Und doch ist mir recht heimatlich bei den Geschwistern, heimatlich, zugleich heimatlos.
Letzte Tage, Besuch bei Meier und viele Stunden mit Walter, die mir das Liebste sind. Dumm ist, daß ich nie abends spät fort kann, länger wie ein Uhr hab ich mich nie getraut zu bleiben. Bubi freut sich aufs Fortfahren.

Leipzig, 19. Januar 1908

Hier war's ganz nett, aber nicht ganz das, was. Die ersten zwei Tage im Hotel, dann bei Hausdorffs. Viel mit W. Str. zusammen. Wir wollten nach Altenburg fahren, aber immer kam etwas dazwischen.
Abendunterhaltung mit Hausdorff: »Sie können noch Hunderte beglücken.« – Na, das ist wenigstens eine gute Aussicht. Der Abend mit den »freien Menschen« von Leipzig. Pfui Teufel, der einzige Trost gegen diese Art von Graus bestand darin, daß Walter und ich uns auf die Füße traten und miau sagten.
Bubi ist hier viel vergnügter als in Berlin. Mit den Kleinen amüsiert er sich wundervoll und will nicht wieder weg. Aber ich werde allmählich münchensüchtig.

27. Januar. München

Wieder hier, Tila aus Worspwede wohnt bei mir. Gesundheit wieder schlecht. Die andern lumpen, ich bereite mich darauf vor, schone mich, pflege mich etc.
Erster bal paré.

*

3. Juli 1908

Aus der Schandbude heraus. Eine Schauerarbeit: Suchs Sachen zu Stern und Strahlendorff, meine zum Teil nach Ludwigshöhe, zum andern in die neue Wohnung auf Speicher und Keller. Es war zum Schwindligwerden.
Drei Tage fortwährend gepackt. Lisa und Felix Nöck sitzen dazwischen, ich wünsche alle zum Teufel.
Die letzte Nacht bei Schiemann geschlafen, saßen abends im Leopold, Lisa und ich ganz melancholisch, daß es nun Trennung

und kein Obdach mehr gibt. Sie zog mit Willy Müller ab, mich führte Schiemann feierlichst zu seiner Höhle, wo Bubi schon schlief. Zündhölzer vergessen, etwas verzweifelt in der fremden dunklen Wohnung herumgetappt.

Bett entsetzlich schmal, schließlich mich auf den Boden gelegt, erst gegen Morgen etwas geschlafen. Früh mit Bubi gesentimentalt. Im Sommer wenigstens hat das große Atelier seinen Reiz gehabt mit Vogelgezwitscher, Frühsonne und die Gewitternächte. Am Morgen ganz verkatert. Nach Tisch zu Strahlendorff, ausgeruht, Kaffee getrunken, warmes Bad genommen. Abends Bubi und ich zu Friess übergesiedelt.

7. Juli

Ein paar sehr liebe Ruhetage. Geschlafen, geschlafen, alles war sehr schön und gemütlich, mochte gar nicht wieder fort.

Ludwigshöhe 8. Juli

Herausgezogen, schönes Wetter, Sommergefühle, den Wald und alles vor der Tür. Ausgepackt und eingerichtet – wann tue ich einmal nicht aus- oder einpacken?

Abends am Odeonsplatz Adam getroffen, der grad wieder eine Gesellschaft gründet und noch 53 Pf. in der Tasche hat.

Fayenceschüsseln für Merkl gemalt, dann das große Reichsadlerglas, das allein fünf Tage kostete. – Im übrigen machen wir uns gute Tage, herrliche Morgenspaziergänge, nachmittags viel Schlafen und lauter Bubi, wir sind sehr glücklich. Ich werde auch immer gesünder, kann wieder laufen. Trotzdem fühle ich immer noch, daß mir die Krankheit noch in den Gliedern liegt. Es ist immer noch Rekonvaleszenz.

Das Zeitalter der Päule, Paul I. ein recht heitrer Abend. Ich hätte Augen, die einen toll machen könnten, so etwas hört man immer ganz gern.

Paul II. eine zweifelhafte Errungenschaft aus der Red Cat Bar, wo ich zwei Abende meine Netze auswarf.

Er begriff nicht recht, wie ich in »dieses Leben« hineingeraten wäre. »Armes Kind« etc.

Wenn der wüßte, wer ich bin. Zwischendurch bei Fr.

Warum reißt mich der nicht heraus – er könnte sich doch vieles denken. Aber wie Gott will. Ich will vergnügt sein und bin es auch.

Ende Juli

Wieder Sendlingertorbar. Im Auto heim und hier draußen Sommerleben mit Bubi. Immer aus einer Welt in die andere. Immer haben wir eine Menge Vögel am Fenster, denen Bubi Futter streut, einen eisvogelartigen, den er Halkyone getauft hat, Dompfaffen und das »schwarze Weibchen«. Manchmal lesen wir Tausendundeine Nacht. Alles ist schön, ach Gott, ich bin doch so glücklich, wie man nur sein kann.

Wenn nur die verdammten Existenzsorgen nicht wären. Was hab ich für einen Leichtsinn, daß ich das überhaupt aushalte.

8. August

Übersetzung von Langen, na, da sind wir wieder gerettet, aber es wird auch eine fade Zeit sein. Und wir wollten jetzt grade recht viel streunen.

9. August

Jafféabend. Vor Graus beinah vergangen, geheult etc. Lieber Gott, diesen Kelch laß an mir vorübergehn. –

Drei Wochen Arbeit, nachmittags Café bei Friess, immer unseren schönen Morgengang durch den Wald.

29. August

Fertig mit der Arbeit, ach das ist herrlich, herrlich. Große Familienfeier.

30. August

Todmüde nachträglich, wollte nachmittags nach Grünwald, statt dessen den ganzen Nachmittag bei strömendem Regen geschlafen.

31. August

Geburtstagsbesorgungen für Bubi, nachmittags bei Friess. Mit mächtigen Paketen hinaus.

1. September

Bubis elfter Geburtstag. Große Freude im Bett. Tivolispiel, Schach, Armbrust, Robinson. Dann gehen wir zu Fuß nach Pullach, unterwegs wird mit der Armbrust geschossen. Heim zum festlichen Fraß und nachmittags in die Ausstellung. Wir verpulvern viel zu viel Geld und amüsieren uns königlich. Er ist ganz aufgelöst vor Seligkeit, darf alles machen, was er will.

6. September

Märchenhaft schöner Gang am Bach entlang nach Pullach. Saßen

lange in der Sonne am Unkenteich, den wir schon im Frühjahr entdeckt hatten.
Die beiden Förstels, mit ihnen nach Geiselgasteig.

7. September

Dr. Gieß und Frau. Die alten Bekannten aus Konstantinopel. Nymphenburger Volksgarten. –
Jetzt ist schöne Zeit, ich brauche nicht arbeiten. Eigentlich müßt ich Gläser machen, tu's aber nicht. Schlafe, schlafe, schlafe. Abends spielen wir Tivoli, Schach, Halma und lesen Tausendundeine Nacht. Viel Regen, schon herbstlich. Mit der Übersetzung ist die schönste Zeit vergangen, aber wir hatten wenigstens Geld. Viel in der Stadt.

9. September

Reformschule für Bubi gefunden. Gott sei Dank. Bubi bemerkt treffend: »Was hat denn der für einen altfränkischen Rock an?« – Wir haben ihn Herr Magister genannt, weil er so aussieht.
Mir ist sehr wehmütig, daß Rolf nun ein richtiges Schulkind wird. Aber es wird auch recht gut sein, wenn endlich einmal Ordnung in die Sache kommt.

10. September

Nach Schäftlarn. Essen Kuchen und ich sentimental über alte Zeiten, dann zu Fuß nach Grünwald. Sehr spät weg, Weg viel weiter, als wir dachten. Bubi in Ekstase über den roten Abendschein im Wald. – »Mamai, das ist eine Märchenlandschaft.« – Hüpft auf alle Hügel und schreit vor Freude. Wir laufen und laufen, und rasch wird es dunkel. Mitten durch den Wald, mir gruselt, und Bubi ist sehr mutig. Als wir dann aber ein paar Kerle von fern gehn sehn, zuckt die kleine Pfote in meiner Hand, und wir stürzen uns seitwärts über Hügel. Dann treffen wir auf eine Gesellschaft Leute und fühlen uns gerettet, da sie den gleichen Weg gehn. Aber eine gute halbe Stunde vor Grünwald verschwinden sie mit vielen Grüß Gotts in ein Waldwirtshaus, und es kommt noch eine lange einsame dunkle Strecke. Um acht Uhr glücklich in Grünwald und heimgefahren. Es war doch wunderschön.

12. September

Nachmittags in Grünwald, wollten die Huchs besuchen, aber nicht angetroffen. Wir schwelgen in dem Gedanken, daß wir auch mal solch ein Häuschen haben könnten.

15. September

Hab mich bei unseren Touren etwas überlaufen und bäuchliche Gefühle. Nun ist bald die Bübchen Ferienzeit zu Ende.

17. September

Der letzte freie Tag. Nachmittags zur Feier noch einmal nach Grünwald und das Schloß besehen.

Gruhle über Mittag und Franzl.

Freitag, 18. September

Früh aufgestanden und alles glückte, so daß Bübchen rechtzeitig um sieben zur Schule absauste. Ich wollte selbst mit, wurde aber nicht fertig, fuhr also später.

Bei Franzl. Lisa besucht, Franzl mit Maja und Klett im Heck getroffen. Bubi seelenvergnügt, es hat ihm gut gefallen, besonders, daß die andern Kinder »zurückgeblieben« waren. Er kriegt die Schulmappe, die ich ihm morgens gekauft hab, eigentlich eine Institutsmappe für Backfische, aber er wollte durchaus solch eine. Im Hofgarten, fünf Uhr heim, um sechs Uhr Telegramm von Gruhle, also am Abend wieder herein. Gruhle um neun Uhr ab, ich wurde am Bahnhof von zwei Negern angesprochen, sie steigen mir in die Tram nach und fangen Gespräch an, ich soll mit ihnen »drinken«. Also warum nicht. Steige am Sendlingertor aus, und wir »drinken« bis drei Uhr in verschiedenen Bars und Teesalons, ich in Weiß zwischen den zwei schwarzen Kerlen. Erregen einige Sensation. »Dolle Kiste«, sagt irgendein norddeutscher Student und trinkt mir zu. Nachher die Neger immer wieder: »Dolle Kiste! dolle Kiste!« Dann bringen sie mich im Auto heraus und ich hab' Angst, von Ludwigshöhern gesehen zu werden. Jedenfalls war es die würdige Krönung der verschiedenen Sommernachtsautofahrten hier heraus.

19. September

Vormittags wieder in die Stadt, ging aber nicht zu dem Negerrendezvous. Mit Franzl in den Jahreszeiten soupiert, leichtsinnig und beschwipst, dann brachte mich Franzl zu Monsieurs Wohnung.

Sonntag, 20. September

Heraus in weißem Kleid und trübem Wetter. Bubi liegt im Bett und spielt Schach. Mittags wieder herein, mit Franzl in die Ausstellung. Schöner heißer Nachmittag, in den verschiedenen weißen

Gartenhäuschen geteet und gekaffet. Mit Auto zurück, können nicht in die Wohnung und müssen nach Grünwald übernachten fahren.
Mariä Irrgang! –

22. September

Früh zur Stadt, später Lisa bei mir draußen. Beim »gütigen Öfchen« einen gemütlichen Nachmittag zugebracht. Gläser weiter gemacht.

23. September

Schon um sieben mit Bubi zur Stadt. Sendlinger Paul ist wieder da, Samtjackett dediziert. Er ist ja recht lieb, aber ein bissel ordinäre. – Soit – was tut's.
Erkältet, Lunge macht sich bemerkbar. Vormittags Paul. Nachmittags mit Bubi und seinem Magister auf die Oktoberwiese.
In der Stufenbahn »fesche Weiber« und schöne Lebemänner. Wäre ich doch etwas eleganter. Ein wundervoller schwarzer mit mir geäugelt, jedesmal beim Herumfahren, und ein junger, sehr morbider, aber ich konnte sie nachher nicht mehr finden, und wir mußten fort. Bubi sehr glückselig.

24. September

Nachts Fieber, heute, scheint mir, auch noch. Bubi zur Schule. Es regnet und ich sitze beim gütigen Öfchen. Die Lunge sticht miserabel.

25. September

Sehr elend, ganzen Tag geschlafen, Bubi treulich bei mir gesessen.

27. September

Samstag vormittag bei Schnotzing, Hundert-Mark-Schein für Monsieur von ihm bekommen, den M. mir dann schenkte. Rendezvous auf Dienstag. Mit Lisa, Franzl, Bubi auf die Wiese. Etwas stumpfsinnig, zum Schluß alle müde und nervös. Lisa über Nacht hiergeblieben.

28. September

Blöder Sonntag, alle verkatert, ich erkältet, Lisa krank etc. Herumgedöst. Abends zu Landshoffs.

29. September

Morgens zur Stadt. Erst Friess, dann Franzl. Trop de tendresses. Eigentlich gehe ich mein Leben lang immer von einer Umarmung in die andre. Und ich will mich noch nicht beklagen! – Schaf. –

30. September

Der große Dienstag – wieder hundert Mark geerntet. Himmlischer Gott, ist das angenehm. Nachher mit Franzl, Felix Huch* etc. im Hofgarten gegessen. Abends bei Landshoffs. Lisa liegt wieder einmal krank bei mir, ein schönes Durcheinander.

1. Oktober

Verkatert, nervös, unausgeschlafen. Gepackt, telephoniert, Monsieur, dann der Bursche von Lisas »Bräutigam« zum Helfen. Abschiedsfahrt mit Bubi nach Grünwald. Wundervolle Herbsttage, goldnes Laub. In der Stadt kein Vogelgezwitscher mehr und keine Bäume vor den Fenstern. Abends der Leutnant und Franzl, ein schreckliches Gewirr von Menschen, Schlüsselsuchen, Bubi, Packerei etc.

Oktober

Vierzehn Tage in der Jägerstraße bei Franzl gehaust, Wohnung noch nicht fertig, hatte auch gar keine Lust, mich darum zu kümmern und ging nie hin. In der Stadt gebummelt, nachmittags Ausstellung oder Hofgarten.

Am 10. endlich in die Wohnung, sie mit Maja und dem Burschen eingerichtet. Immer wundervolles Wetter und weiße Kleider.

Franzl abgereist. Laufereien mit Adam und Friess wegen Douglassens Simplicissimus, wenig nett. Noch einmal Samstag mit Bubi in die Ausstellung und verschwendet. Jetzt muß man wieder vernünftig sein, Geld geht zu Ende und Nero nicht zu erreichen.

November

In diesem Jahre hört das schöne Wetter gar nicht auf, laufen viel in den Englischen Garten, abends manchmal Simpl.

Bubi glänzt in der Schule und ist sehr fleißig, bringt Zeugnisse, wie ich sie nie gehabt habe und ist vergnügt dabei, was mir die Hauptsache ist.

Maria besucht und M. kennengelernt, einen Abend mit ihm aus. Etwas langweilig.

Hier und da Friess. – Adam ist nun auch fort. Könnte ich doch auch davon, aber eigentlich bin ich sehr vergnügt.

---

* Der Schriftsteller Felix Huch, Bruder des Schriftstellers Friedrich Huch und Vetter der Dichterin Ricarda Huch.

Weihnachten

Unerwarteter Geldregen nach langer Dürre, uns daraufhin einen schönen Weihnachten gemacht. Am Abend vorher eine Gans geschleppt, die uns fast erdrückte.

Weihnachtsabend. – Nachmittags zu den alten Maurers gefahren mit Bäumchen. Bubi trug es ins Zimmer herein, und der Alte saß ganz versteinert, meinte, es wäre das Christkind selbst. Dann unsere eigne Feier mit großer Seligkeit. Den ganzen Abend gespielt und sehr glücklich gewesen.

Neujahr uns ein Karpfensouper gemacht, das ziemlich mißglückte, aber doch sehr heiter verlief. Dann ich in den Simpl. Die ganze Nacht mit Toni Seidl, Pollinger etc. durchgebummelt, bei mir gelandet, kriegte dann plötzlichen Degoût und verkroch mich in mein Schlafzimmer.

1. Januar 1909

Neujahrstag, infolgedessen sehr müde. Zu Dr. Specht. Eisige Kälte. Bubi, der draußen wartete, ganz verfroren. Tat mir so furchtbar leid, daß ich beinah geheult hätte. Essen dann zusammen im Leopold und sind wieder vergnügt. Nachher noch Lisa mit Freund. Hätte am liebsten alle herausgeworfen, so waren sie mir über, und ich wollte mit Bubi allein sein. Abends noch einmal den Baum angesteckt und darum getanzt, mein Herzenskind.

Januar

Alle Tage Schlittschuhlaufen, bin froh, daß ich's wieder vertrag. Vormitags mal' ich Gläser oder auch nicht. Nach der Schule aufs Eis.

Gauklerball. Mosley mich heimbegleitet und bei mir gefrühstückt.

29. Januar

Bübchen kommt ganz elend heim, sehe plötzlich, daß er rote Flecken hat. Bett, Arzt: Scharlach, drei Wochen liegen.

Leicht verlaufen, aber doch viel Angst. Ganz von der Welt abgesperrt. Tagsüber viel Gläser gemalt, abends Tausendundeine Nacht gelesen. Alles friedlich und voll Liebe. Der Kanarienvogel muß immer bei ihm stehn und ein Äffchen in seinem Bett liegen. Er malt auch Gläser, stickt Perlen und macht die schönsten Halsbänder. Es ist etwas ganz Besonderes um Kinderkrankheitszeiten, alles so schön und still und man hat sich so. Ich muß im Wohn-

zimmer schlafen, wir haben uns eine kunstvolle Glockeneinrichtung gebaut. Ein paar sehr unruhige Nächte. — Mosley und Lisa kommen manchmal, sonst sieht man keinen Menschen.
Erster bal paré mit Popp, Chef und dem kleinen Franzosen.
Nächsten Tag Bubi zum erstenmal aufgestanden. Jetzt etwas schwierige Zeit.
Letzter bal paré mit großem Glanz und Baltengesellschaft.
Franz Blei verspricht mir goldne Berge — auch Nero Schnotzing wieder erwischt — auf nach Karneval verabredet. Hoffen wir also.

Faschingsdienstag

Nachmittags bei Bubi geblieben, der noch nicht heraus darf und sehr traurig ist. Abends Luitpold. Die gestrigen Galans lassen sich nicht mehr so gut an. Schließlich noch der bunte Mann, ins Stephanie, recht stumpfsinnig. Dachte nicht ohne Wehmut an voriges Jahr. —
Bubi wieder aus, laufen alle Tage Schlittschuh.
Abends im Simpl, Klimmer, große Sauferei.
Noch einen Abend im Simpl. Zwei Kerle mir nachgefahren und mich eingeladen, mit ihnen weiterzusumpfen. Denkwürdige Nacht in der Tip-Top-Bar. Noch eine Nacht mit den Tip-Topleuten. Sie holten mich um elf Uhr ab, im Auto nach Pullach. Morgens an der Bahn Abschied, und sie verschwanden.
Tags drauf, am 20. März, Souper in der Kette!!!!!
Morgens mit Bubi in den Englischen Garten, um Frühlingsanfang zu feiern. Mittags mit Günther in der Stadt, Kino, Bubi selig.
Große Bummelwoche. Schlaf wird allmählich ein unbekannter Begriff.
Dazwischen Höper und der Igelhumpen.

April

Es kommt mir vor, als ob dies ganze Jahr durch alle Jahreszeiten so besonders schön ist. Leider Gottes eine Übersetzung zu machen. Viel mit Günther abends. — Morgenstimmungen am Sendlingertor, einmal Fahrt zum Aumeister, von dort zum Höper. Der trank Schnaps, und man war unvernünftig vergnügt. Nur ist man manchmal auch unvernünftig nervös.
Übersetzung unter Ach und Weh fertig. Ist das greulich! Könnte ich leben, ohne zu arbeiten, ich wäre das glücklichste Wesen unter der Sonne.

Strich ein paar Tage hier. Uns im Künstlerhaus getroffen bei Chatreuse und Mokka.

Ostern

Bubi krank. Beinah Lungenentzündung. Hohes Fieber. Das war sehr traurig und er sehr deprimiert, daß er schon wieder im Bett liegen sollte.

Osterfeier mit vielen Eierhäschen und gegenseitigen Geschenken im Bett. –

Unser Vögelchen ist gestorben. Viele Tränen. Bubi will sich gar nicht wieder aufheitern. Sonntag wollen wir auf dem See die Leiche versenken.

26. April

Nach Berlin, bildete mir ein, etwas Bestimmtes dort auszurichten. Aber das war natürlich Unsinn, im Grunde wollte ich eben nur einmal heraus.

Am ersten Tag mit Förster und seiner Freundin. Abends allein in der Sezession gegessen, plötzlich steht jemand an meinem Tisch und sagt gerührt: Fanny! – Mein guter Vetter Viktor!

Im Auto zusammen durch Berlin.

Am dritten Tag zu Ernst und Martinus Meier. Es war alles sehr nett, im Handumdrehen zweihundert Mark zusammengerafft. Sonntag nach Leipzig. Das waren endlich einmal so schöne, innerlich fruchtbare Tage, wie ich sie wahrhaftig lange nicht mehr gekannt habe. Äußerlich alles sehr ruhig, wir saßen viele Mittage und Abende in unserm unterirdischen Weinrestaurant beisammen, dazwischen Strichs Wohnung, wo ich auf dem Sofa lag und schlief, während er arbeitete. Die Vormittage endlos geschlafen und endlos beim Anziehn und Bad geduselt, kam mir so wohlhabend und sorgenfrei vor. Dann der Examenstag. Walter kam bleich und geknickt zu mir ins Hotel und hatte es bestanden. Wir gingen Schnaps trinken, damit er wieder vergnügt würde. In den Zirkus, dann soupieren, dann in die Bar bis sechs Uhr früh. Im Wagen nach dem Forsthaus. Abends fuhr ich dann nach München zurück – da hatte ich mein Tierle wieder, aber sonst war alles greulich, große Verstimmung. Gott sei Dank, daß man mit Bubi über alles reden kann.

Ganze Vor- und Nachmittage an der Isar bei Oberföhring, und

den wundervollen Frühling wirklich in vollen Zügen genossen, die Unannehmlichkeiten beiseite gelegt und an nichts gedacht, als daß die Welt so schön ist.
Am 18. Mai mein Geburtstag, ich behielt Bubi aus der Schule, wir machten uns einen Festtag, morgens rudern, Geschenke, nachmittags Kino, am Abend Feuerwerk am Balkon.
Wenn ich denke, daß ich das Kind vielleicht doch auf längere Zeit weggeben muß, um eine Existenz zu gründen. Ich möchte wahnsinnig werden, aber vielleicht wird's nicht anders gehn, wir müssen aus der chronischen Misere heraus, ich will mich noch einmal in Geld wälzen.
Zu meinem Geburtstag hat Bubi ein neues Vögelchen gekriegt, jetzt werden Eier gelegt und gebrütet, das ist eine Quelle von Aufregung und großem Vergnügen.
Alle Sonntagmorgen rudern, und wenn wir an der Stelle vorbeikommen, wo unser Vogel versenkt ist, wird feierlich Piep gesagt.
Ich genieße es so, daß ich gar nichts zu tun habe, muß allerdings mal meine Geldgier bezwingen und kann mir keine schicken Sachen kaufen.
Windholz, dann Gr. eine Woche, heute früh wieder abgefahren.

10. Juni

Bei unsern Vögeln sind die ersten Jungen ausgeschlüpft, die sehr gefeiert wurden.
Bin ich froh, wieder allein zu sein. Ein lieber guter Kerl, aber nicht auszuhalten. Es geht einfach nicht.
Jetzt haben wir wieder friedliche herrliche Tage, sonntags rudern und abends in Kleinhesselohe Abendessen.

20. Juni

Zwei von den kleinen Vögeln sind tot, es ist zum Gotterbarmen, wir hatten uns so damit gefreut.

22. Juni

Die beiden andern auch tot, wir hatten jeder eins, das wir besonders liebten, ich ein gelbes, Bubi ein schwarz getupftes. Gestern abend war noch eins am Leben, heute früh auch das hin, und die armen Alten versuchten immer noch, es zu füttern, saßen am Nest und beguckten es, bis wir's wegnahmen. Es war gar nicht anzusehn und wir beide ein paar Tage ganz traurig.

Juli

Inzwischen Gelder gekommen. Schulden gezahlt, jetzt ist bald wieder nichts mehr da. Male Gläser ohne Vergnügen, herumgestreunt, Franzl vierzehn Tage hier, mit ihm zwei Tage am Ammersee und solche Lust auf's Land bekommen. Wieder tief in der Tinte und Tränenstimmung. Ich mag's nicht mehr, wenn mir die Sommer verregnen. Nun hat Bubi seit Ostern Ferien und nur die Vorstadtwiese als Sommerfreude. Ich bin schlecht gesund und würge an Zukunftsgedanken. Mit Todesverachtung angefangen, meinen Prospekt für Gläser ins Werk zu setzen, lasse einstweilen Klischees machen, wie's dann weitergeht, wird man schon sehn.

20. Juli

Franzl fort. Heinrich Wohlert* aus Lübeck. Vom 1. bis 8. mit ihm ins Gebirge. Schöne ruhige Zeit mit diesem klaren guten Menschen, der da auf einmal nach achtzehn Jahren wie ein langjähriger Freund ankommt, der einen immer gekannt hat.

* Der Bibliothekar Heinrich Wohlert, ein Freund aus der Lübecker Jugendzeit.

Zehnte Epoche

Der wirtschaftliche Bankrott

11.–18. August

Eine Woche so voller Freude, alles so plötzlich, glühend, zusammengedrängt, ich weiß vor übermächtiger Seligkeit nicht mehr, wo ich bin. War das schön. Mir ist wie verbrannt und versengt und dabei so weich vor Glück. Am ersten Abend mit Günther und Adam schon so unmotiviert freudig gestimmt, als ob ich wüßte, was kommen müßte. Den Abend im Englischen Garten unter Sternen im Gras und die glühenden Sommernächte bei Günther, der Heimweg durch den schönen Morgen, und daheim geschlafen, geschlafen. Abends wieder zu ihm. Dann der etwas traurige und verschlafene Abschied. Nun ist er fort und ich fort, aber ich gehe noch ganz heiß und glücklich herum, mit so viel Sehnsucht, daß es sehr süß ist.

Schloß Winkl, 20. August

Nach Winkl abgefahren. Abends vorher Lisa mit Bruno Frank* wieder aufgetaucht, auch Adam wieder in München, aber mich mochte nichts mehr halten, nur fort, nur fort. In wirklich glückseliger Stimmung abgefahren. In Übersee zum erstenmal seit drei Jahren auf mein Rad gestiegen. Etwas Bangen, ob der Verwalter Schwierigkeiten machen würde, aber nein, alles ging glatt. In unserm Zimmer lag noch ein Ball von damals, überall meine Malflaschen, in Suchs Zimmer die Lampe am Bett und die polnischen Zeitungen, das zog einem etwas das Herz zusammen.
Wir gingen gleich weiter nach Grabenstätt und nachmittags nach Hagenau, wo man uns mit stürmischem Jubel empfing und gleich mit zum Haberaufladen nahm. Dann kam der Professor mit dem Bild herunter und zeigte es mir.

21. August

Abends in Grabenstätt geschlafen, frühmorgens hierher und eingerichtet.

---

* Der Schriftteller Bruno Frank.

Sonntag, 22. August

Vormittags See und Bad, lauer Regen. Nachmittags Wald und Schwammerln gesucht. Abends Bubi vorgelesen. Brief von Wohlert.

23. August

Das erwartete Geld. Ein Stein nach dem andern fällt vom Herzen, es ist jetzt alles so schön, so leicht und hell und lauter Freuden vor sich. Ich bin so glücklich wie lange nicht, auch so merkwürdig gesund. Die letzten Wochen waren wie ein einziger Traum voll schöner Dinge, direkt von der glückseligen Übernächtigkeit der letzten Münchner Zeit hier in den Sommer hinein und das geliebte alte Winkl. Es fehlt nur eins, damit ich nicht übermütig werde – ein Brief, irgendein Zeichen von ihm. Ich möchte wissen, daß er auch an mich denkt und daß er mir noch eine Zeitlang bleibt. Oder sollte es sich so gehören, daß ich jedesmal nach Winkl ein wundervolles, plötzlich abgerissenes Erlebnis mitbringe? Diesmal hab' ich wohl kaum Grund, das anzunehmen, aber ich möchte den Haufen von Glückseligkeit vollkommen haben. – Franziska, du wirst wohl nie vernünftig werden.

Mittwoch den ersehnten Brief bekommen, den ganzen Tag mit Bubi auf dem See und sehr froh. Ein paar Stunden auf einer Sandhalbinsel in der Sonne gelegen und gespielt, mir dabei die ganze Haut verbrannt. Bei fürchterlicher Hitze nach Chieming herüber und von dort aus nach Hagenau zurück, im ganzen fünf Stunden gerudert. Bei den Hagenauern Kartoffeln und Buttermilch gefuttert, mein Kind, ich glaube, du bist wieder gesund.

Donnerstag nach Traunstein per Rad. Nachmittags etwas müde, noch nach Grabenstätt gegangen.

Samstag, 28. August

Endlich das Datum wieder erwischt. Viel an mein Liebes gedacht. Ach, ich wollte, es würde etwas Schönes, Dauerndes, ich bin so ausgehungert nach einem Menschen, der mich lieb hat.

Sonntag, 29. August

Nachmittags etwas Sonnenschein, im Wald.

Montag, 30. August

Regen, Regen, Regen, alles grau und verdeckt. Abends heller, wundervoller Mondaufgang, sitzen am Fenster und lesen 1001 Nacht, Bubi hängt seine Angel zum Fenster hinaus und angelt in der Luft.

Dienstag, 31. August

Brief von Günther, daß er wieder in München. Liebe, warme Worte, eine große Freude. Am liebsten gleich hingefahren, aber heut zu elend und morgen Bubigeburtstag, so ging's nicht. – Nachmittags Grabenstätt und den Geburtstagskuchen vom Bäcker geholt, den Bubi in ein buntes Tuch eingeknotet heimträgt. Abends vorgelesen und Vorfreude.

1. September

Mein Zwölfjähriges gefeiert. Bescherung nach altem Winkler Brauch in der Kapelle, Eskimo-Bogen, Bumerang, Malkasten. Dann ich auf den Polstern gelegen und ihm vorgelesen und er gemalt. So bis zum Nachmittag im geheizten Zimmer. Draußen gießt's in Strömen. Gegen vier in den Wald, auf der Wiese Bumerang und Bogen probiert.

2. September

Heftiges Verlangen nach Bewegung. Die Räder hergenommen und nach Seebruck gefahren. Schön, aber lahm zurückgekommen.

3. September

Bei herrlichem Wetter nach Grassau. Das Boot ausgeschöpft und repariert. Die Mutter in Hagenau: »Gräfin, du wirst alle Jahr' schener.« –

4. September

Vormittags Wald, nachmittags Boot und Bad, am Abend immer noch 1001 Nacht vorgelesen.

Sonntag, 5. September

Wollten zur Fraueninsel fahren, aber wieder Regen, ach verdammt. Statt dessen in Oberwinkl am Froschteich gehockt und Prospekt gemacht. Nachmittags Brief von Strich, was immer eine Freude ist.

8. September

Nachmittags bei starker Hitze nach Unterwössen, so ein richtiger glühender Sommernachmittag zwischen den Bergen. Bubi hatte sich sehr elegant gemacht und war dann etwas enttäuscht, weil garnichts los war. Abends 1001 Nacht und Schwammerln gekocht.

9. September

Ruhiger Tag im Garten in der Sonne gesessen und Bubi bringt

mir Hunde und Katzen, um mich zu amüsieren. Nachmittags ihm im Garten vorgelesen. Bücherpaket von Wohlert.

10. September

Früh nach Feldwies, um Zwetschgen zu holen, aber noch keine reif. Unterwegs ein weißes Häuschen, alle Fenster voll roter Geranien und einem Wald von Sonnenblumen. So schön war's, daß wir abstiegen und der Frau vorm Haus Komplimente machten, wofür sie uns mit Sonnenblumen beschenkt. Nachmittags am See und gebadet. Bubi lag dicht neben dem Boot im warmen Uferwasser und lauter kleine Fische um ihn herum.

11. September

Radtour um den See herum über Grassau an den Bergen entlang. Mittags in Prien, dann bei gewaltiger Hitze in Seebruck, wo wir halbtot ankamen. Unterwegs mein armes Bübchen mit dem Rad gestürzt, sich die Knie aufgeschlagen. Dann noch bis heim, sehr müde, aber schöner Abend.

13. September

Wollten auf den Hochfelln, Wetter zweifelhaft. Große Faulheit, zu Haus geblieben und Briefe geschrieben. Abends Sprung nach Grabenstätt. Alles trieft vor Regen und funkelt in der Sonne.

14. September

Früh in den »Zauberwald«. – Bubi, als ich ihm bei einem Zank das Wort abschneiden will: »Du darfst mich nicht ungehört verdammen!«

15. September

Regentag. Der ganze Himmel zugedeckt und ein Guß nach dem anderen. In einem heroischen Anfall meine Übersetzung angefangen. Nachmittags zwei Stunden gegangen, von dem feinen Regen alles wie mit Silber überschüttet. Gegen Abend allmählich heller und wundervoller Rückweg. Vorgelesen.

16. September

So schön geträumt, daß ich sehr schön und sehr gefeiert war und in einem Palast wohnte. Aber ich dachte, es schadet ja nichts, es ist ja alles so schön. Ganz glücklich aufgewacht. Bubi wacht auch auf und sagt halb im Schlaf: wie schön – als ob er mitgeträumt hätte. Früh nach Grabenstätt, am Springbrunnen ein Vögelchen, das sich in dem Strahl badete. Auf dem Weg ein junges Pferd, das in einemfort wieherte. Und der Sonnenschein auf dem nassen Land.

Gott sind wir hier glücklich. Ich kann mir nicht mehr vorstellen, daß ich die vorigen Monate in München so bedrückt war.

18. September

Um fünf auf, mit Rad nach Bergen gefahren. Ganz dichter Nebel und Tausende von beperlten Spinnennetzen im Gras. In Bergen die Räder eingestellt und auf den Hochfelln. Anfangs noch im Nebel, nach obenhin wurde es dann immer heller. Bubi ganz Seligkeit, umarmte mich und sagte immer wieder: »Ach Mamai, wie wunderschön.« Ich schenkte ihm alles, was wir sahen, einen Bach mit Felssteinen, einen Salamander, Almwiesen etc.
Wir frühstückten auf einem Felsblock im Bach. Neue Jubelschreie, als wir aus dem Tannenwald auf die erste Almwiese herauskamen. Da lagen zwei Hütten, und zwei weiße Katzen spielten zusammen. Eine Einzäumung mit Kälbern, die lange gekost wurden, weiter oben Schafe am Felsen und eine Kuh, die uns zögernd vorbeiließ. Zuletzt ziemlich steil hinauf, und mein gutes Herzkind meinte, da könnte man schon etwas schwindlig werden. Schöner Ausblick auf die Bergspitzen, die Täler waren alle voller Wolken. Oben gegessen und ausgeruht. Der betrunkene Mönch, der viele und ganz gute Witze macht. Um zwei Uhr Abstieg. Alles weiß vor Nebel, man konnte immer nur zwanzig Schritt vor sich sehn.
Die Schafherde kreuzte unsern Weg, und ein großer schwarzer Hammel machte Miene, uns von hinten zu attackieren. Bubi einigermaßen in Schrecken, klammert sich recht fest an mich an. Ich hab's so gern, wenn er sich fürchtet und bei mir Schutz sucht. Neckte ihn ein bißchen, und dann lacht er so entzückend verlegen. Weiter unten Enzian gesucht, den ich Günther schicken wollte. Von den Almen sah man bei dem Nebel gar nichts mehr. Dann fing es an, kräftig zu regnen, wir gingen langsam, ruhten bei den Blockhütten noch ein paarmal aus und kamen erst um fünf in Bergen an. Aus der Höllenschenke, wie wir erst statt Hüttenschenke lasen, brach mit bacchantischem Gebaren und geschwungenem Bergstock der betrunkene Mönch mit seinem Begleiter heraus und forderte uns auf, auch mit hereinzukommen. Wir neckten uns noch eine Weile, dann wir ins Wirtshaus. Mein armes Tierle war ganz müde und fror. Bei strömendem Regen machten

wir uns dann weiter auf den Weg, ließen noch bei einem bleichen Schmied Bubis Rad richten und rasten heim, durch Pfützen, Regen und Sturm. Um Bubi aufzumuntern, erfand ich, daß wir Hexen wären, die zum Blocksberg ritten, und so sausten wir unter furchtbarem Geschrei dahin. Ein Bauer blieb wie versteinert am Weg stehn und glotzte uns nach. – Zu Hause fand ich einen Brief von Walter als Extrafreude. Ein so wundervoller Tag.

19. September

Wieder schönes Wetter. Beide etwas lahm, nachmittags gesegelt, aber es war stürmisch, und ich traue mich nicht weit hinaus. Manchmal bekomme ich plötzlich eine wahnsinnige Angst vor Wasser.

Montag, 20. September

Bubi liegt elend mit Halsentzündung. Mein Armes. Ein Wunder war's nicht nach der Heimfahrt am Sonntag. Also daheimgeblieben.

21. September

Heute der große Tag, wo ich nach München fahren wollte, um Günther wiederzusehn. Mir ist's ein bissel schmerzlich, daß es nun nicht geht. Abends Telegramm von Günther. – Ach Gott, daß ich nicht kommen kann! –

24. September

Bubi besser, meine Augen stark entzündet. Nachmittags nach Grabenstätt mit Bubi, der sein Kätzchen im Arm trägt.

25. September

Regentag. Lossauer Moor, kamen aber nicht durch.

Sonntag, 26. September

Zum letzten Mal nach Chieming. Beim Unterwirt gesessen. Wollte nach Pfaffing, aber plötzlich Mordsgewitter. In Hagenau abgewartet. Eine Masse Leute in der Stube, die auch des Wetters wegen warteten, draußen alles dunkel und ein Blitz nach dem andern.

Montag, 27. September

Bei strömendem Regen morgens nach Übersee, um Gruhle abzuholen. Zu Hause Feuer gemacht und uns getrocknet. Mittags in Grabenstätt, Gruhle wieder fort, ich schweres Kopfweh, ganzen Nachmittag im Halbdunkel dagelegen. Warmes Zimmer, draußen prasselt der Regen, an morgen gedacht.

28. September

Meine Sachen für die Stadtfahrt mit solcher Freude gerichtet. War das eine lange Zeit seit den schönen, schönen Sommernächten, und ich hab' soviel Sehnsucht gehabt. Fuhr glückselig in den Abend hinein nach München, dachte, ob er mich wohl abholt? Da stand er wirklich am Bahnhof, wir fuhren zusammen durch den hellen Herbstabend, und alles war so schön.

Ich bin viel zu glücklich, mir schwindelt beinah – nach dem schlimmen Jahr mit all den öden und quählenden Erlebnissen. Wieder bin ich ganz, ganz jung und sentimental und so leicht und froh, als ob nie etwas Schweres gewesen wäre. Franziska, du hast eine glückliche Natur! –

Der Abend und die Nacht, um halb vier hab' ich aus dem Fenster gesehn, ganz dichter Nebel, und man hörte Autos vorbeifahren. Dann das Aufstehn und Einpacken in Eile, alles kam mir golden und hell vor. Ich lief voran hinunter ein Auto holen – es war derselbe Chauffeur, der uns gestern gefahren hatte, er grinste, das freute mich auch. Zusammen zum Bahnhof, jeder in seinen Zug. Aber dann dachte der liebe Gott, nun ist's genug und spielte mir noch einen miserablen Streich. Als ich eine halbe Stunde gefahren bin, kommt der Schaffner und teilt mir mit, daß ich in den Zug nach Lindau gestiegen bin. Da sitz' ich nun und muß bis Buchloe fahren und war erst ganz traurig. Es sollte ein so schöner Tag werden, um zehn Uhr in Übersee mit Bubi Boot fahren und an die Nacht denken. – Also um halb zehn in Buchloe, nach München zurück, um zwölf dort, rasch eine Tasse Kaffee heruntergestürzt und in den Zug nach Übersee, der um zwei dort sein soll. Aber wehe, es stimmt nicht. In Rosenheim in den Schnellzug eingestiegen, der nicht in Übersee hält. Fahre also nach Prien, nach Stock. Kriege glücklich einen alten Schiffsmann mit Boot nach Feldwies. Ich die ganze Tour heftig mitgerudert, damit's schneller ging, aber doch zwei Stunden gebraucht. Mit dem Alten lebhaft unterhalten, über König Ludwig und sämtliche Fürstlichkeiten, mit denen allen er auf du und du zu sein schien, über Eulenburg und Homosexualität, über den Nordpol etc. Bei der Fahrt wurde man wieder ganz vergnügt. Mir war vorher doch die gute Laune etwas ausgeglitten, weil ich immer an Bubi dachte, wie er mich erwartet. Um viertel sechs glücklich in Feldwies, halb verhungert, mit dem Alten noch ein Abschiedstrunk, es war eine dicke Freundschaft geworden. Dann im Galopp auf Winkl zu und wirklich in dreiviertel Stunden hingerannt. Oben Licht und ein fröhliches Geschrei: »Mamai!« Großes Erzählen aller Abenteuer und viel Zärtlichkeit. Man merkte es dem Tierle an, daß es sich einsam gefühlt hatte. Ich war wieder so glücklich, überglücklich und so reich mit allem, was ich lieb habe. Aber ein komischer Tag war's. Sieben Stunden Eisenbahn, zwei Stunden Boot, eine gerannt, macht zehn Stunden Irrfahrt, um nach Übersee zu kommen – kam mir beinah wie Odysseus vor.

30. September

Letzter Winkltag! Wehmütig und doch freu' ich mich so auf München. Selbst Geldgedanken fechten mich jetzt nicht an. Morgens Grabenstätt. Überall Abschied genommen, bei der Waschfrau mit Limonade gefeiert. Nachmittags Hagenau, mit der Mutter Strohbandeln gedreht, im Stroh gesessen und Kaffee getrunken. Mit den Kindern an den See, um das Stroh hinunterzubringen. Eine ganze wilde Expedition durch Moor und Wasser, barfuß und unter vielem Gelächter. Die Leute ringsherum hören alle mit Mähen auf und starren und starren, wie die »Frau Gräfin« wie ein Storch durchs Wasser stieg.

Nachher großes Abschiednehmen, und der alte Professor sagte: »Mi siegst nimmer, wennst wieder kimmst« – und die andern all, es wollte gar kein Ende nehmen. – Jetzt sitzen wir daheim beim brennenden Öfchen an diesem letzten Abend. Da wird einem ganz weh, ich muß mir immer vorstellen, wie morgen das Zimmer leer und dunkel ist. Aber es war eine so schöne wundervolle Zeit, nichts Trübes dazwischen. Wie ich damals herausfuhr, aus den heißen Liebestagen in das liebe alte sommerliche Winkl und seitdem ein froher Tag nach dem andern. Da muß man dem Leben wieder gut sein.

1. Oktober

Ein letzter Spaziergang den Bahndamm entlang und große Büschel Enzian mitgenommen, gepackt, Abschied genommen und fort. Zum Verwalter auf die Wiesen hinaus, ihm Adieu gesagt, dann mit Rad nach Feldwies, dort am See gesessen, und das Mädel erzählt mir die Geschichte von den ertrunkenen Malerinnen. Um sechs Uhr in München.

2. Oktober

Es fängt gut an. Heute früh Hausbesitzer Glaufliege und Hausmeister vereint angetobt, um mir zu kündigen. – Nachmittags Oktoberwiese, sehr vergnügt gewesen. – Zur Frieda Strindberg.

3. Oktober

Wollte mit Bubi in die Japanerausstellung, hab's aber verbummelt. Leider. Reut mich, daß ich nicht noch einmal mit ihm auf die Wiese gegangen. Mittags Leopold, Bubi nach Ludwigshöh, ich zum Baschl und Strindberg.

5. Oktober

Abends Günther. Mich erst so gefreut, aber er war müde und verstimmt, ging früh, und ich blieb recht traurig zurück. Damals die Sommerfreude, und wie schaut es jetzt alles aus.

Ich sehne mich so nach Günther, daß er mir ein wirklicher Freund würde. Es könnte so schön sein.

7. Oktober

Früh Wohnung angeschaut. Eine, die mir sehr zusagt. Dann fällt mir ein, daß ich ja eigentlich gar nicht riskieren kann, eine zu nehmen. Für den Moment ist es ganz unmöglich, und bis Januar kann ich definitiv verkracht sein. Zu Hause angekommen, Rechnung vom Zahnarzt und Mahnung. 766 M. Ich täte wirklich am besten, mich aufzuhängen.

11., 12. Oktober

Gearbeitet, Wohnung gesucht, abends Günther mich abgeholt, Leopold. Nachher zu ihm hinauf. Geheult, mir war so wund und unglücklich zumut, manchmal fällt mich das ganze Elend meiner Existenz an, besonders der letzten Jahre. Dann war er aber sehr lieb, und ich kam ganz froh nach Hause.

13. Oktober

Wieder abends bei G., er mußte schon um halb zehn fort und ich war sehr müde.

15. Oktober

Abends bei Günther.

16. Oktober

Vormittags Wohnung und Günther getroffen. Nachmittags mit Bubi in die Hundeausstellung, sehr vergnügt, nur etwas verjammert von gestern. – Wolfskehl. –

Bubi mittags, als er ein Ei aufschlagen soll: »Mamai, ich hab' jetzt manchmal solche Zwangsvorstellungen, ich denke z. B. ich müßte das Ei an die Wand werfen.« – Wie gut erinnere ich mich an solche Sachen aus meiner eigenen Kinderzeit.

17. Oktober

Günther im Leopold getroffen. Nachher zusammen die Noriswohnung angeschaut und dann auf die Dult. Bücher gekauft, die in einen Sack gesteckt und mitgeschleift wurden. Bei Farina gegessen, am Nebentisch Tole Kurz. – Man kann mit Günther so vergnügt sein und lachen, das macht mich sehr glücklich. Du Liebes – ich bin so froh über ihn. –

Acht Tage traurig, weil er nicht kam, Gott so traurig. Dachte, nun ist vielleicht alles wieder zu Ende, die große Freude – und ich kann nicht allein sein, kann nicht.

Dann wieder ein so schöner Abend und wieder eine Zeitlang traurig und wieder ein schöner Abend.

Das war der 14. November, gestern.

Zwischendurch einen furchtbaren Haufen von Gläsern und Möbeln anzustreichen.

Den 18. November

Erster Schnee, Günther kam mit einem Weihnachtszweig und erzählte mir, daß er die Nacht durch jemand aus meinem Buch vorgelesen hätte, und ich fühlte, daß er mich lieb hatte, sehr.

Immer ist mein Herz das gleiche, wenn es für jemand schlagen kann, wenn ich nur lieben kann. Wieder bin ich zwanzig Jahre. Wenn nur jemand begriffe, was das jetzt für mich ist, nach diesen Jahren. Zum erstenmal hatte ich eigentlich richtig genug vom Leben und sehnte mich manchmal danach, tot zu sein. Jetzt lacht alles, ist alles hell, und ich bin unsagbar glücklich.

Sonntag, 21. November

Gläser malen, die Kinder toben um mich herum, und bei aller Nervosität ist mir so leicht ums Herz. Ein richtiger Winternachmittag mit Schnee, wir sitzen glücklich im Halbdunkel. Essen im Leopold zu abend, heim durch den Schnee. Konnte nicht schlafen vor lauter Glück.

Montag, 22. November

Ich bin wieder ganz jung, ich sage mir guten Tag, als ob ich mich lange nicht gesehen hätte. Man muß mir wohl das Glück ansehn,

ich bekomme dieser Tage fortwährend zu hören, wie gut ich aussehe und »begehrende Blicke« auf der Straße.
Die neue Wohnung. Gestern abend beschlossen, daß wir doch keinen Zimmerherrn nehmen. –
Es ist beinah zu viel, aber ich weiß, daß das Leben wirklich immer wieder von vorn anfängt, immer wieder neu, immer und man ist wieder jung. –

Dienstag, 23. November

Nachmittags Leopold, dann bei Hirsch. Abends Stern, dann mit Günther und seinen Verwandten Serenissimus. Um halb drei heim, Günther noch bei mir in der Küche Tee getrunken.

Mittwoch, 24. November

Elend verkatert, ganzen Tag am Diwan. G. zum Kaffee – ich bin viel zu glücklich, mir schwindelt.

Donnerstag, 25. November

Froh und still in der Diwanecke gedämmert. Abends Günther. Wir freuen uns beide auf die neue Wohnung und unser schönes Leben.

Freitag, 26. November

Wieder ein fürchterlicher Husten, Lunge tut so weh. Mir ist es egal. Das Leben ist so schön, beinah möcht' ich sterben, damit nichts Trauriges mehr kommen kann. Liegen geblieben, Bubi macht mir Tee. Als ich dann aufstand, sah ich, daß er sein kleines Schulfutter vergessen hatte.
Den Morgen herumgeträumt, plötzlich wach' ich auf und Günther steht in der Tür. –
Sonntag mit Günther zum Klages-Vortrag. Adam und Schuler dort. Mit Klages gesprochen, und auf einmal voller Sehnsucht, daß wir wieder zusammenkommen möchten. Dann Teestube. Günther mit zu mir. Unser letzter Helmtrudenabend.
Montag ganzen Tag gepackt, abends noch ein letztes Bad und etwas wehmütigen Abschied von der alten Bude genommen. Ich hatte sie doch recht gern gehabt und dachte etwas traurig an Frühlingsmorgen und Sommerabende hier.

Dienstag, 30. November

Bubi trollt zur Schule, die Umzugsmänner, mittags schon drüben in der neuen Wohnung. Günther und Eva Huch. – Abends G.

Wir freuen uns an der neuen Wohnung mit der roten Jubeltapete. Erste Woche vergeht mit Einrichten, die zweite mit Gläsern. Prospekt ist verschickt, einziges Resultat ein Auftrag durch Mohr. Abends bei Haas, bei der Godin, Sonntag abend im Schnee durch den Englischen Garten zurück.

18. Dezember

Im Weihnachtsoratorium mit Günther. Begegnung mit der Hildebrandin – zurückgesetzes Gefühl. Nachher Odeonsbar, dabei spätes Gespräch. Weiß manchmal nicht, wie ich manches bei ihm verstehen soll. Der Schluß des Gesprächs dementierte es eigentlich wieder.

Sonntag, 19. Dezember

Nachmittags zusammen mehr Stadt und Casino Café.

20. Dezember

Abends mit Stern im Leopold.

21. Dezember

Abends mit Günther im Apollo und der Osteria. Apollo, die Stätte meiner Jugend, war einigermaßen verödet, in der Osteria Falkenberg und im Hintergrund Artaval, der »in schimmernder Rüstung nach dem heiligen Lande pilgern wollte«.

23. Dezember

Mit Bubi auf dem Kripperlmarkt. Abends den Baum zusammen geschmückt. Ach war das gut mit dem großen guten Tierchen, das bis 11 aufbleiben durfte.

24. Dezember

Stadt. Eilige Besorgungen. Vormittags Günther. Etwas ausgeruht. Mittags dann zu den alten Maurers. Im Auto zurück. Geldtelegramm von Fädchen vorgefunden. Bubi kostümiert sich und singt hinter der Tür, bis ich angesteckt hab. Große Freude. Spätes Souper. Um halb elf kam Günther. So schön war der Weihnachtsabend seit vielen Jahren nicht mehr. Ich bin glücklich.

25. Dezember

Bubi tanzt im Hemd im Weihnachtszimmer. Günther einen Moment. Zur Post, um nach Winkl zu telegraphieren, war todmüde, als G. doch noch kam, gingen zusammen ins Noris. Wieder ein so glücklicher Abend.

26. Dezember

Früh nach Winkl. G. uns an die Bahn gebracht. Mittags angekommen. Ein Schreck, der alte Verwalter ist fort, der neue empfängt uns vor der Tür. Alles etwas verändert und fremd. Unbehagen. Dann nach Grabenstätt und Hagenau. Dort das übliche Freudengeheul. Nur der alte Professor kennt uns kaum mehr. In Grabenstätt Abend gegessen und im Mondschein heim. Die Oxerin hat geheizt, Kaffee gewärmt, alles schön gemacht.

27. Dezember

In Grabenstätt und Grassau, durchgeregnet und furchtbar erkältet.

29. Dezember

Ganz gebrochen, Gliederschmerzen, beschlossen, morgen heimzufahren. Leid ist mir's doch.

31. Dezember

Gestern angekommen und gleich zu Bett. Heute nachmittag Günther in der Stadt getroffen, abends zu Haas. Günther mußte zu Hildebrandts und kam erst gegen halb drei zu Haas. Stumpfsinniger Abend, fühlte mich elend und ärgerte mich, daß ich nicht bei Bubi geblieben, anstatt mich zu mopsen und morgen einen Kater zu haben.

1. Januar 1910

Natürlich verkatert und verstimmt. Muß denn jeder Neujahrsmorgen mit Katerstimmung beginnen, d. h. eigentlich nur heute und im vorigen Jahr. Vormittags G.

2. Januar

Schlechte Laune. Hätte ich Geld, so wüßte ich sie schon zu vertreiben und mit Bubi etwas Nettes zu tun. So sitz ich herum, nachmittags mit Bubi im Kintopp.
Günther wieder gesagt, daß er abends käme, kam aber nicht. Mir einen energischen Ruck in bezug auf meine Sentimentalität gegeben. Sitzen und auf jemand warten, gibt's bei mir nicht. Von jetzt an soll es mir ganz gleich sein.
Vormittags der Umzugsleutnant aus Afrika.

3. Januar, Montag

Nachmittags Günther. Aussprache im Dämmern. Wieder alles gut, aber die zwei Tage haben mich doch gleichgültiger gemacht. Dann meinetwegen wieder mit Bubi allein und abenteuern. Zum Tee zu den Leutnants. Abends zur Bahn, Ernst* abholen, mit ihm gegessen und durch die Stadt gegangen.

* Der Bruder Ernst Reventlow.

4. Januar

Nachmittags mit Bubi ins Hotel, um Ernst guten Tag zu sagen. Verfehlten ihn, und Rolf war traurig. Abends zu Ernsts Vortrag, nachher mit G. dann ins Parkhotel zu Ernst und seiner Gesellschaft. G. mich heimgeleitet.

6. Januar

Mit den Leutnants im Gärtnertheater und Bar.

8. Januar

Mit Günther, Ebbinghaus etc. Odeonsbar und Café Odeon. Dort Adam getroffen.

9. Januar

Kaum zu Bett, klingelt's. Adam. Bis zwölf Uhr.

11. Januar

Gauklerball. Morgentee.

12. Januar

Abends Günther.

13. Januar

Zweites Gauklerfest.

14. Januar

Hab' in der letzten Zeit immer nur die Abendtaten aufgeschrieben. Es passiert auch sonst nichts, und ich bin faul, namenlos faul und sehr vergnügt.

15. Januar, Samstag

Stadtbummel. Endlich einmal ausgeschlafen.

16. Januar, Sonntag

Mit Günther und Haas, nachher Souper bei mir. Wieder sehr glücklich.

17. Januar, Montag

Froh aufgewacht, zu Holm*, Übersetzung mit 100 M. Gott sei Dank, wie ist mir wohl. Ich komme noch um vor guter Laune. Nachmittags Günther.

18. Januar

Wohlig gefaulenzt, will aber anfangen zu arbeiten.

19. Januar

Wieder nichts getan. Mit Bubi Stadt und großes Vergnügen. Eigentlich ist alles Vergnügen.

---

* Der Schriftsteller Korfiz Holm, Chefredakteur des »Simplicissimus«, Direktor des Verlages Albert Langen.

20. Januar

Früh der Briefkasten voller Blumen. Bubi legt sie mir aufs Bett. Ach, wie schön.

27. Januar

Zweites Werdenfelserfest – etwas fad. Katernachmittag, mit Günther Ratskeller. Das war viel schöner.

28. Januar bis 2. Februar

Übersetzung und Eis gelaufen.

3. Februar

Bal paré mit Godins. War sehr vergnügt, fühlte mich aber etwas zurückgesetzt, aber doch nette Leute gefunden. Mitternachts suchte mich Günther, um mit mir etwas zusammenzusitzen, da muß Brockdorff dazu kommen. Günther verstimmt. Freute mich eigentlich doch, daß es ihn verstimmte. Zusammen heim, teilweise zu Fuß, noch in die Schwabinger Brauerei und Café getrunken.

4., 5., 6. Februar

Übersetzung.

6. Februar

Faschingssonntag. Bubi maskiert sich gleich in der Früh als Chinese, turnt zu Egloffsteins und zum Odeonsfest. Was für ein Vergnügen, so ein Tierchen herauszustaffieren, und der Ernst, mit dem er's nimmt. Ich war den ganzen Tag allein an der Arbeit, draußen schneit es etwas. Es war schön und friedlich, und ich freute mich auf morgen.
Um zehn Uhr abends fertig und todmüde. Eine Stunde geschlafen. Dann klingelt Günther, ich wieder aufgestanden. Das lieb' ich sehr, nur war ich beinah tot vor Schlaf.
Montag allein bal paré und hernach mit dem stummen Schwager im Luitpold. Wenig gesprochen, aber es war nett. Fünf Uhr heim.

Dienstag 8. Februar

Bis zehn geschlafen. Dann kam Günther. In die Morgensonne hinein aufgewacht. Mit besinnungsloser Geschwindigkeit aufgestanden, um ihn in der Stadt zu treffen. Zusammen Weste und Krawatte eingekauft. Mit Bubi ins Heck, Lang getroffen, mit ihm zum Faschingszug. Kaufen uns ein paar blöde Masken und setzen sie zu unserm Zivil auf, was uns viel Beifall eintrug. Später auf

den Simplicissimuswagen aufgestiegen mit Rinaldo, Strich, Lotte Pritzel etc.
Um sechs tot nach Hause, umgezogen, etwas hingelegt und dann ins Luitpold. Unterwegs Bekanntschaft mit Emil 65. Lustiger Abend. Zum Schluß noch großes Gehopse mit drei Ausländern.

9. Februar. Aschermittwoch

In hellem Sonnenschein aufgewacht. Nachmittags »Herr Herr«, redete drei Stunden. Armer Mensch. Aber was soll ich mit ihm anfangen. Abends holt mich Günther zum Katern ins friedliche Leopold ab.
Nun wieder Gläser. Hier und da ein schöner Abend mit Günther und mit Bubi Rollschuhlaufen.

27. Februar

Konstatiert, daß das Leben mir seit letztem Herbst recht wohl will. Ruhig, wie ich es lange nicht hatte. Sehr glücklich. Es kommt mir alles so sonnig vor. Vorige Woche Lisa und Bruno Frank, sehr nette Tage. Lisa finanziert mich.
Beide fort. Sie fehlten mir zuerst sehr. Jetzt Fleiß, Freude auf den Frühling. Abends mit Bubi rollen.

28. Februar

Platte für Merkl gemalt. Nachmittags Strich und Lotte Pritzel. Freute mich den ganzen Tag auf den Abend mit Günther, kam dann aber in aller Eile, um zu sagen, daß er nicht könnte, heut nicht und morgen nicht.
Nachts Hitze, Beklemmung und Blut gespuckt, lag da und dachte, wenn ich nun abfahren müßte, und mir war so allein. Ganzen nächsten Tag über den Gläsern und so von Herzen kaputt.

1. März

Taumelnd vor Müdigkeit aufgestanden, so zumut, als ob ich jeden Moment umfallen könnte. Dann kommt gegen zehn Günther. Das hat mich sonst immer so gefreut – heute – ach, ein ganz trostloser, trüber Tag.

2. März

Mich wieder etwas zusammengerissen, so kann ich's einfach nicht aushalten. Wie närrisch gearbeitet.

3. März

Nachmittags mit den Kindern zur Brennerei, gegen Abend Günther. Jetzt ist es wieder gut, traurig wohl und etwas anders, wie ich's möchte. Aber ich hab' zum erstenmal seine wirkliche Seele gefühlt, und die Traurigkeit war mir förmlich lieb. Den ganzen Abend in solch einer Stimmung wie bei einem gewitterlichen Frühlingsabend, wenn es endlich regnet.

4. März

Ganz früh auf, sehr müde, dann in die Stadt, am Rückweg G. getroffen und dann ganz froh. Aber ein entsetzlich anstrengender Tag.

Mit einem ganz dummen Glas bis halb drei mittags geplagt und aus Müdigkeit immer alles wieder verpatzt. Dann geschlafen. Abends mit Bubi gerollt.

Samstag, 5. März

Schon wieder die ganze schwere, trübe Stimmung. Den ganzen Tag sitz' ich vor meinen Gläsern und rede in Gedanken mit Günther, laufe dann wieder in einer ganz schrecklichen Nervosität herum.

6. März

Ganz verträgliche Frühstimmung – Bubi trödelt aber so, ich werde ärgerlich, und schon ist die ganze Verzweiflung wieder da. Ganz niedergedrückt hinausgegangen in den hellen Frühlingsmorgen und draußen G. getroffen, der ein Stück mit uns geht. Mir war so namenlos schwer zu Mut, daß mir jedes Wort schwer fiel.

Dann mit Bubi allein den Enten zugeschaut und dachte, ich möchte nur da hinunter ins Wasser. Dann Reue, daß ich für Bubi nicht wenigstens ein frohes Herz hab' und allmählich besser geworden. Mittags kam Baron Spruner, mit ihm essen gegangen, der langweilige Peter brachte mich doch allmählich in normalere Stimmung. Später bei offenem Fenster und Sonnenschein auf dem Diwan gelegen, Günther, und wieder etwas von der tränenschweren Glückseligkeit. Ich bin, weiß Gott, ganz anders geworden, könnte für einen Menschen alles tun und hingeben, um ihn nur nahe zu haben. Früher wollte ich alles haben und nichts hergeben, dann gleich wieder alles lassen und meinen Weg nach etwas Neuem laufen. Gottes Mühlen mahlen langsam, mahlen aber trefflich fein.

– Und heute früh der Brief von Jaffé, ob ich mit ihm nach Korfu fahren will –

Nach Korfu – was könnte das für mich sein, ein Traum, wenn es

mit Bubi wäre. Ohne ihn nie im Leben, immer würde ich das süße Kindergesicht sehn, wie es damals beim Abschied neben seiner Maria stand und weinte.
Eine andre Reise, anderswohin, meinetwegen allein, mit einem sympathischen Menschen, ja – aber mit dem – Gott soll mich behüten. Das war wieder so eine ironische Bosheit vom lieben Gott. –

Sonntag

Bubi geht zu seinem Etzold. Ich allein gesessen und die Gläser fertig gemacht, schön langsam und bedächtig und mich unendlich auf den Abend gefreut. G. noch einmal gekommen, um zu sagen, daß er erst spät kommen könnte. Mit allem fertig geworden, ohne Nervosität. Bubi zu Bett. Gewartet. Und dann eine kurze, aber schöne Abendstunde. Gott sei Dank, der Sturm ist in mir vorbei, nur eine unendliche Liebe und Stille.

Montag, 7. März

Abends Gespräch mit Bubi. Der Etzold und die Leni hätten ihm gesagt, man müßte einen Mann lieben, um Kinder zu bekommen, »weißt du, wie etwas gesät wird. – Das ist so ein Aberglaube im Volk. Soll ich nun den Richard darüber aufklären, daß die Kinder sich von selbst in der Mutter entwickeln?« Ich: »Warum fragt er seine Eltern nicht?« – »Ja, seine Mutter geniert sich, über so etwas mit ihm zu sprechen, und sein Vater weiß nichts davon.« –
Leni sagt auch, man müßte irgend was miteinander tun, »um Kinder zu kriegen«. – Dann hat ihm Leni von einem Mädchen erzählt, das jeden Tag mit einem andern Buben herumliefe. Ich versuche ihm zu erklären, daß es Menschen gibt, die selten und andauernd lieben, und andere, die's oft tun, zitier' mich als Beispiel. »Ja, Mamai«, sagt die zwölfjährige Weisheit, »ich weiß schon, daß du so bist, aber ich glaube, ich bin darin anders. – Aber ich weiß nicht, wie ich es einem Mädchen sagen soll, daß ich es lieb habe, ich glaube, ich würde mich genieren.«
Das war abends im Bett, und ich war drauf und dran, ihm alles auseinanderzusetzen. Dann fiel mir aber aufs Herz, nun würden all die unvermeidlichen Nebenfragen kommen und ob er das schon verstehen könnte.
Hab' mit Günther darüber gesprochen, der es doch auch richtiger findet, ihm jetzt alles mit einemmal zu sagen.

9.–11. März

Angefangen, Gläser für Merkl zu machen, mit Günther aus. Spaziergang mit Bubi und Herr im Englischen Garten. Abend mit Stern und Lola Spät im Simpl, Auftrag von Kathi* auf dreißig Möpse.

12. März

Vormittags gearbeitet. Nachmittag mit Bubi Wilhelm Tell.

14. März

Frühspaziergang, dann Arbeit. G. mit Blumen, nach Tisch ihn im Leopold getroffen. Ungemütlich – wollte abends kommen, kam aber nicht, und nun ist mir wieder trüb und traurig – die ganzen Tage.

14. März, Montag

Traurig und gearbeitet. Nach Tisch durch den Englischen Garten. Dann mit Bubi zusammengesessen, ich am Sofa Briefe geschrieben und er gearbeitet.

Donnerstag, 17. März

Den ganzen Tag wie wahnsinnig gearbeitet, um nur all die Qual nicht zu fühlen und doch immer gedacht, sich zerquält, in Gedanken mit ihm gesprochen. Mein Herz ist mitten durch, und ich möchte schreien, wenn mich jemand anrührt, ein Wort zu mir sagt. Mittags kam Günther – nun hab' ich so Angst vor dem Abend. Ach, es soll nicht alles zerbrechen und zerreißen, es soll nicht, es darf nicht. Ich weiß so sicher, daß zwischen uns etwas von dem ist, was bleiben muß – der eternelle Gehalt, wie Klages sagt. Es kommt mir, weiß Gott, nicht nur auf mein Herz und meine Gefühle an, wenn ich sie auch so gern ihm hingeben wollte.

Freitag, den 18. März, morgens früh

In einer seligen schmerzlichen Erschütterung. Ja, Gott sei Dank, es ist da und soll bleiben. So oft war ich mit ihm zusammen und konnte dann kein Wort von alledem sagen, was auf mir lag, und gestern abend schmolz auf einmal alles in mir zusammen, ich hätte weinen mögen, bis nichts mehr von mir da war. Von dem Augenblick an, wo er sagte: »Ich hab' viel durchgemacht«, löste

---

* Kathi Kobus, die Wirtin des Künstlerlokals Simplicissimus, das einen Mops als Wahrzeichen führte.

sich alles in mir. Und ich hab' so vieles endlich sagen können und fühlte auch, daß es zu ihm drang.
Unsere Seelen kommen doch zusammen. Ach, es war gut, zu weinen, immer nur zu weinen.
Heut bin ich traurig, glücklich und zermalmt.
Abends.
Nachmittags Günther eine Stunde bei mir und später mich zum Leopold abgeholt.

19. und 20. März

Still zu Hause und viel gearbeitet. Abends Günther auf einen Sprung, um mir zu sagen, daß er nach Hause müsse, um Fichte zu lesen. Wurde wieder traurig, wäre er lieber gar nicht gekommen. Und dann kam mir alles mit einmal beinah komisch vor. Ich stelle einen solchen seelischen Trara an, sitze zwei Tage mit Gefühl und süßer Wehmut im Herzen da – und der muß Fichte lesen und hat keine Zeit, sich eine Stunde um meine »Seele« zu bekümmern.
So etwas hilft enorm gegen die Gefühlsduselei. Ich hatte so etwas das Gefühl, ihm lächelnd nachzusehn: Dann geh nur, guter Junge, und lies.

21. bis 24. März

In guter Ruhe meine Möpse fertig gemacht. Fühle so etwas wie innere Heilung nach einem wütenden Krankheitsprozeß. Ach Gott, hab' ich gerast, geseufzt, geweint und gebetet in diesen letzten Worten: Gib ihn mir, lieber Gott, gib ihn mir. Jeden Tag dann gezittert, ob ich ihn sehn würde oder nicht. Jetzt verliere ich die Lust – bin beinah froh, daß er fortreist und ich nachher mit Jaffé reisen werde. Erst war ich so gar nicht einverstanden mit der Idee – doch jetzt würde ich Günther lieber lange Zeit gar nicht sehen. –
Er hatte sich auf heute abend angesagt, es wurde aber so spät, daß ich es aufgab und mich mit Bubi an den Tisch setzte. Dann kam er aber doch, und wir bauten rasch unsere Ostergabe auf. Bubi hatte aus roter Pappe ein Osterhäschen gemacht und ich ein Gläschen mit durchsägtem Herzen und dem Vers: Die Lieb' ist groß, die Gab' ist klein, wollt' Gott, es könnte anders sein.
Es war wirklich ein recht zersägtes Stück Herz von mir dabei. Er hat's natürlich sehr nett gefunden und gesagt, das soll zu Haus mein Rotweinglas sein. Worauf man etwa hätte antworten

können: Na, denn Prost! – Wozu denn überhaupt der ganze Gefühlsluxus!

25. März

Nein, ich bin recht kühl geworden, bin ganz froh, daß er fort ist. Nur, als ich heut abend nach Haus kam, fand ich ein Nelkenstöckchen vor der Tür. Das war wieder lieb, und ich pflege es recht schön, während die schönen Gefühle meines Herzens entschieden zu welken beginnen. Der jetzt kommt, wird's gut bei mir haben.

27. März, Ostersonntag

In aller Früh die Osterhäschen für Bubi versteckt, ein Häschen mit Nest neben das Bett. Dann wacht das geliebte Tier auf und jubelt, läuft im Hemd ins Wohnzimmer, sucht seine Sachen und ist für alles so dankbar. Nun komme ich dran und finde ein schönes gemaltes Gläschen. Bei schönstem Frühlingswetter, Baumknospen und jungen Hunden in den Englischen Garten. Ich bin ja immer noch glücklich und fühl' mich eigentlich erlöst, daß diese unentschiedene Qual allmählich von mir abfällt. Ich war ja so darin gefangen mit allen Gedanken, und nun ist doch noch das ganze übrige Leben da. Ich kehre gewissermaßen wieder reuig zu Bubi und zu mir selbst zurück.

Mittags Gruhle, nachmittags mit ihm nach Schleißheim und Dachau. Plötzlicher Schwindel und Ohnmacht. Als ich aufwachte, lag ich im Hof auf einem Tisch und dachte, ich sterbe. Aber ich starb nicht und kehrte nur ziemlich gebrochen zwischen Gruhle und Bubi zurück.

Montag, 28. März

Noch etwas elend, ganzen Tag bei Sonnenschein und offenem Fenster herumgeduselt mit dem Bubiherz. Wir sind so glücklich allein und hängen aneinder wie die Kletten. Überhaupt ist mir merkwürdig still, glücklich und ferienhaft zumut. Vorher schrie alles in mir nach einem Menschen, einem Herzen, an dem mir recht wohl sein sollte. Ich möchte es wohl noch einmal finden, aber dann ganz. Mein Gott, ob das Kinderherz, das mir ganz gehört, nicht viel mehr ist?

Nein, ich mag es gar *nicht*, daß Günther zurückkommt. Mit der Jafféreise wird's nun ja auch nichts, ich bleibe mit meinem Herzkind auch lieber hier, aber ich möchte ihn vorläufig garnicht sehen, tun, als ob ich doch fort wäre, damit mir diese wundervolle harmonische Stimmung nicht wieder verloren geht.

Dienstag, 29. März

Gestern abend mit Bubi bei Haas, er ist dort sehr vergnügt, darf Maschine schreiben und Spieluhr drehen und dabei noch ein Flugbuch lesen. Es sind jetzt alles so schöne Tage, so allein mit Bubi, so ausruhend, etwas Geld in der Tasche usw.
Mittags mit Pritzellotte und Strich im Leopold, dann zu Merkl, Gläser abgeliefert, siebenundzwanzig Mark eingenommen und Einkäufe gemacht. Flato kommt, wir wollen rollen gehn, aber als wir heruntergehn, regnet es. So kaufen wir uns bei Luhn ein Abendessen und gehn heim.

1. Mai

Ein ganzer Monat dazwischen mit viel innerem und äußerem Gemisch. Einige schöne Sonntage mit Günther. Allmählich hat sich auch in mir alles so verschoben, daß ich ganz froh bin. Nur der Schimmer ist fort und könnte auch nicht wieder kommen, selbst wenn alles so würde wie vorher. Und bei der Kürze des Lebens, die ich immer so stark empfinde, macht es mich so traurig, wenn der Schimmer von irgend etwas fort ist.
Die letzten drei Wochen eine qualvolle Geldnot, die meine Gedanken arg in Anspruch nahm. Aber man sucht sich selbst solche Zeiten durch viel Angenehmes zu würzen. Ich will mich nicht mehr von diesem Kram niederdrücken lassen, bekomme auch tatsächlich immer mehr Lebenslust und immer mehr »trotzdem«. Es ist ja unmöglich, immer dazusitzen und zu denken: Nun ist bald alles aus! Wenn man sich zum Mut zwingt, kommt er schließlich doch von selbst wieder.
Einen Abend mit Günther und Riezler bei Farina. Mit Riezler viel über Klages geredet und dann die nächsten Tage einen förmlichen Klagesanfall bekommen, seine Briefe gelesen und Pläne gemacht, wie wir uns wieder nähern könnten. In denselben Tagen ihn und Putti auf der Straße getroffen und gesprochen.
Dann ein Regensonntagabend. Mit Günther abends bei Eberspacher und später noch lange bei mir fortgeredet bis drei Uhr nachts.

Den Sonntag drauf war er abends hier. –
Gestern gegen Abend Adam. Der Gute, ich bin immer so vergnügt, wenn ich ihn sehe.

2. Mai

Abends holte mich Günther zum Theater ab – es war sehr nett: Maienkönigin und Abu Hassan. Überhaupt bin ich jetzt auf der aufsteigenden Linie – ich will es sonnig haben, gerade, wenn sich alles dagegen sträubt. Besinne mich wieder auf meinen alten Spruch: Alles Fühlende leidet in mir, aber mein Wille ist stets mein Bezwinger und Freudenbringer. –
Das ist mir auf einmal wieder klar geworden.

3. Mai

Abend mit Lola, Stern und Adam, sehr vergnügt.

4. Mai

Ganz verkatert von den drei späten Nächten, sonst aber recht wohl und gesund. Die Geldwirtschaft scheint sich wieder zurechtzuschieben, ich glaube, ich werde noch diesen Monat durchhalten, bis dahin kann dann andres kommen.

10. Mai

War in Oberammergau, Queri für Gläser interessiert. Das ist immerhin ein Schritt vorwärts.

14. Mai

Maja fort. Gott sei Dank. Ich bin nicht ungastlich, aber ich kann diese Schwabingerei nicht mehr ertragen. Diese Leute bringen alles in Disharmonie durch ihre Unerzogenheit und Mangel an Rücksicht. Auch Bubi gefällt's nicht, er ist froh, wenn wir wieder allein sind.

18. Mai

Mein Geburtstag. Unsere Geschenke fielen bei den schlechten Zeiten etwas spärlich aus, aber es wurde doch ein recht schöner Tag. Das gute Bübchen schenkte mir einen schönen Glückwunsch, Blumen und eine Taschenlampe. Nach Tisch fuhren wir nach Nymphenburg bei greulicher Hitze, dann in den Englischen Garten rudern. Heinz Geyer und die kleine Reyländer stiegen zu uns ins Boot, wir wären beinahe ins Wasser gefallen.
Bubi und ich heim, gleich zu Bett und um zwei Uhr wieder auf, um den Kometen zu sehn, fuhren im Auto zur Bavaria, wo eine übernächtige Menschenmenge hockte. Man sah vom Kometen

nichts, aber einen wundervollen Sonnenaufgang. Zu Fuß bis zum Odeon und später in die Brennerei, um Gläser hinzubringen. Dann den ganzen Tag gearbeitet, waren beide vergnügt und verkatert. Mittags Stern und Günther, abends ins Leopold, um G. zu treffen, kam aber bis zehn nicht. und ich trollte etwas ärgerlich heim, daß ich nicht lieber zu Haus geblieben war.
Halt – nachmittags war Queri da, beguckte sämtliche Gläser und schwellte mein Herz mit schönen Hoffnungen.

5. Juni

Nun ist schon richtiger Sommer, aber bei mir geht nichts vom Fleck, märchenhafte Geldzustände.

6. Juni

An Queri noch nichts verkauft, nur bei Mrs. Herbst einen Humpen. Kinder, Kinder, mir steht der Verstand still.
Über den ersten bin ich doch wieder weggekommen, eine heitere Schiebung mit Adam und Friess. Guter lieber alter Adam, es ist mir soviel Freude, ihn jetzt wieder öfters zu sehn.
Über Günther wieder ganz getröstet, kann's jetzt nimmer begreifen, daß ich so unglücklich über ihn war. Bin froh und leicht und schwelge mit meinem Bubileben. Frühmorgens gehn wir jetzt in den Englischen und füttern Schwäne, Enten und »Schwenten«.
Wenn ich nur um Gottes willen das Kind nicht hergeben muß.

7. Juni

Abendspaziergang um den See, wir reden ernste Gespräche und daheim im Dämmern das Aufklärungsgespräch, vor dem ich soviel Angst gehabt hatte. Aber es kamen weder die Fragen, die ich fürchtete, es interessierte ihn wohl, machte aber keinen großen Eindruck, und schließlich erklärte er, es wäre doch schade, und viel netter wär's, wenn die Frauen von allein Kinder bekämen und »wozu das alles? Es ist gerade so, wie wenn eine Maschine eine ganze Menge Ventile hätte statt einem«.
Im Bett klagte er dann noch, daß es gar nicht hübsch wäre, ein Mann zu sein, Frauen wären so viel schöner. Ich meinte dann, es wäre doch schön, daß man als Mann ein wenig Anteil an den Kindern hätte, und wenn man die Frauen liebte usw. Aber er seufzte und sagte: »Ach nein, ich glaube nicht, und das Leben ist doch eine komische Sache.«

14. Juni

Bubi morgens ohne Hut und Bücher aus der Schule, der Lehrer hatte ihn geohrfeigt. Ihn also herausgenommen. O weh – und ich bin dem Mann zweihundertfünfzig Mark schuldig.

15. Juni

Nachmittags gegen fünf zum Hochwasser, dann von Großhesselohe zu Fuß bis München und bei Thalkirchen auf die Brücke. Machte großen Eindruck. In strömendem Regen zurück.

16. Juni

Vormittags geglast. Nachmittags lange geschlafen.

1. Juli

– ja immer so weiter. Es ist eigentlich ein ganz fröhlicher Sommer, das kaputte Herz ist wieder ganz geworden und ich bin ganz mit mir und Bubi allein. Und der liebe Adam, der gute. Günther seh' ich wenig mehr und mag ihn auch nicht sehen. Immer Angst, es könnte wieder etwas zurückkommen, und ich könnte wieder Gefühl für ihn haben. Damals hat mir doch alles verdammt wehgetan. Und er hat sich auch geirrt – ach, Schluß damit. –
Ich wäre so glücklich, wenn meine äußere Lage anders wäre. Das Leben ist mir wieder ganz sonnig.

3. Juli

Regensonntag mit Rolf Brockdorff, spät mit Bubi heim.
Die Woche geglast und kein Geld.

7. bis 14. Juli

Elendig herumgelegen, Kopf- und Bauchweh recht verzweifelt, kein Geld und kann nichts tun. Wir können bald nicht mehr Trambahn fahren – Oberammergau wird nichts – ich bin eigentlich ganz ruhig und ganz gleichgültig. Aber ich will ein Ende machen, so oder so. Also beschlossen, hier die Bude zuzumachen und nach Berlin, dort alles versuchen, und wenn es die Friedrichstraße sein sollte. Ich will nicht mehr.
Noch einmal aufgerafft, Ansichtsgläser gemacht, dann drei Tage hier herumgezogen und einen Tag Kochel, hoffte immer, aber – froh, als ich mit Bubi wieder zurückfahren konnte, bin viel zu nervös, um mit Menschen zusammen zu sein.

15. bis 19. Juli

Ein Glas nach dem andern.

19. Juli, Donnerstag

Zu Holm, um wegen des Buches zu fragen, noch unentschieden, aber eine Übersetzung. War ich selig, gleich hundert Mark Vorschuß und nachmittags mit Bubi Einkäufe gemacht. Am liebsten möchte ich gleich alles verputzen, aber man ist jetzt gebranntes Kind und vernünftig.

Günther getroffen, mich abends abgeholt. Englischer Garten – Mondschein – Gott sei Dank, meine Sentiments sind völlig vorbei.

20. Juli

Günther zum Frühstück und Mittag. Abends mit Wahls Hofbräu und Ceylon-Teestube.

Samstag, 21. Juli

Nachmittags im Schandwetter in der Stadt, Bubi Handschuhe und eine rote Badehose gekauft, die er zu Hause vor Freude den ganzen Abend über den Kleidern trägt. Ich mir auch Batisthöschen gekauft, und am Sonntagmorgen führen wir darin einen großen Freudentanz auf.

Fünfzig Mark für verkauftes Bild, jetzt schwimmen wir wieder, geben aber natürlich gleich wieder zuviel aus.

Sonntag, 22. Juli

Früh Übersetzung, nachmittags Kintopp, der lang' entbehrte. – Todesnachricht von Onkel Georg. Heimweh. Der Mann ist mir in seiner Jugend sehr viel gewesen.

24., 25. Juli

Englischer Garten, Übersetzung. Rauchen seit zehn Tagen abgewöhnt, fühle mich viel wohler dabei. Adam im Stephanie getroffen, dann Petrichs. Abends Stern.

27. Juli

Schon um halb fünf aufgewacht. Ganz allein den herrlichen Morgen genossen, das Bübchen schläft noch. Ich glaube, ich könnte noch einmal jung werden. (Schaf)

Bubi lernt jetzt schwimmen – endlich aus eigenem Antrieb, nachdem er früher nicht dazu zu bringen war.

28. Juli

Es geht auf einmal wieder so glatt, eine ganze Masse Geld zusammengekommen. Wundervoll, so ein paar Stunden ruhig dazuliegen und sich keine unmittelbaren Geldgedanken machen zu müssen. Abends Günther. Ich mag es nicht, es macht mich momentan doch wieder sentimental. Konnte nicht einschlafen und war traurig.

29. Juli

Still gelegen, sehr elend und sehr vergnügt. Alles geht wieder einmal in staunenswerter Weise.

Aber das Voraus-Heimweh fängt schon an. Wenn ich vom Mittagsschlaf aufwache, ist mir gräßlich zumut. Ich habe mein rotes Zimmer so sehr gern. Es ist viel Schönes, viel blöde Illusionen und viel Trauriges drin gewesen. – Winterabende – ich sehe, daß ich doch noch nicht zuviel dran denken darf. Dann reißt es wieder.

30. Juli

Stadt, Einkäufe, Handschuhe, Blusen etc. Muß mich jetzt sehr zusammennehmen, um nicht einen furchtbaren Anfall von Leichtsinn zu bekommen. Es ist zu überwältigend. Nachmittags Stephanie, Adam erwartet, der nicht kam. Dann todmüde mit Bubi im Leopold gesessen und Blätter gelesen.

Freu' mich, daß er seine Wasserangst überwunden hat, die ihm in allen vorigen Jahren gar nicht abzugewöhnen war. Jetzt geht er mit Seligkeit zum Baden, schade, daß ich nicht mit dabei sein kann. – Nachmittags Koch, abends mit ihm Ceylon-Teestube.

Sonntag, 31. Juli

Noch vier Sonntage in München – dann fort. Weiß selbst nicht recht, wie mir dabei zu Mute ist.

Das Schlimmste ist die Trennung von Bubi, alles andere macht mir nichts aus. Aber dies ist kaum zu ertragen. Jetzt hab' ich ihn dreizehn Jahre, und nie getrennt. Und nun? Wenn ich ihn einmal weggebe, kommt's mir vor, als ob alles aufgelöst wäre, und wer weiß, wann ich ihn wieder nehmen kann. Mir graut schon vor den einzelnen Momenten – wenn ich ihn an die Bahn bringe und dann noch allein hier bin. Die Reise nach Berlin ohne ihn, die ersten Tage dort ohne ihn, die erste Nacht, wo er nicht neben mir in seinem Bettchen liegt.

1. August

Gestern mit Koch Ratskeller und Teestube, saßen vor dem Kamin und hielten Teegespräche. Ich habe mich so darauf gefreut, ihn zu sehn, aber er war nicht so, wie ich mir gedacht hatte, nicht mehr wie früher. Damals war es irgend etwas Besonderes, jetzt ist er wie irgend jemand anderes. Er hat den fernen Charme verloren.

1. bis 15. August

Übersetzung, morgens immer im Englischen Garten, göttliche Sommermorgen, Boot gefahren – »Schwenten« gefüttert. Dann heimwärts arbeiten. Bubi geht baden – ich habe natürlich zu Gott und der Welt keine Zeit. Mittags Schwabinger Brauerei und Leopold. Arge Wehmut nach dem vorigen Sommer – ich möchte wieder eine schöne Amour haben, es ist so traurig ohne, aber es findet sich kein geeignetes Objekt.

Nein, das Leben ist auch so schön, sehr still, sehr sommerlich, sehr Bubi. Und Geld, ich kann doch jetzt ruhig leben, wenn's auch nur eine Zeitlang ist, es spannt doch alle Nerven wieder aus. – Hier und da Koch, einen Abend Ludwigshöhe und an seinem letzten Abend im Englischen Garten am See zu Abend gegessen.

Dienstag, 16. August

Übersetzung fertig, Gott sei Dank, ich bin todfroh, und Langen nimmt mein Buch*, das bedeutet 450 M. Dazu die Übersetzung. Aber ich bin wie ein Sieb, das Geld tropft nur so durch – alles was man in den fünf Monaten entbehrt hat, rächt sich jetzt fürchterlich. Einerlei, abbrechen müssen wir doch, sonst wär's in zwei Monaten die gleiche Situation in Grün. Man kann wenigstens alles in Ordnung bringen, herrichten und die letzte Zeit noch etwas angenehm leben. – Mittag fertig. Leopold. Hegners letzten Tag gefeiert, dann nach Starnberg zu Kitzingers**, abends mit Petrichs und Hegner Leopold.

Mittwoch, 17. August

Abschiedsgang mit Hegner durch den Englischen, dann zu Langen, Geld geholt, eine Orgie von Schulden gezahlt, gefeiert und nachmittags nach Grabenstätt. Ach Gott, war einem da zumut. Voriges Jahr fast um dieselbe Zeit fuhren wir hinaus, fanden unser altes Winkl und schwelgten sechs Wochen, und noch dazu mit einem »holden Sonnenglück« im Herzen.

Das ist hin, und alles ist verkracht, aus der ganzen Glasaffäre nichts geworden, na etc. pp. –

---

* Das Novellenbuch »Das Logierhaus zur schwankenden Weltkugel«.

** Der Strafrechtler Professor Dr. Fritz Kitzinger von der Universität München.

Nun wurde es aber doch recht schön, wir wohnten in Grabenstätt, am ersten Morgen gleich auf den Hochfelln, Füße geschwollen, konnte nur mit Mühe und unendlicher Zeit absteigen. Zweiten Tag nach Chieming – unser altes Boot ist fort – auf der ganzen Linie sind wir entheimatet. Also in Chieming eins gemietet, nach Seebruck gefahren, Haasens besucht. In Hagenau und bei der Oxerin. Am dritten Tag früh nach Winkl, mit dem neuen Verwalter angefreundet, uns feurig angeboten, wiederherzukommen (aber zwei Tage später die Nachricht, daß Orlowski das Gut verkauft hat). Dann Hagenau und mittags mit Rad nach Chieming, dort gegessen, dann Seebruck. Erst gebadet, dann Abschiedskaffee mit Haasens und per Schiff nach Prien. Abends in München.

Es war schön, aber alles abschiedlich. Noch einmal der Berg, noch einmal der See, alles doch einmal – und wer weiß, wann wieder. Hier auch. So schön, abends in seine Wohnung zurückzukommen, ein Heim zu haben. Nein, mir ist gräßlich weh bei dem allen. Ich möchte fort, ich will fort, ich muß fort, und es zerreißt mich. So war es immer bei mir. Man ergebe sich in sein Schicksal – wenn man kein andres hat.

Sonntag, 21. August

Langer, heißer einsamer Tag. Englischer Garten. Mit Bubi zu Hause. Nachmittags Hofgarten mit Mrs. Herbst.

Montag, 22. August

Etwas elend. Bluse genäht. Daher Kopfweh.

Samstag, 27. August

3 Tage herumgelegen. Dann Übersetzung durchgelesen und letzte Geschichte abgeschrieben. Dann noch einmal im Halbdunkel um den See mit dem kleinen Referendar.

Sonntag, 28. August

Nervöser Morgenspaziergang. Versöhnungsfrühstück in der Brauerei. Nachmittags Matrosenanzug für Bubi genäht und spät See.

Montag, 29. August

Genäht wie wahnsinnig.

Dienstag, 30. August

Nach Tisch zu Holm, Übersetzung abgeliefert und sämtliche Gelder einkassiert. Im Hofgarten Adam und Dülberg* getroffen. Abends mit Bubi beim Baschl.

Mittwoch, 31. August

Besorgungen für Bubis Geburtstag. Ach, dieser schlimme dreizehnte Geburtstag, ich bin ganz auseinander, möchte immerfort heulen. Mein Bübchen, mein Tierlein weggeben, das ist doch der schlimmste Abschied in meinem ganzen Leben und ich werde beinahe wahnsinnig, wenn ich daran denke.
Eine Gans gekauft, dieser Geburtstag soll besonders prunkvoll werden. Und jetzt schreib' ich und möchte zerspringen. – Vor dreizehn Jahren! –

1. September

Morgens das Tierlein geweckt. Er drapiert sich griechisch mit Handtüchern und Kopfband, freut sich wahnsinnig über den Meccano und schenkt mir einen schönen Bleiguß. Mittags Gänsefraß. Bubi spielt den Tag voller Seligkeit und ist so glücklich. Ach, ich kann nicht, kann nicht fort. Nachmittags wollen wir grade zur Stadt, als der Rolf Brockdorff auftaucht. Alle zusammen ins Kino, Bratwurstglöckl und Stephanie. Um zehn Uhr heim mit meinem glücklichen kleinen Tier und gedacht, wo treiben wir jetzt hin in diesem Jahr?

2. September

Bubi immer noch ganz warm mit seinem Meccano, nachmittags Rolf, Jahreszeitenbar.

3. September

Kleidereinkäufe, Brief von Ernst, daß ich vorläufig nicht bei ihnen wohnen kann, und von Jaffé ein Anerbieten als Privatsekretärin. Das wirft mich nun vollends hin und her. –
Wieder dableiben und »weiterwursteln« oder fort mit dem Gefühl, du hättest bleiben können und den Bubi behalten. Sehe mich andauernd in einer scheußlichen Mietsbude in Berlin – mit dem fürchterlichsten Heimweh. Aber hierbleiben, sich im besten Fall bescheiden durchwühlen mit all den Schulden –
Bubi ist auch dafür, daß wir unsern Plan aufrecht halten.

15. September

Abreise immer wieder verschoben – heute sollte sie eigentlich

* Der Schriftsteller Franz Dülberg.

sein, aber ich kann nicht, bin wie gelähmt, kann nachts nur manchmal und tags überhaupt nicht mehr schlafen, weil ich gleich wieder mit dem fürchterlichsten Wehmutsgefühl aufwache.
Mit Wahl Schwank geschrieben, jetzt ist er verreist, und ich nähe und nähe. Kein Fertigwerden, es sollen doch auch mit Bubi die letzten Tage genossen werden.

17. September. Samstag

Wieder die Woche herum, ich komme auch die nächste noch nicht weg. Vielleicht hab' ich nachher, wenn's so weit ist, gar kein Heimweh mehr, weil's jetzt so fürchterlich arg ist. Letzten Dienstag mit Bubi nach dem lang versprochenen Grünwald. – Überall Isartalerinnerungen – alles voll von Menschen. Bubi hatte sich ausgebeten, noch einmal auf den Turm zu steigen. Dann fuhren wir bald wieder zurück und ins Stephanie, um Kitzingers zu treffen, kamen aber zu spät.
Heute nachmittag Wiese – erster Wiesentag, aber Streik wegen der Lustbarkeitssteuer und nichts zu sehn, gingen in die Ausstellung ins Kasperletheater herüber. Außerdem stieg der Parseval, und man war sehr glücklich.

Sonntag, 18. September

Vormittags Englischer Garten, durch den leeren Bach gelaufen, ein fabelhaft schöner sonniger Morgen, mit Rührung alle Schwenten begrüßt. Nachmittags Stephanie, Eis gegessen und dann Kino.

Montag, 19. September

Immer noch Sonnenschein, bei Eva Huch Kaffee. Abends der Unbekannte, lange im Halbdunkeln – Gott – vorigen Sommer – und dann die sonderbaren Komplikationen mit Günther, die ganze wahnsinnige Woche damals, und jetzt dieser Nachklang – kurz vor meinem Abschied. Aber auch darin liegt Weisheit – würde Klages gesagt haben. Aber doch sehr merkwürdig, daß er jetzt in demselben Haus wohnt, wie damals Günther. Es scheint, daß eine geheimnisvolle Verbindung bleibt, nur schade, daß man mit keinem von ihnen darüber sprechen kann.
Dieser Tag mit der Sommerwärme und den roten Rosen kam mir besonders glücklich vor – ich habe seit einem halben Jahr nicht viel glückliche Tage gehabt – das heißt das eine Ich, das Ich-Ich. Das Bubi-Ich ist immer namenlos glücklich.

Dienstag, 20. September

Regen – Kopfweh und Erinnerung. Nachmittags mit Bubi Wiese. Portemonnaie mit zehn Mark verloren, die wir aus Sparsamkeit nicht verjubeln wollten. So rächt sich der Geiz, so, daß wir nicht einmal mit der Tram nach Hause konnten, da wir keinen Heller mehr hatten, sondern ein Auto nehmen mußten.

Donnerstag, 22. September

Abschiedsabend mit F. N. Als ich im Auto auf ihn warte, sehe ich Günther, der Briefe einsteckt, mindestens zehn Minuten lang. Also Anfang und Ende dieser beiden Fäden liefen recht hübsch zusammen.

Freitag, Samstag, Sonntag

Lauter letzte Tage – ja, das war unser letzter Sonntag hier – ach, die vielen, vielen, wo wir immer durch den Englischen Garten liefen.

Heute saßen wir noch lange im Strandcafé, Annie Förstl und Pixis getroffen und noch zu den alten Maurers. Dann lieg' ich auf dem Sofa und warte, bis Bubi Abendessen gemacht hat. Da klingt seine gute Stimme: pronti-partenza, und ich denke, ja, unser letzter Sonntag.

Montag, 26. September

Wollten mit dem Rapperl bei Friess einbrechen und meinen Teetisch wiederholen, aber das Rapperl war traurig und mochte nicht.

Dienstag, 27. September

Zum letzten Mal bei Wahl Schwankschreiben, dann Stephanie, das Rapperl zu treffen. Nach zweistündigem Herumwarten glücklich bei Fr. eingelassen, wir entwenden in einer glücklichen Minute unsern Tisch und rennen damit die Treppe herunter. Bubi holt einen Fiaker, und wir fahren voller Pläsier heim.

Am Abend bei Godins.

Mittwoch, 28. September

Früh schon Friess in wildem Zorn – ich kalt – wie die Zeiten sich geändert haben! Besiegt ging er von dannen, und ich dachte an alte Zeiten. Dann ein Besuch nach dem andern. Jaffé, Rapperl etc. Mittags bei Wahl. Bubi mit Abschiedsgeschenken bedacht. Heim und gepackt – da steht schon sein Koffer. Gegen Abend zu Mrs. Herbst.

Donnerstag, 29. September

Bubis letzter Tag. Jetzt ist er vorbei, aber ich weiß noch nicht, wie ich das aushalten soll. Früh gingen wir in den Englischen Garten. Mittags in der Schwabinger Brauerei. Alles fertig gemacht und sieben Uhr in Ödipus. Von dort direkt zur Bahn. Dort Reichel getroffen, der Bubi in sein Coupé nahm. Ja, und dann fuhr er weg — mein Kind, mein Bübchen fuhr weg. — Ich mit Adam in den Ratskeller, dann zu mir. Ich schlief in meinem roten Zimmer, die Lampe am Boden. Wachte um fünf Uhr früh auf und ging durchs ganze Haus. Gestern abend hätte ich nicht mehr den Mut dazu gehabt. — Und kein Bübchen mehr da. Nein, ich kann nicht, ich kann nicht. —

Berlin, Sonntag, 2. Oktober

Den ganzen Tag gepackt bis abends in der Dunkelheit, dann noch Listen geschrieben. Olden saß daneben, es war doch etwas tröstlich, daß jemand da war. Ja, und dann fortgewandert! Mit Olden* Ceylon-Teestube. Immer das Gefühl: Bubi ist nicht mehr da. Bei Haasens übernachtet. Nächsten Morgen nicht imstande abzureisen, sondern mit Olden gebummelt. Besorgungen gemacht, und noch einmal im Hofgarten gesessen. Abends ab. Schauervolle Fahrt, ohne zu schlafen. Früh hier in Berlin an, alles sonnig und schön, aber Bubi nicht da, und es ist Sonntag. Ich kann nicht schlafen, mich überhaupt nicht hinlegen, dann kommt diese verzweifelte Sehnsucht.

Berlin, Montag, 3. Oktober

Bei Ernst. Telegramm aus Paris von Günther, daß ich in der Pariser Ausstellung** engagiert. Ekstase. Hin und her gerannt, um alles zu besorgen und nur auf Geld gewartet.

Dienstag, 4. Oktober

Abends Telegramm von Günther: »Noch ungewiß. Brief folgt.« Ach, diese Wut. Wollte trotzdem hinfahren, aber alle raten so ab, daß ich resigniere. Vielleicht wird's ja noch.

Mittwoch, 5. Oktober

Ganzen Tag auf Bescheid und anderes gewartet, nervös bis zur Raserei.

---

* Der Schriftsteller Balder Olden.

** Münchner Kunstgewerbeausstellung im Grand Palais, Paris.

Donnerstag, 6. Oktober

Heute vor acht Tagen mein Bübchen fort. Seine traurigen Briefchen zerreißen mir gänzlich das Herz. Ich glaube, ich kann's nicht länger, ich fahre einfach hin. – »Ich bin ganz traurig und bitte, nimm mich doch bald nach Berlin. Du fehlst mir.«

Ich könnte in einem fort weinen.

Freitag früh

Noch keine Antwort aus Paris. Jetzt geb' ich's allmählich auf und muß zu den anfänglichen Plänen zurückkehren, aber ich habe jetzt nicht mehr die rechte Lust dazu. Wieder herzbanges Briefchen von Rolf. Ich kann nicht, kann nicht.

Samstag, 8. Oktober

Diese acht Tage eine Ewigkeit von Qual, kamen mir vor wie Wochen. Heute Absagebrief von Günther. Du lieber Gott, vor einem Jahr – da war alles so sonnig und ich so glücklich.

Nachmittags mit Gaupp in Sanssouci. Immer schnürt sich mir das Herz zusammen: wenn Bubi mit wäre, und was tut er jetzt?

Sonntag, den 9. Oktober

Ein ganz fürchterlicher Anfall von Spinnerei. Ich lege mich nach Tisch schlafen, dusele kaum ein, aber da überfällt es mich so, daß ich im Zimmer hin und her laufe wie ein wildes Tier. Ich sehe unsere Sonntage in München: Ich lieg auf dem Sofa, Bubi liest oder spielt drüben, wir machen Besuche oder gehn ins Kino, kommen heim, machen uns unsern Tee und kriechen in die Betten.

Mit Gaupp spazieren auf den großen Spielplatz, der Kleine hüpft herum, mir ist wahnsinnig zumut, die ganze Welt scheint schwer und entsetzlich.

Montag, 10. Oktober

Meine neue Behausung eingerichtet und einen fürchterlichen Abend verbracht. Hin und her gerannt und gedacht, gedacht, oh, ich habe wahnsinniges Heimweh, immer bin ich in unserer Wohnung und höre Bubis süße Stimme, und wir sind immer zusammen, von früh bis spät; oh, das namenlose Glück, dreizehn Jahre hab' ich's gehabt, und wo ich's jetzt eine kurze Zeit von mir lasse, verlier' ich den Verstand. Ich kann mir einreden, was ich will, immer wieder sage ich mir, du hättest es doch nicht tun dürfen. Ich steh' vor dem Spiegel und seh' mich an und sage mir fortwährend: »Was hast du getan?«

Lange, lange wachgelegen, mit fürchterlichem Kopfweh aufgewacht und einem Gefühl, als ob ich schwer krank würde. Liege zwei Stunden wach im Bett, bis es so arg wird, daß ich es nicht aushalte.

Dienstag, 11. Oktober

Nein, jetzt bin ich entschlossen, bis zum 1. November versuch' ich es auszuhalten, dann fahr' ich nach Deutsch-Altenburg*, hole mein Bübchen, wenn's nicht anders geht, wieder zurück nach München und nehme Jaffés Stellung an. Dies halte ich nicht aus. Den halben Tag bei Ernst verbummelt, um nur nicht zu Hause zu sein, aber nun bin ich doch da und sitze und rase wieder. Kann mich nicht entschließen, etwas allein zu essen, weil ich dran denken muß, wie Bubi und ich immer zusammen gefuttert haben.

Mittwoch, 12. Oktober

Brief von Günther, daß ich vielleicht doch kommen soll. Jetzt habe ich eigentlich keine Lust mehr, möchte lieber nach Deutsch-Altenburg. Paris ist noch viel weiter von Bubi, und ich muß vier Wochen dort bleiben.

Donnerstag, 13. Oktober

Telegramm mit Geld und sofort kommen. Mittags zu Gaupp hinaus, unterwegs »B.-Z.« gelesen. Eisenbahnerstreik und keine Verbindung nach Paris. Nachmittags am Bahnhof erkundigt, Fahren möglich. Abends packen angefangen.

Im Pariser Zug. 15. Oktober

Gestern früh nicht fertig geworden. Im Romanischen gegessen, dann in meinem Zimmer auf dem Sofa gelegen, Kopfweh, Glokkenläuten und so Heimweh nach Bubi. Nun soll ich so weit von ihm weg. Gegen fünf Uhr Gaupp, das war tröstlich. Fertig gepackt, Verschiedenes besorgt, mit ihm zu Abend gegessen, und dann zur Bahn. Halbe Nacht im Zug wachgelegen. Morgens in Metz. Am Abend werd' ich in Paris sein. Gedacht und gedacht, nun fahre ich immer weiter weg, und mein Kind ist irgendwo weit fort. Was wird aus uns beiden – –

* Bad Deutsch-Altenburg a. d. Donau, wo Rolf bei Freunden wohnte.

Personenregister

Übertragung der französischen Texte

Seite 107

Ein Abend mit Gewitter und Nervenkrise. Ich habe geweint, mein Gott, was habe ich geweint! Er war schon fort, aber plötzlich klopfte er ans Fenster und kam zurück. Und dann war es so gut, so süß.

Seite 126/127

Plötzlich sehe ich ihn vor meinem Bett stehen, im Frack und unwiderstehlich. Er sagt, er hätte sich bereits mit mir unterhalten und ich hätte ihm im Schlaf geantwortet. Eine sehr gefährliche Begabung, die ich da habe, ich weiß das von früher ... Diese Nächte sind die Freude meines Lebens, eine große und tiefe Freude. Ich bin nicht mehr allein, ich habe jemanden neben mir, und diese Verbindung ist besser als Liebe und besitzt einen eigenen seltsamen Reiz.
Als ich am Morgen aufstand, spielte er mit dem Kleinen, und ich sah, daß er ihm einen Kuß gab, als ich nicht hinschaute.

Seite 131

Bei unserem letzten Zusammensein war er wie ein Liebender, wilde Küsse, Zärtlichkeiten ... Und danach – der Krach beim Bauernball, und dann kein Wort mehr ... Und dabei bin ich nicht unglücklich – ich wundere mich selbst darüber, aber es ist eben so. Ich habe nicht einmal das Gefühl, daß ich ihn brauche. – Es ist fast wie eine Amputation, die mich von einem großen Leiden befreit hat. Ich fühle mich wie eine Rekonvaleszentin – physisch und moralisch.
Sei ehrlich, mein Kind, ist es vielleicht das Auftauchen des blonden Mannes, das dir die Hoffnung auf eine neue Liebe einflößt? ... Ich weiß es nicht. Und diese Jahre vergessen, diese frohen und traurigen Tage, diese Nächte voll köstlicher, ja, köstlicher Lust ... Es gab manches in unserer Liebe, das ich niemals bei einem anderen Mann gefunden habe. Nein, ich werde ihn nicht vergessen, meinen seltsamen Freund, den Mann mit der Maske, der diese Maske niemals, kein einziges Mal, vor mir hat fallen lassen. Aber ich muß mich von ihm trennen. Ich muß leben – leben! – und er bedeutet für mich die Verneinung des Lebens. Er unterdrückt mich, er erstickt mich. Und er liebt mich nicht, wird mich niemals lieben. Meine Eitelkeit hat dadurch einen schrecklichen Knacks bekommen. Manchmal habe ich das Bedürfnis mich zu rächen, ihm wehzutun, und dann wieder empfinde ich tiefes Mitleid mit ihm. Ich fühle, daß er krank ist, zerrissen – friedlos, freudlos – wenigstens kann ich mir sagen, daß ich ihm niemals wehgetan habe – niemals. Ich habe immer versucht, ihm ein wenig Freude zu schenken, ihm Ruhe zu geben,

wenn er mir auch nicht gestattet hat, es so zu tun, wie ich es gewollt hatte. Er besitzt eine krankhafte Eitelkeit und ein geradezu krankhaftes Unabhängigkeitsbedürfnis. Er ist krank, und ich war für ihn ein bißchen so etwas wie eine Krankenschwester.
Und wenn er mich eines Tages – gleichgültig wann – riefe, ich glaube, ich würde alle anderen verlassen – außer meinem Kind – und zu ihm gehen, ihn pflegen wie eine Mutter, eine Schwester, wie eine wahre Freundin. Aber was die Liebe betrifft – das ist für immer vorbei. Mein Ärmster – ich wage dieses Wort nicht zu sagen, aber ich habe es oft gedacht. Er wird niemals eine Frau finden, die ihn so sehr liebt, wie ich ihn geliebt hätte – hätte er am Anfang nur gewollt. –
Ende des Herzensromans von Monsieur und Madame.

Seite 149

Dr. Stamadiades: »Es ist außerordentlich! Als sie beinahe im Sterben lag, und als ich selbst schon anfing, mich aufzuregen, da sagte sie immer noch: Oh, es geht mir gut, ich bin zufrieden – wirklich, es ist außerordentlich. –«

Seite 227

Mitten in der Nacht kommt Monsieur, klopft ans Fenster wie früher, geht nach einer Stunde wieder. Wir plaudern noch ein wenig am Fenster; er steht im Garten unter den blühenden Bäumen und schlägt mir vor, ich solle ihn durch den Englischen Garten begleiten, aber ich bin zu müde, ich will schlafen. Nachher hat es mir leid getan. –

Für Informationen, Namen und Daten wurden benutzt der Sonderdruck aus Band 38 der Zeitschrift Nordelbingen »Vom Werden und Wesen der Schriftstellerin Franziska zu Reventlow« von Margarete Privat – der hiermit gedankt sei – sowie die Bücher von Korfiz Holm »ich – klein geschrieben« und Erich Mühsam »Unpolitische Erinnerungen«. Der Dank gilt hier den nicht mehr unter den Lebenden weilenden Autoren.
Wertvolles Material fand die Herausgeberin in der Monacensia-Handschriftensammlung der Stadtbibliothek München und dankt hier für Hinweise besonders den Herren Hollweck und Lemp.

Else Reventlow

Inhalt

Briefe und Tagebücher

in der Sammlung Luchterhand

Briefe und Tagebücher sind oft eine unschätzbare Quelle: Die Schreibenden berichten in ihnen von dem, was sie wirklich meinen und denken. Für die Leser ergeben sich daraus aufregende Erkenntnisse, neue Blickwinkel, ungeahnte Einblicke in das Wesen von Menschen.

Angepaßt oder mündig?
Briefe an Christa Wolf im Herbst 1989
Hg. Petra Gruner
SL 926

›Fresse schon meine Fingerspitzen wie Spargelköpfe‹
Bettel- und Brandbriefe
Hg. Birgit Vanderbeke
SL 913

Karoline von Günderrode
Der Schatten eines Traumes
Gedichte, Prosa, Briefe
Zeugnisse von Zeitgenossen
Hg. Christa Wolf
SL 348

Fanny Mendelssohn
Italienisches Tagebuch
Hg. Eva Weissweiler
SL 607

Nadja
Briefe aus Rußland
Übersetzt und herausgegeben von Natascha Wodin
SL 850

»Briefe einer Moskauerin an ihre Freundin in Deutschland. Es ist eine Kostbarkeit, etwas in seiner Art Einzigartiges auf dem deutschen Buchmarkt.«
Susanne Schaup, Südwestfunk

Franziska Gräfin zu Reventlow
Tagebücher
1895–1910
Herausgegeben von Else Reventlow
SL 1026

Caroline Schlegel-Schelling
»Lieber Freund, ich komme weit her schon an diesem frühen Morgen«
Briefe. Hg. Sigrid Damm. SL 303

Rahel Varnhagen
Jeder Wunsch wird Frivolität genannt
Briefe und Tagebücher
Hg. Marlis Gerhardt
SL 426. Originalausgabe

Rahel Varnhagen / Pauline Wiesel
Ein jeder machte seine Frau aus mir wie er sie liebte und verlangte
Ein Briefwechsel
Hg. Marlis Gerhardt
SL 708. Originalausgabe

Maxie Wander
Ein Leben ist nicht genug
Tagebuchaufzeichnungen
und Briefe
Mit Fotos
SL 933

Leben wär' eine prima Alternative
Tagebuchaufzeichnungen
und Briefe
SL 298